在日大韓基督教会
宣教100年史

1908-2008

李 清一 著

在日大韓基督教会 歴史編纂委員会　監修

かんよう出版

発刊の辞

在日大韓基督教会　総会長　金　性　済

　歴史を導かれる主イエス・キリストの父なる神を心からほめたたえます。この度、祈りを重ね待ちつづけた在日大韓基督教会の宣教100年史が編纂の作業を終え、ついに発刊の運びとなりましたことを、在日大韓基督教会のすべての教会と共に心から慶び、主に感謝をささげる次第です。執筆を担当されました李清一牧師任（在日韓国基督教会館名誉館長）のお働きに心から敬意を表しその労をねぎらい、また監修の責任を取られた歴史編纂委員会の委員長である金成元長老任をはじめ委員会のご尽力に心より感謝を申し上げます。

　大日本帝国による朝鮮の強制併合に2年先立つ1908年に東京朝鮮YMCAにて、在日大韓基督教会はその宣教の歴史を開始したことは何と意義深いことでしょうか。植民地支配の苦難のゆえに故郷の地を後にし、日本の地に低賃金労働者として渡日し寄留の民となる群れを、まるで主ご自身が先回りして待っていてくださったかのように、在日大韓基督教会はその宣教活動を開始しました。さらに、韓民族にとって忘れがたい1919年の三・一独立運動の火ぶたが東京朝鮮YMCAに、2月8日に結集した朝鮮人キリスト者留学生たちを中心とする救国祈祷会から切られたことも在日大韓基督教会の宣教史に銘記されるべきことでしょう。日本においてディアスポラ（離散）の生活をする人々から、民族解放のメッセージが祖国の地に伝達され、燎原の火のごとく独立万歳運動が韓半島の津々浦々に広がっていったからです。

　また、在日大韓基督教会が憲法と牧師按手権をもつ独立した教団へと至る道は北東アジアの教会史において特筆すべき意義をもっています。1925年に誕生したカナダ合同教会に加わらなかったカナダ長老教会の宣教師であるL・L・ヤング牧師がそれまでの朝鮮の地での宣教活動の後、1927年より第二の宣教の使命を担うごとく在日コリアン宣教に携わりました。しかし、その働きとは、カナダで合同運動に加わらなかったカナダ長老教会の方針とは裏腹に、在日というディアスポラの地で朝鮮の長老派と監理派の合同を実現するというものだったのです。それがついに朝鮮プロテスタント宣教史の50年目（「ヨベルの年」レビ記25章）にあたる1934年2月に実現しました。このようなプロテスタン

ト教会の合同化は、当時の朝鮮の地においてはまったく起こる余地はありませんでした。一方、日本における日本基督教団の成立（1941年）の背景には、多分に、当時の天皇制国家神道を基盤とする軍国主義政府の圧力が働いていたことは否めないのです。したがって、20世紀前半の激動の時代に、北東アジアにおいて国家権力の圧力によらず、下からの宣教活動の結果として教派合同を成し遂げたのは、1934年に誕生した「在日本朝鮮基督教会」のみであったと言っても過言ではありません。まさに、神ご自身がディアスポラであり寄留の民として生きる当時の在日朝鮮人キリスト者を選び取られ、神ご自身の宣教の導きによって合同教会としての在日大韓基督教会の基礎をすえられたのだと考えられます。この歴史的な意義を、わたしたちはこれからの在日大韓基督教会の宣教を展望する上においてもしっかりと記憶し、また想起していかなければなりません。

　軍国主義化の嵐の中で在日朝鮮基督教会がその独立した主体性を守り続けることが著しく困難になっていく中、屈辱的なかたち（朝鮮語使用禁止・牧師の再試験・日本基督教会の信条への服従）で日本基督教会（旧日基）への「合同」化を余儀なくされ、さらに旧日基と共に日本基督教団へと統合されていくことになりました。1940年1月に開催された臨時総会において在日本朝鮮基督教会は「合同」を決議しましたが、当時の日本基督教会は「合同」ではなく、個教会の中会への加入として位置づけていたのです。そうなると、40年1月の臨時大会の「合同」決議には実は、自らの教団の解散決議の意味があったことになります。在日本朝鮮基督教会は国家権力の圧力のもと、主が十字架によって一つにしてくださった合同教会としての「在日本朝鮮基督教会」を自ら、やむなく解体する道を選んだことになります。この歴史的事実の意味を、わたしたちは今日も罪責告白としてかみしめつづけなければなりません。解放後制定された在日大韓基督教会の憲法第3条「教会と国家」、第4条「信仰の境地」の中に謳われる国家権力に対する良心への服従と殉教の精神とは、そのような歴史的反省と悔い改めの信仰に立脚したものであったと推察されます。

　戦時下の暗黒時代にこの地上からひとたび消えたと思われた在日本朝鮮基督教会は、1945年の解放とともに、散らされていた地下から再び主によって呼び集められ、日本基督教団からの脱退を通告し、独立した教団として今日の在日大韓基督教会の基礎を再建する運びとなりました。解放直後210万人にも及

んだ在日コリアンの大半は解放された祖国に帰還していきましたが、その時帰りそこない、朝鮮戦争勃発によりまったく帰還する道を閉ざされてしまった在日コリアン信徒のために、主イエス・キリストも共に在日に寄留してくださったのです。このような事態を、1934年9月頃まで、「在日本朝鮮基督教会」の創設を承認しなかった当時の朝鮮の長老教会も監理教会もまったく予想していなかったことでしょう。ただ主のみが未来を見据えておられたのです。そして、1970年代以降、在日大韓基督教会が在日コリアンの人権確立を宣教の重要課題として位置づけ、多くの人権運動に参与し、また主導する働きを通して、韓国をはじめ世界の諸教会に注目され評価されるようになること、さらに1980年代から韓国より新たな渡日の波が押し寄せ、在日大韓基督教会の中に招き入れられながら今日のわたしたちの教会が形成されるようになることを、解放直後に在日大韓基督教会を再興していった当時の教職者や信徒のだれが予測していたでしょうか。ただ主のみがすべてを見通し、導いてこられたのです。

　1980年代より、在日大韓基督教会は本国7教団と宣教協約を結び、多大な宣教協力を得てまいりました。また、84年に日本基督教団と、そして97年に日本キリスト教会と和解の宣教協約を締結し、人権問題をはじめ、豊かな宣教協力関係を続けてきました。

　わたしたちは、在日大韓基督教会がこのように「神の宣教」(ミッシオ・デイ)によってこれまで歴史を導かれ、そして用いられ、さらにこれからも人の思いを超えた神ご自身の御計画の中で、宣教の使命を在日と日本社会、また韓日関係と北東アジア、さらに世界において果たしていくように呼び集められ、遣わされ、そして用いられる教会でありつづけることを忘れてはなりません。これらの歴史をしっかりと継承しながら、在日大韓基督教会は、これからも和解と平和の福音宣教と教会形成の天幕を広げていくことでしょう。

はじめに

　在日大韓基督教会の100年の歴史は、20世紀という時代の中で営まれてきた教会の宣教の歴史である。それは、1876年の江華島条約に始まり、1905年の乙巳条約（第二次日韓協約）、1910年の日本による「韓国併合」と続く日本帝国主義による朝鮮植民地化の歴史と密接な関係にある。

　甲申事変（1884年）によって一次中断されていた日本への国費留学生の派遣が1895年に再開された後、1903年からは私費留学生も渡日するようになり、年々その数は増加の一途を辿った。留学生が増加する中、1906年に東京朝鮮YMCAが設立されると、聖書研究をはじめとした活動が展開され、やがて礼拝も行われるようになった。

　そうした中、日本が強制的に韓国を併合した年の2年前にあたる1908年には、植民地宗主国であり、国家神道を他の宗教の上に置いて一種の国教としていた大日本帝国の首都・東京において、「被支配民族」である朝鮮人のキリスト教会が誕生する。このこと自体、驚くべき神の摂理と言わざるをえない。

　それから100年の歩みを刻んできた在日大韓基督教会の歴史は、在日韓国・朝鮮人の存在と生き様に深く関わってきた。それゆえ在日大韓基督教会は、日本における宣教活動を通して、在日韓国・朝鮮人のための教会を生み出した韓国の教会とも、また日本の教会とも異なる教会形成をなしてきたと言える。

　神はその宣教の営みにおいて、多くの器を用いて在日大韓基督教会を導かれた。北米からの宣教団体を含む韓国および日本の教会や団体がその器となった。1927年にはカナダ長老教会が在日朝鮮人宣教に加わり、在日朝鮮人教会は大きく成長し、1934年には独立した教団である在日本朝鮮基督教会が成立した。しかしその後、日本基督教会への「併合」、日本基督教団への「統合」を経験し、また戦時下においては絶対的に教職者が不足する事態となったが、そのような時期においても神は日本人教職者を働き人として用いてその存続を図られた。

　解放（1945年8月15日）後、在日大韓基督教会として新たな教会形成を始めた際、在日大韓基督教会の先達たちは、解放前から培われてきた合同教会としての精神とエキュメニカル（超教派）な協力関係を感謝をもって引き継いだ。

はじめに

　そのエキュメニカル性は、日本キリスト教協議会（1956年）、世界改革教会連盟（1958年）、世界教会協議会（1962年）、アジア・キリスト教協議会（1964年）、日北米宣教協力会（1973年）への加盟につながった。また、韓国の7教団（基督教大韓監理会、基督教大韓聖潔教会、大韓イエス教長老会〈統合、合同、大神、白石〉、韓国基督教長老会）、北米の教会（カナダ長老教会、米国合同キリスト教会、米国長老教会、米国改革教会）、オーストラリア連合教会、日本の2教団（日本基督教団、日本キリスト教会）との宣教協約の締結および米国の合同メソジスト教会やカナダ合同教会、韓国基督教教会協議会との宣教協力関係として引き継がれた。これらの宣教関係によって、在日大韓基督教会の宣教の働きはより豊かなものとされてきたのである。

　在日大韓基督教会は、宣教60周年（1968年）時に「キリストに従ってこの世へ」との標語のもと積極的に社会参与を開始し、1973年の「宣教基本政策」の作成・採択を通してその宣教政策の転換を図った。それは、「地の果てにまで行きわが証人となれ」との命令とマイノリティ教会としての使命を自覚したがゆえの転換であった。在日大韓基督教会は、日本社会の底辺に置かれ、制度的・社会的に差別・抑圧されていた在日韓国・朝鮮人の苦しみとともに歩み、その解放を目指す教会となろうとしたのである。その実践のために在日大韓基督教会は、在日韓国基督教会館（1970年）、在日韓国人問題研究所（1974年）、西南在日韓国基督教会館（1983年）を設立し、人権宣教に取り組んでいった。1980年代から始まる指紋押捺撤廃運動への参与はその一つの例である。指紋押捺撤廃運動は、キリスト教界にあっては、日本における主要な教団・団体（日本キリスト教協議会、日本カトリック教会、日本基督教団、日本聖公会、日本バプテスト連盟、日本バプテスト同盟、日本キリスト教会、日本自由メソヂスト教団、日本YWCA、日本キリスト教婦人矯風会）とともに取り組まれたが、現在は、在日外国人住民基本法の制定運動としてより積極的なかたちで展開されている。

　在日大韓基督教会は、「マイノリティ問題と宣教戦略」国際会議を1974年と1994年の2回にわたって開催し、在日韓国・朝鮮人問題をはじめ世界のマイノリティ問題を宣教の課題と位置づけ、その問題解決のために世界の教会に連帯することを呼びかけた。在日大韓基督教会のマイノリティ問題への取り組みは、自らの宣教課題を明確にするとともに、「寄留の民の神学」のような在日

韓国・朝鮮人の神学の形成、そして、2001年の「信仰告白（使徒信条）前文」の制定へとつながっていった。また、さまざまな課題と取り組む中で差別構造の多重性に直面し、自らのマジョリティ性（抑圧者側に立つこと）に気づかされたことは、在日大韓基督教会がその宣教理解を深める上で貴重な経験であったと言える。

　今日の在日大韓基督教会は、多様なバックグラウンドをもった人々（戦前からの一世とその子孫、日本国籍を取得した人、ダブル、新一世、日本人、中国の朝鮮族など）によって構成されている。このように多様な人々が「信仰において一つ」となるとともに、それぞれの立場から異なった役割を担うことを通して、在日大韓基督教会が目指す共生社会のビジョンを体現する信仰共同体が形成される必要があると言えるであろう。

　宣教100周年時に在日大韓基督教会は、「宣教100周年大会宣言文」を公にし、その宣教課題を明示した。そのような明確な宣教課題が与えられているということは、神の祝福であると言える。

　『在日大韓基督教会　宣教100年史』は、在日大韓基督教会とともに歩まれた神の宣教の足跡を記そうとしたものでもある。本書が、今日における在日大韓基督教会の宣教使命を再確認する中で、100年にわたる神の祝福に感謝しつつ神の国の実現に向けて歩むための一つの「糧」となることを願っている。

目　　次

発刊の辞 ……………………………………………………………………………… 3

はじめに ……………………………………………………………………………… 7

第 1 部　前史 ……………………………………………………………………… 21

第 1 章　朝鮮へのキリスト教の伝来 …………………………………………… 23
　　1．カトリック（天主教）の伝来 ……………………………………………… 25
　　2．プロテスタント（改新教）の伝来 ………………………………………… 25

第 2 章　在日大韓基督教会の前史 ……………………………………………… 27
　　1．李樹廷の来日とキリスト教への改宗 ……………………………………… 29
　　　（1）時代的背景：鎖国から開国へ ………………………………………… 29
　　　（2）李樹廷の来日の目的と改宗 …………………………………………… 29
　　　（3）李樹廷の働き …………………………………………………………… 30
　　　（4）日本のキリスト者との交流 …………………………………………… 33
　　2．東京朝鮮基督教青年会の設立と活動 ……………………………………… 34
　　　（1）時代的背景：日本による朝鮮植民地化の経緯 ……………………… 34
　　　（2）東京朝鮮 YMCA の設立 ……………………………………………… 34
　　　（3）初代総務の金貞植 ……………………………………………………… 35
　　　（4）東京朝鮮 YMCA の活動 ……………………………………………… 36
　　　（5）朝鮮人牧会者の必要性 ………………………………………………… 36

第 2 部　創設期から解放まで（1908 〜 1945） ……………………………… 39

第 1 章　創設期：朝鮮の長老教会および監理教会と宣教部公議会による宣教
　　　　　　（1908 〜 1925） …………………………………………………… 41
　　1．東京連合教会の設立 ………………………………………………………… 43
　　　（1）東京における留学生教会の始まり …………………………………… 43
　　　（2）朝鮮の長老教会と監理教会による宣教合意 ………………………… 44
　　　（3）日本の教会への合流の提案 …………………………………………… 45
　　　（4）東京朝鮮女子基督教青年会の設立と東京連合教会 ………………… 46

目次

　　（5）会員名簿から見た東京連合教会 …………………… 46
　　（6）横浜への伝道活動 …………………… 47
　　（7）二・八独立宣言と東京連合教会 …………………… 47
　　（8）関東大震災と東京連合教会 …………………… 49
　2. 関西地方への宣教 …………………… 50
　　（1）日本における朝鮮人人口の動態 …………………… 50
　　（2）神戸地域 …………………… 51
　　（3）京都地域 …………………… 54
　　（4）大阪地域 …………………… 55
　3. 西南地方への宣教 …………………… 57
　4. 関西朝鮮イエス教信徒会の設立 …………………… 58
　5. 在日ミッション同盟の在日朝鮮人宣教への協力 …………………… 58
　6. 朴淵瑞牧師の派遣とその働き …………………… 60
　7. 教会の設立（1908〜1924） …………………… 61

第2章　伸展期：朝鮮イエス教連合公議会とカナダ長老教会による宣教
　　　　　（1925〜1933） …………………… 65
　1. 朝鮮イエス教連合公議会による宣教 …………………… 67
　　（1）連合伝道局の設置 …………………… 67
　　（2）呉澤寬牧師の派遣と九州地方会の設立 …………………… 67
　2. 教会の使用許可をめぐる当局の弾圧：朴淵瑞牧師の手紙 …………………… 69
　3. カナダ長老教会の在日朝鮮人宣教への参加 …………………… 71
　　（1）カナダ長老教会と朝鮮宣教 …………………… 71
　　（2）カナダ長老教会による代表団の日本への派遣 …………………… 71
　　（3）「合意書」の締結とL・L・ヤング宣教師の赴任 …………………… 72
　　（4）朝鮮イエス教連合公議会連合伝道局規則の制定 …………………… 73
　　（5）東京連合教会の位置 …………………… 75
　　（6）初代カナダ長老教会宣教師のL・L・ヤング …………………… 75
　　（7）L・L・ヤングおよびカナダ長老教会の宣教構想 …………………… 76
　　（8）カナダ長老教会女性宣教会による支援 …………………… 78
　4. 教会内組織の形成と諸活動 …………………… 79
　5. 教会堂建築の気運 …………………… 82
　6. 中部地方への伝道と李寅渉牧師の赴任 …………………… 84
　7. 北海道・樺太伝道と韓泰裕牧師の赴任 …………………… 86

8. 朝鮮イエス教連合公議会による在日朝鮮人宣教の縮小 ……………… 88
9. 在日本朝鮮基督教会の大会創立への胎動 ………………………………… 89
   (1) 在日本朝鮮イエス教会教職者会の開催と地方会の設立 ……… 89
   (2) 憲法案の起草 ……………………………………………………… 90
   (3) 関西地方会臨時総会の開催 …………………………………… 91
10. 教会の設立（1925～1933）……………………………………………… 91
11. 教勢（1925～1933）……………………………………………………… 92

第3章　自立期：在日本朝鮮基督教会（1934～1940）……………… 97

1. 在日本朝鮮基督教会の大会創立 ………………………………………… 99
   (1) 在日本朝鮮基督教会第一回大会 ……………………………… 99
   (2) 在日本朝鮮基督教会第二回大会 ……………………………… 100
   (3) 1934年頃の在日本朝鮮基督教会の状況 ……………………… 101
2. 憲法・規則の制定 ………………………………………………………… 102
   (1) 1931年憲法案と1934年に採択された憲法 ………………… 102
   (2) 朝鮮イエス教連合公議会と長老教会、監理会の対応 ……… 103
3. 在日本朝鮮基督教会における牧師・長老の按手 …………………… 103
   (1) 長老の按手 ………………………………………………………… 103
   (2) 牧師の按手 ………………………………………………………… 105
4. 日本基督教連盟への加盟 ………………………………………………… 107
5. 朝鮮イエス教連合公議会の解散と東京連合教会 …………………… 110
   (1) 朝鮮イエス教連合公議会の解散 ……………………………… 110
   (2) 建築問題をめぐっての東京連合教会の混乱 ………………… 111
   (3) 東京朝鮮監理教会の設立 ……………………………………… 112
   コラム①：東京中央教会堂とモフェット宣教師 ………………… 113
6. 神社問題と在日本朝鮮基督教会 ………………………………………… 116
   (1) カナダ長老教会在日宣教部の日本基督教連盟からの脱退
       ………………………………………………………………………… 116
   (2) 神社問題に対する在日本朝鮮基督教会の対応 ……………… 118
   コラム②：在日本朝鮮基督教会と抵抗：
       『基督申報』と文宗洙牧師筆禍事件 ………………………… 120
7. 教会・伝道所の設立（1934～1940）………………………………… 122
8. 教勢（1934～1940）……………………………………………………… 123

目次

第4章　苦難の道：日本基督教会および日本基督教団時代（1940～1945）…… 127
1. 日本基督教会との合同問題 …………………………………………… 129
   (1) 宗教団体法と合同問題 ………………………………………… 129
   (2) 日本基督教会への加入の実施 ………………………………… 132
   (3) 「合同」に伴うカナダ長老教会在日宣教部の撤退 ………… 134
   コラム③：長く待たされた京都中央教会堂の使用 …………… 135
2. 日本基督教団の創立と旧在日本朝鮮基督教会諸教会の加入 ……… 137
3. 旧在日本朝鮮基督教会の日本基督教会および日本基督教団加入後の
   教会・教師・補教師名 ……………………………………………… 139
4. 戦時下における旧在日本朝鮮基督教会の負の遺産 ………………… 140
5. 戦時下の旧在日本朝鮮基督教会の抵抗と弾圧 ……………………… 141
6. 旧在日本朝鮮基督教会に関わった日本人牧師たち ………………… 143

第3部　解放後から宣教100周年まで（1945～2008）………… 147

第1章　教会再建の歩み（1945～1948）……………………………… 149
1. 在日韓国・朝鮮人社会の状況 ………………………………………… 151
2. 在日本朝鮮基督教連合会の創立 ……………………………………… 152
   (1) 教会組織再建への動き ………………………………………… 152
   (2) 在日本朝鮮基督教連合会創立準備委員会の開催 …………… 153
   (3) 在日本朝鮮基督教連合会創立総会の開催 …………………… 155
   (4) 在日本朝鮮基督教連合会規則 ………………………………… 156
3. 日本基督教団からの脱退 ……………………………………………… 157
4. 解放直後における教会の状況 ………………………………………… 160
   (1) 教会状況報告 …………………………………………………… 160
   (2) 九州・山口地方における教会の状況 ………………………… 160
   (3) 各地域における教会の統合 …………………………………… 161
5. 在日本朝鮮基督教会総会の成立 ……………………………………… 163
   (1) 連合会から教団へ ……………………………………………… 163
   (2) 在日本朝鮮基督教会総会憲法の制定とその内容 …………… 164
6. 教会の設立（1945～1947）…………………………………………… 165
7. 教勢（1945～1947）…………………………………………………… 165

第2章　在日大韓基督教会　第1期（1948〜1957） ……………………… 169
1．カナダ長老教会による宣教協力の再開 ………………………………… 171
　（1）　L・L・ヤングの再来日 ………………………………… 171
　（2）　美総委員会の設置 ………………………………… 171
　（3）　カナダ長老教会との連席会議の開催 ………………………………… 172
2．一票差による名称の変更 ………………………………… 173
3．組織確立に向けた取り組み ………………………………… 174
　（1）　常務制の採用 ………………………………… 174
　（2）　地方会の創立 ………………………………… 174
　（3）　連合婦人伝道会の創立 ………………………………… 175
　（4）　勉励青年会 ………………………………… 176
4．礼式文の作成 ………………………………… 177
5．韓国の教会との関係の再構築：解放後初の韓国公式訪問 ……………… 178
6．朝鮮戦争と在日大韓基督教会 ………………………………… 180
7．『福音新聞』の発行 ………………………………… 180
8．臨時総会の開催と超法規的措置 ………………………………… 182
9．日本キリスト教協議会への加盟 ………………………………… 183
10．「在日大韓基督教会総会 教会教育理念」の発表 ……………………… 185
11．教会・伝道所の設立（1948〜1957） ………………………………… 186
12．教勢（1948〜1957） ………………………………… 187

第3章　在日大韓基督教会　第2期（1958〜1967）：
「在日僑胞の生きる道はイエス」 …………………………………………… 189
1．伝道50周年記念事業 ………………………………… 191
　（1）　記念事業の概要と伝道50周年記年式典 ……………………… 191
　（2）　在日韓国基督教会館の設立 ………………………………… 192
　（3）　北海道伝道の再開 ………………………………… 192
2．総会組織の整備 ………………………………… 193
　（1）　総務局長有給制および総会任職員任期2年制の実施 …………… 193
　（2）　教育主事制の導入 ………………………………… 194
　（3）　中部地方会の分立 ………………………………… 195
3．「在日大韓基督教会とカナダ長老教会の関係に関する声明書」の締結
　　………………………………………………………………………… 195
4．福音化運動一行による特別伝道集会の実施 ……………………………… 196

5. 「北韓送還」に反対する声明書の発表 197
6. 国際的なエキュメニカル機関への加盟と連帯 198
    (1) 世界改革教会連盟への加盟 198
    (2) 世界教会協議会への加盟 199
    (3) アジア・キリスト教協議会への加盟 201
7. 教会・伝道所の設立・再建（1958〜1967） 202
8. 教勢（1958〜1967） 203

第4章　在日大韓基督教会　第3期（1968〜1977）：「キリストに従ってこの世へ」 207

1. 宣教60周年 209
    (1) 宣教60周年の標語と目標 209
    (2) 記念行事の実施 210
    (3) 記念事業 211
2. 社会参与 214
    (1) 在日大韓基督教会による声明書 214
    (2) 個教会の取り組み 217
3. 組織改編 218
4. 「宣教基本政策」の採択 218
5. 日北米宣教協力会への加盟 220
6. マイノリティ問題に対する使命の自覚と実践 220
    (1) 米国およびカナダにおける社会的マイノリティ・公民権運動の研修 220
    (2) 米国連合長老教会総会における「在日韓国人に関する決議文」の採択 221
    (3) 「日本におけるマイノリティ問題と宣教戦略」国際会議の開催 222
    (4) 在日韓国人問題研究所の設立 224
    (5) J・H・コーン博士の来日 225
    (6) 神学教育基金による現場研修の実施 226
7. 宣教師受け入れ政策の開始 227
8. 教会の設立・加入（1968〜1977） 227
9. 教勢（1972〜1977） 228

第 5 章　在日大韓基督教会　第 4 期（1978 〜 1987）：
　　　　「われわれの希望イエス・キリスト」……………………… 231
　1．宣教 70 周年記念事業 ………………………………………… 233
　　（1）標語と目標 ……………………………………… 233
　　（2）記念式典 ………………………………………… 233
　　（3）記念事業 ………………………………………… 234
　2．定期総会における重要決定事項 ……………………………… 235
　3．第 1 回海外韓人教会神学会議の開催 ………………………… 236
　4．日本基督教団との「協約」の締結 …………………………… 237
　5．外国人登録法の抜本改正運動 ………………………………… 238
　6．教会・伝道所の設立・加入（1978 〜 1987）………………… 241
　7．教勢（1979 〜 1985）………………………………………… 242

第 6 章　在日大韓基督教会　第 5 期（1988 〜 1997）：
　　　　「我らに新しい力を給うイエス・キリスト」……………… 245
　1．宣教 80 周年記念事業 ………………………………………… 247
　　（1）標語および実践目標 …………………………… 247
　　（2）記念大会 ………………………………………… 248
　2．定期総会における重要決定事項 ……………………………… 249
　3．教会学校教案の作成 …………………………………………… 249
　4．平和統一宣教への参与 ………………………………………… 251
　　（1）平和統一宣教の始まり ………………………… 251
　　（2）「民族統一に関する在日大韓基督教会総会宣言」の発表 … 252
　　（3）「祖国の平和統一と宣教に関する基督者東京会議」の開催 252
　　（4）朝鮮基督教徒連盟訪問と交流の実施 ………… 254
　　（5）自転車 100 台の贈呈 …………………………… 255
　　（6）洪水・旱ばつ被害に対する支援 ……………… 255
　　（7）日本キリスト教会による「朝鮮基督教徒連盟への
　　　　謝罪訪問」への同行 …………………………… 256
　5．東京総会神学校の開校とその事業 …………………………… 256
　6．宣教協約関係の広がり ………………………………………… 258
　　（1）基督教大韓聖潔教会との宣教協約締結 ……… 258
　　（2）米国合同キリスト教会との宣教協約締結 …… 258
　　（3）オーストラリア連合教会との宣教協約締結 … 259

（4）日本キリスト教会との宣教協約締結 ……………………………… 260
　7．兵庫県南部地震対策委員会の設置とその取り組み ……………………… 261
　8．在日韓国人の法的地位の保障を求める活動 ……………………………… 262
　　（1）在日同胞法的地位保障促進大行進 ………………………………… 262
　　（2）「91年問題」の解決を目指して …………………………………… 263
　9．教会・伝道所の設立・加入（1988～1997） …………………………… 264
　10．教勢（1988～1997） ………………………………………………… 264

第7章　在日大韓基督教会　第6期（1998～2007）：
「立ってイエス・キリストの光を放とう」 ……………………………… 267

　1．宣教90周年記念事業 ……………………………………………………… 269
　　（1）標語「立ってイエス・キリストの光を放とう」
　　　　（イザヤ65:1, マタイ5:16） ………………………………………… 269
　　（2）記念行事・事業 ……………………………………………………… 269
　　（3）宣教90周年記念大会 ……………………………………………… 270
　2．憲法・規則の改定 ………………………………………………………… 271
　　（1）「改定憲法」の採択と施行 ………………………………………… 271
　　（2）教会名称の変更：「在日大韓基督教会総会」から
　　　　「在日大韓基督教会」へ ……………………………………………… 271
　　（3）総会規則と組織改編 ………………………………………………… 272
　3．信仰告白（使徒信条）前文の制定 ……………………………………… 272
　4．他教団との宣教協議会 …………………………………………………… 273
　　（1）カナダ長老教会との宣教協議会 …………………………………… 273
　　（2）日本基督教団との宣教協議会 ……………………………………… 274
　5．在日大韓基督教会と社会参与 …………………………………………… 277
　　（1）宣言・声明書の発表 ………………………………………………… 277
　　（2）「外登法抜本改正運動」から
　　　　「外国人住民基本法の制定運動」へ ………………………………… 278
　　（3）「在日大韓基督教会の社会的責任に関する態度表明・1999」
　　　　　……………………………………………………………………… 278
　　（4）西南在日韓国基督教会館の会館建設 ……………………………… 279
　6．同性愛者差別問題に関わる教会使用拒否
　　　　および「差別発言」に対しての対応 ………………………………… 280
　7．教会・伝道所の設立・加入（1998～2007） ………………………… 282

8. 教勢（1999〜2007） ……………………………………… 282

第8章　在日大韓基督教会　第7期（2008〜）：
　　　　「感謝の100年、希望の100年」………………………… 285
　1. 宣教100周年記念 ……………………………………………… 287
　　（1）宣教100周年記念事業 …………………………………… 287
　　（2）宣教100周年記念合同修養会 …………………………… 287
　　（3）宣教100周年記念大会 …………………………………… 288
　　（4）大会宣言文 ……………………………………………… 289
　　（5）「宣教100周年 宣教理念」の発表 ……………………… 290
　2. 教会・伝道所の設立・加入（2008）………………………… 291

おわりに：「感謝の100年、希望の100年」………………………… 293

参考文献 ………………………………………………………………… 295

資　　料 ………………………………………………………………… 311
　①在日本朝鮮基督教会憲法・大会規則（1934年2月制定）…… 311
　②在日大韓基督教会　歴代任職員 …………………………… 325
　③在日大韓基督教会　年表 …………………………………… 327

あとがき ………………………………………………………………… 353

事項索引 ………………………………………………………………… 355

人名索引 ………………………………………………………………… 363

凡　例

1. 年号は原則として西暦を用いた。
1. 原著者による補いは、〔　〕で示した。
1. 引用文内の著者による説明および補いは、〔　〕で示した。
1. カタカナ表記の資料（巻末にある「資料」中の「在日本朝鮮基督教会憲法・大会規則」は除く）は、引用する際にひらがな表記に変更した。
1. 直接引用した文章のうち、著者が日本語に翻訳したものについても、特に翻訳であることは断らなかった。
1. 1945年における「在日本朝鮮基督教連合会」の創立以降、数度にわたる名称変更を経て1999年に現在の名称である「在日大韓基督教会」となったが、本書においては、1945年から1999年までの記述においても基本的に「在日大韓基督教会」との名称を使用した。
1. 「在日本朝鮮基督教会」との名称については、日本基督教連盟への加盟時に「朝鮮基督教会」と名称変更しているが、本書においては、朝鮮にある教会との混同を避けるため、名称変更以降の記述についても「在日本朝鮮基督教会」との名称を使用した。
1. 「朝鮮イエス教連合公議会」の名称については、1930年頃に「朝鮮基督教連合公議会」と改称しているが、本書においては「朝鮮イエス教連合公議会」との名称を一貫して用いた。また、同公議会内で在日朝鮮人宣教を担当した連合伝道局の名称も、1927年に「連合伝道部」、1930年に「宣教部」と改称されるが、本書においては、基本的には「連合伝道局」との名称を一貫して用いた。
1. 「日本キリスト教協議会」は、「日本基督教協議会」から「日本キリスト教協議会」に名称表記の変更を行なっているが、本書では原則的に「日本キリスト教協議会」を用いた。
1. 韓国の「監理教会」とは日本で言うメソジスト教会のことであるが、韓国のメソジスト教会を指す場合は、そのまま「監理教会」あるいは「監理会」という名称を使用した。
1. 米国の教団名については、日本で用いられている名称を使用した。
1. 聖書の引用については、基本的には日本聖書協会の新共同訳を用い、韓国語からの翻訳の場合には、韓国語原文に従って訳出した。

略　記

A & P：*Acts and Proceedings of General Assembly of the Presbyterian Church in Canada*
KMF：*The Korea Mission Field*
MCPMK：*Minutes of Annual Meeting of the Council of Presbyterian Missions in Korea*
MFCPMK：*Meeting of the Federal Council of Protestant Evangelical Missions in Korea*

第1部
前　　史

第1章　朝鮮へのキリスト教の伝来

韓国最初のプロテスタント教会のソレ教会（1898年当時）

第 1 章　朝鮮へのキリスト教の伝来

1. カトリック（天主教）の伝来

　カトリックは、17世紀初めに朝鮮から北京に遣わされていた使節によって朝鮮にもたらされた。使節がもち帰ったものの中には、中国において翻訳されたカトリック関係の西学書などが含まれていた。それらを通して、朝鮮の学者たちがカトリックに学問的に接触したのである。1784年2月、李承薫が北京で洗礼を受けてペテロという洗礼名を与えられる。彼は、朝鮮国内に聖書とイエス像をもたらすとともに、金範禹らとともにソウルに教会をたて朝鮮におけるカトリック教会の創設者となった。このようにカトリックは、宣教師によってではなく、朝鮮人による自発的な宣教活動によって朝鮮にもたらされた。

　その後、朝鮮王朝から数々の弾圧を受けながらも教勢を伸ばしていき、1794年には信徒数4000人を数えた。1831年には、北京教区から独立して朝鮮教区が設置された。また1845年には、中国の上海において金大建が朝鮮人として初めて司祭に叙階されている。しかし、その後もカトリックに対する弾圧は続き、1866年から数年間続いた丙寅迫害では、フランス人神父9名のほか8000人が殉教したと言われている。

2. プロテスタント（改新教）の伝来

　朝鮮人のプロテスタント信者が最初に誕生したのは、中国（満州地域）経由でのことであった。それは、1872年に中国宣教のために派遣されていたスコットランドの長老教会の宣教師ジョン・ロス（John Ross）およびマッキンタイヤー（John McIntyre）と朝鮮人との出会いから生じた。ロス牧師は、1874年末には、朝鮮と清国との国境沿いの町に赴き、朝鮮人商人たちへの伝道を試みている。1879年1月にある人物が朝鮮人初のプロテスタント信者としてマッキンタイヤー牧師から受洗したが、彼に続き同じ年に白鴻俊や李応賛のほか1名が受洗している[1]。その後、徐相崙がロス牧師より洗礼を受けた。彼らは、

第1部　前史

聖書翻訳において大きな貢献をなした。ロス牧師らによる聖書のハングル翻訳に彼らが参加した結果、1882年にはルカによる福音書およびヨハネによる福音書、1883年には使徒言行録が翻訳出版された。このように宣教師が本格的に朝鮮に入る以前に、すでに聖書が翻訳されていたのであり、朝鮮人キリスト者たちが朝鮮国内へのその普及にあたっても重要な役割を担った。

朝鮮国内で伝道活動を行なっていた徐相崙は、1885年3月からは弟の徐景祚とともに黄海道のソレ（松川）で伝道を行ない、信仰共同体を形成した。これが、朝鮮における最初のプロテスタント教会であるソレ教会の始まりであった。

中国における接触に数年遅れて、日本においてもプロテスタントと朝鮮人との接触があった。1882年、40歳で日本に渡った李樹廷とプロテスタントとの出会いである。それについては、次章で詳述する。

1　한국기독교역사학회 편『한국 기독교의 역사』Ⅰ（개정판）、기독교문사、2011年、104-105頁。

第２章　在日大韓基督教会の前史

第３回全国基督教信徒大親睦会に参加した日本プロテスタントの指導者たち（1884.5）
前列、右より４人目が李樹廷、その左隣りが津田仙

1. 李樹廷の来日とキリスト教への改宗

（1）時代的背景：鎖国から開国へ

　19世紀の中盤以降、鎖国政策をとっていた朝鮮に対して、イギリス、フランス、ロシアなど欧米列強からの通商要求が頻繁に行われるようになる。この欧米列強による通商要求を朝鮮は拒絶するが、その根底には、侵略に対する警戒心があった。

　欧米列強と同じく、朝鮮に進出しようと目論んでいた日本は、門戸開放に消極的な態度を示す朝鮮に開国を迫る機会を狙っていた。1875年9月には、軍艦の雲揚号を江華島付近に不法侵入させたが、そのことが原因で日本軍と朝鮮軍との間に砲撃戦が起こり、朝鮮側に多大な被害をもたらす結果となった。日本はこの戦闘後に、朝鮮に対して開港を迫り、結局、1876年2月に朝鮮との間に江華条約（日朝修好条規）を結んでその目的を達成した。これは、その後における日本による朝鮮の植民地支配へと続く第一歩となった。この江華条約の締結以降、朝鮮は、米国、ロシア、フランスなどと次々と修好通商条約を結び、欧米列強にも開国していった。

　朝鮮は、江華条約を結んだ1876年以降、数次にわたって使節を日本に派遣し、明治期日本の近代化状況の視察などを行なった。1882年9月にも、のちに見るように李樹廷が同行した使節が日本に派遣されている。これは、1882年7月に朝鮮の軍人たちが反日などを掲げて蜂起した壬午軍乱の際に日本公使館が襲撃され、数名の日本人が殺害されたことに対する謝罪のために派遣された使節であった[1]。

（2）李樹廷の来日の目的と改宗

　李樹廷は、初期の穏健開化派と深い関係をもつ両班学者であった。1882年9月に修信使の朴泳孝、金玉均（顧問）、留学生一行が日本に派遣された際、李樹廷もその非公式随員として来日した。公的な渡日の目的は、日本の先進文物、特に農学や法律、郵便、漕運施設などに対する研究と視察であったが、もう一

第1部　前史

つの目的は、友人の安宗洙から聞いていた農学者でありキリスト者でもあった津田仙に会うことであった[2]。

津田仙に会って漢文新約聖書を贈られた李樹廷は、1882年12月25日には、津田の案内で築地教会のクリスマス祝賀礼拝に出席している[3]。その後、長田時行牧師と安川亨牧師の導きを受け、翌年4月に露月町教会（現・日本基督教団芝教会）において安川亨牧師から受洗し、日本における最初の朝鮮人プロテスタント信者となった[4]。朝鮮ではキリスト教が禁止されていた時代のことであった。

（3）李樹廷の働き

李樹廷は、洗礼を受けて間もない1883年6月に、朝鮮安息日学校（主日学校）を開設し、同年の末には朝鮮人教会を東京に設立したが、その教会には30名あまりの留学生が集った[5]。

また李樹廷は、津田仙を通して米国長老教会の宣教師であるG・W・ノックス（George W. Knox）、米国のメソジスト監督教会の宣教師であるR・S・マクレー（Robert S. Maclay）、米国聖書協会のH・ルーミス（H. Loomis）と接触をもつこととなった。そして、ルーミスの要請で聖書の翻訳を開始する[6]。当初は漢文聖書に朝鮮式の送り仮名をつけた「懸吐漢韓新約聖書」である『馬太伝』（マタイ福音書）、『馬加伝』（マルコ福音書）、『路加伝』（ルカ福音書）、『約翰伝』（ヨハネ福音書）、『使徒行伝』が各1000冊刊行された[7]。

1885年2月には、李樹廷訳による朝鮮語版の『新約馬可伝』（マルコ福音書）が刊行された。朝鮮語に翻訳された聖書は、まず留学生に配布され、朝鮮に入る宣教師に託された[8]。

当時、日本の教会でも朝鮮宣教を実施することが議論されはじめていたが、李樹廷はこれに対しては反対の立場をとって西欧人による朝鮮

李樹廷　翻訳のマルコ福音書
（1885年刊）

第2章　在日大韓基督教会の前史

宣教を主張し[9]、西欧文化を米国から直接受容することができるように努めた。1884年には、李樹廷が米国の教会に対して朝鮮への宣教師の派遣を訴えるために書いた書簡が『ミッショナリー・レヴュー』（*The Missionary Review*）に掲載された。その全文は次の通りであった。

　　1883年12月13日　横浜にて
　　イエス・キリストのしもべ、わたし李樹挺は、米国の諸教会の兄弟・姉妹に主の名によってご挨拶いたします。わたしは、信仰と真理の力によって主の豊かな祝福を受け、この上ない喜びを感じています。皆さんが祈り求めてくださったので、わたしたちはサタンに迷わされることもなく、信仰を固く守ることができました。主に賛美と栄光がありますように。
　　わが国では、未だ多くの民が真の神の道を知らず、異邦人として生活しています。彼らは、未だ主の救いの恵みを受け入れていません。
　　この福音宣教の時代に、わが国は不幸にも地球上の人目につかない片隅に位置しており、キリスト教の祝福を享受できないでいます。
　　それゆえわたしは、福音を広めるために聖書を朝鮮語に翻訳しています。この働きを成し遂げられるよう、わたしは昼夜祈っています。マルコ福音書は、もう少しで完成します。
　　5名の同胞がわたしと同じ思いを抱いています。彼らはすでに洗礼を受けました。聖書の教えを喜んで受け入れる人がさらに多くおり、将来キリスト者になるだろうと思われる人の数は日に日に増えています。
　　ここ70、80年の間、フランス〔のカトリック〕の宣教師たちが朝鮮で秘密裡に福音を伝えてきました。しかし、政府は厳しく〔カトリック〕を禁じ、改宗者たちは老若男女を問わず処刑されました。しかし、彼らは、自分の信仰をしっかりと保ち、意気揚々と死に赴きました。このように処刑された人たちは、10万人を超えます。それらの人たちが主の教えを間違って理解していたとしても、彼らの信仰は賞賛に値するものであり、その民が福音をいつでも受け入れられる状態にあることを示しています。神父たちも度々迫害を受けていますが、彼らは危険を恐れていません。
　　現在のところ政府は、開国し、国民の生活をよくすることに努めています。その結果、政府はキリスト教に対してより寛大な政策を取るようになりました。公にはキリスト教を認めてはいませんが、努めてキリスト教徒を迫害するということはありません。
　　最近、Wan-Sok-Chakという名のキリスト教の教職者（Christian teacher）が、

第1部　前史

　　わが王に新約聖書を一冊献上しましたが、政府がこれを妨げたので、それは受領されませんでした。王は非常に不快な思いをされ、そのことが現在大きな議論の的となっています。わたしたちは、初めのうちはさまざまな困難に直面すると考えなければなりません。しかし、結局はそのことによって道が整えられることでしょう。わたしは、今回が朝鮮に福音を伝える絶好の機会であると考えています。

　　貴国がキリスト教国であるということは、わたしたちにもよく知られています。しかし、皆さんがわたしたちに福音を伝えないのであれば、他の国々が急いで教職者（teachers）を派遣するのではないかと心配しています。また、彼らの教えが主の御旨にかなうものでないのではないかと心配しています。

　　わたしは取るに足らない者ですが、最大限皆さんが派遣する宣教師を手助けいたします。皆さんが日本で働きを担っている人たちと協議するためにどなたかをただちに派遣し、〔朝鮮での〕働きの準備を整えさせることを心から願っています。それが、最善で最も確実な方法だと思われます。

　　わたしがここで述べたことを熟慮してくださいますようお願いいたします。もしもわたしの要請が聞き届けられるならば、わたしの喜びはこの上ないものとなることでしょう。

　　　　　　　　　　　　　　　　　　　　　キリストのしもべ　李樹廷[10]

　この李樹廷の訴えはその後、米国の教会によるH・G・アンダーウッド（Horace. G. Underwood、米国長老教会）とH・G・アペンゼラー（Henry. G. Appenzeller、メソジスト監督教会）の派遣へとつながっていった。彼らは横浜に到着した後、約2ヵ月にわたって李樹廷や留学生から朝鮮語を学んだ。また彼らは、1885年3月5日にマクレー宅で第一回朝鮮宣教会議を行なったほか、朴泳孝や李樹廷から朝鮮に関する情報を受け取った[11]。これらのことから、直接的な影響があったかどうかはわからないが、結果的に李樹廷が米国の教会宛に送った書簡の中で述べていた「最善で最も確実な方法」に沿ったかたちで、朝鮮宣教への準備が整えられていったことがわかる。

　アンダーウッドとアペンゼラーの二人は、李樹廷が訳した朝鮮語訳聖書を携えて朝鮮へと出発し、1885年4月5日に済物浦（現在の仁川）に到着した。これ以降、朝鮮においてプロテスタントの宣教師による伝道が本格的に始まり、今日における韓国プロテスタント教会の礎が築かれた。

　李樹廷の日本滞在期間は4年弱と短期間であったが、彼によって蒔かれた種

は、その後の韓国のプロテスタント教会の形成へとつながり、また次節に見る日本のキリスト者との交わりは、その後の在日朝鮮人の教会へと引き継がれていった。

（4）日本のキリスト者との交流

　李樹廷は、1883年5月に東京で開催された第3回全国基督教信徒大親睦会に招かれ出席している。大親睦会の4日目（5月11日）には、奥野昌綱の提案により、李樹廷が朝鮮語で祈祷を行なった[12]。内村鑑三はその時の感想を『余はいかにしてキリスト信徒となりしか』の中で、次のように記している。

　　出席者の中に一人の韓国人〔李樹廷〕がいたが、彼はこの隠遁的な国民を代表する名門の出で、これより一週間前に洗礼を受け、自国風の服装で身をととのえ、気品にあふれて、われわれの仲間に加わった。彼もまた自国語で祈った。われわれにはその終わりのアーメン以外はわからなかったが、それは力強いものであった。彼が出席していること、彼の言葉をわれわれが理解できないことが、その場の光景をいっそうペンテコステらしくしたのである[13]。

　また、西京公会（現・日本基督教団同志社教会）の信徒に対して李樹廷は、次のような内容の漢詩を書いて贈っている。

　　人に信心有るは　木に根有るが如し
　　仁愛有らざれば　根枯れ木萎（しお）る
　　愛の心に於けるは　水の根を潤すが如し
　　秋冬に葉落つるも　其（そ）の根朽（く）ちず
　　春に當りて発生し　花榮え葉茂る
　　天を敬い道を信ぜば　花為（ため）に實を成（な）し
　　纍々（るいるい）と枝に満ちて　孔（はなは）だ甘く且つ碩（おおい）なり
　　幹は松柏の如く　霜雪に凋（か）れることなし[14]

　第3回全国基督教信徒大親睦会の際に写された当時の日本のキリスト教指導者たちの集合写真が現存する（本章の扉ページの写真）。前面中央に、信徒指導者の津田仙が座し、その隣には朝鮮の民族衣裳を着た李樹廷が位置し、湯浅

治郎、海老名弾正、内村鑑三、新島襄、植村正久、小崎弘道、押川方義、井深梶之助、松山高吉といった初期の日本のキリスト教会にあって指導的役割を果たした人たちがともに写真に収まっている。

2. 東京朝鮮基督教青年会の設立と活動

（1）時代的背景：日本による朝鮮植民地化の経緯

　1894年2月、反封建と反侵略を旗印に東学農民戦争が起こると、日本は朝鮮に軍隊を派遣したが、このことがきっかけとなり、同年8月1日に日本と清との間で戦争が勃発する。これに勝利した日本は、朝鮮への侵略をさらに進めていった。1895年10月8日には、親露政策をとっていた閔妃（明成皇后）が日本公使の三浦梧楼の主導によって惨殺される事件が起こる。
　1897年10月に朝鮮は、国号を「朝鮮」から「大韓帝国」へと改称し、清との宗属関係を解消したが、1904年8月の第一次日韓協約の締結により、日本は朝鮮に「政治顧問」を置いて朝鮮の内政に深く干渉しはじめた。1904年から1905年にかけて朝鮮および満州の支配をめぐって戦われた日露間の戦争が日本の勝利で終わると、日本による朝鮮支配がさらに強められ、1905年の乙巳条約の締結によって日本は韓国の外交権を奪って保護国化した。そして1910年8月22日の「韓国併合条約」の締結により、日本は朝鮮の国権を奪った。
　東京朝鮮基督教青年会（YMCA）の設立は、まさに日本がこのような経緯で朝鮮を自らの植民地へと組み込んでいった時期になされた出来事であった。

（2）東京朝鮮YMCAの設立

　1899年、培材学堂（1885年にアペンゼラー宣教師によって設立された学校）に学生YMCAが組織された。その後、この学生YMCAの指導者やプロテスタント青年ら約200名によって、ソウル都市YMCAの創立運動が展開されて

いく。この運動は、宣教師たちの積極的な支援を受けた。初期宣教師のH・G・アペンゼラーとH・G・アンダーウッドは、北米YMCA国際委員会に手紙を送り、青年会の結成運動の存在について報告するとともに会館建築費用の援助を求めた[15]。

1901年、北米YMCA国際委員会は、P・L・ジレット（P. L. Gillett）を朝鮮に派遣し、1903年10月28日にソウルに皇城YMCAを設立した。その後、皇城YMCAの総務となったジレットは、1906年の春に東京在住の朝鮮人留学生の実態調査のために来日した。その際、東京にいた朝鮮の留学生4百数十名中244名が集まってジレットの歓迎会を開いた。ジレットはそのことを中・韓・港基督教青年会連合委員会に報告し、東京朝鮮YMCA設立のための協力の約束を受けた[16]。

そして、1906年8月に皇城YMCAの金貞植副総務が東京に派遣され、同年11月5日に、「在東京朝鮮人の宗教心を喚起し、基督教の伝道及び知性と徳育の向上」を設立目的に掲げて東京朝鮮YMCAが発足した[17]。当時、教会も一緒に設立しようとの計画もあったが、そのことは実現しなかった[18]。当初の東京朝鮮YMCAは、日本の東京YMCAの2階の一室を借りてその活動を行なっていた。

1907年には、明治大学法学部に在学中であった曺晩植が理事長に選出されたほか、総務に金貞植、副総務に崔相浩、幹事に張恵淳が就任した[19]。

（3）初代総務の金貞植

東京朝鮮YMCAの初代総務には、皇城YMCA副総務であった金貞植が就任した。金貞植は、大韓帝国の警務官であったが、立憲主義にもとづく近代化を主張していた独立協会の関係者が官憲の手から逃れられるように手助けしたため、1902年3月に政治犯として投獄された後、1904年2月に釈放されている。投獄中にキリスト教と接し、1904年10月23日に受洗した[20]。その後、皇城YMCAの副総務となり、1906年の東京朝鮮YMCA設立のために来日し、1907年から1916年8月にかけての10年間、総務職を担った[21]。東京朝鮮YMCAの基礎を築くとともに、東京の朝鮮人留学生教会の設立にも関わり、1909年には東京の留学生教会の領袖（未組織教会において礼拝を導くなどの

働きを行なう役職）となった[22]。

　しかし、東京朝鮮YMCAに集う学生たちが祖国解放を目指して独立運動を行なう中、金貞植は日本の官憲に目をつけられ、朝鮮に戻ることを余儀なくされる。金貞植は内村鑑三とも交流があり、韓国に無教会を紹介する一方、内村や矢内原忠雄に朝鮮民族の思いを訴えた人物でもあった[23]。

（4）東京朝鮮YMCAの活動

　東京朝鮮YMCAは、会員制をとってその活動を展開した。会員には、正会員、準会員、賛助会員、特別会員、少年会員の5種類があった。

　東京朝鮮YMCAの活動としては、①新渡日留学生のための奉仕（下宿の紹介、日本語・英語・歴史・数学などの講習）、②春・秋の大運動会、③聖書研究と礼拝、④韓・中・日学生合同祈祷会などがあった。

　初期の東京朝鮮YMCAにおいては、聖書研究が中心的なプログラムであった。総務の金貞植は、獄中において福音主義的回心を経験した人物であり、聖書に立脚した生活を実行していたが、そのことがYMCAのプログラムにも反映していた。1908年の報告では、週2回行われていた聖書研究会の平均出席者数は40名であったことが記されている[24]。

（5）朝鮮人牧会者の必要性

　東京朝鮮YMCAは、1907年8月に日本の東京YMCAの建物から神田区西小川町にある建物に移り、活動を本格的に始動することとなった。東京中華YMCAの協力幹事であったJ・M・クリントン（J. M. Clinton）は、日本YMCAの機関誌である『*The Pioneer*（開拓者）』（1909年1月号）に掲載された文章の中で次のように述べている。

　　朝鮮人学生たちは、日本人とほとんど交流せず、別々の寄宿舎に住んでいる。緊張関係が存在する限り、日本人が彼らを社会的・霊的に手助けすることは難しいであろう。このことが、YMCAの働きを、いっそう緊急なものとしている。朝鮮YMCA総務の金氏は、わたしが知る限り最も熱心な働き手のうちの一

人である。おもに彼の尽力のおかげで、ほぼ100名がキリストに従うことを決意している。100名が登録する聖書クラスや、定期的な礼拝がもたれている。現在、受洗したキリスト者は40名となり、その他にもかなりの数の洗礼志願者がいる。日本には朝鮮人の牧師はいないし、偏見のため日本人教会に出席する者もいない。金貞植氏は羊の群れを牧するよき牧者であるが、朝鮮人の正式な牧師または朝鮮語の話せる外国人の牧師が赴任するのが望ましいであろうと思われる[25]。

　このクリントンの文章では、金貞植総務の働きの大きさや、朝鮮人学生が日本人に対して「偏見」をもっていたことが述べられている。この文章が掲載された1909年は、先に見たように日本が朝鮮への侵略を着々と進めていた時期であり、朝鮮人学生が日本人に対してよく思わない感情を抱いていたとしてもそれはある意味自然なことであったとも言えるであろう。朝鮮人学生の中にそのような「偏見」があることをを見てとったクリントンは、朝鮮人学生たちを牧会するための「朝鮮人牧師」あるいは「朝鮮語の話せる外国人の牧師」の必要性を訴えたのであった。のちに見るように、朝鮮人の牧師が初めて東京に派遣されたのは、この文章が発表された年と同じ1909年のことであった。

第 1 部　前史

1　姜在彦・金東勲『在日韓国・朝鮮人―歴史と展望』労働経済社、1989 年、12-13 頁。
2　呉允台『韓国基督教史Ⅳ―改新教伝来史―先駆者 李樹廷編』恵宣出版社、1983 年、59 頁。
3　同上、60 頁。
4　同上、61 頁。
5　류대영・옥성득・이만열『대한성서공회사』Ⅰ、대한성서공회、1993 年、134-135 頁。
6　呉允台『韓国基督教史Ⅳ―改新教伝来史－先駆者 李樹廷編』、68 頁。
7　同上、68 頁、한국기독교역사학회 편『한국 기독교의 역사』Ⅰ、120 頁。
8　류대영・옥성득・이만열『대한성서공회사』Ⅰ、168 頁。
9　呉允台『韓国基督教史Ⅳ―改新教伝来史－先駆者 李樹廷編』、85 頁。
10　"Rijutei's Appeal for Missionaries. Yokohama Dec. 13, 1883," *The Missionary Review* Vol. VII（1884）, 145-146.
11　孫仁銖「韓国近代学校의 成立過程」（李海南博士華甲紀念史学論叢編輯委員会『李海南博士華甲紀念 史学論叢』一潮閣、1970 年）、278 頁、R. S. Maclay, "Commencement of the Korea Methodist Episcopal Mission," *The Gospel in All Lands*（Nov., 1986）, 501.
12　呉允台『韓国基督教史Ⅳ―改新教伝来史－先駆者 李樹廷編』、61-62 頁。
13　内村鑑三「余はいかにしてキリスト信徒となりしか」（内村鑑三『内村鑑三信仰著作全集』2、教文館、1962 年）、63-64 頁。
14　太田雅夫『新島襄とその周辺』青山社、2007 年、257 頁。
15　柳東植『在日本韓国基督教青年会史』在日本韓国 YMCA、1990 年、29-30 頁。
16　同上、49 頁。
17　同上、53 頁。
18　C. A. Clark, "The Work of the National Christian Council for Koreans in Japan," *KMF* 32-4（1936）, 78.
19　柳東植『在日本韓国基督教青年会史』、53-54、455 頁。
20　同上、56-60 頁。
21　同上、137 頁。
22　白南薫『나의 一生』（増補版）新現実社、1973 年、108 頁。
23　『日本キリスト教歴史事典』教文館、1988 年、368 頁。
24　J. M. Clinton, "The Korean Young Men's Christian Association," *The Christian Movment in Japan*（1908. 8）, 253.
25　J. M. Clinton, "Korean Students in Tokyo," *The Pioneer* 4-1（1909）, 2-3.

第2部
創設期から解放まで
（1908〜1945）

第1章　創設期

朝鮮の長老教会および監理教会と宣教部公議会による宣教
（1908～1925）

二・八独立宣言が行われた当時の東京朝鮮YMCA会館。東京連合教会も礼拝堂として使用していた。

第1章　創設期：朝鮮の長老教会および監理教会と宣教部公議会による宣教（1908〜1925）

1. 東京連合教会の設立

（1）東京における留学生教会の始まり

　1906年に設立された東京朝鮮YMCAにおいてすでに留学生を中心に礼拝がなされていたが、1908年、国漢文聖書を編纂するのに必要な辞書である『国漢文玉篇』を編纂し刊行するために来日していた平壌の鄭益魯長老（章台峴教会）と東京朝鮮YMCAの金貞植総務、留学生らが集まり、YMCAとは別個に教会を設立することが話し合われた。その結果、教会を設立することで意見が一致し、朝鮮のイエス教長老会に牧師の派遣要請がなされた[1]。このことをもって東京教会の設立および在日大韓基督教会の宣教の始まりとしている。

　1909年10月からは、イエス教長老会によって派遣されてきた韓錫晋牧師が約3ヵ月間にわたって東京に滞在し、教会の組織を整えた。その際、韓錫晋牧師は、領袖に金貞植、曺晩植、呉舜炯、執事に金顕洙、荘元培、張恵淳、白南薫を任命して帰国している[2]。後事については伝道長老に託されることとなり、朴永一長老が1910年の4ヵ月間と1911年の3ヵ月間伝道者として宣教活動に従事したが、病気のために朝鮮に戻った後、天に召された[3]。1912年には林鐘純長老が伝道者として赴任し、4ヵ月間、宣教活動に従事した[4]。

　1911年9月に朝鮮のイエス教長老会に報告された東京の留学生教会の教勢は、信徒数が158名、毎週の献金が1円、財政援助が391円50銭であった[5]。

韓錫晋牧師

（2）朝鮮の長老教会と監理教会による宣教合意

　朴永一長老が朝鮮に戻ってから林鐘純長老が赴任するまでの間には1年以上にわたる牧会者の空白期間があったが、その間に、朝鮮で活動していた監理教会宣教師のW・G・クラーム（W. G. Cram）とJ・L・ガーディン（Joseph L. Gerdin）の二人が東京を訪れ、多くの留学生に洗礼を授けた[6]。1911年、東京では監理教会の信徒が増えるにつれ、監理教会の教会を組織して別個に礼拝を行おうとの声が高まっていった。それに対して、同年7月に行なわれた留学生教会の役員会で、礼拝は合同で行ない、東京にある教会を在日本東京朝鮮耶蘇教連合教会とすることを朝鮮の長老教会と監理教会に申し入れることが決められた[7]。その後、1912年8月に朝鮮にあった二つの監理教会（朝鮮イエス教監理年会と南監理教会）が長老教会に対して東京の留学生教会の働きを連合で行なっていくことを提案すると[8]、協議の末、同年9月に長老教会と監理教会は、次のような宣教合意に達した。

　　①教会名は、連合イエス教会とする。
　　②長老会総会と監理会大会は、各3名の委員を選出し、3年間の任期とする。
　　③派遣牧師の任期は2年とする。
　　④東京にある教会は、長老会とも監理会ともしない。
　　⑤ 1年のみであるなら長老会宣教師1名と監理会宣教師1名が東京に行ってその働きを手伝う。
　　⑥帰国した学生は、その家族が属する教会の信徒となる。
　　⑦東京における経費は、両教会が折半して負担する[9]。

　この合意を受けて、1913年に朱孔三牧師が東京連合教会に派遣されることになった。
　それまでは、朝鮮の長老教会が東京の留学生教会の宣教を担っていたが、この合意を受けて、教会名に「連合」という文字を入れるとともに長老教会と監理教会がその宣教の働きを協力して行なうようになったのである。東京の宣教に関する合意にもとづいて展開された超教派的（エキュメニカル）な宣教活動は、自らの合同教会としての性格やエキュメニカルな関係を重要視する在日大韓基督教会の原点であったと言える。

第1章　創設期：朝鮮の長老教会および監理教会と宣教部公議会による宣教（1908〜1925）

なお、上のような合意がなされて以降、東京に派遣された牧師の派遣期間とその所属教派は下記の通りである。

　①朱孔三（1913年〜1914年）　　　　　　　長老教会
　②呉基善（1914年8月〜1916年9月）　　　監理教会
　③李如漢（1916年9月〜1917年6月）　　　長老教会
　④林鐘純（1917年11月〜1921年7月）　　長老教会
　⑤呉基善（1922年1月〜1924年11月）　　監理教会[10]

（3）日本の教会への合流の提案

　朝鮮の長老教会では、監理教会と協力して東京での宣教活動を行なうことを決定したその同じ年に山東省における宣教活動の働きを開始することも決定している。長老教会では、東京と山東省の二つの地域での宣教活動を同時に進めることはできないと判断し、東京の活動は在朝長老教会宣教部公議会（the Council of Presbyterian Missions in Korea）に委託した[11]。
　その在朝長老教会宣教部公議会の第24回総会（1916年）に提出された東京での宣教活動に関する報告によれば、日本で宣教活動を行なっていた長老派の宣教師であるW・インブリー（William Imbrie）が、「ある日本の教会指導者の勧めを受けて、〔在朝長老教会宣教部公議会〕がその働きを閉鎖し、朝鮮人学生を日本の教会に行かせるのが適当であると提案した」ことがあったという[12]。また、その翌年（1917年）の総会に提出された報告書にも、「東京における活動を中止し、日本の教会に100名のキリスト者青年の面倒をみてもらえるようにお願いするのがよいのではとの提案が間接的に今年度に入って一、二度あった」と記されている[13]。
　在朝長老教会宣教部公議会で東京の活動を担当していた委員会は、これらの提案を断っている。その理由は、日本語が十分にできる朝鮮人学生は多くないので、朝鮮語をもって礼拝と伝道を行なう必要があるというものであった[14]。そこには、なぜ多くの朝鮮人留学生が日本の教会に行くのを避けているのかについての言及はないが、先に見たように、この時期、朝鮮人留学生たちが日本の教会に通うことは心情的に難しかったであろうと推察される。

45

（4）東京朝鮮女子基督教青年会の設立と東京連合教会

1921年5月7日、東京朝鮮女子基督教青年会（YWCA）が結成された。1921年5月12日付の『東亜日報』に掲載された「東京留学中の女性学生団体成立」と題した記事は、7日の夜に執り行われた発足式の様子を次のように伝えている。

> 東京にいる朝鮮女子留学生たちが、基督教青年会を組織することはすでに報道したところであるが、7日午後8時に東京神田区の朝鮮基督教青年会館において盛大な発足式が挙行された。雨天にもかかわらず、女学生30名あまりと男子学生を合わせて約300名あまりが定刻前から集り、会場は時間前に満員となった。
>
> 朴承浩氏の開会辞と讃美歌228番をもって開会した後、早稲田大学文学科聴講生の黄信徳嬢が壇上に上がり、約10分間熱烈な言葉で祈った後、洪永厚氏のバイオリン独奏に続いて康順喜嬢の演説があり、男子側からは朴琮根氏の祝辞、韓小済嬢の独唱、金元周女史らの祝辞があり、11時頃に閉会した。

発足当時の主要メンバーは、東京連合教会の会員でもあった。このように、人的に重なっていたこともあり、東京連合教会、東京朝鮮YMCA、東京朝鮮YWCAの三者は、共同でプログラムを実施することもあった。例えば三者の主催により、1926年9月1日に、第3周年震災同胞追悼式が開催されている。また、1928年12月27日には、クリスマス祝賀会が共催でもたれている。さらには、1928年1月1日から3日にかけて、新年修養会および新年祝賀会が小石川区大塚坂下町にあった東京朝鮮YWCAの仮事務所で開催されている[15]。

東京朝鮮YWCAは、日本の都市YWCAと朝鮮YWCA連合会のいずれにも属さない独立した組織であったが、その組織は1945年まで維持された[16]。

（5）会員名簿から見た東京連合教会

1923年5月23日より10回にわたって『基督申報』紙上に東京連合教会の会員名簿が掲載されている[17]。そこでは、姓名のほか、原籍や学校名といった項目が掲載されている。その会員名簿によると、男性374名のうち学生が308名、

女性36名のうち学生が25名であった。男女合わせて410名のうち学生が333名となり、会員の81％を学生が占めていたことがわかる。教会の役員は、東京朝鮮YMCAの総務であった白南薫のほか、崔承萬（東京帝大）、金洛泳（早大）、田栄沢（青山）、宋昌根（日進）、劉英俊（女医専）の5名であったが、白南薫以外はいずれも学生であった。これらのことからも、1923年当時にあっても東京連合教会が学生を中心とした教会であったことがわかる。

東京連合教会の当時の牧師であった呉基善牧師は、会員名簿を掲載した理由について、会員たちが帰郷した際、近隣の教会の教職者が彼らのことを覚えて導くことができるようにするためであると述べている[18]。多くの留学生たちは朝鮮に戻った後、各界において指導的な役割を担った。例えば、上の会員名簿に教会の役員として名前の出てくる宋昌根は、その後、朝鮮神学校の校長を務めるなど韓国を代表する神学者となっている。

（6）横浜への伝道活動

横浜に伝道の足跡が刻まれることになるのは、1917年頃からのことである。その当時は李如漢牧師が東京連合教会を牧会していたが、その東京連合教会の横浜伝道について次のような記録がある。「〔李如漢〕牧師と運営委員会は、横浜にあるキリスト者の小さなグループ（約20名）の世話をしている。彼らのうちの一人が少なくとも月に一、二度、あちらに赴いて礼拝を導いている」[19]。このように東京連合教会による横浜伝道は、李如漢牧師の後任として赴任した朴鐘純牧師（同牧師は、1912年に長老として東京で宣教活動に従事した）にも引き継がれ、横浜の紡績工場の朝鮮人女工らを対象に伝道活動が行なわれた。

（7）二・八独立宣言と東京連合教会

二・八独立宣言は、東京朝鮮YMCAを舞台になされた韓国の独立運動史においても重要な位置を占める宣言である。1917年の米国大統領ウィルソンによる民族自決主義の提唱や、1918年12月付の英字新聞『ジャパン・アドヴァイザー』に掲載された「米国在住の李承晩、閔燦鎬、鄭翰景らパリ講和会議に参加」と題した記事などに触発されて、独立宣言を発表する気運が日本にいた

朝鮮人留学生の間で高まっていった。

　二・八独立宣言書の発表は、本国および上海にいる独立運動家との綿密な連絡のもとに秘密裡に進められた。二・八独立宣言書および決議文、民族大会召集請願書は、朝鮮近代文学の祖と言われる李光洙によって起草された。二・八独立宣言書では、「朝鮮青年独立団はわが2000万の朝鮮民族を代表して、正義と自由の勝利した世界万国の前で、われわれの独立を期成せんことを宣言する」とその決意が述べられているほか、韓国併合が朝鮮民族の意思に反していること、日本は朝鮮の独立を承認すべきこと、世界改造の主人公であり、また、日本による朝鮮の「保護」と「合併」を率先して承認した米国と英国はその罪を償う義務があることなどが述べられている。

　宣言発表の当日、東京朝鮮YMCA会館の前で警察官たちが厳戒態勢をとる中、約600人の学生が集結して定刻の3時から学友会総会が開催された。会長の白南奎が開会を宣言した直後に崔八鏞が「緊急動議」と叫んで壇上に上って「朝鮮青年独立団を発足させよう」と提案し、満場の拍手の中で白寬洙が独立宣言書を朗読した後、金度演が決議文を読んだ。その日のうちに宣言書に署名した9名を含む27名が逮捕されている。

　逮捕された者たちの弁護は、花井卓蔵、布施辰治ら5人の弁護士が無料で引き受けた。その結果、内乱罪容疑が印刷法違反となり、6名が9ヵ月、3名が7ヵ月の禁固刑となった。

　この事件をきっかけに民族運動の温床であるとみなされた東京朝鮮YMCAを廃止しようとの動きが日本政府によって企てられたが、東京帝大の教授であった吉野作造らが論陣を張って存廃問題を克服する一翼を担った。

　この二・八独立宣言は、朝鮮における三・一独立運動にも大きな刺激を与えた。朝鮮に戻り三・一独立運動に参加した留学生たちもいた。また、三・一独立運動の後、独立運動を継続的に推進するために1919年4月に上海において「大韓帝国臨時政府」が樹立された際にも東京の留学生が参加している。

　植民地宗主国である日本の首都の東京において、時代の流れを的確に捉える中、民族的危機の克服のために立ち上がった青年たちの勇気と気概があったからこそ、二・八独立運動は朝鮮の独立運動史において先駆的な役割を果たすことができたと言える。その中心メンバーのほとんどは、東京朝鮮YMCAおよび東京連合教会の会員であった[20]。

第1章　創設期：朝鮮の長老教会および監理教会と宣教部公議会による宣教（1908～1925）

（8）関東大震災と東京連合教会

　1923年9月1日の正午、相模湾を震源とするマグニチュード7・9の大地震が関東地方を襲った。地震が原因で発生した火災により、東京および横浜の大部分は焼け野原となる。そのような中、大惨事が起こる。朝鮮人が放火し、井戸に毒を投げ入れているとのデマが流され、それがさらには朝鮮人来襲の流言となって急速に広まった。9月2日には、戒厳令がしかれ、軍隊が出動するとともに、在郷軍人や青年団、消防組を中心に自警団が組織され、「朝鮮人刈り」が始まった。その際に虐殺された朝鮮人は6000人におよぶと言われている[21]。

　東京連合教会が礼拝堂として使用していた東京朝鮮YMCA会館もこの地震の際に焼失してしまい、その後、東京連合教会は礼拝堂を求めて6年間、彷徨しつづけた。当時の東京連合教会の牧師は、監理教会の呉基善牧師であった。呉牧師にとって関東大震災は、1914年からの2年間に続く二度目の赴任中に起きた出来事であった。のちに誤報であることが判明したが、「呉基善牧師殺害か」との表題が付けられた新聞記事[22]が地震後に出され、朝鮮のキリスト教界は大きな衝撃を受けた。呉牧師は地震の体験と同胞の窮状について、「9月2日から朝鮮人に対する恐ろしい風説と迫害が生じ、朝鮮人であるわたしたちは、死にも劣らない恐怖に襲われ、外にも自由に出ることができませんでした」と報告している[23]。当時の東京連合教会の信徒総数は約500名であったが、夏休みの時期であったためその多くは帰郷しており、教会礼拝出席者数は約70名であった[24]。

　東京連合教会は、呉牧師を中心に東京朝鮮YMCAや在東京天道教青年会とともに災害同胞慰問団を組織し、救援物資の配布や虐殺の実態調査、遺骨の引き取りと遺族への引き渡しなどの活動を展開した[25]。また、毎年9月の第1主日を震災記念日と定め、記念集会を行なうようになった[26]。

　東京朝鮮YMCAの寄宿舎にいた学生は、住む場所がなくなって困っていたが、青山学院神学部の寮に数週間滞在できるようになった。また、個人的に朝鮮人を自宅にかくまった日本人キリスト者もいた[27]。しかし、被災を経験した東京および横浜にある日本の教会の個教会史のうち、関東大震災時における朝鮮人虐殺に触れているものは少ないように見受けられる。

　関東大震災1周年の主日（1924年9月7日）に東京連合教会は、その主日

礼拝を「震災記念礼拝」としてささげている。その礼拝の概要は次の通りであった。

　　司　会　者：姜鳳羽
　　説　教　者：崔承萬
　　祈　祷　者：蔡弼近
　　讃　　　美：236番、242番
　　聖　　　書：詩137篇、ローマ11：33〜36、第一コリント16：13
　　説　教　題：震災回想
　　出席者数：男30、女12、合計42名[28]

　崔承萬氏による説教がどのような内容のものであったのかについては、それに関する記録がないのでわからないが、聖書箇所から推察すれば、「バビロンの流れのほとりに座り／シオンを思って、わたしたちは泣いた」（詩編137篇1節）とあるように、聖書の捕囚の民と自らの境遇を重ね合わせて悲しむ一方で、最後には、「目を覚ましていなさい。信仰に基づいてしっかり立ちなさい。雄々しく強く生きなさい」（第一コリント16：13）と励ますメッセージが語られたのではないだろうか。
　東京連合教会の記録によれば、その後、1925年から1927年までの3年間、9月1日に東京朝鮮YMCAおよび東京朝鮮YWCAと共催で震災時に虐殺された朝鮮人同胞を覚えて追悼会が行なわれている[29]。

2．関西地方への宣教

（1）日本における朝鮮人人口の動態

　在日朝鮮人の人口は、1909年の790人から、1920年には約3万人、1930年には約30万人と急増している（表1）。この増加は、おもに労働者の増加によ

第1章　創設期：朝鮮の長老教会および監理教会と宣教部公議会による宣教（1908～1925）

表1　在日朝鮮人数（1909～1930）[31]

年　度	在日朝鮮人
1909	790
1910	2,246
1915	3,989
1920	30,175
1925	133,710
1930	298,091

ってもたらされたものであった。「韓国併合」以前の在日朝鮮人の内訳を見ると、そのほとんどは留学生であった。しかし、1910年の日本による韓国併合を境に在日朝鮮人の人口構成は大きく変化していくことになる。朝鮮では、朝鮮総督府による土地調査事業の実施などを通して農村経済が破綻し、多くの農民たちが農村から流出していった。一方、日本では、第一次世界大戦後の好景気を背景に労働力を必要とした日本の企業家たちが日本人労働者よりも低賃金と劣悪な労働条件を強制できる朝鮮人の日本本土への導入を図っていった。このことにより、朝鮮人労働者が関西をはじめ愛知、九州、北海道などの日本の労働市場に流入していった[30]。

　これに伴って、在日朝鮮人への伝道活動も、留学生から労働者へ、東京地域から関西、九州、中部、北海道へと広まりはじめた。1917年頃からは横浜と神戸で、また、1920年代の初めには大阪、京都、名古屋でも伝道活動が開始され、教会が次々に設立された。

（2）神戸地域

兵庫県下の朝鮮人の状況

　兵庫県下の朝鮮人に関しては、先の表1には反映されていないが、1909年から1911年にわたって行なわれた山陰線工事に推定で2000～3000人の朝鮮人が従事していたという記録がある[32]。また、摂津紡績明石工場（1913年～）、神戸製鋼所（1916年～）、武庫川改修工事（1920年から23年までに500名が従事）、燐火工場などで朝鮮人は労働者として働いた。中でも特に第一次世界大戦後にゴム産業が神戸に現れると、林田区（現在の神戸市長田区）を中心に

ゴム産業関連に従事する朝鮮人が増えていった。

神戸伝道と神戸神学校

　関西地方における伝道活動は当初、神戸神学校で学んでいた留学生たちによって担われた。神戸神学校は、1907年に創立された長老派系の神学校であり、1927年に大阪神学院と合併して中央神学校となった。神戸神学校（および中央神学校）には、牧師を含む多くの朝鮮人が留学した。1917年にその神戸神学校の専攻科に在学中であった林澤権と李仁植が神戸在住の朝鮮人信者とともに礼拝場所を定めて集会を開始した。当時の信者数は、13名であった[33]。

　1918年8月には、神戸神学校で学んでいた鄭徳生牧師が、朝鮮イエス教長老会第7回総会に出席し、神戸伝道への協力を訴えた[34]。同年12月25日には、神戸神学校の講堂でクリスマス祝賀会が開催され、神戸在住留学生ら30名が参加している[35]。また、同年12月末には、神戸朝鮮人講義所（集会所）が開設され、19名がこれに参加した[36]。

神戸からの牧会者派遣の要請文

　1919年12月10日付の『基督申報』紙上に「ここにも働き手を送ってください」との表題の書簡が掲載され、朝鮮のキリスト者の関心が関西へと向けられる契機となった。それは、神戸から送られた牧会者派遣の要請文であり、その当時の在日朝鮮人労働者の置かれた情況やキリスト者の心情がよく表わされた以下のような内容のものであった。

> 内には父母妻子の暖かい愛がなく、外には情のこもった交際がなく、外へ出かけると会う人は皆話が通じない人ばかり。そのうえ指を差されながら悪口を言われるだけで、お金をかせぐために工場を訪ねても、いつも朝鮮人の馬鹿と言われ、ろくに仕事も与えてもくれないし、主人に会っても半分言語障がい者〔ママ〕のように手振りで何とか伝えられるだけです。どこにこのような哀れな境遇を慰めてくれる場所があるというのだろうか。〔中略〕他国の人たちには護ってくれる人がいて保護・指導し、また、教会に牧師や神父、伝道師がいて教え導き助けが与えられるが、ただわが朝鮮人にだけは護ってくれる人も導き手もいない。あゝわたしたちに働き手を送ってください。

第 1 章　創設期：朝鮮の長老教会および監理教会と宣教部公議会による宣教（1908 〜 1925）

　1920 年 10 月、朝鮮イエス教長老会は、神戸伝道のための牧師派遣に関して事務局に一任し、牧師を一人派遣することを決定した[37]。その後、朝鮮イエス教長老会の伝道部は、1 月の第二主日を神戸への牧師派遣のための経費を献金する主日と定める一方、派遣牧師の人選は慶南老会に委託することにした[38]。それを受けて、慶南老会は、金二坤牧師を神戸に派遣することを決定した[39]。
　神戸神学校に在学していた留学生たちの働きは、本国の教会を突き動かし、その後の在日大韓基督教会の中心地の一つを形成することとなる関西地方の教会形成に大きく寄与したと言える。

金二坤牧師の派遣とその働き
　朝鮮イエス教長老会の慶南老会から派遣された金二坤牧師は、1922 年 3 月に神戸に到着し、関西地方における伝道に着手しはじめた。しかしながら、財政事情により 10 月からは聖書や書物を販売しながらの自給伝道となった。また、金牧師は神戸神学校で学びながら伝道活動を続けた[40]。
　金二坤牧師が神戸に到着した 3 月には朝鮮イエス教神戸教会創立礼拝が行われ、同月 24 日に教会設置許可願いを申請し、同年 6 月 30 日付で認可を受けている[41]。また同年 4 月には、9 人の信徒によって西宮に朝鮮人教会が設立され、5 月からは夜学校が開始された[42]。
　1924 年 1 月、明石集会所において設立 1 周年を記念して、初の査経会（一定期間に聖書研究や聖書に関する講義を集中的に行なう集会）が実施された。紡績会社で働く男女 200 人を対象に、早朝祈祷会、聖書研究（講師：李炳善、全弼淳、金禹鉉）が実施された。また夜には講演会がもたれた[43]。
　1924 年 1 月 16 日付の『基督申報』には、金二坤牧師が書いた「牧者を待ちわびる関西数万の魂」と題した記事が掲載されている。その中で金牧師は、兵庫地域の教会の状況について次のように報告している。

　　神戸市〔内の集会所〕2 ヵ所神学生 12 名そのうち女性 3 名信徒 60 名△明石市〔信徒〕15 名△青木村〔内の集会所〕2 ヵ所〔信徒〕約 40 名△西宮〔信徒〕20 名〔……〕そのほとんどが会社の職工であり、主日に仕事を休むことができない関係上、昼間に教会に出席できないのは残念である。その代わり夜の礼拝に出席する人は非常に多く〔……〕

(3) 京都地域

　京都における朝鮮人キリスト者の活動は、キリスト教の信者であった金雨英が、東京帝国大学教授の吉野作造の紹介で1914年に京都帝国大学法学部に編入し、京都帝大YMCAの地塩寮で学生時代を過ごしたことに始まる。金雨英は、東京帝大文学部史学科と京都帝大で学び、1918年に京都帝国大学を卒業している。彼は、1916年に京都帝大YMCAの理事（5名）に選出され、庶務理事を担当した[44]。

　金雨英が卒業した一年後の1919年に李順鐸が京都帝大経済学部に入学した。1923年の京都帝大YMCAの名簿には、維持会員として金雨英、通常会員として尹日善（医学）、金季洙（経済）、金鎮完（法学）らの名前が出てくるが、李順鐸も通常会員として名を連ねていることから、李順鐸も京都帝大YMCAに関わった人物であったことがわかる[45]。その李順鐸をめぐっては、『基督申報』に次のような記事がある。

〔……〕神戸朝鮮基督教講義所で、昨年〔1918年〕12月のクリスマスの時から信仰の道に入り、今年の夏に東京朝鮮イエス教連合教会で洗礼を受けられた李順鐸という兄弟が、今年の秋、京都帝国大学に入学して勉強する中、そこで多くの兄弟たちと相談した結果、帝国大学内のYMCA会館を臨時に借りて礼拝をすることとなり、去る主日、すなわち11月15日から集って礼拝を行ないはじめたが、当日に集まった人数は当地の学生だけで13人が集まり〔……〕[46]

　李順鐸が京都帝大に入学したことがきかっけとなり、京都帝大YMCA会館で礼拝を行なう集会が開始されたとあるが、この集会に関しては、さらに翌月の『基督申報』に掲載された記事の中で次のように記されている。

同祈祷会は、去る11月に在東京朝鮮イエス教教会の牧師林鐘純氏が京都の留学生を訪問した際に、同市に在留中の信仰の篤い兄弟たちと協議し、同会が結成されたという。今日、留学生界の衰退は極に達し、30人に満たないが、その約8、9割は信者であるといわれており、近くの工場で働く兄弟〔の中から〕もやってくる人が日ごとに激増し、神さまに栄光をささげているという。〔……〕わた

第 1 章　創設期：朝鮮の長老教会および監理教会と宣教部公議会による宣教（1908～1925）

したちに牧者を送ってください。〔……〕求道者は集まってくるのに導き手がいないのでどうしたらよいものか[47]。

京都帝大 YMCA の朝鮮人集会では、夏休みを利用して男女の学生が夜学校を開校していた。夜学校では、京都帝大、京都第三高等学校、大谷大学、立命館大学、同志社大学神学部の留学生たちが講師を務めていた。夜学校は、学ぶ機会のもてなかった労働者だけでなく、入学試験に向けて勉強に取り組む学生にも開かれていた。そこで教えられていた教科は、朝鮮語、朝鮮史、地理、英語、日本語などであった[48]。

京都帝大 YMCA 会館内でもたれた朝鮮人集会は、その後、名称を京都東部教会とし、京都教会（1925 年）、京都南部教会（1928 年）、伏見教会が設立される基盤となった。1925 年 10 月に始まる現在の京都教会は、京都帝大医学部研究生であった医師の崔明鶴が中心となって集まっていた 4、5 名からなる家庭集会がその始まりであった[49]。

（4）大阪地域

1920 年代の在阪朝鮮人の人口推移・居住分布・職業

1910 年にはわずか 243 人であった在阪朝鮮人人口は、その後、毎年増え続け、1917 年には全国の府県中、大阪府が朝鮮人が最も多く住む地域となった。1921 年に 1 万人台に達して以降、1923 年 2 月の大阪・済州島間の航路の開設もあって、毎年ほぼ 1 万人が増加しつづけ、1930 年には 9 万 6943 人となっている[50]。

大阪における朝鮮人の主要な居住地域は大阪市内の周縁地域などであったが、1923 年前後に西部から中小企業の多い東部へと分布比重が移っていき、一定地域への集住化の傾向を示すようになっていった。1928 年における分布状況を見ると、東成区（現在の生野区を含む）の約 1 万人を筆頭に、東淀川区、港区、浪速、西成区の順に朝鮮人の多住地区が形成され、中でも東成区の朝鮮人の人口は他を圧倒していた[51]。

大阪市社会部調査課『本市に於ける朝鮮人の生活概況』（1929 年 2 月）によると、就業形態では在阪朝鮮人の有業者 3 万 1865 人のうち各種職工が 46.1％と

最大の割合を占めていたが、その中には紡績工 3216 人（うち女工 2985 人）、硝子工 3053 人（全員男工）、鉄工 780 人、染色 607 人、洋哇工 577 人、鍍金工 457 人などが含まれていた。次に多かったのは、その他の労働者の 41.4％であり、その中には土工 5886 人、雑役 3049 人、諸製造業雇人 1150 人が含まれていた。自営業者は全体の 12.3％、その中では下宿業を営む者が 1437 人と最も多かった[52]。

大阪東部教会（現・大阪教会）の設立[53]

　1921 年 5 月中旬に、神戸神学校に在学していた金禹鉉が大阪難波の摂津紡績の招きで講演を行なった際に金義生と出会ったことがきっかけとなって祈祷会がもたれはじめた。金義生は釜山から来た求道者であった。その後、兵庫県の明石紡績に勤めていた申南秀が加わり、この二人を中心にして続けられた祈祷会が大阪教会の出発点となった。

　金義生は 1922 年からランバス女学院の賄いとなり、また申南秀も大阪へ移って就職したことにより、場所を借りて伝道所を開始することができるようになった。

　1922 年の感謝節に、その年の 3 月から派遣されてきていた金二坤牧師を招いて礼拝をささげたが、その際に金義生が受洗し、申南秀と金孔解が学習を受けた。その当時伝道所に集まっていた人数は 10 名あまりであった。

　1923 年、人数が増えて伝道所が手狭となっていたが、K・A・S・トリストラム（K. A. S. Tristram、イギリス教会宣教会）校長の好意によりプール学院の倉庫を借りて主日礼拝を行なうことができるようになった。また、1924 年の秋には、同学院の教室で礼拝が行なえるようになり、1926 年 4 月までそこに留まった。

大阪今宮教会（現・大阪西成教会）の設立[54]

　1923 年の冬、具潤述・劉今伊夫婦の一家が渡日し、大阪市西成区長橋通に住むようになった。一家は朝鮮において入信した熱心なキリスト者家庭であり、とりわけ母親の方温得は、母国で熱心に伝道活動をしていた人であった。同年のある日、方温得が家族に対して、「わたしたちの教会を始めよう」と言うと全家族が賛同し、家の二階を礼拝所にして礼拝を始めた。方温得と劉今伊はその当時、西成区北開町にあった朝鮮食品市場に出かけて伝道した。それから 1

第 1 章　創設期：朝鮮の長老教会および監理教会と宣教部公議会による宣教（1908 〜 1925）

年半ほどの間に出席者が増え、別の地域（玉出）の信徒たちと合流して礼拝をささげるようになった。やがて神戸神学校に留学に来ていた神学生が、同じく朝鮮から来ていた他の大学の神学部の留学生たちと交代で礼拝を指導するようになった。そのような中、1927 年 5 月 16 日に教会設立式を挙行することになった。

大阪十三教会（現・大阪北部教会）の設立

　1920 年頃、朝鮮から日本に渡ってきた金栄培ほか数名が大阪市淀川区木川町の個人宅に集まって毎主日礼拝をささげたのが、教会設立の礎となった。1924 年には、大阪市東淀川区十三町のミード社会館の二階を借りて、神戸神学校に留学していた金泰俊の指導のもと礼拝がなされた。その間に日曜学校や勉励青年会が組織され、1925 年 9 月 25 日に十三教会が設立された[55]。

　ミード社会館は、アメリカ・バプテストに所属する大阪バプテスト女子神学校の構内に 1923 年に建築されたキリスト教関係機関の建物であった。十三教会は、1942 年 3 月に淀川区南方町に移転するまでの 18 年間にわたってミード社会館で礼拝をささげた。アメリカ・バプテストの宣教師である W・ワインド（W. Wynd）は、この頃のミード社会館について、「少し後になって朝鮮人労働者が沢山日本に流入してきた。…… 1916 年に大阪に来たキャンプはミードを助けた。この二人の婦人と、大阪宣教拠点の責任者フート（John A. Foote）はこれら労働者たちの母親、姉妹、友人となった。社会館は外国人にとって休息所のようになった」[56] と記している。

3. 西南地方への宣教

　九州では 1923 年秋頃から、福岡、小倉、吉塚に居住していた信徒の家で礼拝が始められていた。また、下関でも同じ頃、信者の洪南守、金尚来、馬彩鳳を中心に 10 名あまりが集まって礼拝を始めていた。そのような中、1924 年 3 月に監理教会の鄭登雲伝道師が下関に赴いて伝道を開始している[57]。

4. 関西朝鮮イエス教信徒会の設立

　1924年3月、関西に居住している朝鮮人の信仰を成長させ、伝道事業を協力して行なうことを目的にして、関西朝鮮イエス教信徒会が西宮集会所で開催された。この信徒会は、各集会所の総代と神戸神学校で学んでいた留学生によって構成されていた。信徒会に出席した総代および信徒会で選出された任員は下記の通りであった。

　　①各集会所からの出席総代
　　　大阪：呂鐘燮、河東運　　西宮：李成集、金正燮　　青木：趙用元、徐仁泰
　　　明石：尹仲根、呉宅煥　　神戸：金成龍
　　②任員
　　　会長：朴尚東　　書記：李炳善、金禹鉉　　会計：金泰烈、全弼淳[58]

　のちに関西朝鮮イエス教信徒会は、1925年の関西地方朝鮮教会委員会への改称を経て、関西地方会へと発展していくことになる。

5. 在日ミッション同盟の在日朝鮮人宣教への協力

　1921年から在日朝鮮人宣教は、在朝プロテスタント福音主義宣教部連合公議会（The Federal Council of Protestant Evangelical Missions in Korea：以下、在朝プロテスタント宣教部公議会と表記）が担うことになった[59]。その在朝プロテスタント宣教部公議会は、関西地方に増加しつづけていた朝鮮人への伝道を実施するため、在日ミッション同盟（The Conference of the Federation of Christian Missions of Japan）に対して協力を申し出ることを決定し、1923年8月にW・N・ブレア宣教師（W. N. Blair、米国長老教会）を軽井沢で開催された在日ミッション同盟の総会に派遣した。在日ミッション同盟に対してなさ

第 1 章　創設期：朝鮮の長老教会および監理教会と宣教部公議会による宣教（1908 〜 1925）

れた関西地方における在日朝鮮人伝道への協力要請は、在日ミッション同盟総会で承認され、在日朝鮮人宣教を支援する特別委員会が 3 人の委員によって構成された[60]。

　その特別委員会の最初の委員には、J・T・マイヤーズ（J. T. Meyrs、米国メソジスト監督教会）、K・A・S・トリストラム（イギリス教会宣教会、プール学院校長）、G・W・フルトン（G. W. Fulton、米国長老教会、大阪神学院校長）の 3 名が選出され、財政や集会所の提供、聖書研究、礼拝説教、教育事業（幼稚園運営）などに対する援助・協力が積極的に行なわれるようになった。この委員会の協力により、1924 年に牧師一人の派遣の見通しがつき、朝鮮から朴淵瑞牧師が関西に派遣された[61]。

　特に関西では日本在住の宣教師たちが個人的に献金したが、その金額の合計は毎年 1,000 円あまりとなり、その献金は朝鮮イエス教連合公議会の連合伝道局（朝鮮イエス教連合公議会の働きについては後述）を通して用いられた。朝鮮イエス教連合公議会が 3 名の牧師を日本に派遣していた 1927 年の報告によれば、在日朝鮮人宣教の費用 5,600 円のうち、朝鮮の教会および宣教部が計 4,400 円を負担する一方、日本在住の宣教師が計 1,200 円を支出していた[62]。このことからも、在日朝鮮人宣教において日本在住の宣教師たちによる財政的支援が非常に重要な位置を占めていたことがわかる。

　なお、カナダ長老教会の在日宣教部による 1929 年の報告では、次のように在日朝鮮人宣教に関わっていた宣教師および機関名と、その働きについての報告がなされている。

① J・A・フート（Foote、大阪十三、アメリカ・バプテスト）：在日宣教師で組織されている在日朝鮮人宣教を支援する特別支援委員会の委員長。在日朝鮮人グループに、大阪十三の女子神学校（Mission Bible Institute）内に設立されたミード社会館の建物を無料で提供。
② トリストラム（大阪、イギリス教会宣教会）：大阪の朝鮮教会のうち、3 ヵ所に財政支援。
③ ランバス・スクール（米国の南メソジスト監督教会宣教部）：一つのグループに対する援助および、朝鮮人幼稚園教師 1 名の給料を援助。
④ ヘンティ（Miss A. M. Henty、東京、イギリス教会宣教会）：定期的に朝鮮人グループのための集会を実施。

⑤ブキャナン（Dr. W. C. Buchanan、名古屋、米国南長老教会）とその息子
⑥マッキルエン（Rev. W. A. McIlwaine、名古屋、米国南長老教会）
⑦マカルピン（Rev. R. E. MacAlpine、豊橋、米国南長老教会）：豊橋において、朝鮮人グループの集会を援助。毎週1時間、そのグループに聖書指導を約束[63]。

　この特別委員会による協力は、1936年にその働きが日本基督教連盟に引き継がれるまで継続して行なわれた。

6. 朴淵瑞牧師の派遣とその働き

　上に見たように、在日ミッション同盟の協力のもと、在朝プロテスタント宣教部公議会から朴淵瑞牧師（南監理教会朝鮮毎年会）が、1924年10月に関西伝道のために派遣された。朴淵瑞牧師の働きにより、関西地方における伝道活動が伸展していくとともに、教会の組織化が一段と進められていくことになった。赴任したばかりの朴淵瑞牧師は早速、『基督申報』紙上で、関西地方にある諸教会の状況を報告している。その内容を要約すると次のようなものであった。

①神戸：同胞労働者3000～4000名、神学生11名、集会所1。
②大阪：同胞労働者8～9万名、教会・集会所4、北区教会30名あまり、東区40名あまり、十三今里30名あまり、鶴橋数十名。
③京都：同胞労働者2000～3000名、同胞労働者のための礼拝所はなく、学生17～18名が集まって礼拝をしている。
④奈良：同胞労働者500～600名、教会集会所1、25～26名が集まって礼拝をしている。
⑤青木：同胞労働者は多くないが、20名あまりが集まって礼拝をしている。
⑥東明：新しく40～50名が集り教会を始めた。夜学校を設立。
⑦姫路：同胞の生活は悲惨。一つの集会所に40名あまりが集う。
⑧西宮：20名あまりが集まって礼拝をしている[64]。

第1章　創設期：朝鮮の長老教会および監理教会と宣教部公議会による宣教（1908～1925）

　朴淵瑞牧師は、1925年6月に関西朝鮮イエス教信徒会が日本関西地方朝鮮教会委員会と改称した際に中心的な役割を担った。それは、朝鮮の長老教会と監理教会および在朝プロテスタント宣教部公議会との連絡関係を強化していくことを目的にした変更であった。また、朴淵瑞牧師は、関西地方だけでなく、関東地方、九州地方を網羅する伝道本部として、連合伝道事務局を設置する[65]。

　さらに朴淵瑞牧師は、1925年の初めに名古屋からの要請を受けて、大阪神学院在学中の全弼淳神学生を名古屋に派遣している。名古屋にはその頃すでに20名あまりの朝鮮人キリスト教徒が存在していた[66]。

　下記の表2は、1925年6月当時の名古屋を含む関西地方の各教会の教勢を統計表にしたものである。

表2　統計表（1925年6月分調査）[67]　　但し収支経費は一ヵ年の統計

教会所在地	教会員数				収支経費		主日学校		夜学校	
	洗礼	学習	求道	合計	収入	支出	生徒	教師	生徒	教師
名古屋	1		6	7	15.00	15.00				
奈良	1		5	6	100.00	100.00				
京都	15			15	24.00	24.00				
大阪東区	31	3	26	60	177.00	177.00	20	3	17	3
大阪北区	7	5	30	42	50.00	50.00	24	3	16	4
下三番	17	6	15	38	120.00	120.00				
十三	3	2	24	29	26.00	26.00				
西宮	3	2	10	15	60.00	60.00				
青木	1	3	8	12	24.00	24.00				
東明	1		30	31	60.00	60.00			16	1
神戸	20	8	32	60	120.00	120.00	28	3		
明石	1	2	4	7	23.00	23.00				
飾磨	13	13	35	61	160.00	160.00	8	2	32	2
合計	114	46	223	383	959.00	959.00	8	11	81	10

7．教会の設立（1908～1924）

　東京連合教会（1908年）、京都学生教会（1919年　京都東部教会の前身）、

第 2 部　創設期から解放まで（1908 〜 1945）

大阪東部教会（1921 年　現・大阪教会）、神戸教会（1921 年）、西宮教会（1922年）、大阪北教会（1922 年　大仁教会）、大阪鶴橋教会（1923 年）、今宮教会（1923年　現・大阪西成教会）、青木教会（1923 年）、明石教会（1923 年）、飾磨教会（1924年）、東明教会（1924 年）、奈良教会（1924 年）。

1　白南薫『나의 一生』、107-108 頁。
2　『예수교장로회대한노회 제 3 회회록』（1909）、23-24 頁、C. A. Clark, "Work among Korean Students in Tokyo," KMF 9-5（1913）, 119、白南薫『나의 一生』、108 頁。
3　C. A. Clark, "The Korean Church in Japan," KMF 28-3（1932）, 51.
4　C. A. Clark, "Work among Korean Students in Tokyo," 120.
5　『예수교장로회조선노회 제 5 회회록』（1911）、11-12 頁。
6　C. A. Clark, "Work among Korean Students in Tokyo," 120.
7　白南薫『나의 一生』、108 頁。
8　C. A. Clark, "Work among Korean Students in Tokyo," 120.
9　『예수교장로회조선총회 제 1 회회록』（1912）、12-13 頁に記録されている合意事項を簡略化した。
10　朱孔三牧師に関しては資料不足のため曖昧な点が多いが、1913 年に KMF に掲載された記事に、「連合教会の牧師として本現場に派遣された朱孔三牧師が到着した後、新しい教会（そのために借りた日本の建物）での最初の礼拝を今年最初の主日の朝に行なった」（原文：The first service in the new Church – a Japanese building rented for the purpose – was held in the morning of the first Sunday of this year, after the arrival of the Rev. Choo Kong San who was sent to this field as Pastor of the Union Church.）とあることから、本書においては赴任年を 1913 年とする。また、帰国した年に関しては、後任の呉基善牧師が 1914 年 8 月 21 日に東京に赴任していることと、1914 年 9 月に黄海道載寧郡で開催された第 3 回朝鮮イエス教長老会大韓老会の会録に、「東京連合教会宣教師の朱孔三氏」が「言権委員」として参席することが許可されたとの記録があることから、帰国年を 1914 年とした。S. H. Choi, "Korean Student Work in Tokyo," KMF 9-4（1913）, 83、『예수교장로회대한노회 제 3 회회록』（1909）、17 頁。呉基善に関しては、朴慶植編『在日朝鮮人関係資料集成』Ⅰ、三一書房、48 頁、「동경통신」『基督申報』（1922）、46、朴慶植編『在日朝鮮人関係資料集成』Ⅰ、142 頁、「呉基善牧師는 동경전도의직은사임」（『基督申報』1924 年 1 月 30 日）を参照。なお、呉基善牧師の 2 回目の東京赴任に関しては、呉牧師の謝儀が 1922 年 1 月 19 日分から支払われていることから、1922 年とした。李如漢牧師に関しては、「동경통신」『基督申報』11 月 1 日）、MCPMK（1917）、16、『学之光』第 13 号（1917 年 7 月）、84 頁、林鐘純牧師に関しては、『学之光』第 14 号（1917 年 12 月）、76 頁、MCPMK（1921）、15 を参照した。
11　이상훈「재일대한기독교회에서 한국교회 파견목사의 지위 변천 과정」（『한국기독교와 역사』第 42 号、2015 年 3 月）、87-88 頁を参照。
12　MCPMK（1916）, 17-18.
13　MCPMK（1917）, 18.
14　MCPMK（1916）, 18.
15　在日本東京朝鮮예수教連合教会『教会日誌』（1926 年 1 月 29 日、1928 年 1 月 1 日、1928 年 12 月 30 日、在日大韓基督教会歴史編纂委員会所蔵。以下、歴史編纂委員会所蔵と略す）。
16　日本 YWCA100 年史編纂委員会『日本 YWCA100 年史 女性の自立を求めて 1905-2005』日本キリスト教女子青年会、2005 年、45 頁。
17　留学生の名簿である「在日本東京朝鮮連合예수教会員一覧」が掲載された『基督申報』の各号の

第1章　創設期：朝鮮の長老教会および監理教会と宣教部公議会による宣教（1908 ～ 1925）

日付は次の通りである。1923 年 5 月 23 日、5 月 30 日、6 月 6 日、6 月 13 日、6 月 20 日、6 月 27 日、7 月 4 日、7 月 11 日、7 月 18 日、7 月 25 日。
18 「日本東京朝鮮連合예수교会」（『基督申報』1923 年 5 月 30 日）。
19 MCPMK（1917），18.
20 『在日大韓基督教 東京教会七十二年史』恵宣文化社、1980 年、137-138 頁。
21 関東大震災時の朝鮮人虐殺数については、姜徳相『〔新版〕関東大震災・虐殺の記憶』青丘文化社、2003 年、227-238 頁を参照。歴史学者の山田昭次は、数千人にもおよぶ朝鮮人が関東大震災時に虐殺されたのは疑いのないことであるが、その人数を確定することは不可能であるとしている。その理由として、日本国家による死体数の隠蔽工作や在日本関東地方罹災朝鮮同胞慰問班の調査への妨害などを挙げている。山田昭次『関東大震災時の朝鮮人虐殺―その国家責任と民衆責任』創史社、2003 年、211 頁。
22 「呉基善牧師는被殺乎」（『基督教申報』1923 年 9 月 19 日）。
23 「国内兄妹의 同情을 請합니다」（『基督教申報』1923 年 10 月 10 日）。
24 「禍難中에 離散된 東京教友의 生死」（『基督教申報』1923 年 10 月 31 日）。
25 『在日大韓基督教 東京教会七十二年史』、143 頁。
26 同上、146 頁。
27 柳東植『在日本韓国基督教青年会史』、189 頁。
28 『教会日誌』在日本朝鮮連合教会（1924 年 9 月 7 日、歴史編纂委員会所蔵）。
29 『在日大韓基督教 東京教会七十二年史』、251-253 頁。
30 姜在彦・金東勲『在日韓国・朝鮮人―歴史と展望』、18 頁。
31 趙景達編『植民地朝鮮―その現実と解放への道』東京堂出版、2011 年、316 頁、および姜在彦・金東勲『在日韓国・朝鮮人―歴史と展望』、17 頁にある統計表を参考にした。
32 兵庫朝鮮関係研究会『在日朝鮮人 90 年の奇跡―続・兵庫と朝鮮人』神戸学生青年センター出版部、1993 年、11 頁。
33 『神戸教会 70 年史』在日大韓基督教神戸教会、1991 年、79 頁。
34 『조선예수교장로회총회 제 7 회회록』（1918）、13 頁。
35 「救主聖誕祝賀式」（『基督申報』1919 年 1 月 22 日）。
36 「稀貴한消息」（『基督申報』1919 年 1 月 22 日）。
37 『조선예수교장로회총회 제 9 회회록』（1920）、41 頁。
38 『조선예수교장로회총회 제 10 회회록』（1921）、41 頁。
39 『경남노회 제 12 회회록』（1921）、28 頁。
40 「関西地方에朝鮮耶蘇教伝道状況報告」（『基督申報』1923 年 3 月 7 日）。
41 「신호시교회 設置認可済」（『基督申報』1922 年 8 月 9 日）。
42 「일본서궁에 鮮人〔ママ〕基督教」（『基督申報』1922 年 7 月 19 日）。
43 「신호에처음되는 우리조선인사경회」（『基督申報』1924 年 1 月 23 日）。
44 京都大学キリスト教青年会百周年記念事業委員会記念誌部会編『地塩 洛水 京都大学 YMCA 百年史』京都大学キリスト教青年会、2003 年、年表 15 頁。
45 同上、116 頁。
46 「경도 조선학생례배회」（『基督申報』1919 年 12 月 10 日）。
47 「京都留学生祈祷会」（『基督申報』1920 年 1 月 28 日）。
48 「일본경도의 夜学校開学」（『基督申報』1922 年 10 月 18 日）。
49 兪錫濬・田永福・楊炯春・金在述編著『在日大韓基督教 京都教会 50 年史』京都教会、1978 年、68 頁。
50 「国勢調査」（1930 年）。
51 同上。
52 大阪市社会部調査課『社会部報告 85 号 本市에於ける朝鮮人의生活概況』1929 年、2-4 頁。

第 2 部　創設期から解放まで（1908 〜 1945）

53　この項目については、『在日大韓基督教 大阪教会 55 年史』大阪教会、1979 年、75-76 頁を参照した。
54　この項目については、在日大韓基督教会大阪西成教会 80 年史編纂委員会『大阪西成教会 80 年史』在日大韓基督教会大阪西成教会、2003 年、8-10 頁を参照した。
55　大阪北部教会 80 年記念誌編集委員会編『大阪北部教会創立 80 周年記念誌』在日大韓基督教会大阪北部教会、2005 年、12 頁。
56　大島良雄『日本につくした宣教師たち』ヨルダン社、1997 年、249 頁。
57　『創立 70 周年記念誌』在日大韓基督教下関教会創立 70 周年記念行事実行委員会、1998 年、14 頁。
58　「関西의 朝鮮예수教信徒会」（『基督申報』1924 年 5 月 7 日）。
59　*MFCPMK*（1921）, 13, 45-46.
60　*MFCPMK*（1924）, 18.
61　同上、20 頁、*MFCPMK*（1925）, 19-20.
62　『朝鮮예수教連合公議会 第四回会録』（1927）、18-22 頁。
63　*A & P*（1929）, 56-57 を整理した。
64　「関西教会의 近況」（『基督申報』1924 年 11 月 12 日）。
65　「関西地方朝鮮教会情況」（『基督申報』1925 年 9 月 9 日）。
66　「関西教会通信一斑」（『基督申報』1925 年 2 月 18 日）。
67　「関西地方朝鮮教会情況」（『基督申報』1925 年 9 月 9 日）に掲載された統計表を参照した。

第2章　伸展期

朝鮮イエス教連合公議会と
カナダ長老教会による宣教
（1925～1933）

カナダ長老教会の宣教師：前列左より、ミリアム・ヤング、エセル・マクドナルド、ジーン・マクレーン、
後列左よりL・L・ヤング、メアリー・アンダーソン、グラディス・マーフィー

第 2 章　伸展期：朝鮮イエス教連合公議会とカナダ長老教会による宣教（1925 ～ 1933）

1．朝鮮イエス教連合公議会による宣教

（1）連合伝道局の設置

　長老教会と監理教会、そして北米などからの宣教師によって構成された在朝プロテスタント宣教部公議会によって担われてきた在日朝鮮人宣教は、1925 年から前年 9 月に設立された朝鮮イエス教連合公議会（現在の韓国 NCC の前身）と在朝プロテスタント宣教部公議会によって担われることとなった[1]。
　朝鮮イエス教連合公議会は当初、朝鮮イエス教長老会、朝鮮イエス教監理年会、南監理教会朝鮮毎年会の 3 教会と 6 つの外国宣教部、基督教青年連合会（YMCA）、英国聖書協会の計 11 団体で組織されたキリスト教の連合団体である。朝鮮イエス教連合公議会の目的は、①協同で福音を伝道すること、②協同で社会道徳の向上を図ること、③協同でキリスト教文化の普及に努めることであった。
　朝鮮イエス教連合公議会が設立された当時、すでに在朝プロテスタント宣教部公議会によって東京に 1 名（徐相賢）と大阪に 1 名（朴淵瑞）の牧師がそれぞれ派遣されていた[2]。1925 年 10 月には、朝鮮イエス教連合公議会の委員が集まり、朝鮮イエス教連合公議会のもとに連合伝道局を組織し、それまで在朝プロテスタント宣教部公議会が単独で担っていた東京と関西の伝道事業を両公議会が共同で行なうことになった。連合伝道局の最初の局員は次の通りであった。

　　局長：車相晋　　書記兼会計：郭安連〔C. A. Clark〕
　　局員：姜奎燦、李寿萬、金鐘宇、康雲林〔W. M. Clark〕、辺永瑞〔B. W. Billings〕、河鯉泳〔R. A. Hardie〕[3]

（2）呉澤寛牧師の派遣と九州地方会の設立

　1926 年 12 月、朝鮮イエス教連合公議会は、九州地方に呉澤寛牧師を派遣した[4]。呉牧師の伝道活動によって、九州地方における教会形成が活発化していく。
　呉澤寛牧師は、1888 年に黄海道で生まれた[5]。青年時代には、金九（独立運

67

動家)について独立運動を熱心に行なったが、その間にキリスト教徒となった。日本の憲兵から逃れるためにソウルに行き、ピアソン高等聖経学院で学び、朝鮮イエス教長老会京畿老会の妙洞教会で伝道師として働いた後、平壌長老会神学校で学んだ。1926年に同校を卒業し、牧師按手を受けた呉牧師は、その年の12月に九州地方の朝鮮人伝道のために渡日した。当時の年齢は、38歳であった。

呉澤寛牧師は、朝鮮人が多く住む福岡吉塚町を拠点とし、現地の外国人宣教師や日本人牧師の支援なども受けながら、小倉や八幡地域においても伝道活動を展開した。その結果、1927年3月には福岡教会が、同年8月には小倉教会と八幡教会が設立されるに至った[6]。また、毎週40名の信者が集まっていた福岡教会に主日学校と青年会が組織された。主日学校の生徒数は25名で、校長に尹柱福、学監に金浩植、教師に金英恵と安東赫が任命されている。翌年の9月には、礼拝所4ヵ所の洗礼会員41名、信徒総数199名となっている[7]。

1929年5月6日、小倉教会において第一回在日本朝鮮イエス教九州地方会が開催された。出席者は8名であった。地方会では、会長に呉澤寛、書記に鄭登雲、伝道部に張文世、宗教教育部に徐丙枝、財政部に金正愛、社交部に裵英俊が選出されたほか、次のような決議を行なった。

1. 復活主日献金と感謝節献金は、伝道費として用いること
2. 花の日主日の献金は、宗教教育に用いること
3. 地域ごとに労働夜学校に尽力すること
4. 福岡と八幡において、地方会主催の秋期大伝道会を開催すること
5. 夏に宗教教育部主催で、各主日学校において幻燈会〔幻燈は、写真を拡大して映写幕に映し出すもの〕を行なうこと
6. 教職者の派遣がある場合には、地方会として意見書を送ること[8]

その後も九州宣教は呉澤寛牧師らを中心に展開された。1931年の報告の中で呉澤寛牧師は、九州の教会は「日進月歩で発展し」、5ヵ所の教会(下関、小倉、八幡、中山、福岡)と1ヵ所の祈祷所(門司市の大里)があることに触れた後、教職者不足を訴えている。そのことについて同報告書の中で呉牧師は、「教職者は1日に300里あまりの道のりを経て3ヵ所の教会で説教するので疲

第 2 章　伸展期：朝鮮イエス教連合公議会とカナダ長老教会による宣教（1925 〜 1933）

福岡教会設立 3 周年記念（1930.3.2）

労し、教職者の不在時は礼拝を中止することも多い」と記している[9]。

2. 教会の使用許可をめぐる当局の弾圧：朴淵瑞牧師の手紙

　1926 年 10 月、『基督申報』（10 月 13 日）に C 氏と K 氏宛に書かれた朴淵瑞牧師による 10 月 1 日付の手紙が掲載されている。それは、内容から見ると手紙形式をとった告発文であった。大阪東部教会などへの警察当局の露骨な干渉と弾圧に対する朴牧師の苦闘が記されたその手紙は、1926 年 4 月から 9 月までの半年間の出来事の記録であり、その内容の概略は以下の通りであった。

69

第2部　創設期から解放まで（1908～1945）

　問題の発端は、大阪教会が集会所として借用していたプール学院のトリストラム校長が隠退して日本人校長に交代した際に警察からあった、「朝鮮人に集会場所を貸さないように」との命令であった。このような事態を受け、トリストラムが大阪府社会課の嘱託であった牧野虎次（元牧師）を訪ね、「朝鮮人に場所を貸すなと言うのは、朝鮮人に対してあまりにも酷い仕打ちではないか」と言って集会場所の斡旋を依頼した。後日、牧野から指定された場所は、当局が在日朝鮮人を統制するための機関であった内鮮協和会の宿泊所であった。これに対して朴淵瑞牧師は、「そこに一体どのような信徒が行くというのでしょうか」、「わたしの良心がそれをゆるせると思いますか」と憤りを示すと同時に、もしそこに移らなければ、当局から「排日派として睨まれることになる」と、自らの苦しい心情を吐露している。
　その際、手を差しのべたのが、ランバス女学院の校長であった赤沢元造とその学校にいた数名の宣教師およびトリストラムであった。彼らからの毎月35円の補助により、朴牧師が住む家も兼ねた、毎月50円の家賃の家を見つけて移転し、5月の第一主日から新しい場所で礼拝をもつことができるようになった。しかし翌日には、鶴橋警察の特別高等警察（特高）に呼び出され、教会の使用許可を受けていないとの指摘があった。許可申請をすることを条件に何とか集会の継続許可を受けるが、5月の間中、警察は朴牧師に対して尾行をつけた。
　さらに9月に入って警察署からの呼び出しがあり、特高の主任が、「教会設立願いが不許可になったので、今後集会と伝道を禁止する」と申し渡してきた。これは、大阪東部教会だけでなく、大阪府下にあった5ヵ所の集会所すべてに対するものであった。その理由は、大阪府知事による禁止命令が出たからというものであった。朴牧師は、「自分の命と引き換えに教会を再開させることができるのであれば、わたしはそれを受け入れます」と祈る中で、「苦難を受けているが安心しなさい。わたしは既にこの世に打ち勝っている」（ヨハネ16：33）という聖書の御言葉に励まされ、集会ができないのであれば、教会を組織せずに各個人に対する訪問伝道を行ない、家庭で礼拝することまで考えたが、結局この問題は、許可申請の管理者名を変更し、11月に教会の集会許可を受けたことで解決した。実際の不許可の理由は、朴淵瑞牧師が三・一独立運動の「前科者」であるからというものであった。

第 2 章　伸展期：朝鮮イエス教連合公議会とカナダ長老教会による宣教（1925 ～ 1933）

　朴牧師は、翌年の 3 月に在日朝鮮人宣教を終えて朝鮮に戻ったが、その後も引き続き朝鮮イエス教連合公議会を通して在日朝鮮人宣教に関わった[10]。

3. カナダ長老教会の在日朝鮮人宣教への参加

（1）カナダ長老教会と朝鮮宣教

　カナダ長老教会（1875 年設立）が朝鮮宣教を開始したのは、1897 年のことであった。朝鮮の長老教会と監理教会が宣教に関する協議を行なった結果、不必要な競争をなくすために、1893 年に「宣教地の分割策」が採択され、カナダ長老教会は北東部である咸鏡南北道と中国の北東部の間島省付近（現在の中国延辺朝鮮族自治州）を担当することになり、元山、城津、咸興に宣教拠点を置いた。

　しかし、1925 年、カナダではメソジスト教会、会衆教会、長老教会の三教派が合同して「カナダ合同教会」（United Church in Canada）が設立する。その際、長老教会内では、合同に対して、特に職制理解をめぐって強硬に反対するグループが現われ、三分の一が合同に加わらずにカナダ長老教会に留まった。宣教師として朝鮮にいたＬ・Ｌ・ヤング（Luther Lisgar Young）もその一人であった。

　合同の結果、カナダ長老教会が担っていた朝鮮の宣教地はカナダ合同教会が引き継ぐこととなり、カナダ長老教会の海外宣教部は、朝鮮人宣教のための新たな宣教地を探すこととなった。

（2）カナダ長老教会による代表団の日本への派遣

　在日朝鮮人宣教を担っていた朝鮮イエス教連合公議会の連合伝道局の一員であったＣ・Ａ・クラーク（C. A. Clark）がカナダ長老教会とＬ・Ｌ・ヤングに対して、在日朝鮮人宣教への参加を熱心に打診する中、1927 年 3 月、カナダ

第2部　創設期から解放まで（1908 ～ 1945）

長老教会海外宣教部理事会の定例会で、在日朝鮮人宣教の可能性を調査するためにL・L・ヤングおよび3名の代表団の派遣が決定された[11]。この決定を受けて、カナダのバンクーバーを出発したH・M・ストラッチャン（H. M. Strachan、女性宣教会代表）、C・S・マクドナルド（C. S. McDonald）、D・マックオドラム（D. MacOdram）、L・L・ヤング夫妻一行が横浜に到着する[12]。横浜で代表団とL・L・ヤング夫妻は別れ、ヤング夫妻は神戸へと向かい、代表団一行のほうは、カナダ長老教会派遣の宣教師として東京において女子労働者への宣教活動に従事していたキャロライン・マクドナルド（Caroline MacDonald）と横浜で会った。その際にキャロライン・マクドナルドは、在日朝鮮人宣教を日本基督教会との協力のもとで進めることを提案している。さらに一行は、キャロライン・マクドナルドの紹介で、日本基督教会の指導者たちとも会合した。その中には、当時の日本基督教会の大会議長であった山本秀煌牧師や高倉徳太郎牧師らがいた。

その後、代表団一行は、神戸でL・L・ヤングと再び合流し、在日朝鮮人が置かれた状況について視察した。また一行は、大阪、神戸において、いくつかの朝鮮人グループと会い、その際に宣教活動を始めてほしいとの要請を受けた。その後、代表団は、在日朝鮮人に対する宣教活動の責任を担う朝鮮イエス教連合公議会連合伝道局と協議を行なうためにソウルへと向かった。

(3)「合意書」の締結とL・L・ヤング宣教師の赴任

カナダ長老教会の代表団一行と朝鮮イエス教連合公議会の連合伝道局（朝鮮人6名、宣教師4名）との協議は、1927年10月19日および20日の二日間にわたって京城（現・ソウル）の朝鮮ホテルにおいて開催された[13]。連合伝道局側からは、在日朝鮮人に対する宣教活動は進展しつつあるが、その働きを適切なかたちで遂行するための財政および人材が不足しているとの現状報告がなされ、カナダ長老教会が連合公議会のメンバーとなり、ヤング牧師が連合伝道局との相互協力のもと日本における活動の責任者となることが提案された。また、連合伝道局は、それまで行なってきた在日朝鮮人宣教に対する支援をそのまま継続することを約束している。長い議論の末、カナダ長老教会代表団は、連合伝道局の提案を受け入れることを決め、次の6項目を「合意事項」としてカナ

第 2 章　伸展期：朝鮮イエス教連合公議会とカナダ長老教会による宣教（1925 ～ 1933）

ダ長老教会総会に提出することとした。

　①カナダ長老教会は、朝鮮イエス教連合公議会のメンバーとなる。
　②Ｌ・Ｌ・ヤング宣教師は、在日朝鮮人伝道活動のすべてにわたって監督する責任をもつ。
　③予算は、Ｌ・Ｌ・ヤング宣教師が作成して連合伝道局に提出する。
　④Ｌ・Ｌ・ヤング宣教師は、朝鮮人同労者の任命について連合伝道局と協議を行なう。
　⑤Ｃ・Ａ・クラーク牧師は、ソウルにおいて幹事としての任務を継続する。宣教資金の支出は、ヤング宣教師の請求にもとづいて行なう。
　⑥教会の名称は、「朝鮮基督教会」（Korean Christian Church）とする[14]。

　また、代表団によるカナダ長老教会の総会への報告書には、次のように記されていた。「わたしたちは、この活動において彼ら朝鮮人を喜んで援助するが、わたしたちと彼らは、彼らがわたしたちの援助なしに教会運営ができるようになる日が来ることを待ち望むべきである」[15]。この文章からは、カナダ長老教会が在日朝鮮人宣教に参加したその当初から、在日朝鮮人教会の自立の必要性を強く認識していたことがわかる。また、合意事項の第6項の教会の名称に「長老派」を意味する言葉がないことは注目に値することである。このことについては、のちに改めて触れることにする。
　Ｌ・Ｌ・ヤング夫妻は、代表団の勧告にもとづいて、上の合意事項がカナダ長老教会によって承認されるであろうことから、当分の間日本に留まることになった。こうして、カナダ長老教会による在日朝鮮人への宣教活動が開始されることになる。

（4）朝鮮イエス教連合公議会連合伝道局規則の制定

　在日朝鮮人宣教を担っていた朝鮮イエス教連合公議会の連合伝道局は、1928年に規則を制定した。この規則の制定は、1927年からカナダ長老教会が在日朝鮮人宣教に参加することを受けてなされたものであったと考えられる。在日朝鮮人への宣教のための組織構成や権限などが、その規則には示されている。カナダ長老教会宣教部の働きもこの規則に則って実施された。以下は、その規

第 2 部　創設期から解放まで（1908〜1945）

則から一部抜粋してまとめたものである。

　　第一条　組織および目的：本伝道部〔1927 年に「連合伝道局」から「連合伝道部」に改称〕は、朝鮮イエス教連合公議会の決議により組織されたが、目的は日本に在留する同胞に伝道することとする。
　　第二条　部員および任期：部員 12 名、任期 3 年
　　第三条　任員および任務：部長 1 名、書記 1 名、会計 2 名
　　第四条　会合および定員：定期会は毎年 1 回開催し、毎年 9 月の公議会時に部員三分の二をもって開催する。
　　第五条　財政および報告：会計は、各教派の負担金の収納状況を部会があるごとに報告し、毎年の定期会時には一年間の出納および翌年度の予算を作成し、公議会に報告する。
　　　　　　日本に派遣されている伝道牧師は、毎定期会前に各宣教情況と教会情況および統計表を詳しく作成し、部会に報告すること。部会はこれをまとめて公議会に報告する。
　　第六条　派遣されている宣教師と牧師に関する件：本伝道部は、日本各地の伝道事業を管理する者一人を宣教師として選定する。管理者は、日本各地での伝道に関する一切の事項については、必ず部会に問い合わせ、または承認を得た後、履行することができる。
　　　　　　本伝道部の派遣を受けて日本各地で伝道する者は、部会の決定に従い、管理者の指導を受ける。
　　第七条　規則改定および細則
　　細　則
　　　1928 年 8 月の総会時に改選された委員
　　　3 年組：洪鐘簫、金鐘宇、全弼淳
　　　2 年組：車載明、河鯉泳〔R. A. Hardie〕、朴淵瑞
　　　1 年組：張楽道、康雲林〔W. M. Clark〕、辺永瑞〔B. W. Billings〕
　　　部　長：洪鐘簫　書記：朴淵瑞　会計：魏喆治〔G. H. Winn〕、栄在馨〔L. L. Young〕[16]

　なお先に見たように、規則に出てくる、「日本各地の伝道事業を管理する」宣教師として日本に派遣されたのは、L・L・ヤングであった。

第2章　伸展期：朝鮮イエス教連合公議会とカナダ長老教会による宣教（1925～1933）

（5）東京連合教会の位置

　東京連合教会については、同教会の要請により、カナダ長老教会が在日朝鮮人宣教に参加しはじめた1927年以降も朝鮮イエス教連合公議会が人事・財政の責任を担うこととなる[17]。これにより在日朝鮮人教会の人事は、朝鮮イエス教連合公議会派遣の教職者とカナダ長老教会による教職者の二重構造となった。

（6）初代カナダ長老教会宣教師のL・L・ヤング[18]

　L・L・ヤング（韓国名：栄在馨）は、1875年11月21日にカナダ・ピクトゥ郡のミルズビルで生まれた。17歳の折に伝道集会に参加した際、ジョン・フレイザー牧師によるヨハネ福音書5章24節にもとづいた「誰が永遠の生命を獲得するであろうか」と題した説教を聞いて感動し、将来、宣教師として海外伝道を行なうことを決心した。

　ヤングは、ハリファックスのダルハウジー大学の学生だった頃は、サッカーチームの名フォワードとして活躍したスポーツを愛する青年であった。また、大学の4年生時にはYMCAの会長も務めている。大学を卒業した後、バインヒル神学校で学び、1906年4月に卒業した。同年5月に牧師按手を受け、11月21日、31歳の時に宣教師として朝鮮の咸興に赴任した。彼は、咸興を中心に20年にわたって宣教活動に従事した。1917年にはカナダの母教会有志から

カナダ長老教会初代宣教師のヤング夫妻

贈られたサイドカー付のハーレーダビッドソンを巡回伝道の手段として用い、朝鮮の人々を驚かせた[19]。

　前述したように、1925年にカナダにおいて長老教会とメソジスト教会、会衆教会が合同してカナダ合同教会を組織した際、ヤングはカナダ長老教会に留まった。しかし、朝鮮における宣教地はカナダ合同教会に引き継がれることになったため、カナダ長老教会は、朝鮮イエス教連合公議会との協議（1927年10月19～20日）の末、在日朝鮮人への宣教に携わることになったのは先に見た通りである。ヤング宣教師は、その協議の後、そのまま神戸に赴任している[20]。

　カナダ長老教会による宣教協力は大きな成果をもたらした。九州からサハリンまで広範囲にわたって散在していた朝鮮人にキリスト教を伝え、1928年から1932年までの5年間でその信徒数は998人から2300人と二倍近くに増加した[21]。1934年2月に在日本朝鮮基督教会（在日大韓基督教会の前身）が創立された際には、ヤング宣教師が初代の議長に選出されている。

（7）L・L・ヤングおよびカナダ長老教会の宣教構想

　ヤングおよびカナダ長老教会の宣教に対する構想の大きな柱は、在日朝鮮人の間に教派を多数形成するのではなく、一つの教団をたてるというものであった。このことは、先に見たように1927年10月に朝鮮イエス教連合公議会連合伝道局との間で合意した事項の中の教会名に「長老派」という言葉がなかったことからもうかがえる。また、在日朝鮮人宣教に長らく携わってきたC・A・クラークが在日朝鮮人宣教へのカナダ長老教会の参与がいかに大きなものであったのかを述べた文章の中でも、その点が評価されている。クラークは次のように述べている。

> 　1912年以来、この働きに協力してきたここ朝鮮にいるわたしたちは、加勢をしてくれたことに対して、ヤング氏とその宣教部、またその背後にあるカナダ長老教会に感謝の意を表したい。わたしたちはその当時、できるかぎりのことは行なったが、その働きはわたしたちの手に余るものであった。わたしたちが繰り返し要請したにもかかわらず、朝鮮にある宣教部の中で積極的に働き人一名

第 2 章　伸展期：朝鮮イエス教連合公議会とカナダ長老教会による宣教（1925 ～ 1933）

を支援してかの地に派遣しようとする宣教部はなかった。わたしたちと日本にいるわが寛大なる宣教師の友人たちがなしうることでは十分ではなかった。神の摂理のもとに、カナダの人たちがやってきて、何とか窮地から抜け出すことができた。彼らに謝辞を述べたい！
　彼らはやってきて、その活動をわたしたちから引き継いだだけでなく、すべてのことを公正に行なった。彼らは日本にただ一つの「朝鮮基督教会」をたてることで、主の栄光のためにわたしたちと協力した。彼らは、ここ数年間、働きの三分の二あるいはそれ以上行ってきたにもかかわらず、〔在日〕朝鮮人の間に長老教会を形成しようとはしなかった。また、新しい憲法のもと、彼らは成長しつつある教会をコントロールしようとはしないだろう。朝鮮にあってわたしたち宣教部が自治をもった存在である朝鮮教会と協力し合っているように、〔在日教会〕は自らを治め、〔カナダ長老教会在日宣教部〕は彼らと協力し合うであろう。わたしたちは彼らに本当に多くを負っている[22]。

　この記述の中でクラークが示唆しているように、長老派であったカナダ長老教会が日本において長老派の教会をたてるのではなく、在日朝鮮人の間に教派に囚われない一つの教会を形成しようとしたことは非常に大きな意義を有することであり、今日の在日大韓基督教会の一つの性格とされている「合同性」の歴史的な源泉の一つとなったと言える。
　この長老派ではなく合同教会の形成を軸にして、朝鮮の教会だけでなく、朝鮮人の福音伝道に務めていた日本の教会および宣教団体とも協力し合うとともに、「在日朝鮮人への福音伝道のためには朝鮮人の働き手が必要」との認識のもとに朝鮮人の働き人の活用も積極的に進める方向で宣教を展開していった。なお、L・L・ヤングは、在日朝鮮人宣教において必要とされるカナダからの宣教師に関しては、次のように述べている。

　　この地は、多くの海外スタッフを必要とする現場ではない。現在のところ、幼稚園事業を補助する働き人 1 名と、わたしたち以外に伝道に携わる者が 2 名いれば十分である。〔中略〕ここは、朝鮮本土よりも困難を要する現場である。非常に高い資質を備えた志願者が派遣されてくることを強く望むものである[23]。

（8）カナダ長老教会女性宣教会による支援

　L・L・ヤングを中心にしたカナダ長老教会による在日朝鮮人宣教を財政的に大きく支えたのは、1864年に設立された女性宣教会（The Women's Missionary Society：WMS）であった。WMSは、東西二つのWMSで構成されていた。WMSも、カナダにおける諸教派の合同（1925年）の際には、新しく組織された合同教会に参加したグループと長老教会に残ったグループとに分裂することを余儀なくされている。そのため、WMSでは1925年から31年を「形成期」としている。この時期にWMSは、それまで関わっていたインドや台湾などへの宣教支援に加え、満州やブリティッシュ・ギアナ（南米北東部）、在日朝鮮人宣教への支援を新たに開始している[24]。在日朝鮮人宣教において、1931年の時点でWMSから支援を受けていた者は以下の通りである。

◆東地区女性宣教会の支援を受けていた者
　①エセル・マクドナルド（Miss Ethel G. MacDonald）
　②グラディス・マーフィー（Miss Gladys Murphy）
　③マクドナルドとマーフィーの語学教師たち
　④L・L・ヤング（Mr. Luther Lisgar Young）
　⑤ミリアム・ヤング（Mrs. Miriam Young）
　⑥崔敬学牧師（京都）
　⑦李寅渉牧師（名古屋）
　⑧韓泰裕牧師（札幌）
　⑨朱観裕秘書伝道師
　⑩金致善学生伝道師（Student Catechist）
　⑪任鐘豪女性伝道師（横浜）

◆西地区女性宣教会の支援を受けていた者
　①ジーン・マクレーン（Miss Jean MacLean）
　②メアリー・アンダーソン（Miss Mary Ellen Anderson）
　③マクレーンとアンダーソンの語学教師たち
　④金正愛女性伝道師（下関）
　⑤朴宝奮女性伝道師（大阪）
　⑥石朴南女性伝道師（名古屋）

第 2 章　伸展期：朝鮮イエス教連合公議会とカナダ長老教会による宣教（1925 〜 1933）

⑦ 2 名の幼稚園教師
⑧ 3 名のアシスタント
⑨ 2 名の研修過程の女性伝道師[25]

4. 教会内組織の形成と諸活動

　1928 年以降、教会内組織が整備・確立される一方で、在日朝鮮人社会を対象とした伝道集会をはじめとした各種の集会が積極的に行なわれるようになった。教会内組織としては、主日学校や女伝道会・婦人会（現在の女性会）、勉励青年会などが次々と形成されていった。
　在日朝鮮人教会で幼年主日学校が開始されるのは、1926 年が最初である。その年に全国で 10 ヵ所の幼年主日学校が始まっている[26]。1928 年には幼年主日学校 19 ヵ所・生徒数 488 名となり、幼年主日学校が開始されてからの 2 年間でその数が倍増した[27]。例えば、1927 年に幼年主日学校を設立した大阪教会の記録には、「信徒の数が増えつづけるにしたがい、子女たちの教会教育問題も扱うようになり、初めて児童主日学校を開始し、児童たちに神さまのみことばを教える喜びを味わうようになった」[28] と記されている。京都の教会の幼年主日学校に関して 1931 年の報告では、そのほとんどが未信者であったことが報告されているが[29]、これはその父母が未信者であったということであろう。逆に幼年主日学校を通して、そこで学ぶ子どもたちの父母が教会に導かれるということもあったようである。なお、主日学校には、幼年主日学校だけでなく、壮年主日学校もあった。
　集会としては、査経会が、新年の 4 〜 5 日間に行なわれたほか、夏期聖書学校やリバイバル集会が開催された。夏期聖書学校は、1929 年から始められるが、1930 年には 24 ヵ所で平均 2 週間にわたって 64 名の教師の指導のもと行なわれ、734 名の信徒が聖書や朝鮮語を学んだ[30]。また、リバイバル集会は、朝鮮から林鐘純牧師や金益斗牧師、朱基徹牧師など著名な牧師や信徒を招いて開催されている[31]。

第 2 部　創設期から解放まで（1908 〜 1945）

　また、社会活動として、幼稚園や夜学校が次々に設立された。1928 年 6 月に大阪今宮教会幼稚園（現・大阪西成教会、園児数 40 名）、同年 10 月に兵庫教会幼稚園（現・神戸教会、園児数 30 名）が開園され、1930 年に名古屋教会永生幼稚園、神戸における二つ目の幼稚園、1931 年に大阪東部教会（現・大阪教会）幼稚園、大阪北部教会鶏林保育園、1933 年に飾磨教会幼稚園、さらに 1934 年に田中幼稚園（現・京都教会向上社保育園）、守部教会（現・武庫川教会）養民幼稚園、1937 年に池田教会（現・川西教会）頌栄保育園が設立された。中には数年のうちに閉鎖された幼稚園もあったが、最大時には 7 園（1933 〜 1935 年）が教会によって運営されていた[32]。

　この幼稚園事業に関しては、1935 年のカナダ宣教師の報告に、卒園生のほとんどが幼年主日学校に出席していることが記されており[33]、宣教活動において幼稚園事業が非常に重要なものであったことがうかがえる。

　これらの幼稚園や保育園は、カナダや米国の宣教部（ランバス女学院など）の支援によって設立された。この働きに携わった人たちは、おもに女性宣教師

今宮幼稚園第 2 回卒業式（1930.3.24）

第2章　伸展期：朝鮮イエス教連合公議会とカナダ長老教会による宣教（1925～1933）

たちであり、その宣教師たちの働きに触発されて、特に女性キリスト者が幼児の教育・保育において重要な役割を担った[34]。

　一方、夜学校では、朝鮮語の読み書きや聖書、歌、数学、日本語などが教えられた。基本的には少年少女が夜学校で学んだが、学ぶ機会のなかった成年男女が学ぶケースもあった。教師は、おもに青年や学生が担った。夜学校は徐々に増えていき、1926年に3ヵ所、1929年に8ヵ所、1933年には24ヵ所となった[35]。また、1934年頃に大阪と東京において宣教活動に従事していた金洙喆牧師の報告によれば、大阪の教会には労働夜学校が2ヵ所あり、そのうちの1ヵ所では婦人夜学校が1933年9月から12月まで運営されていたという。その婦人夜学校を通して「婦人会」が復興するとともに文字を読めなかった人たちが聖書を読めるようになったが、その学校は警察の閉鎖命令によって門を閉じざるをえなくなったという[36]。

　これらの幼稚園および夜学校の設置・運営は、教育機関がほぼ存在しなかった戦前の在日朝鮮人社会においては先駆的な働きであった。例えば、田中幼稚園について朝鮮の新聞社である東亜日報は、次のように伝えている。「昨年11月、京都田中に田中幼稚園が設立され、我が同胞の園児20名あまりを抱えている。50年前、京城〔現・ソウル〕の培材学堂の創立初期と同じだと思われる。これが京都における朝鮮人子女の教育機関としては最初のものであり、喜びに堪えない」[37]。

　その他、家庭訪問や路傍伝道による禁酒禁煙運動などといった活動も行なわれた。家庭訪問は、女性伝道会や勉励会によっても担われた。例えば、ある勉励会は、月一回の青年による献身礼拝前に家庭訪問を行なった。路傍伝道による禁酒禁煙運動では、楽器（トランペット、太鼓、タンバリンなど）を演奏する伝道隊を組織し、トラクト配布などが行なわれた。また、女性伝道会を中心に、米を集めて教会に寄付する活動もなされている。ユニークな活動としては、兵庫にあった青木教会の教会員が消費組合を結成して活動したことが挙げられる[38]。

　1931年の報告によると、「朝鮮同胞は多いが、一つの場所に定住する人は非常に少なく、ほとんどの人が浮草のようにあてもなく移動する状態」にあり、そのような中では「確固たる組織をもつ教会を設立するのは困難」であった[39]。そのような中にあって各教会は、組織を整備しながら上のようなさまざまな活

動に尽力したのであった。

5. 教会堂建築の気運

　初期の在日朝鮮人伝道が直面したおもな問題には、①教職者不足、②集会場所（教会堂）の確保、③財政的基盤の脆弱さなどがあった。
　教職者不足の問題は、1920年代後半のカナダ長老教会による在日朝鮮人宣教への参加によって少しずつ改善されていった。集会場所に関しては、当初からあった日本社会における朝鮮人に対する差別・偏見に加え、在日朝鮮人教会の財政事情もあってその確保は難しい状況にあった。
　在日朝鮮人教会の中で最初に教会堂を建築したのは、兵庫にあった飾磨教会（1928年）であった。続いて九州地域の八幡教会、福岡教会、中山教会、小倉教会、兵庫県下の兵庫教会と守部教会、和歌山教会の8ヵ所で教会堂が建築されていった。その後、関西地方の神戸教会、大阪教会、堺教会、名古屋教会なども教会堂建築を計画していった。
　福岡教会の場合、吉塚天満町512番地の借地に教会堂を建築（建築総坪数32坪）する計画を立て、建築献金を1930年4月から始めている。建築費は、建築総工費1,080円、雑費200円、設備費300円の合計1,580円であった。収入の合計は、1,117円10銭で、その内訳は朝鮮人信者563円20銭、宣教師有志307円、日本人信者・教会・団体247円となっており、建築費に占めるその割合は、それぞれ朝鮮人信者が50％、宣教師有志が28％、日本人信者・教会・団体が22％となっている。朝鮮人信者の中には、仕事を休んでまでして毎日献金集めに奔走した人もいた。日本人信者・教会・団体からの献金は、ルーテル教会婦人会、西南学院ゲッセマネ会有志、博多メソジスト婦人会、福岡女学院青年会などからのものであったが[40]、この時期に日本人信者・教会・団体からの献金が全体の22％に及んでいたという事実は、在日朝鮮人教会と日本の教会との交流を語るうえで重要な歴史的事実であると言える。
　同じく、朝鮮人だけでなく、日本人や宣教師たちの協力のもとで建てられた

第 2 章　伸展期：朝鮮イエス教連合公議会とカナダ長老教会による宣教（1925 〜 1933）

教会堂に大阪東部教会の教会堂がある。1930 年代に入り、大阪在住の朝鮮人のうち定職に就いて定住する人が増えるにつれ、キリスト教の集会所も市内に 6、7 ヵ所に増えるが、当時、大阪市内には教会堂を所有する教会が一つもなかった。しかし、教会堂を建設しようとの気運が生まれていき、関西学院神学部に在籍していた金春培による『基督申報』（1929 年 9 月）[41] への投稿がきっかけとなり、翌年 2 月に「大阪朝鮮教会中央礼拝堂建築期成会」が結成される。期成会の会長には朴尚東牧師が就任したほか、朝鮮イエス教連合公議会の連合伝道局やカナダ長老教会の在日宣教部、在日ミッション同盟の在日朝鮮人宣教を支援する特別委員会によって顧問団が構成された。この事業は、全国的に展開されることとなり、2 月 16 日を建築献金主日と定め、大阪にある 7 教会でまず献金が実施されることとなった[42]。

その後、朝鮮の教会においても献金を集めることとなり、朴尚東牧師と呉澤寛牧師が 1931 年から翌年にかけて朝鮮の教会を巡回し、教会堂の建築献金を集めた結果、朝鮮全土の教会や宣教師、個人などから献金が寄せられ、その総額は 1932 年 4 月頃までには約 3 千円となった[43]。日本でも多くの献金があり、1934 年 5 月に東成区猪飼野大通 1 丁目の土地 104 坪を 5,600 円で購入し、教会堂建設に取りかかることになった[44]。建築に際しての不足金は、米国長老教会の日本宣教部からの借金が当てられた[45]。

1935 年 7 月 7 日に献堂式が挙行された教会堂は、非常に限られた予算で建てられたものの、200 名は十分に収容できる木造建築の建物であった。教会堂の建築費は 4,452 円 85 銭で、総経費は約 12,800 円であった。建築にかかっ

大阪東部教会堂

た金額のうち、朝鮮の教会や在日宣教師が献げたものも多かったが、労働者である在日朝鮮人信徒が貧しい生活の中でささげた献金も少なくなかった[46]。在日朝鮮人宣教を支援する特別委員会の委員長であったジョン・B・カブ宣教師（J. B. Cobb、米国南メソジスト監督教会）は、「この教会堂の完成は、信仰と忍耐と協力の勝利であった。朝鮮人に対する偏見のため、土地所有者は売買を拒絶し、たとえ売ることに同意しても周りの人たちの反対が障害となった。また、行政官吏は非常に疑い深かった。森田殿丸（日本基督教会南大阪教会牧師）の役割なくしては、購入はほとんど不可能であった。この教会は朝鮮人、日本人、そして、宣教師らの協力精神の賜物である」[47]と述懐している。

こうして建てられた教会堂は、日常的には大阪東部教会が使用し、必要に応じて市内の教会も使用することになった。解放前には、定期・臨時総会の会場としても使用され、在日朝鮮人教会の中心的存在であった。

6. 中部地方への伝道と李寅渉牧師の赴任

先の表2に示されていたように、大阪在住の朴淵瑞牧師による1925年6月の教勢報告によると、名古屋には洗礼会員1名、求道者6名の計7名の信徒がいた。名古屋への宣教が始まるのは、この1925年からであったが、その後、1920年代後半から名古屋に住む朝鮮人が増加していく。1925年における愛知県の朝鮮人人口は9733人であったが、30年には2万3543人に増加している[48]。その多くが名古屋に住んでいたが、その増加の要因は、名古屋が京浜や阪神に次ぐ三大産業地域として発展していたためであった。名古屋における朝鮮人のおもな職種は、土工や仲仕などであった。また、千種町、真砂町、中川町、八熊町、瑞穂町、野立町、四女子町、山田町、御器所町などが朝鮮人の多住地域であった[49]。

初代の牧師として李寅渉牧師が名古屋に赴任するのは1929年4月のことであるが、それ以前は神戸神学校に留学中の神学生たちが夏休みなどを利用して伝道に従事し、その働きは崔啓哲氏（6ヵ月）や郭龍楚伝道師（1年）に引

第2章　伸展期：朝鮮イエス教連合公議会とカナダ長老教会による宣教（1925～1933）

継がれていた[50]。

　1888年に咸鏡南道北青郡で生まれた李寅渉牧師は、27歳の1915年に当時咸興で伝道していたL・L・ヤング宣教師より受洗した後、最初は聖書の販売人として、またのちには教会の伝道師としてカナダ長老教会の宣教師たちとともに働いた。1923年頃から、一年のある期間は教会の働きを手伝い、残りの期間は平壌長老会神学校で学んだが、1929年の卒業と同時に牧師按手を受け、新浦教会に担任牧師として赴任した[51]。李牧師は、1929年4月に名古屋に赴任すると、咸鏡南道から赴任した石朴南伝道師とともに名古屋教会の教会組織と伝道態勢を整えていった。

　名古屋周辺には、李牧師の赴任以前にすでに5つの集会が存在していた。そのうちの3ヵ所は名古屋にあり、残りの2ヵ所は大垣と豊橋にあった。李牧師は、さらに3つの集会を開始し、毎日曜日に家の教会で礼拝をささげる5つの集会を受けもつことになった[52]。これらの集会はその後、それぞれ、東部教会、西部教会、瀬戸教会、一宮教会、築港伝道所へと発展していった。当時のことを振り返って名古屋教会の李聖実執事は次のように述べている。「その当時は労働者が朝の7時に出て夜の8時まで働く時代です。休みというのは一日と十五日（月休二日）だけ、だから日曜、教会に来れないでしょう。〔……〕夜の礼拝が七時からなので、仕事がすんでから来る人が」いた[53]。

　李牧師による1931年の名古屋地域の教会報告によれば、中部地方には教会2ヵ所（名古屋、豊橋）と伝道所4ヵ所があり、教会員数は190名であった。また、2ヵ所の幼年主日学校の生徒の合計が70名となり、教会が運営していた永信幼稚園には20名の園児がいた[54]。

　李寅渉牧師は3年間にわたって牧会と伝道に尽力し、名古屋教会および中部地方における教会の基盤を築いた後、1932年11月に咸鏡南道の北青中央教会に転任した。中部地方における教会の働きは、その後、朴尚東牧師らに委ねられることになった。

7. 北海道・樺太伝道と韓泰裕牧師の赴任

　北海道・樺太（現在のサハリン）まで伝道の足跡が刻まれることになるのは、1929年4月のことである[55]。大阪から韓泰裕牧師が派遣され、札幌を伝道拠点とし、小樽、また遠くは樺太にまで伝道の足を伸ばした。当時の北海道における朝鮮人人口は7084人であったが、これは在日朝鮮人総数の約2.6パーセントにあたる数字であった[56]。職業的には、昭和恐慌期を迎えて石炭鉱業の不振が著しかったこともあり、土工、日雇、人夫として働く人が多かった。札幌で韓泰裕牧師がもった最初の礼拝の出席者は、牧師家族以外は2名だけであった[57]。

　1887年に忠清南道で生まれた韓泰裕牧師は、1914年以降、伝道師として働き、1927年に協成神学校（現・監理教神学大学）を卒業して牧師按手を受けた後、大阪に派遣された[58]。その後、1929年に北海道へ渡ったが、その当時の韓牧師の年齢は42歳であった。

　韓泰裕牧師は、1931年の報告において、北海道での伝道状況について、「札幌教会は、現在まで信じることを決心した人が120名あまりに上るが、生活の糧を求めて四方に散逸し、現在33名が集まって礼拝をささげている。小樽でも初めて伝道したが、今年〔1930年〕8月からようやく礼拝所を定め、毎主日37～38名が集まり礼拝をしている。幼年主日学校も始まり、生徒は33名である。北海道地域の同胞は、特に移動が激しい」[59]と記している。

　また、韓泰裕牧師は、小樽での伝道経験について同じ報告の中で次のように語っている。

〔……〕ある場所に行くと、数十名が集まって二手に分かれて賭けごとをしていたが、それを片づけ福音を伝えると、ある人が大声で「わたしは賭けごとでお金を稼ぎ、帰国しようと思っているのに、なぜ邪魔をするのか」と言うので、胸がつまって黙っていると、他の人が彼の無礼を責め、続けて話すように求めたので、力強く伝道し、大きな感動をもたらすことができた。

　1931年7月に韓泰裕牧師は、L・L・ヤング宣教師とともに樺太を訪問した。

第2章　伸展期：朝鮮イエス教連合公議会とカナダ長老教会による宣教（1925〜1933）

樺太では、多くの朝鮮人が材木関係や漁業などの仕事をしており、その平均礼拝出席者数は20名、日曜学校の出席は30名であった[60]。この樺太にあった朝鮮人教会に関しては、樺太伝道に従事していた日本メソジスト教会の平野一城牧師が書いた記事がある。平野牧師は、1933年2月7日に訪問した樺太の朝鮮人教会について次のように記している。

> 午後7時より朝鮮人教会にて梁鳳翔氏の通訳にて説教す、此の教会は梁氏母子を中心とする一団の兄弟らによりて最近新築献堂さられたるものなるよし、凡そ二百人が入るべし、〔……〕樺太東海岸北部における新教第一の教会堂なり、日曜、水曜の定時集会は篤信なる梁氏母堂の司会の下に守りつゝある由、定住牧師なく年二回北海道小樽より巡廻さる事となり居る由、余亦巡廻毎に訪問説教すべき事を約す、出席者約三十名、児童同じく三十名、静かに謙遜に聴聞された、小さいけれども特種の使命を感じて感謝なきを得なかつた[61]。

小樽教会（1933.8.13）、最後列左から5人目がヤング宣教師、右隣が韓泰裕牧師

1936年に韓泰裕牧師は、北海道・樺太における8年間の伝道を終えて、神戸教会に赴任することになった[62]。その後、1938年の朝鮮イエス教連合公議会の解散に伴い、10年間にわたって行なわれてきた伝道事業は廃止されること

になった[63]。北海道・樺太の教会がその後どのような道を歩んだのかについて記した資料は現在のところ存在しない。1940年の日本基督教会への「加入」時の資料では、その存在を確認することができなくなっている。解放後、崔京植講道師の札幌派遣によって、北海道伝道が再開されるのは、1958年のことであった。

8. 朝鮮イエス教連合公議会による在日朝鮮人宣教の縮小

　1920年代後半に始まる世界大恐慌の影響により、徐々に連合伝道局の財政が悪化していった。財政難に伴い、連合伝道局は、1932年1月から、日本に派遣している各牧師の俸給から月10円ずつ減ずることを決定している[64]。
　さらに1932年には、横浜教会を担当していた金吉昌牧師に対して、その留任要請を却下し召還を決定した。また、1933年に大阪に派遣されていた朴尚東牧師についても、一年間延期していた任期が満了したことに伴い召還することが決まっていたが、カナダ長老教会が朴尚東牧師を名古屋へ派遣することとなり、そのまま日本に留まることとなった。そして、朴尚東牧師の後任として金洙喆牧師が大阪に派遣された[65]。
　1933年の連合伝道局の事業報告には、次のように記されている。

>　今年度の日本宣教費に関しては、5,440円の予算を立てたが、世界的な経済恐慌のためいくつかの〔宣教部〕からの負担金が予算通りには支払われず大きな困難に直面し、教職者の生活費を支払うことができないことにより、本〔伝道局〕では仕方なく本会〔連合公議会〕実行委員会に依頼して金銭を借用し、特別委員を選んで金銭を募り、また特別委員らが少しの間活動もしたが、効果がなく、実行部から400円の補助を受け、400円は貸してもらい、危機的困難を回避し、これまで継続してきた[66]。

　1933年当時、朝鮮イエス教連合公議会から派遣されていた教職者は、金応泰（東京）、金洙喆（大阪）、崔永来（九州）の3名であったが、財政事情によ

り、崔永来牧師は同年12月に召還されている[67]。

1934年には東京の金応泰牧師が任期満了に伴い召還され、大阪地域の牧師であった金洙喆牧師を東京に移動させることにより、朝鮮イエス教連合公議会派遣の牧師は1名のみとなった。また、この時に日本に派遣する牧師の派遣年数の制限が取り払われた[68]。

9. 在日本朝鮮基督教会の大会創立への胎動

（1）在日本朝鮮イエス教会教職者会の開催と地方会の設立

カナダ長老教会の在日朝鮮人宣教への参加は、財政基盤の安定とともに教職者および信徒数、教会・集会所数の増加をもたらした。教会・集会所が日本全国に設立されていくにつれ、秩序維持のための組織の整備と明文化された規則や教会憲法の必要性が高まっていく。そのような中で、1929年3月20日と21日に、「在日本朝鮮イエス教会教職者会」が神戸教会で開催され、地方会および大会の設立や規則を制定することなどが決議された[69]。この決定が教団形成に向けた歩みの第一歩となった。

地方会の設立に関しては、先に見たように在日本朝鮮イエス教会教職者会が開催された2ヵ月後の1929年5月に九州地方会が設立されている。また、現在のところいつであるかは資料的に確認されていないが、関西朝鮮イエス教信徒会の名称が変更され、関西地方会となった。

『基督申報』紙上に掲載された記事をもとに両地方会の名称に注目してみると、その後、関西地方会は、「在日本朝鮮イエス教」から「在日朝鮮イエス教」となっていった一方、九州地方会は、同じく「在日本朝鮮イエス教」を使用していたが、1933年からは「在日本朝鮮基督教」を使用している[70]。この「在日本朝鮮基督教」は、のちに見るように大会名として採用されたものであるが、九州地方会による使用以前には、下に見るように1932年の憲法案で用いられていた名称である。1930年代に入って朝鮮イエス教連合公議会が、その名称

を「イエス教」から「基督教」に変更している。そのことが1932年の憲法、および九州地方会、ひいては大会名に影響をおよぼしたのかもしれないが、それを裏づける資料は未だ発見されていない。

(2) 憲法案の起草

上で見た在日本朝鮮イエス教会教職者会における決定は、その後、朝鮮イエス教連合公議会側に伝達されたが、それを受け、朝鮮イエス教連合公議会の連合伝道局は、「在日本朝鮮人教会の憲法と政治に関する起草案を策定すること」とし、特別委員として4名を選定した[71]。その後、4名の委員を2名とし、C・A・クラークと金永燮の二人が委員に選ばれた[72]。

この決定にもとづき、1931年12月、神戸において新しく組織される教団の憲法起草に向けた委員会が開催された。その時の出席者と委員会組織は以下の通りであった。

　委員長：金永燮（連合伝道局代表）
　委　員：C・A・クラーク（連合伝道局）
　　　　　L・L・ヤング、金応泰、金吉昌、韓泰裕、李寅渉、崔敬学
　書　記：呉澤寛[73]

この委員会でまとめられた在日本朝鮮基督教会憲法の草案は、1932年の朝鮮イエス教連合公議会の総会において、長老教会と監理教会の承認を受けた後に施行し、その間の一年間は臨時的に用いることが決められた[74]。しかし、そのことが実施されることはなかった。その後、1933年9月に開催された朝鮮イエス教長老会の総会において、在日本朝鮮基督教会憲法案に関する献議案は議論の末に否決された。代わりに「在日本朝鮮基督教会の事業一切をL・L・ヤングに委ねる」との決議がなされ、その決定が朝鮮イエス教連合公議会側に伝えられた[75]。

長老会の総会において否決された憲法案の骨子は、下記の通りであった。

　第一章　名称：在日本朝鮮基督教会

第 2 章　伸展期：朝鮮イエス教連合公議会とカナダ長老教会による宣教（1925 〜 1933）

第二章　目的：イエスの福音を伝え、その精神を実現することを目的とする。
第三章　教会員：1. 洗礼会員、2. 幼児洗礼者、3. 学習者、4. 求道者、
　　　　　　　　5. 職務的教会員
第四章　職員：
　　第 4 条　有給職員：1. 牧師・按手された宣教師、2. 男女伝道師、3. 男女
　　　　　　　　　　　伝道人、4. 女性宣教師（カナダ長老教会宣教部）
　　第 5 条　無給職員：1. 領長〔長老〕、2. 執長〔執事〕、3. 勧長〔勧士〕
第五章　会議の組織：
　　第 6 条　共同議会　　第 7 条　職員会　　第 8 条　小会
　　第 9 条　中会　　第 10 条 大会
第六章　勧懲
第七章　儀式と規則
第八章　信条：朝鮮イエス教長老会信経、朝鮮監理会教理的宣言、使徒信条、
　　　　　　　ウェストミンスター小教理問答
第九章　憲法改定[76]

（3）関西地方会臨時総会の開催

　1933 年 11 月 21 日、当時、在日本朝鮮基督教会の教会・伝道所の大半を占めていた関西地方会の臨時総会が開催された。この臨時総会については、会議録は今のところ見つかっていないが、『基督申報』紙上に臨時総会の招集記事が掲載されている[77]。そこに記された臨時総会の討議事項に「臨時大会の招集に関する件」があることから、この臨時総会を経て、翌 1934 年 2 月に在日本朝鮮基督教会の大会が開催される運びとなったと考えられる。

10.　教会の設立（1925 〜 1933）

　十三教会（1925 年 現・大阪北部教会）、京都教会（1925 年）、福岡教会（1927 年）、小倉教会（1927 年）、八幡教会（1927 年）、堺教会（1927 年）、大阪西部

第 2 部　創設期から解放まで（1908 ～ 1945）

教会（1928 年）、横浜教会（1928 年）、豊橋教会（1928 年）、下関教会（1928 年）、名古屋教会（1928 年）、京都南部教会（1928 年）、住吉教会（1929 年）、目黒教会（1930 年）、雑司ヶ谷教会（1930 年）、札幌教会（1930 年）、池田教会（1930 年 現・川西教会）、守部教会（1931 年 現・武庫川教会）、宇部教会（1932 年）、木津川教会（1932 年）、和歌山教会（1932 年）、春木教会（1932 年）、一宮教会（1932 年）、福井教会（1932 年）、淡路教会（1932 年）、和泉教会（1932 年）、高松教会（1932 年）、横須賀教会（1932 年）、門司教会（1932 年）、長崎教会（1933 年）、大垣教会（1933 年）

11. 教勢（1925 ～ 1933）[78]

年	教会数	祈祷所	牧師	伝道師	信徒数	幼稚園	夜学校
1925	20		2		928		
1928	30		4	4	998	2	
1929	24	10	6	7	1254	2	8
1931	34	11	9	7	2416	4	12
1932	44	12	7	12	2052	6	16
1933	45	18	10	23	2752	7	24

第 2 章　伸展期：朝鮮イエス教連合公議会とカナダ長老教会による宣教（1925 〜 1933）

1 「朝鮮長監連合伝道局組織」（『基督申報』1925 年 11 月 11 日）、MFCPMK（1926）、13、『朝鮮예수교연합공의회 第四回会録』（1927）、11-12 頁。
2 MFCPMK（1924）、18、20、MFCPMK（1925）、19-20。
3 「朝鮮長監連合伝道局組織」（『基督申報』1925 年 11 月 11 日）。
4 「九州地方伝道牧師 呉澤寬氏赴任」（『基督申報』1926 年 12 月 1 日）。
5 呉澤寬牧師の経歴については、『황해도교회사』황해도교회사발간위원회、1995 年、737-738 頁を参照した。
6 小倉教会に関しては、在日大韓基督教会歴史編纂委員会編『在日大韓基督教会 宣教 90 周年記念誌』쿰란出版社、2002 年、343-344 頁、八幡教会に関しては、『朝鮮예수교연합공의회 第四回会録』（1927）、19 頁。
7 「福岡教会日就月将」（『基督申報』1927 年 5 月 11 日）。
8 「第一回九州地方会」（『基督申報』1929 年 5 月 29 日）。
9 「在日本朝鮮예수教会状況」（『基督申報』1931 年 3 月 11 日）。
10 例えば、1932 年時には、朝鮮イエス教連合公議会内において在日宣教を担当していた宣教部の委員を務めている。『朝鮮耶蘇教連合公議会 第九回会議録』（1932）、5 頁。
11 Robert K. Anderson, *My Dear Redeemer's Praise: The Life of Luther Lisgar Young D. D.*（Hantsport, N. S.：Lancelot Press, 1979）, 129.
12 代表団一行の日本での活動については、"Report of Deligation on the Matter of Establishing Mission Work Among the Koreans in Japan," *A & P*（1928）, appendix, 40-41 を参照した。
13 「連合伝道局会議」（『基督申報』1927 年 10 月 26 日）。
14 "Report of Deligation on the Matter of Establishing Mission Work Among the Koreans in Japan," appendix, 41 を簡略化した。
15 同上。
16 「朝鮮耶蘇教連合公議会連合伝道部規則」（『基督申報』1928 年 10 月 10 日）。
17 『在日本基督教 東京教会七十二年史』、150 頁。
18 L・L・ヤングについては、『日本キリスト教歴史大事典』教文館、1998 年、1449 頁を参照した。
19 L・L・ヤングの娘である Ruth Young による文書（歴史編纂委員会所蔵）。
20 *A & P*（1928）, appendix, 42, 69.
21 1928 年の教会員数は『朝鮮耶蘇教連合公議会 第九回会議録』（1932）、30 頁を、1932 年の教会員数は『朝鮮基督教連合公議会 第十回会議録』（1933）に掲載された「재일본조선기독교회사업통계표（一九三二）」をそれぞれ参照した。
22 C. A. Clark, "The Korean Church in Japan," 55.
23 *A & P*（1929）, 59.
24 呉寿恵『在日朝鮮基督教会の女性伝道師たち—77 人のバイブル・ウーマン』新教出版社、2012 年、72-73 頁。
25 *A & P*（1931）, 51-52.
26 MFCPMK（1926）、13。
27 L. L. Young, "The Chosen Christian Church in Japan Proper," *KMF* 30-5（1934）, 110.
28 『在日大韓基督教 大阪教会 55 年史』、84 頁。
29 「在日本朝鮮예수教会状況（四）」（『基督申報』1931 年 4 月 1 日）。
30 *A & P*（1928）、52。
31 在日大韓基督教会大阪西成教会 80 年史編纂委員会『大阪西成教会 80 年史』、17 頁。
32 今宮幼稚園に関しては、同上、12 頁、兵庫教会幼稚園は、*A & P*（1929）、61、永生幼稚園は、『名古屋教会 70 年史』名古屋教会 70 年史出版委員会、1998 年、21 頁、神戸における二つ目の幼稚園については、Jean C. MacLean, "Visiting the Koreans in Japan," *The Glad Tidings* 6-9（1930）、308、大阪東部教会幼稚園は、『在日大韓基督教 大阪教会 55 年史』、93 頁、飾磨教会幼稚園は、「兵

第 2 部　創設期から解放まで（1908 〜 1945）

　　　庫県飾磨教会　幼稚園開園式」（『基督申報』1933 年 6 月 21 日）。田中幼稚園は、創立 50 周年記
　　　念誌編集委員会編『向上社保育園創立 50 周年史』向上社保育園、2001 年、25 頁、養民幼稚園は、
　　　在日大韓基督教会歴史編纂委員会編『在日大韓基督教会 宣教 90 周年記念誌』、284 頁、頌栄保育
　　　園は、同上、278 頁。なお、鶏林保育園の創立を 1931 年としたのは、同上、195 頁に掲載された
　　　1937 年 3 月 18 日付の写真に「鶏林幼稚園第六回保育卒業」とあるためである。7 園があったこ
　　　とについては、A & P（1934）, 37、A & P（1935）, 64、A & P（1936）, 54 を参照。
33　A & P（1936）, 54.　神戸の朝鮮教会が運営していた幼稚園の園児の母親が息子を通してキリス
　　　ト教徒になった例が報告されている。　Jean C. Maclean, "A Little Child Shall Lead Them," *The
　　　Glad Tidings* 9-1（1933）, 19 を参照。
34　呉寿恵『在日朝鮮基督教会の女性伝道師たち— 77 人のバイブル・ウーマン』、242 頁。
35　MFCPMK（1926）, 12-13、A & P（1930）, 74、A & P（1934）, 37 を参照。
36　『朝鮮基督教連合公議会 第十一回会議録』（1934）、24 頁。
37　「京都幼稚園創立을 보고」（『東亜日報』1935 年 2 月 1 日）。
38　「在日本朝鮮예수教会状況（一）」（『基督申報』1931 年 3 月 11 日）、「在日本朝鮮예수教会状況（二）」
　　（『基督申報』1931 年 3 月 18 日）、「在日本朝鮮예수教会状況（三）」（『基督申報』1931 年 3 月 25 日）、
　　「在日本朝鮮예수教会状況（五）」（『基督申報』1931 年 4 月 8 日）。また、兪錫濬・田永福・楊炯春・
　　金在述編著『在日大韓基督教 京都教会 50 年史』の巻頭グラビアを参照。京都教会の写真のうち
　　には、太鼓などの楽器をもった青年会会員の写真（1932 年 3 月 15 日付）がある。写真内には、「京
　　都中央基督勉励青年会　禁酒宣伝隊」と記されている。
39　「在日本朝鮮예수教会状況（五）」（『基督申報』1931 年 4 月 8 日）。
40　『朝鮮耶蘇教福岡教会建築損補芳名記』朝鮮耶蘇教福岡教会（1930 年 4 月）。
41　「大阪朝鮮教会의　今後問題」（『基督申報』1929 年 9 月 25 日）。
42　「二月十六日을　建築献金主日로」（『基督申報』1930 年 2 月 5 日）。
43　朴尚東牧師と呉富寛牧師による献金のための朝鮮巡回については、例えば、「海外同胞消息片片（大
　　阪）」（『基督申報』1931 年 12 月 23 日）、「大阪教会堂建築損 南朝鮮巡廻記」（『基督申報』1932
　　年 3 月 23 日）。なお、朝鮮での献金金額は、『基督申報』紙上に掲載された下記の記事に記された
　　金額を合計したものである。「海外同胞消息片片（大阪）」（1931 年 12 月 23 日）、「海外同胞消息
　　片片（大阪）」（1932 年 1 月 13 日）、「海外同胞消息片片（大阪）」（1921 年 1 月 27 日）、「大阪教
　　会堂建築損 南朝鮮巡廻記」（1932 年 3 月 23 日）、「大阪教会堂建築損」（1932 年 4 月 20 日）。
44　「대판교회기쁜소식」（『基督申報』1934 年 6 月 6 日）。
45　John B. Cobb, "Osaka's New Korean Church," *KMF* 32-4（1936）, 81.
46　「大阪中央教会献堂」（『基督申報』1935 年 7 月 24 日）。
47　John B. Cobb, "Osaka's New Korean Church," 81.
48　田村紀之「内務省警保局調査による朝鮮人人口（I）」（『経済と経済学』第 46 号、1981 年 2 月）、
　　73、78 頁。
49　朴慶植編『在日朝鮮人関係資料集成』I、688-691 頁。
50　A & P（1930）, 71-72、『名古屋教会 70 年史』、14-15 頁。
51　李寅渉牧師については、同上、17-18 頁および A & P（1930）, 71、『地之塩』在日大韓基督教名
　　古屋教会、1987 年、19 頁、『基督教大百科事典』第 12 巻、기독교문사、1984 年、1390 頁を参照
　　した。
52　A & P（1929）, 57、A & P（1930）, 72。
53　日本基督教団中部教区愛知西地区靖国神社問題特設委員会編『愛知県下における「朝鮮基督教会」
　　の歩み』日本基督教団中部教区愛知西地区靖国神社問題特設委員会、1988 年、21 頁。
54　「在日本朝鮮예수教会状況（五）」（『基督申報』1931 年 4 月 8 日）。
55　A & P（1930）, 71。
56　田村紀之「内務省警保局調査による朝鮮人人口（I）」、77 頁。

第 2 章　伸展期：朝鮮イエス教連合公議会とカナダ長老教会による宣教（1925 ～ 1933）

57　*A & P*（1930），71.
58　『基督教大百科事典』第 16 巻、基督教文社、1985 年、182 頁。
59　「在日本朝鮮예수교회状況（五）」（『基督申報』1931 年 4 月 8 日）。
60　同上。
61　「巡廻日誌 一九三三年二月七日」（『極光』1933 年 3 月 1 日）。
62　『新豊教会 40 年史』기독교대한감리회 신풍교회、1993 年、96-97 頁。
63　在日本朝鮮基督教会は、このとこについて次のように述べている。「昭和十三年〔1938 年〕度に於いて特筆すべき事は国際情勢の変動に依り朝鮮基督教連合公議会の解散するに依りて、内地在留同胞伝道を過去三十年間継続したる事業を廃止したのは遺憾千万である、又は十年間苦痛を忍びながら開拓したる北海道、樺太地方伝道を、已を得ず中止したのは残念である」。『基督教年鑑』NCC、1940 年、64 頁。
64　『朝鮮基督教連合公議会 第八回会議録』（1931）、25 頁。
65　『朝鮮基督教連合公議会 第九回会議録』（1932）、15 頁、『朝鮮基督教連合公議会 第十回会議録』（1933）、26-27 頁。
66　『朝鮮基督教連合公議会 第十回会議録』（1933）、26 頁。
67　同上、28 頁、『朝鮮基督教連合公議会 第十一回会議録』（1934）、22 頁。
68　同上、22 頁。
69　「재일본교역자회」（『基督申報』1929 年 4 月 24 日）。
70　「在日本朝鮮예수교 関西地方会」（『基督申報』1931 年 5 月 20 日）、「在日本朝鮮耶蘇教会 第十一回関西地方会定期総会撮要」（『基督申報』1933 年 5 月 24 日）、「在日本朝鮮耶蘇教 関西地方会臨時総会召集」（『基督申報』1933 年 10 月 11 日）、「在日本朝鮮耶蘇教 九州地方会」（『基督申報』1932 年 7 月 13 日）、「在日本朝鮮基督教 第五回九州地方会撮要」（『基督申報』1933 年 6 月 7 日）。
71　『朝鮮基督教連合公議会 第七回会議録』（1930）、15 頁。
72　『朝鮮基督教連合公議会 第八回会議録』（1931）、25 頁。
73　『朝鮮基督教連合公議会 第九回会議録』（1932）、45-46 頁、L. L. Young, "The Chosen Christian Church in Japan Proper," *KMF* 30-5（1934），109.
74　『朝鮮基督教連合公議会 第九回会議録』（1932）、16 頁。
75　『조선예수교장로회총회 제 22 회회록』（1933）、65 頁。
76　憲法案の全文は、『朝鮮基督教連合公議会 第九回会議録』（1932）、38-51 頁に収録されている。
77　「在日朝鮮耶蘇教 関西地方会臨時総会召集」（『基督申報』1933 年 10 月 11 日）。
78　1925 年の統計については、*MFCPMK*（1925），22-23、1928 年の統計については、『朝鮮예수教連合公議会　第九回会録』（1932）、30-31 頁、1929 年および 1931 年、1932 年、1933 年の統計については、それぞれ *A & P*（1930），74、*A & P*（1932），50、*A & P*（1933），44、*A & P*（1934），37 を参照。

第3章　自立期

在日本朝鮮基督教会
（1934 〜 1940）

在日本朝鮮基督教会 第一回大会記念（1934.2.23）
於：大阪東部教会（現・大阪教会）

第3章　自立期：在日本朝鮮基督教会（1934～1940）

1. 在日本朝鮮基督教会の大会創立

（1）在日本朝鮮基督教会第一回大会

　1934年という年は、独立教団としての在日本朝鮮基督教会が誕生したという点で、在日大韓基督教会史において特別な意味をもつ年であると言える。それは、最初の教会である東京の留学生教会が設立されて26年目に達成された出来事であった。

　1934年2月21日から23日にかけて大阪東部教会において、在日本朝鮮基督教会の第一回大会が開催された[1]。出席総代は、L・L・ヤング宣教師をはじめ、牧師9名（韓泰裕、金応泰、朴尚東、文宗洙、崔敬学、呉澤寛、金洙喆、高麗偉、呉根睦）および教会代表9名（李元道、劉聖錫、権泰慶、金益煥、韓延洙、高在萬、金根錫、裵英俊、李承轂）の計19名であった。

　開会礼拝では、「神殿を建築するに臨んで」（第一コリント3：9～17）と題して韓泰裕牧師が説教を行なった後、L・L・ヤング宣教師の司式による聖餐式がもたれた。そして、臨時議長にヤング宣教師を選出した後、任員選挙と各局の局長および局員の選挙が行なわれた結果、L・L・ヤング宣教師が初代の会長に選出された。その他の選出された任員および局長、局員は次の通りであった。

　　　任員　　会長：L・L・ヤング　　副会長：呉澤寛
　　　　　　　書記：呉根睦　　　　　　副書記：文宗洙
　　　　　　　会計：崔敬学　　　　　　副会計：朴尚東

　各局長および局員
　　1. 伝道局：金洙喆（長）、李承轂、金益煥
　　2. 教育局：呉澤寛（長）、文宗洙
　　3. 法務局：高麗偉（長）、朴尚東、金根錫
　　4. 財務局：崔敬学（長）、朴尚東、高在萬、劉聖錫、韓延洙、
　　5. 庶務局：呉澤寛（長）、文宗洙、李元道、金根錫、劉聖錫、金益煥、金応泰
　　　　　　　呉根睦、朴尚東、高麗偉

6. 常務局：L・L・ヤング（長）、高麗偉、金応泰、崔敬学、呉澤寛、劉聖錫、裵英俊

　この第一回大会では、憲法および規則が制定されたほか、大会を2年ごとに開催すること、名古屋地方と福井地方を関西地方会から分立させて中北中会を組織すること、L・L・ヤング宣教師が発行する新聞である『福音の光』の名称と内容を刷新した上で在日本朝鮮基督教会の機関紙とすること、朝鮮教会の宣教50周年記念式を開催することなどが決議された。

　中北中会の分立に関しては、分立の後、関西地方会自体もその名称を関西中会と変更することとなった。在日本朝鮮基督教会の第一回大会が開催された2ヵ月後、関西中会の第一回総会と中北中会の創立総会が同じ日（1934年4月10日）に同じ会場（大阪今宮教会）で開催されている。午前9時半から開催された関西中会第一回総会では高麗偉牧師が会長に選出され、午後2時半から行なわれた中北中会創立総会では朴尚東牧師が会長に選ばれた[2]。

　以上のようなかたちで、大会・中会組織および憲法・規則を擁する独立教団としての在日本朝鮮基督教会が成立した。なお、在日本朝鮮基督教会の成立の意義としては、以下の3点を挙げることができる。

① 朝鮮にとって宗主国であり、また非キリスト教国であった日本本土における在日本朝鮮基督教会の成立は、小さな組織の成立ではあったが、世界宣教史においても特殊な意義をもつ出来事であったと言える。
② 在日本朝鮮基督教会の成立により、朝鮮の教会やカナダ長老教会の被宣教地として地域ごとに発展してきた諸教会を一つの自治教会組織に統合し、宣教の業を協力の中で推進する教団となった。
③ その設立以降、在日本朝鮮基督教会は独自に牧師と長老の按手を行なうようになるが、そのことが、在日本朝鮮基督教会に責任とアイデンティティをもつ教職者および信徒を輩出する基盤となった。

（2）在日本朝鮮基督教会第二回大会

　1934年の第一回大会に引き続き、1936年5月6日に第二回大会が兵庫教会において開催された[3]。代議員は、宣教師1名、牧師11名、長老7名、協同総

第 3 章　自立期：在日本朝鮮基督教会（1934 ～ 1940）

代 4 名（伝道師 2 名、執事 2 名）の合計 23 名（うち欠席 2 名）であった。第二回大会では、L・L・ヤングが会長に再選されたほか、下記のように任員が改選されている。

　　会　　　長：L・L・ヤング　　副 会 長：朴尚東
　　書　　　記：文宗洙　　　　　　副 書 記：盧震鉉
　　会　　　計：崔敬学　　　　　　副 会 計：李元道
　　伝道局長：朱観裕　　　　　　　教育局長：金致善
　　法務局長：朱観裕　　　　　　　財務局長：崔敬学
　　庶務局長：李完模　　　　　　　常務局長：L・L・ヤング

また、第二回大会においては、東京と横浜区域を合わせて関東中会とすることや九州地方会の名称を西南中会とすること、日本基督教連盟の加入に関しては常務局に一任することなどが決議されている。ここで触れられている日本基督教連盟の加入問題に関しては後述する。

関東中会創立総会（1937.4.14）

（3）1934 年頃の在日本朝鮮基督教会の状況

　1934 年当時、日本には約 54 万人の朝鮮人が住んでいた。カナダ長老教会の宣教師による報告書によれば、1934 年における在日本朝鮮基督教会の教会・伝道所は、樺太から九州まで 45 ヵ所あり、朝鮮人の牧師は 9 名、男性の伝道師 2 名、女性の伝道師 14 名、信徒総数 2351 名であった。また、主日学校 36 ヵ所、夏期聖書学校 49 ヵ所、夜学校 7 ヵ所、幼稚園 7 ヵ所などとなっていた[4]。

101

当時の朝鮮人牧師は全員、カナダ長老教会あるいは朝鮮イエス教連合公議会の財政的支援を受けて宣教活動を行なっていたが、自給も進められていっており、いくつかの教会では、伝道師の謝儀の一部を負担するようになっていた。また、自らの教会堂をもつ教会も12ヵ所あった。ある教会の幼稚園では、保育士の俸給は、カナダ長老教会が負担し、その他の費用はその教会が負担した[5]。

2. 憲法・規則の制定

(1) 1931年憲法案と1934年に採択された憲法

在日本朝鮮基督教会の第一回大会において採択された憲法と、1931年に連合伝道部と在日朝鮮人教会の教職者たちによって起草された憲法案との間には、明確に異なる点がいくつかあった。第一にそれは、採用した信条の違いに表れている。1931年憲法案で採用されていたのは、朝鮮イエス教長老会信経、朝鮮監理会教理的宣言、使徒信条、ウェストミンスター小教理問答であったが、1934年で採択された憲法が採用した信条は、当時の朝鮮イエス教長老会の信経（12項目）を模範としてそれを簡略化した10項目からなるものであった。また、1931年憲法案では、信条は憲法の第8章の中に位置づけられていたが、1934年の憲法では、憲法の前に置かれた。

第二に、教会職員の職位と職名に違いがあった。1931年憲法案において職員は有給職員と無給職員に区別されていたが、1934年の憲法では職員と臨時職員に区分され、職員は牧師、長老、勧師、執事、臨時職員は男女の伝道師とされたほか、1931年憲法案にあった「按手された宣教師」と「女性宣教師」といった「宣教師」に関する規定が削除された。

また、1931年および1934年の憲法案には、「長老の按手」に関する規定はなかったが、第一回大会において、長老の按手に関しても論議がなされた結果、1934年の憲法に新たに「長老按手」に関する項目が付け加えられることになった。

1934年の憲法に規定された基本的内容は、解放後における在日大韓基督教会憲法の原型として継承されていくことになる。

（2）朝鮮イエス教連合公議会と長老教会、監理会の対応

在日本朝鮮基督教会の大会で採択された憲法・規則は、朝鮮イエス教連合公議会宣教部に送付された。まず、1934年9月20日に開催された宣教部の会議において承認を受けた後、朝鮮イエス教連合公議会の総会に提出されて承認を受けた[6]。また、朝鮮イエス教長老会第23回総会（1934年9月）および基督教朝鮮監理会第2回総会（1934年10月）においてもそれぞれ承認された[7]。

これにより、在日本朝鮮基督教会は、憲法（信条を含む）をもつ独立した組織教会としての道を歩みはじめることになる。しかし、これ以降も、朝鮮イエス教連合公議会から派遣されていた東京連合教会の牧師の人事権は、従来通り同連合公議会がもちつづけることになった[8]。

3. 在日本朝鮮基督教会における牧師・長老の按手

（1）長老の按手

在日本朝鮮基督教会において初代長老が誕生したのは、1935年4月のことであり、関西中会3名、中北中会1名の計4名が長老となっている。この4名は、大会創立時に採択された憲法に則って長老に就任したが、その憲法では、「長老は年齢27歳以上の男子で、洗礼を受けた後5年、家族とともに本教会教会員になって満2年、正会員20名に1名の割合とし、有権者の三分の二を得て被選される。6ヵ月間教養した後、中会において聖書、信条、憲法の試験を受け、合格した者とする（但し任期は3年、再選された時は牧師の再任式で継続する）」と規定されていた。現在の長老資格の原型であるが、現在と大きく異なる点は、任期制をとっている点と、男性に限られていた点である。

長老就任式は、まず、関西中会において行なわれた。1935年4月14日に、西部教会において文宗洙牧師の主礼のもと李元道氏、続いて呉澤寛牧師の主礼のもと21日に大阪東部教会にて姜喜錫氏、そして28日に今宮教会で韓延洙氏の長老委任式がそれぞれ行われた[9]。また、中北中会においては、4月16日の中北中会総会において孫炳泰氏の長老委任式が行われている[10]。
　この長老の按手により、牧師および長老によって小会（堂会）が組織されることで、在日本朝鮮基督教会の指導体制が整えられていき、宣教活動がより活発となった。翌年に開催された第二回大会では、在日本朝鮮基督教会の各部において長老が重要な役職を担うこととなる。
　李元道長老は、1934年の創立大会に際しては、横浜教会の代表として参加していたが、その後、来阪し西部教会の教会員となった。のちに李長老は、在日本朝鮮基督教会が日本基督教会と合同交渉を行なった際には、合同条件の緩和要求をまとめ、日本基督教会に派遣された在日本朝鮮基督教会側の交渉委員6名のうちのひとりとして交渉にあたった[11]。1941年12月9日に特高警察が全国的に行なった一斉検挙・検束（後述）の際に李元道長老は、李鳳朝長老（堺東）や田雨台執事（大阪東部）とともに検挙されている[12]。
　孫炳泰長老に関しては、「名古屋教会の初の長老になり、朴尚東牧師と一緒に堂会を組織した。名古屋教会が一層宣教活動を活発に展開していく核ができた」[13]との記述がある。1936年の第二回大会時には、庶務局員に選出されている。1945年11月15日に在日本朝鮮基督教連合会の創立総会が開催された際には、名古屋瀬戸教会長老として出席している[14]。
　大阪教会の姜喜錫長老は、大会の伝道局員や常務局員を歴任した[15]。大阪教会では、勉励青年会会長、夜間聖書学院の教師としても活動し、大阪教会における最初の長老選挙の際に長老に選出された[16]。
　1896年生まれの韓延洙長老については、次のような記述がある。「1925年頃、大阪住之江伝道所で受洗し、執事に任命される。その後大阪今宮教会で奉仕し、長老に就任した。東亜日報特派員及び総販売所の責任者として働き、また多くの神学生を支援した。戦中、特高の警告にもかかわらず、朝鮮語による幼児教育、説教も続け投獄されたこともある。解放後の一時期、小倉教会において信徒伝道者として奉仕した」[17]。また、大阪西成教会の『80年史』によれば、同教会（当時は大阪今宮教会）の勉励青年会が1931年に創立された際に会長に

第3章　自立期：在日本朝鮮基督教会（1934～1940）

就任している[18]。

（2）牧師の按手

　1934年に組織された在日本朝鮮基督教会は、独自に牧師の按手を行なうようになるが、のちに日本基督教会に吸収合併されるまでの約6年間に合計で10名が牧師按手を受けた。

　最初に牧師按手を受けたのは、金奉奎氏であった。日本のキリスト教系の新聞である『福音新報』によれば、金氏は1936年3月に日本神学校を卒業している[19]。同じ年の卒業生は10名で、その中には竹森満佐一（のちに東京神学大学学長）や興梠正敏、台湾からの黄主義らがいた。金奉奎氏は、37年5月に牧師按手を受け、九州の八幡教会（40年丸山教会に名称変更）に赴任した。当時は、神学生時代に伝道師として宣教活動に従事し、神学校を卒業するとすぐに牧師按手を受けていた。崔永模氏（のちに福岡教会長老）が対馬の厳原教会において洗礼を受けていることなどから[20]、その牧会活動は広範囲にわたっていたことがうかがわれる。金牧師は、41年1月に朝鮮に戻り、平壌長老会神学校で教えた[21]。

　次いで、秋仁奉氏が1937年12月に按手を受けた。秋仁奉氏は忠清南道出身で1902年生まれである[22]。秋仁奉氏は、32年に神戸の中央神学校に入学し、37年3月に卒業した後、32年より5年間神戸市郊外の青木教会で伝道に従事し、37年4月からの2年間は豊橋教会、39年2月からは朴尚東牧師の後任として名古屋南教会（現・名古屋教会）で牧会した。当時の名古屋南教会の礼拝出席は150～200名であり、在日本朝鮮基督教会内では、大阪東部教会（現・大阪教会）に次いで信徒の多い教会であった。秋牧師は、41年12月9日、太平洋戦争の開戦による「非常措置」によって朴尚東牧師らとともに逮捕・投獄されている[23]。この事件は、特高資料では「旧朝基牧師等の民族主義並不逞宗教グループ事件」として記録されている（詳細については後述）。

　1939年5月には、李守弼、全仁善、徐丙烈の3名が按手を受けて牧師となった。李守弼牧師は、慶尚南道昌原郡出身で1904年生まれである[24]。32年に平壌長老会神学校に入学し、34年から38年にかけて慶尚南道の三浪津と昌寧郡で開拓伝道に従事し、両地域に教会を設立した経験をもつ。39年4月、平

105

第2部　創設期から解放まで（1908～1945）

壌長老会神学校の卒業後に来日し、5月に在日本朝鮮基督教会で牧師となった。李牧師は初代の委任牧師として守部教会で奉仕するとともに、尼崎小田伝道所を兼務した。その後、45年7月に辞任し、朝鮮に戻っている。

　慶尚南道昌原郡出身で1908年生まれの全仁善牧師は、中央神学校に学び、39年3月に卒業した後、39年1月に京都教会に赴任（40年12月辞任）する[25]。京都教会時代には、すぐれた外交能力を発揮した。例えば、それまで警察によって使用が禁止されていた礼拝堂を牧野虎次（同志社大学総長）、太田十三男（元海軍少将）、若松兎三郎（元駐韓領事）らの協力で使用できるようにし、40年4月に入堂式を行なった[26]。全牧師はその後、大阪東部教会（現・大阪教会）に赴任する。41年2月の委任式には、来賓として、「太田海軍少将、岩田渉判事、牧野虎次同志社総長、岩田武夫総長、富田満〔日本基督教会大会議長〕外　多数参席」[27] した。全牧師は、これらのいわゆる各界の著名人士を招いて伝道集会なども開催している。1944年11月の感謝節礼拝を終えた後、全仁善牧師は一時朝鮮に帰るが、そのまま日本に戻れなくなる。第二次世界大戦後、ソウルで昌洞教会（現・漢陽教会）を創立して牧会したが、朝鮮戦争時に殉教している[28]。

　全羅南道珍島出身で1912年生まれの徐丙烈牧師は、35年に明石聖書学舎を卒業し、同年4月から1年間、明石で伝道し、明石伝道所を設立した[29]。その後、中央神学校で学び、39年に卒業した後、同年7月に池田教会の初代委任牧師となったが、わずか6ヵ月で健康上の問題のため辞任した。

　上述の3名に引き続き、1940年3月には、5名（鄭箕煥、韓命東、黄善伊、鄭勲澤、朴炳勲）が在日本朝鮮基督教会時代では最後となる牧師按手を受けた。

　忠清北道清州出身の鄭箕煥牧師は、1906年生まれであった[30]。34年に清州長老会聖経学院、39年に平壌長老会神学校を卒業し、40年3月に中央神学校選科を修了した。その間、40年2月までは岡山地方の教会、その後は豊橋八丁教会、岡崎教会で牧会にあたった。

　釜山出身の韓命東牧師は、1908年生まれであった[31]。36年に渡日し、中央神学校に入学し、40年に同校を卒業した後、同年3月に牧師按手を受けた。神学生時代の37年からの3年間は青木教会で伝道に従事し、40年4月からは西部教会および淀川教会、42年12月から44年9月末までは林田教会（現・神戸教会）で牧会した。解放後は、釜山第一南教会で30年以上にわたって牧

会し、元老牧師に推戴されている[32]。

　黄善伊牧師は、全羅南道霊光郡出身の1909年生まれである[33]。40年3月から41年9月まで、日本基督教会所属となっていた京都南教会で牧会した。その間、41年7月26日には治安維持法違反で伝道師、長老、信徒とともに逮捕され、2ヵ月後に釈放されたが、牧会することは許されなかった[34]。解放後は、ソウルにある新韓教会で牧会した[35]。

　忠清北道沃川出身の鄭勲澤牧師は、1910年生まれであった[36]。36年に崇実専門学校文科を卒業し、同年4月に明治学院高等学科4年に編入、翌年に卒業した後、日本神学校本科で学び、40年3月に卒業した。同年4月からは、品川伝道教会で牧会した。

　朴炳勲牧師は、慶尚北道慶山郡出身の1911年生まれであった[37]。32年にピアソン高等聖経学院、39年に平壌長老会神学校を卒業している。その後、中央神学校選科を修了し、40年1月より福井東教会、同年12月から42年2月まで大阪今福伝道教会で牧会した。解放後には、大邱で牧会に従事した[38]。

　以上の10人のうち、金奉奎牧師と李守弼牧師、鄭勲澤牧師の3人を除いた残りの7人は、中央神学校で学んだ人たちであった。

　牧師按手の開始は、教職者の派遣を朝鮮から頼っていた在日本朝鮮基督教会にとっては画期的なことであった。これにより在日本朝鮮基督教会は、自治・自立に向かって歩みはじめるとともに、一教団としてのアイデンティティを強めていったと考えられる。また、この一教団としての経験は、のちに見るように、解放後すぐに日本基督教団から脱退し、在日大韓基督教会を創立していく上での原動力の一つとなったとも考えられる。

4. 日本基督教連盟への加盟

　在日本朝鮮基督教会の日本基督教連盟（現在の日本キリスト教協議会の前身）への加盟が常務局に一任されたのは先に見た通りである。加盟に際してどのような過程を踏んだのかについては定かではないが、1936年11月10日に開催

第 2 部　創設期から解放まで（1908〜1945）

された日本基督教連盟の第 14 回総会において、在日本朝鮮基督教会の加盟が承認されている。その総会において在日本朝鮮基督教会の加盟については、まず、「朝鮮基督教会に関する特別委員会」による報告が郷司慥爾氏よりなされたが、その内容は下記のようなものであった。

　　委員等は関係諸方面の実情を聴取し、同教会の加盟を適当と認む。但し同教会は従来各派連合の一種連合的教会なるが故今後もその合同主義的特質を支持し、今後教派的朝鮮教会の続出を見ることなからんために新常議員会をして朝鮮基督教連盟並に同宣教団と協調せしむることを適当と認む。
　　右報告す[39]

　この報告後、在日本朝鮮基督教会の加盟が可決され、連盟の総会に参席していた朴尚東牧師が議場で紹介を受けた。日本基督教連盟への加盟は、それまで日本の教会との公的な関係をもってこなかった在日本朝鮮基督教会にとってはそうした公的関係構築に向けての初めての試みであった。
　実は、連盟加入に際して、在日本朝鮮基督教会は一つの大きな決断を行なっていた。それは、在日本朝鮮基督教会という名称から「在日本」を取り除いて「朝鮮基督教会」と名称変更することであった[40]。上に見た郷司氏の報告では、すでに在日本朝鮮基督教会から「在日本」が削除されている。名称の変更をしてまで日本基督教連盟への参加を決定した背景には何があったのであろうか。日本キリスト教協議会の幹事であった八幡明彦氏は、次のように分析している。「すでに植民地下にあった朝鮮は、法的・政策的には日本の『一地方』と扱われていたから、名称に『在日本』と付けることは、ある種の抵抗意識のあらわれであったと言ってよい。それを捨てさせる、何らかの圧力が連盟側から加えられたことが想像される」[41]。
　在日本朝鮮基督教会が連盟に加盟した目的としては、二つのことが考えられる。一つは、すでに 1923 年から始まっていた在日ミッション同盟との関係の変化と関連したことである。在日ミッション同盟は、時代状況の推移を見極めながら、その事業を日本基督教連盟に移譲しつつあった[42]。在日朝鮮人伝道支援に関しても、それまで朝鮮イエス教連合公議会に送金していた支援金を、1936 年には直接、在日本朝鮮基督教会側に送金している[43]。また、そのような

第3章　自立期：在日本朝鮮基督教会（1934～1940）

状況の中、支援活動自体も在日ミッション同盟から日本基督教連盟へと移行することが在日本朝鮮基督教会側にも伝わっていたと考えられる。このことから在日本朝鮮基督教会にとっても、日本基督教連盟と関係を築くことが必要とされるようになったと考えられる。

　二つ目は、宣教活動の展開にあたって他教団や日本の官庁との接触が増えることが予想されるようになったことと関連している。在日本朝鮮基督教会を含めた在日朝鮮人の動静を監視していた特高は、この点について次のように記述している。「朝鮮基督教会は元来朝鮮人のみを布教の対象となし来れるが、教勢の拡大を企図すれば自ら内地に於ける他教派との折衝を迫らる、結果を招来せる為、その布教の便を計る目的の下に遂に昭和十一年〔1936年〕日本基督教連盟に加盟し、稍〔々〕内地人との折衝部面を開きたり」[44]。特高が何を根拠にこのように記しているのかはわからないが、将来的な宣教活動を見据えて在日本朝鮮基督教会が日本の主流教団が加盟する日本基督教連盟への加盟の必要性を感じていた可能性は高い。この点は、連盟総会の会録にある下記のような記録によって補強されるであろう。

　　　同日神戸のヤング氏、京都鮮人〔ママ〕教会牧師〔盧〕震鉉氏も来会され、同委員会〔朝鮮人伝道委員会〕に於て本年度内金一千二百円程度の募金をなして伝道応援をなすと共に官庁との関係に就て委員の斡旋を要望せらる[45]。

　ここに出てくる朝鮮人伝道委員会とは、日本基督教連盟が従来の在日ミッション同盟内にあった在日朝鮮人宣教を支援する特別委員会の宣教師3名（フート、モラン、カブ）に斉藤宗治、森田殿丸、小崎道雄の3名を加えて新たに組織した委員会のことである。在日本朝鮮基督教会の日本基督教連盟への加盟を受けて、在日ミッション同盟内の委員会の事業も日本基督教連盟側に委譲された。朝鮮人伝道委員会の第1回委員会は1937年1月23日に、また組織会が同年3月に開催されている。最初の委員長には森田殿丸、書記にカブ、会計にフートと斉藤宗治がそれぞれ選出されている[46]。

5. 朝鮮イエス教連合公議会の解散と東京連合教会

(1) 朝鮮イエス教連合公議会の解散

1934年9月19～20日に開催された第11回総会の直前の9月14日に、朝鮮イエス教長老会会長（李仁植）名で朝鮮イエス教連合公議会会長宛に、次のような内容の通知書が送付された。

①公議会総会総代は、5名を派遣すると決議し、派遣する。
②公議会の常設機関を廃止するよう提案する。
③在日本朝鮮基督教会憲法は承認し、当該事業は栄在馨〔L・L・ヤング〕宣教師に一任することを認める。
④公議会規則第3章7条を改定し、各連合団体代表の人数を最大5名に減らすことを提案する。
⑤教団のみで構成されるべきであると提案する[47]。

朝鮮イエス教長老会は、5項目にあるように、それまで15教団・団体で構成されていた連合公議会から加盟団体を除き、教団の代表のみで連合公議会を構成することを提案したのである。朝鮮イエス教長老会は、従来10名であった代表を5名に減らし、規則改訂を強く迫った。

連合公議会の第11回総会では、代表数の削減については同意をみたが、加盟団体に関しては、教団ではない団体も加盟していた国際宣教協議会との関係上、従来通り教団ではない団体の加盟を認めるのが望ましいとの決議を下した[48]。

これを受けて朝鮮イエス教長老会側は、第12回連合公議会総会（1935年9月）に代表を派遣せず、脱退届を提出した。これに対して連合公議会側は、脱退届の差し戻しを決定している[49]。

しかし結局、朝鮮イエス教長老会の不参加が続く中、朝鮮イエス教連合公議会は1937年に解散することとなり、連合公議会によって長年にわたって担われてきた東京を中心とした日本での宣教事業もそれと同時に終止符が打たれることになった。朝鮮イエス教連合公議会の解散によって財政的にはカナダ長老教会と在日本朝鮮基督教会の負担が増すことになったが、これは、結果的に在

第3章　自立期：在日本朝鮮基督教会（1934～1940）

日本朝鮮基督教会の自立を促すことになったとも言える。

（2）建築問題をめぐっての東京連合教会の混乱

　長老教会の提案・脱退をめぐって朝鮮イエス教連合公議会が揺れていた頃、東京連合教会においても大きな問題が起こっていた。

　東京連合教会の人事権をもつ朝鮮イエス教連合公議会の連合伝道局は、1934年3月、金応泰牧師の任期満了に伴い、後任として大阪で牧会していた金洙喆牧師を派遣した。金洙喆牧師が東京に派遣される1ヵ月前に、東京連合教会では、教会堂の建築に向けて準備を進めていくことを決議していた。しかし、朝鮮イエス教連合公議会が事業費の縮小を進め、牧師の報酬のみを負担することとしたため、教会堂の建設計画は中止されることになった[50]。これに対して、教会堂建築を提唱する一部の急進的な青年たちが、牧師や教会委員と対立し、雑司ヶ谷教会に連合教会堂の期成有志会を組織した。この対立は、1934年12月には礼拝の妨害にまで発展し、林泰禎、朴宗賢、鄭吉煥の3名が除名処分を受けている[51]。

　この混乱を受けて在日本朝鮮基督教会常務局は、1934年12月に金洙喆牧師に勧告文を送付した後、翌年の2月に金洙喆牧師を解任することとした[52]。その後、金洙喆牧師の辞任を受け、在日本朝鮮基督教会は、後任として呉澤寛牧師を派遣するために朝鮮イエス教連合公議会側と協議を行なうことにした[53]。

　1936年春、東京連合教会は中央教会と改称し、在日本朝鮮基督教会の憲法に則って委員会制から長老・執事制となり、呉澤寛牧師が就任した。その後に開催された第13回の朝鮮イエス教連合公議会総会（1936年9月）では、カナダ長老教会の在日宣教部を代表して呉澤寛牧師が出席し、東京地方の伝道状況を報告したほか、東京中央教会堂の建築許可を求める請願書が連合公議会に提出されている[54]。

　呉澤寛牧師の就任後も東京連合教会の混乱は収まらず、結局、東京連合教会は、呉澤寛牧師が牧会する東京中央教会と崔錫柱牧師が牧会する東京神田教会に分裂した[55]。

(3) 東京朝鮮監理教会の設立

　東京に始まる在日朝鮮人宣教は、当初においては長老教会と監理教会の協力によって進められ、1925年からは朝鮮イエス教連合公議会がその働きを担った。そして、1927年からカナダ長老教会がその働きに加わった後、1934年の在日本朝鮮基督教会の設立へとつながったことは先に見た通りである。その宣教の働きの中で目指してきたことは、長老教会や監理教会といった教派を超えた一つの教会を設立するということであった。しかし、1939年3月、東京に朝鮮監理教会が設立されたことによって在日本朝鮮基督教会がもつそのような理念は危機を迎えることになる。

　東京朝鮮監理教会の設立は、1938年10月の朝鮮監理会第三回総会における梁柱三総理師（監理会の中央行政機構の責任者）の発言が発端となったと言える。その発言の中で梁総理師は、東京に監理教会を設立することを提案した。その提案理由は、「東京に留学する男女朝鮮人学生は、現在7000〜8000名となり、遠からず数万名に達することが予想されうる。過去数十年間は、朝鮮〔イエス〕教連合公議会の管轄のもと東京に学生教会があったが、現在はそれも停止されたので、わが教会が東京に留学している朝鮮人学生のために東京に監理教会を設立して学生たちに福音を伝え、また、学生の中には監理教会の会員も多くいるので、彼らの霊的生活を指導していくことが必要なことは明らかである」というものであった[56]。

　この発言を受けて、1939年3月12日に基督教朝鮮監理会東京連合教会（以下、東京朝鮮監理教会）が神田区美土代町にあった日本の東京YMCA内に設立された。担任教職者は、1935年から東京に留学していた李徳成伝道師であった[57]。

　梁柱三総理師の提案理由の中では、「朝鮮〔イエス〕教連合公議会の管轄のもと東京に学生教会があったが、現在はそれも停止された」とあるが、これは、教会自体がなくなったという意味ではなく、先に見たように朝鮮イエス教連合公議会の解散に伴い、長老教会と監理教会による共同の宣教活動が終焉したことを意味していたと思われる。また、教会堂の建築問題がもとで起こった東京連合教会の混乱と分裂、あるいは、そのことで辞任に追い込まれた金洙喆牧師が監理教会所属の牧師である一方、後任の呉澤寛牧師が長老教会所属の牧師（崔錫柱牧師も長老教会所属の牧師）であったことに起因する「教派感情」がその

第3章　自立期：在日本朝鮮基督教会（1934～1940）

ような発言の背景にあったのかもしれない。

　この東京朝鮮監理教会の設立に際して日本メソジスト教会本部は、5月に「東京監理教会後援会」を立ち上げ、会堂建設のために全国のメソジスト教会に後援を呼びかけている。後援会発起人は、監督の釘宮辰生氏や伝道局長の今井三郎氏、青山学院長の安倍義宗氏らであった[58]。

　東京朝鮮監理教会は、1939年10月に日本メソジスト教会総会に参加した朝鮮からの代表団を講師に迎えて秋期大伝道会を開催している。同月15日の午前礼拝には鄭春洙監督が、夕礼拝には尹致昊博士と梁柱三総理師が説教を担当し、500名あまりの学生が参加した。また、22日の主日には、梁柱三総理師を迎えて教会創立以来はじめてとなる聖餐式と洗礼式が行なわれ、6名が受洗した[59]。1941年1月の毎主日の礼拝には、200～300名の学生が出席していたとの記録があるが、このことからもこの教会が多くの学生たちを集めていたことがわかる。

　1940年には、第二教会（中野区神明町四）が設立されたが、この教会には労働者や主婦ら40～50名が集まり、壮年および幼年主日学校があった[60]。

　東京における朝鮮監理教会の設立は、一方では在日本朝鮮基督教会の分裂を意味した。しかし、この分裂状況は、皮肉にも1941年6月の日本基督教団の成立とともに解消されることになる。神田にあった朝鮮監理教会は、日本基督教団の第2部（日本メソジスト教会）に加入することとなり[61]、部会は異なるが、第1部に加入していた旧在日本朝鮮基督教会の諸教会とともに日本基督教団に統合されることとなった。

【コラム①】東京中央教会堂とモフェット宣教師

　東京中央教会（現・東京教会）の会堂の建築構想が公にされたのは、1936年に開催された第二回在日本朝鮮基督教大会においてであった。「東京で伝道してすでに30年近くになり、数千の留学生がいるが、未だ礼拝する教会堂もなく、昼夜祈ってきたが、左記の予算で教会堂を建築することになったので許諾してください」（『在日本朝鮮基督教大会　第二回会録』）との要請書が、呉澤寛牧師と金徳俊執事の連名で提出され、承認された。また、同年9月の朝鮮イエス教連合公議会にも建築のための請願書が提出

された。総予算は10万円で、その内訳は土地150坪の購入費4万5000円（坪当り300円）、建築費5万円、諸経費5000円であった。今日の金額に換算すれば約2億円である。

　この計画の具体化の端緒は、1940年9月の雨の降る日に訪れた。朝鮮から東京に来ていたC・A・クラーク宣教師（米国長老教会）が、新宿にある日本の教会を借りていた東京中央教会を訪問した際のことであった。彼は、80名ほど収容できる礼拝堂に350名あまりが集まり、中に入れずに雨傘をさして会堂の外で礼拝する人びとの光景と出会う。「信徒がどうしてこのように道に溢れる状態なのか」というクラーク宣教師の質問に対して、黄材景伝道師は、「この人たちは、ほとんど早稲田大学や帝国大学、日本大学、明治大学その他の大学の学生たちです。卒業して帰れば立派な働き人になる人たちです。〔クラーク〕牧師先生がこの光景を見られて、東京に学生たちを中心とした教会が切実に必要なことを記憶してください」（『東京教会七十二年史』）と答えた。このことがきっかけとなって、クラーク宣教師は朝鮮に戻った後、2万5000米ドル（約5万2000円）を教会堂の土地購入資金として送金した。

　実は、クラーク宣教師が送ってきた資金は、S・A・モフェット（S. A. Moffett）宣教師が生涯にわたって貯金していたものであった。前年（1939年）10月に天に召されたモフェット宣教師は、「このお金は、朝鮮人が集まる教会のうち最も必要としている教会が土地を購入する場合にのみ使ってください」と遺言し、自分の貴重な貯金をクラーク宣教師ほか2名に託していたのである。

　モフェット宣教師（朝鮮名：馬布三悦）は、1889年にマコーミック神学校を卒業し、翌年に宣教師として米国長老教会から朝鮮に派遣された。ソウルに到着した彼は、数回にわたり朝鮮の北部を巡回し、1893年に宣教拠点を平壌に定めた。そして、第1回目の巡回時（1890年8月）に、のちに彼の宣教活動の大きな助けとなる韓錫晋（東京教会初代牧師）と出会う。1893年以降モフェット宣教師は、平壌に章台峴、南門、山亭峴教会などを設立する。また、彼が平安道および黄海道地域に直接・間接的に関わって設立した教会はかなりの数に上った。さらに、朝鮮人教職者の養成のために平壌長老会神学校を設立（1901年）し、1924年まで校長職を

第3章　自立期：在日本朝鮮基督教会（1934〜1940）

務めた。1907年に平壌長老会神学校を卒業し、最初に按手を受けた7人の牧師のうち5人（韓錫晋、邦基昌、吉善宙、李基豊、梁甸伯）はモフェット宣教師の伝道活動によってキリスト教徒となった人たちであった。モフェット宣教師は、かつて「東洋のエルサレム」と呼ばれた平壌地域のキリスト教の基礎を築づいた一人でもある。三・一独立運動の際には、朝鮮人の独立運動を励まし、宣教師として朝鮮人の声を代弁する役割を担った。

S・A・モフェット宣教師

　モフェット宣教師が残した資金をもって飯田橋付近にある現在の東京教会の土地222坪を購入し、1941年5月26日に日本基督教会維持財団名で登記した。しかし、この土地が米国人のお金で購入されたものであるという理由で国際的スパイ行為だとされ、東京中央教会の金致善牧師や黄材景伝道師、梁尚萬委員らは日本の官憲に捕まり苦難を味わうことになった。

　解放後、東京教会は1946年2月に合同教会として再出発することになり、その牧会者として呉允台牧師を推戴し、同年6月の第1回定期諸職会で教会堂建築計画についての協議を行なっている。先の土地の上に教会堂が建築されたのは52年3月のことである。実に最初に会堂建設が公にされた1936年より数えて16年目のことであった。

6. 神社問題と在日本朝鮮基督教会

（1）カナダ長老教会在日宣教部の日本基督教連盟からの脱退

　カナダ長老教会在日宣教部が日本基督教連盟に加盟したのは、1935年のことであった[62]。その加盟理由としては、日本の法律の複雑さと省令が急増したために日本基督教連盟などからの助言が必要となったことなどがあった[63]。

　日本政府からの圧力が強まる中、1930年代後半における在日本朝鮮基督教会は、二つの問題に直面していた。一つは、教会の合同問題（後述）であり、もう一つは神社参拝を含む神社問題であった。

　神社問題とは、「天皇制国家がその支配を貫徹するため神社神道を利用して国民の思想統制を推進したことにより起った神社非宗教論や神社参拝の問題」（『日本キリスト教歴史大事典』）であった。明治維新以降、日本政府は神道国教化政策を推し進めようとするが、これが内外からの圧力によって挫折すると、今度は、祭祀と宗教を分離しながら政教一致を目指すことになる。すなわち、神道は宗教ではない国家祭祀であるとしつつ、事実上の神道国教化を進めるために神社非宗教論を形成・展開していった。

　日本のキリスト教は、神社参拝などに対しては、信教の自由を楯に反対したが、徐々に国家の圧力に屈して、神社非宗教論を受け入れていくようになる。日本基督教連盟もその例外ではなかった。日本政府が神社神道の制度化を進める中、日本基督教連盟は、1930年5月に諸教団・団体の連名で、政府側に「神社問題に関する進言」を提出して自らの立場を明らかにし、神社が宗教でないならば非宗教化すべきであり、宗教であるならば信教の自由の観点から神社参拝は強制すべきではないとした。この「進言」について日本の歴史神学者である土肥昭夫は、「神社の宗教性を唱えず、その決定を関係当局にゆだね、政府に神社非宗教を強弁する余地を与えてしまったことも事実であろう」[64]と指摘している。その後、当局による締めつけが厳しくなる中、ミッションスクールを含む日本のキリスト教界は、神社非宗教論を進んで受け入れ、神社参拝を容認していくことになる。

　1919年9月に朝鮮神社（25年に朝鮮神官と改称）をソウルの南山に設立し

第3章　自立期：在日本朝鮮基督教会（1934〜1940）

た朝鮮総督府は、1930年代に入ると、神社参拝を国旗掲揚や宮城遥拝（皇居に向って遥拝すること）とともに学校に強要しはじめた。その結果、1938年までに神社参拝に反対した長老派のミッションスクール25校が廃校となっている。

　朝鮮人キリスト者にとって神社参拝は、キリスト教への背信行為であると同時に、民族的に屈辱を感じる行為であり、特に朝鮮の長老教会がこれに反対した。朝鮮の長老教会の強硬な反対に対して、日本基督教会大会議長の富田満は、1938年6月に朝鮮に渡り、平壌において、「神社参拝は国家の祭祀として国民に要求されているものである」とし、国家はこれまで信教の自由を踏みにじって特定の宗教礼拝を強要したことはないのであるから、キリスト教が禁止された場合にのみ殉教すべきであると主張して説得に努めた。これに対して、朱基徹牧師らが強く反論している[65]。

　1938年9月に平壌で開催された第27回朝鮮イエス教長老会総会で、参拝反対者があらかじめ拘禁される中、神社参拝を行なうことが強行可決される。しかし、それ以降も神社参拝への反対が続き、これに関連して朝鮮では、キリスト者2000名が投獄されるとともに、200ヵ所の教会が閉鎖され、朱基徹牧師ら50名が獄死した。

　このように神社参拝への圧力が高まる中、カナダ長老教会在日宣教部は、1939年1月に開催された年次総会において、神社参拝問題について協議を行なった。この年次総会の出席者は、L・L・ヤングをはじめ、マルコム・マカイ（Malcolm MacKay）、グラディス・マカイ（Gladys MacKay、マルコム・マカイとグラディス・マカイは夫婦）、エセル・マクドナルド、ジーン・マクレーン、メアリー・アンダーソンの6名であった。在日宣教部は、神社参拝が誤った行為であるとの認識では一致していたが、それへの対応の仕方については意見が異なっていた。年次総会においてマルコム・マカイとグラディス・マカイは、日本基督教連盟が神社参拝を是認・黙認しているとし、在日宣教部が日本基督教連盟から脱退することを動議として提出した。採決の結果、2対4（賛成の2票側はマカイ夫妻）をもってこの動議は否決された[66]。L・L・ヤングは、のちに送った手紙の中で、マルコム・マカイ宣教師と自分たちとの違いは、十戒の第一戒の立場から間違いを犯した人との関わりを断ち切ってしまうのか、あるいは、愛をもってその人と関わりつづけるのかの違いであったと述べてい

117

る[67]。ヤングの見解では、前者がマカイ宣教師の立場で、後者がヤング宣教師らの立場であった。

　しかしその後、在日宣教部は日本基督教連盟を脱退することになる。1939年10月30日に開催された日本基督教連盟総会の開会礼拝において、代議員らは起立して宮城遥拝を行なうことを求められる。これは、在日宣教部にとって容認できる範囲を越えるものであった。在日宣教部は、日本基督教連盟の会員でありつづけることは信仰の妥協につながると考え、同年11月25日に日本基督教連盟からの脱退を決議するに至る[68]。

（2）神社問題に対する在日本朝鮮基督教会の対応

　神社問題に対して在日本朝鮮基督教会がどのような対応を行なったかについて示す記録はほとんど残されていないが、名古屋の教職者・信徒の対応については、特高資料の中にいくつかの記録がある。

　「朝鮮基督教会名古屋教会の神社参拝問題に対する宣教師マルコム・ロス・マカイの反対」と題した報告において、特高は次のように記している。

　　　近年半島及内地に於ける朝鮮基督教は、従来の如き英、米依存的態度より漸次日本依存的傾向を示し来れるが、本年夏頃より内地朝鮮基督教々職者（主として朴尚東、秋仁奉等）より、名古屋教会及中北中会所属宣教師マルコム・ロス・マカイに対し、神社参拝は「現下の社会情勢に於ては否定し難きこと、日本人的立場より排撃し難きこと、反対を固執せば弾圧を受くるに至ること」等の諸点を挙げ、神社参拝を承認せられ度き旨屡々進言する所ありたり。然るに本名は其の信仰の立場より之を拒否して譲らざるのみならず、苟も牧師たる者が斯る傾向に陥ることは不都合なりと、却つて之を難語[ママ]し、両者の意見は全く対立するに至れり[69]。

　ここには、1939年にマルコム・マカイ宣教師に対し、朴尚東と秋仁奉の両牧師が神社参拝は、「現下の社会情勢に於ては否定し難きこと、日本人的立場より排撃し難きこと、反対を固執せば弾圧を受くること」などの諸点を挙げて、神社参拝を承認するよう進言したと述べられている。当時、在日本朝鮮基督教会の会長職にあった朴尚東牧師が、その立場から公然と神社参拝に反対を唱え

第3章　自立期：在日本朝鮮基督教会（1934〜1940）

ることを躊躇していた様子がこの文章からうかがえる。しかし、朴尚東・秋仁奉牧師らはその後、特高から神社問題をめぐって弾圧を受けることになる。

　1941年12月の太平洋戦争勃発に伴い、非常事態としておもに朝鮮人の民族・共産主義運動の指導者であると特高によって見なされた人たちが全国で一斉に検挙・拘束されるということが起こった。その際の記録が特高資料の中に残されているが、その中に先にも触れた「旧朝基牧師等の民族主義不逞宗教グループ事件」に関する記録がある。

　特高資料によれば、この「事件」の首謀者は、名古屋東教会および瀬戸教会の担任牧師であった朴尚東牧師であり、彼のほか、名古屋南教会および築地伝道所担任牧師の秋仁奉牧師と朴尚奉長老、名古屋北教会および一宮教会担任牧師の金恩錫牧師、豊橋八丁教会および岡崎教会担任牧師の鄭箕煥牧師ら11名が検挙された。検挙の理由は、「日本の統治下より朝鮮の民族の解放を希求する民族意識濃厚なる者なる為、各自は秘かに基督教の布教といふ合法場面を利用しその布教の活動を巧みに朝鮮の独立運動に利用すべく意図」したというものであった[70]。また、検挙された牧師らが協議した内容として、神社問題に関連して次のような内容が記録されている。

　　（イ）〔……日本基督教会〕合同後〔このことに関しては後述〕も従来の〔在日本朝鮮基督教会〕教理を其儘流布すべきことを指示し。
　　（ロ）〔……〕神宮神社問題を繞る一般信者の具体的指導方針として神宮の尊厳を冒涜すべき事項を支持し。
　　（ハ）〔……〕一般教会員に対する具体的指導方針として合法仮面による神宮排撃方法を協議決定し。
　　（ニ）〔……〕エル・エル・ヤングの本国帰国問題を繞り同人が神宮神社に対し偶像的見解を以て〔在日本朝鮮基督教会〕教役者を指導し居りたることを十分知悉し相互に同人帰国後もその指導方針を踏襲することを誓約し。
　　（ホ）〔……〕神宮神社問題を繞る朝鮮地方の基督教々役者の動静を引用し神宮神社は偶像にして祭祀礼拝の値なきものなりとの見解を相互明確に披瀝し。
　　（ヘ）〔……朴尚東と秋仁奉が〕会合し大麻を誹謗し神宮の尊厳冒涜の〔在日本朝鮮基督教会〕不逞教理を明確にし[71]。

　さらに特高は、これらのことが一般信者に対してどのような影響を及ぼした

119

か調べるために13名の信者(名古屋東教会4名、南教会3名、北教会6名)を調査した結果を記録している。そこでは、教理把握に関して信者たちが、この世において神とすべきは父・子・聖霊の三位一体の神のみであること、日本の神宮神社は偶像であり、祭祀礼拝はすべきでないこと、将来キリストが再臨する際には天皇・皇族といえども一掃撃滅されることを確信していること、ほとんどが神社参拝を行わず、神宮大麻奉祀には反対していたことなどが記されている[72]。

　これらの記録が特高によるでっち上げでなかったとすれば、そこから在日本朝鮮基督教会の一部の教職・信徒指導者の神社問題に対する強い反対姿勢を読みとることができるのではないだろうか。

【コラム②】在日本朝鮮基督教会と抵抗:『基督申報』と文宗洙牧師筆禍事件

　戦前における在日朝鮮人教会の動向を知る上で、『基督申報』は貴重な情報源の一つである。『基督申報』は、日帝下のソウルにおいて長老教会の『イエス申報』と監理教会の『キリスト会報』を統合して1915年12月7日に創刊された週刊の新聞であり、創刊から1937年7月までの22年間にわたって刊行され続けた。朝鮮の教会や神学に関するもののほか、民衆運動、独立運動、社会運動、海外の教会事情や政治状況に関する記事も多数掲載されている。在日朝鮮人教会に関する記事としては、1916年1月5日(第5号)に、「東京通信」として呉基善牧師から発信された東京留学生の帰郷者名単が最初のものである。

　『基督申報』全体を通して在日朝鮮人教会に関する記事は、約600点にのぼる。早くから日本支局が設置され、1934年2月には、それまであった日本支局(支局長:呉澤寛、記者:秋仁奉、顧問:L・L・ヤング)に次いで東京支局(支局長:韓睍相)が新設され、記事の発信ならびに購読者の拡大などが図られた。海外からの購読料は年間2円であった。日帝下という状況のもと、必ずしも順調に発行を続けられたわけではなかった。1919年には、三・一独立運動以降の5月から9月までの4ヵ月間で、総督府当局により4度にわたって新聞を押収されている。

　1934年4月4日、当時福井教会で牧会していた文宗洙牧師(31歳)に

第3章　自立期：在日本朝鮮基督教会（1934～1940）

よる「朝鮮民族とキリスト教（1）」と題した文章が『基督申報』誌上に掲載された。しかし、次号（4月11日号）には「朝鮮民族とキリスト教は事情によって連続掲載できません」との通知が掲載され、文牧師の文章は掲載されなかった。連続掲載の中止には、朝鮮総督府による圧力が関係していたと考えられるが、実際、文牧師の文章は植民地支配を行なう当局が容認できる内容のものではなかった。文宗渫牧師は、4月4日に掲載された文章の中で、次のように論じている。

　民族社会の存在が人類社会の構成単位となっている以上、人類の理想は必然的に民族社会を経由せざるをえないものである。それゆえ、社会正義の指針となり、社会進化に寄与しようとすれば、まず民族としての完成を期し、その理想を純化して高め、それを集中的に啓発するとともに、しっかりと前進させることである。
　個体を離れた団体はなく、民族性を離れた社会もない。この民族性というのは、政治や経済による時代の産物ではなく、当代の宗教や思想の産物でもない。血肉の遺伝的賜物である。それゆえ、人間の心臓に熱い血が脈打ち、最後の瞬間まで所有するものであり、政治的暴圧や経済的破綻あるいは宗教的姿勢や思想の潮流が、ある民族性を破滅させたという歴史や例は存在しない。イタリアの「ファシズム」の政治、ドイツの「ナチス」による強権的政治や「ソビエト」の専制主義も民族性だけは等閑視できず克服できなかった。隣国の人々に「大和魂」があるように、われわれには「太白」の魂が必要である。
　6000年の伝統と歴史をもつユダヤ民族は、国権を喪失した後2000年が経過した今日、世界各国に流離し、限りない虐待と追放、殺戮を受けてきたが、それらが増すごとに彼らの民族的意識はより堅固になり、破壊することのできない団結を生み出しているではないか。それは、天の父の選民という優越意識にも関わることであるが、悠久の歴史的な伝統思想が彼らの脳裡からなくならないからである。それゆえ、言語的な特徴をもつわれわれの4000年にわたる「はらから」の精神が一朝一夕に変わることは万に一つもないと断言できる。
　科学が大いに発達し、地球を短時間に一周できたとしても、民族思想が

すべて消滅するとは思えない。このような厳然たる事実があるので、いかなる政治的教育をもってその民族性を消滅させようとしても無駄なことである。米国の「インディアン」族や、フィリピン民族の発展は米国の敗北を意味せず、日本の「アイヌ」族や「朝鮮民族」の発展は決して日本の敗北を意味しない。それらを保護発展させることがその国家の栄誉であるということは、世界が共に認めるところである。このように、人間性を導かんとするキリスト教が、どうしてその民族性を忘却し、塗抹することができようか！

　以上のように文宗洙牧師は、朝鮮民族とキリスト教の関係を論じるとともに、日本の朝鮮統治政策に対して大胆に批判の目を向けたのであった。
　文宗洙牧師は、1903年に咸鏡南道で出生し、1932年に神戸の中央神学校を卒業した。1932年から34年まで福井市および金沢市において伝道した後、1939年まで大阪北地域、次いで1942年11月まで神戸教会で牧会し、朝鮮に戻った。神戸中央神学校の同窓生であった兪虎濬牧師（イエス教長老会の総務などを歴任）は、韓国の教会において活躍していた同窓生に言及する中で、「北韓咸鏡道の北青で長い間牧会していた同窓文宗洙牧師については、全然その生死を聞くことができなくて、誰も知る人がいない実情である」（『エス・ピ・フルトンの生涯と神学思想』）と述べている。

7. 教会・伝道所の設立（1934〜1940）

　嵐山伝道所（1934年）、田中伝道所（1934年）、岸和田教会（1935年）、姫路教会（1935年）、金沢教会（1935年）、厳原教会（1935年）、岡山教会（1936年）、赤崎教会（1936年）、別府伝道所（1936年）、岡崎教会（1937年）、田辺教会（1937年）、大石教会（1937年）

第3章　自立期：在日本朝鮮基督教会（1934～1940）

8. 教勢（1934～1940）[73]

年	教会数	祈祷所	牧師	伝道師	信徒数	幼稚園	夜学校
1934	45	22	9	16	2351	7	7
1936	52	18	13	26	3038	7	---
1937	55	19	13	30	3511	6	---
1939	59	---	23	31	3825	6	---
1940	58	---	23	31	4078	6	---

1　在日本朝鮮基督教会第一回大会については、『在日本朝鮮基督教会　第一回大会々録』（1934）を参照。
2　「第一回関西中会찰요」（『基督申報』1934年5月9日）、『朝鮮基督教　中北中会・総会録（第1～4回）』（1938）、28頁。
3　在日本朝鮮基督教会第二回大会については、『在日本朝鮮基督教大会　第二回会録』（1936）を参照。
4　A & P（1935）、64.
5　『朝鮮基督教連合公議会　第十一回会議録』（1934）、24頁。
6　同上、14-15、37頁。
7　『조선예수교장로회총회　제이십삼회회록』（1934）、51頁、『基督教朝鮮監理会　第二回総会会録』（1934）、28頁。
8　例えば、在日本朝鮮基督教会が創立された後に行なわれた連合公議会の第11回会議において、東京連合教会内の問題（後述）について討議がなされている。また、連合公議会側は、東京連合教会問題の渦中にあった金洙喆牧師の任命権は在日本朝鮮基督教会側にはないと述べている。『朝鮮基督教連合公議会　第十一回会議録』（1934）、15頁、「東京教会問題」（『基督申報』1935年1月30日）。
9　「東部教会長老委任式」「今宮教会長老委任式」「西部教会長老委任式」（『基督申報』1935年6月12日）。
10　『朝鮮基督教　中北中会・総会録（第1～4回）』（1938）、31頁。
11　同志社大学人文科学研究所／キリスト教社会問題研究会編『特高資料による戦時下のキリスト教運動』1、新教出版社、1972年、340-341頁。
12　明石博隆・松浦総三編『昭和特高弾圧史7 —朝鮮人にたいする弾圧』中、太平出版社、1975年、175頁。
13　『名古屋教会70年史』、35頁。
14　『在日本朝鮮基督教連合会撮要』（1945）、17頁。
15　『在日本朝鮮基督教大会　第二回会録』（1936）、5頁。
16　大阪教会創立80周年史編纂委員会『大阪教会創立80周年記念誌』2001年、45-46頁。
17　「三女徳珠氏回顧談」（歴史編纂委員会所蔵）。
18　在日大韓基督教会大阪西成教会80年史編纂委員会『大阪西成教会80年史』、154頁。
19　「日本神学校卒業式」（『福音新報』1936年3月26日）。
20　崔永模長老の長男・崔正剛牧師の証言による。
21　「個人消息」（『福音新報』1941年3月20日）。

第2部　創設期から解放まで（1908〜1945）

22　秋仁奉「履歴書」（1940年2月25日、歴史編纂委員会所蔵）。
23　明石博隆・松浦総三編『昭和特高弾圧史7 —朝鮮人にたいする弾圧』中、177頁。「秋田実」が秋仁奉牧師の日本名である。
24　李守弼「履歴書」（1940年2月10日、歴史編纂委員会所蔵）。
25　全仁善「履歴書」（1940年2月29日、歴史編纂委員会所蔵）。
26　兪錫濬・田永福・楊炯春・金在述編著『在日大韓基督教 京都教会50年史』、73頁。
27　『在日大韓基督教 大阪教会55年史』、123頁。
28　兪虎濬「韓国基督教会に於て活躍しておる中央同窓達の面貌」（中央神学校史編集委員会編『エス・ピ・フルトンの生涯と神学思想』中央神学校同窓会、1976年、234頁。
29　徐丙烈「履歴書」（1940年2月26日、歴史編纂委員会所蔵）。
30　鄭箕煥「履歴書」（1940年3月、歴史編纂委員会所蔵）。
31　韓命東「履歴書」（1940年3月7日、歴史編纂委員会所蔵）。
32　한명동『신민지하 목회자로서 슬픔과 즐거움을 함께 해』（盧震鉉『진실과 증언』도서출판 하나、1995年）、187頁。
33　黄善伊「履歴書」（1940年3月、歴史編纂委員会所蔵）。
34　兪錫濬・田永福・楊炯春・金在述編著『在日大韓基督教 京都教会50年史』、74頁。
35　兪虎濬「韓国基督教会に於て活躍しておる中央同窓達の面貌」、232頁。
36　鄭勲澤「履歴書」（日付なし、歴史編纂委員会所蔵）。
37　朴炳勲「履歴書」（1940年3月、歴史編纂委員会所蔵）。
38　兪虎濬「韓国基督教会に於て活躍しておる中央同窓達の面貌」、232頁。
39　『第十五回日本基督教連盟総会報告』（1937）、7頁。
40　八幡明彦『＜未完＞年表・日本と朝鮮のキリスト教100年』神戸学生青年センター出版部、1997年、133-134頁。
41　同上、134頁。
42　C. A. Clark, "The Work of the National Christian Council for Koreans in Japan," *KMF* 32-4（1936）, 79.
43　『在日本朝鮮基督教大会 第二回会録』（1936）、25頁。
44　同志社大学人文科学研究所／キリスト教社会問題研究会編『特高資料による戦時下のキリスト教運動』1、340頁。
45　『第十五回日本基督教連盟総会報告』（1937）、38頁。
46　同上。
47　『朝鮮基督教連合公議会 第十一回会議録』（1934）、41-42頁。
48　同上、14、34-35頁。
49　『朝鮮基督教連合公議会 第十二回会議録』（1935）、13-14、21-22頁。
50　「在東京朝鮮教会消息과 連合公議会宣教部会의決議」（『基督申報』1934年8月1日）。
51　「在東京朝鮮教会消息」（『基督申報』1935年1月16日）。
52　『在日本朝鮮基督教大会 第二回会録』（1936）、19-20頁。
53　「東京朝鮮教会 金洙喆牧師辞任」（『基督申報』1935年5月8日）、『在日本朝鮮基督教大会 第二回会録』（1936）、23頁。
54　『朝鮮基督教連合公議会 第十三回会議録』（1936）、21-26頁。
55　『在日大韓基督教 東京教会七十二年史』、155頁。
56　『梁柱三総理師著作全集』4、韓国監理教会史学会、1991年、154頁。
57　「東京・京城에 새 教会」（『朝鮮監理会報』1939年4月1日）。
58　「東京監理教会 後援会発起」（『朝鮮監理会報』1939年7月1日）。
59　「基督教朝鮮監理会 東京教会大伝道会」（『朝鮮監理会報』1939年12月1日）。
60　「東京教会消息」（『朝鮮監理会報』1941年1月1日）。

第 3 章　自立期：在日本朝鮮基督教会（1934 〜 1940）

61　神田朝鮮伝道所「教団所属同意書」（1943 年 5 月 31 日、歴史編纂委員会所蔵）。朝鮮監理教会は、「神田朝鮮伝道所」名で日本基督教団の二部に加盟（伝道所主任者名は、李山徳成）。
62　『第十四回日本基督教連盟総会報告』（1936）、6 頁。
63　Robert K. Anderson, *Kimchi & Maple Leaves under the Rising Sun* (Toronto, ON: Guardian Books, 2001), 123.
64　土肥昭夫『日本プロテスタント・キリスト教史』新教出版社、1980 年、344 頁。
65　同上、323 頁。
66　Robert K. Anderson, *My Dear Redeemer's Praise,* 164-167、Robert K. Anderson, *Kimchi & Maple Leaves under the Rising Sun,* 124.
67　Robert K. Anderson, *My Dear Redeemer's Praise,* 170-172.
68　同上、173 頁。
69　同志社大学人文科学研究所／キリスト教社会問題研究会編『特高資料による戦時下のキリスト教運動』1、168 頁。
70　明石博隆・松浦総三編『昭和特高弾圧史 8 ―朝鮮人にたいする弾圧』下、太平出版社、1976 年、25 頁。
71　同上、32 頁。
72　同上、34-39 頁。
73　1934 年、1937 年、1940 年の統計については、それぞれ、*A & P*（1935 年）64 頁、*A & P*（1938 年）55 〜 56 頁、*A & P*（1940 年）62 頁。1936 年の統計については、『朝鮮基督教連合公議会第十三回会議録』（1936 年）23 頁、1930 年の統計については、『特高資料による戦時下のキリスト教運動』1、340 頁を参照。

第4章　苦難の道

日本基督教会および日本基督教団時代
（1940〜1945）

在日本朝鮮基督教会臨時大会の代議員たち（1940.1.16）
於：大阪東部教会（現・大阪教会）

第 4 章　苦難の道：日本基督教会および日本基督教団時代（1940～1945）

1. 日本基督教会との合同問題

（1）宗教団体法と合同問題

　1930年代末、在日本朝鮮基督教会は、合同に向けて日本基督教会との協議を開始する。この合同問題は、宗教団体法案の帝国議会への提出をきっかけにもちあがった問題であった。宗教法案は、それ以前にも1899年、1927年、1929年と3回にわたって議会に提出されたが、いずれも審議未了などで廃案となってきた。朝鮮の教会も、1927年と1929年の宗教法案の提出に際して反対の意思を表わした。第4回目の試みである宗教団体法案の要点が示されたのは、1935年末のことであった。その後、日中戦争（1937年）に突入し、戦時体制が強化されていく中、宗教を厳重に取り締まるための法律である宗教団体法案が1939年1月に議会に提出され、3月には両院を通過し、翌1940年4月から施行された。この法律の成立によって、各宗教団体は国家の統制下に置かれ、宗教団体の設立は文部大臣の認可制となった。換言すれば、国家がいつでもその許可を取り消すことができる体制が築かれたのである。
　日本政府当局は、宗教団体法による認可に必要な教団の規模を示したが、それによると、認可を受けるためには、教会数50、信徒数5000人以上が必要であり、小さな教会は同系統の教派との合同や大きな教派との合同によって認可を受けることを余儀なくされた。
　在日本朝鮮基督教会は、これらの動きを察知する中、1938年5月の第三回大会において、日本基督教会に対して「合同」または「協調」を申し入れることを決議し、そのことを進めるためにL・L・ヤングほか5名を交渉委員として選出した[1]。宗教団体法の成立を目前に控えた在日本朝鮮基督教会にとっては、いかにして単一の民族教会としての存続を図るかということが最大の問題であり、教会の存亡がかかった問題であった。在日本朝鮮基督教会は、非公認の宗教団体であったため、宗教団体法の施行により、それまで通りの形態ではその存続さえ危ぶまれた。このような危機感をもって在日本朝鮮基督教会は、長老派の日本基督教会との合同交渉を積極的に進めることになった[2]。在日本朝鮮基督教会では、まず教会および信徒が最も多い関西中会が日本基督教会の

第 2 部　創設期から解放まで（1908 〜 1945）

浪速中会に交渉を申し入れ、日本基督教会側に合同条件を打診した。

　日本基督教会側では、第 52 回大会（1938 年 10 月）において、「在内地朝鮮人教会に関する建議案」（提案者：浪速中会関係者）が上程・審議された後、決議されたが、その決議された建議案の内容は次のようなものであった。

> 加奈陀長老教会ミッションは我国内地に在る朝鮮同胞に伝道現在五十有余個の教会を組織するに至りたり。該ミッションは此等教会の将来を考慮して日本基督教会に帰属せしめんとする意志を以て既に或中会に向って交渉を開始したり。大会は此等の教会を日本基督教会に帰属せしむる方針を明示し先づ如上の交渉を受けたる中会をして慎重に協議し適宜の処置を採らしめられん事を希望す。右に関する基礎条件を制定するため当大会は特別委員若干名を挙げられんことを乞ふ[3]。

　この決議を受けて、日本基督教会側は、合同条件を制定するために特別委員を選出し、在日本朝鮮基督教会との交渉に当たらせることとした。

　この第 52 回大会から 1939 年 10 月に開催された第 53 回大会までの一年間、在日本朝鮮基督教会と日本基督教会との間の交渉は、紆余曲折の中で進められた。日本基督教会浪速中会より示された合同の条件は、①日本基督教会の信条に服すること、②布教は国語（日本語）を使用すること、③教職者の再試験を行なうことであった[4]。

　これに対して在日本朝鮮基督教会側は、1939 年 9 月に名古屋で会合をもち、合同条件について以下のように緩和することを求めた。それは、①布教伝道は日本語を使用するとした項を削除すること、②現在の在日本朝鮮基督教会の牧師を認め、牧師の再試験は行なわないこと、③合同後は、現在の在日本朝鮮基督教会大会を日本基督教会内の中会として認めることの三点であった[5]。

　両者による交渉の結果を受けて、1939 年 10 月の日本基督教会第 53 回大会において、「在内地朝鮮人教会に関する特別委員会報告」がなされ、それが承認される。その内容は、以下のようなものであった。

　一、内地にある独立せる朝鮮人教会にして日本基督教会に加入せんと欲するものは日本基督教会の憲法規則により成規の手続を経て加入することを得
　　　但し内地にありては礼拝其他教会の諸集会に於ける用語は国語を用ふるこ

第4章　苦難の道：日本基督教会および日本基督教団時代（1940〜1945）

と
二、朝鮮人教会にして我が伝道教会並に伝道所に該当するものが日本基督教会に加入せんと欲する場合是等の教会と関係するミッションは其伝道地を委譲し若くは我が協調ミッション規約の定むる所に従て所置すること
三、伝道教会並に伝道所においては前項の場合と同じく集会に於ける用語は凡て国語たるべき事勿論なるも場合により国語を通訳し特に指定せられたる集会に於ては朝鮮語を使用することを得
四、朝鮮人教会の鮮人〔ママ〕教職は特に大会に於て定められたる規定により日本基督教会に転入会すべし[6]

　この日本基督教会大会側の決議を受けて在日本朝鮮基督教会は、1940年1月16日に大阪教会において臨時大会を開催した[7]。出席者は、特高の記録によれば、宣教師がL・L・ヤングほか2名、牧師が朴尚東ほか11名、伝道師・長老が80名、傍聴者が40名であった。この臨時大会に関する資料は、現在のところ特高によるものしかないが、その記録には臨時大会の模様が次のように記されている。

　　常務委員牧師盧震鉉より「宗教団体法案が実施の暁我が朝鮮基督教が宗教団体として公認せらるゝ可能性あらば極力その方途に向って運動すべく、予て各方面に交渉し関係方面の意向を訊したる結果、内地に於ける長老派の教団は他にあるに拘らず、同一教派たる朝鮮基督教が朝鮮人のみを以て、別途の教団として存立することは至難の事にして且つ内地同化が叫ばれて居る今日前途に見込無き非公認教団として存立することは種々なる困難を覚悟せねばならぬ。茲に於て常務局としては同一教派である日本基督教会と合同する方針の下に同教側と種々折衝の結果、幾分の条件ありしも日基に合同する事を決定した次第である。」と説明したるに対し二、三の反対動議あり、之に対し盧震鉉より「（イ）国語使用云々の条件は、当方に於て自発的に為すものなることを強調して削除せしめたり、（ロ）牧師採用試験の問題に於ては、日基に於て何等悪意に出でたるに非ずして、日基をよく了解せしむる為の手段にして毫も心配ない、（ハ）在日本朝鮮基督教会大会を日基中会として認められたき当方の希望も、日基として各地に中会を持ち居る為重複する虞ありて已むを得ない」と日本基督教側と合同手続に対する妥協的工作を遂げたる点を誇示して合同の体勢誘引し、遂に主宰宣教師エル・エル・ヤングより「（イ）エル・エル・ヤング本人は加入に賛

成す、(ロ)経済的補助の件は加奈陀宣教部に稟伺中なるを以て只今言明出来ざるも本部に於ても多分賛成するならん、(ハ)若し加入に反対し他教団に趣るものある時は宣教部として何等関係なし」と言明する所あり、全員一致合同することに決定せり。

而して今後朝鮮基督教は右決議により日本基督教会に合同を申し込み、日本基督教の本年度大会に於ける正式承認を待ち全く合同する事となりたり[8]。

この臨時大会の決議に従い、1940年4月の宗教団体法の施行の前後に、在日本朝鮮基督教会の63教会・伝道所が日本基督教会に「合同」した。しかしこれは、合同とは名ばかりの、日本基督教会による在日本朝鮮基督教会の「併合」であった。

(2) 日本基督教会への加入の実施

在日本朝鮮基督教会に所属する各教会の日本基督教会への加入は、日本基督教会の中会(東京、浪速、山陽、鎮西)ごとに行なわれ、各定期中会において加入を承認するというかたちで進められた。

第54回東京中会(1940年4月9～10日)では、7教会と教師7名(牧師4名、補教師3名)の加入が審議され、東京神田、東京中央、品川の3教会は伝道教会として、残る目黒、雑司ヶ谷、王子、横須賀佐野の4教会は伝道所としての加入が許可された[9]。横浜教会は、理由は不明であるが「加入延期の申請」を行ない、同年12月3日に開催された臨時中会で加入が協議され、教会としての受け入れが決定されて翌年の3月2日に加入式が行われた[10]。

第63回浪速中会(1940年4月23～24日)では、関西中会と中北中会の42教会・伝道所と教師の加入が審議され、加入が許可されている。中会に先立つ4月8日に17名の教師(牧師)試験が実施され、全員合格となっていたが、中会当日にそのうちの教師13名の加入式が行われた。教師試補(伝道師)については、中会後に試験が行なわれている[11]。浪速中会では、「新に加入せる元朝鮮教会の国語使用の事は、1ヶ年の準備期間を与へて昭和一六年〔1941年〕四月一日より加入の条件を完備すべきものとす」[12]という「朝鮮教会加入附帯決議」が諸報告審査委員長・多田素の発議のもとで提出され、可決された。

山陽中会は、1940年2月27日に5教会の加入願いと、4月16日に徳山正重

第4章　苦難の道：日本基督教会および日本基督教団時代（1940～1945）

伝道所の建設願いを受け付け、下関大坪、厚狭千町、宇部新川の3教会は伝道教会として、徳山正重、赤崎、岡山内町の3伝道所は伝道所として、また、教師1名（李完模）の加入が許可された。また、同年8月8日に開催された臨時中会において、教師試補委員から教師試補3名（申日平、朴泰伊、姜貞吉）が試験に合格したことが報告され、直ちに准允式および加入式が行われた[13]。

　第75回鎮西中会（1940年4月4～5日）では、「朝鮮耶蘇教加入願及同教師加入願の件」が上程され、提出された書類に関する調査委員が任命されて翌5日に報告・審議が行なわれた。中会記録には、「在中会部内半島人〔ママ〕教会五個及其の教師の加入願につき調査の上本議場に取次ぐこととせり」[14]とある。この件に関しては、議長の藤田冶芽が金奉奎を紹介し、当人からの説明があった後、質疑応答を経て満場一致で可決承認され、直ちに出席していた教師・教師試補の加入式が行われた[15]。加入のための試験・試問をした形跡はない。

　以上のようなかたちで在日本朝鮮基督教会の63教会・伝道所が、日本基督教会の区分に従い、教会、伝道教会、伝道所の三つのうちのいずれかにそれぞれ区分され、日本基督教会に加入した。そのうち、教会として加入したのは、名古屋南、大阪、大阪今宮、大阪北部（大仁）、堺東、武庫川、川西、横浜の8教会であった。

　在日本朝鮮基督教会の日本基督教会への加入について特高は、在日本朝鮮基督教会の「日基との合同は単なる教門維持の為の形式的名称の変更に過ぎずして本質的に合同したるものに非ずその実態は依然として各地〔の元在日本朝鮮基督教会の〕支教会を単位として今日も存続」[16]していると見ていた。しかし、一教団としての在日本朝鮮基督教会は解体されたのであり、それを単なる名称の変更にすぎなかったと見ることはできないであろう。また、日本基督教会側には、在日本朝鮮基督教会の加入（合同ではなく）を次のような見地から歓迎する見解もあった。

　〔……〕皇紀二千六百年〔1940年〕といふ記念すべき年を迎えし機会に於て、我が朝鮮半島の同胞にして内地に教会生活を営みつゝある教会四十二個が当中会に加入するに至れる事は実に画期的の事と言うべし。我が半島の同胞が我らの国語によりて礼拝をなし、その氏名さへも日本風のものに改め、同化の実を挙げ、内鮮無差別の境地に於て、主にある兄弟姉妹てふ聖徒の交りの体験さるゝ

に至らん事を切望して已まず[17]。

「国語」、すなわち日本語による礼拝の強制は、その後、日本語が十分にできない在日朝鮮人一世らに苦痛をもたらす要因となるが[18]、この見解は、合同をめぐって在日本朝鮮基督教会側と日本基督教会側の間には、「主にある兄弟姉妹としての聖徒の交わり」ではなく、「分け隔ての壁」があったことを象徴的に表したものであると言える。

（3）「合同」に伴うカナダ長老教会在日宣教部の撤退

在日本朝鮮基督教会の日本基督教会への「合同」によって、在日本朝鮮基督教会は解体を余儀なくされたが、それに伴い、カナダ長老教会在日宣教部と日本基督教会の関係をどのようにすべきかが当面の課題となった。

1940年6月、L・L・ヤングと日本基督教会浪速中会常置委員会との会合で、次のような「協調」のための規約案が作成された。

1. 日本基督教会及加奈陀宣教部は日本内地在住朝鮮人に対する伝道事業に付協調す。
2. 之が為両者は既に米国ミッションと日本基督教間に締結せる協調規約に準じて規約を結ぶ。
3. 旧朝鮮基督教系未独立教会は協調委員会之を管理経営す。
4. 協調委員会は日基側委員四名加奈陀ミッション側四名とす。
5. 協調委員会に幹事一名を置き該経費年額二千円は宣教部負担とす[19]。

しかし、1940年10月に開催された第54回日本基督教会大会において、「我が日本基督教会は従来独立自給の精神を以て今日に至れるも更にその精神を貫徹せんが為に本大会を以て協調規約、申合規約等を解消する事」[20]が可決され、海外宣教部との関係が絶たれる中、カナダ長老教会在日宣教部との関係も絶たれることとなった。

同年11月4日には、カナダ長老教会から在日宣教部に対してカナダへの引き揚げ指示があり、在日宣教部は閉鎖されることとなった。L・L・ヤング宣教師ほかカナダ長老教会の宣教師たちは、12月10日出航の平安丸および同21

第4章　苦難の道：日本基督教会および日本基督教団時代（1940～1945）

日出航の氷川丸に乗船し、カナダに引き揚げた[21]。在日宣教部の残務は、1941年3月まで神戸の中央神学校教授のG・K・チャップマン（Gordon Kimball Chapman）が引き継いだ。引き継いだ業務内容は、次の三つであった。

①婦人伝道師に対する補助金（チャップマン報告）
　神戸教会（鄭淑女）、大仁教会（吉公洙）、此花教会（許英姫）に対して夫々月額四十円宛支給す。
②幼稚園の補助金（チャップマン報告）
　大仁、林田、池田各幼稚園に対し夫々月額50円宛支給す。
③神学校生徒に対する補助金（チャップマン報告）
　中央神学校生徒西宮北口教会朴大善外五名に対し夫々月額二十円乃至十五円、横浜神学校王星吉に対し五円、神戸神学校鄭信京外一名に対し十五円乃至十円を支給すること[22]。

【コラム③】　長く待たされた京都中央教会堂の使用

　1930年当時、京都には教会が4ヵ所あった。京都中央教会（京都市中京区千本仏光寺）、京都東部教会（京都市吉田町の京大YMCA会館内）、京都南部教会（京都市下京区東九条岩本町）、伏見教会（伏見市鳥羽町）である。牧師は、30年に赴任した崔敬学牧師ただ一人であり、毎主日の午前礼拝は1ヵ所に集まって礼拝をもち、夜はそれぞれの場所で礼拝を行なっていた。

　4教会の信徒合わせて120名ほどであり、土木労働・友禅業に従事する者や学生が多かったが、自由業を営む者も少数ながらいた。友禅職工と学生以外の信徒は、全般的に生活が苦しく、生活していくために一定の住所に留まらず、移動することが多かった。

　しかし、そのような状況にあっても、教会堂建設への思いは強かった。京都中央教会の職員会（現・諸職会）の記録によれば、1931年4月19日の職員会において、「献金の残金は教会建設費として貯金する」ことが決められたほか、11月の職員会でも、「本年感謝節献金は教会建設基本金とする」ことが決定されている。

　1934年頃には、教会堂の建築用の土地72坪を購入した。場所は、現在

第2部　創設期から解放まで（1908～1945）

地の京都市右京区西院矢掛町20番地であったが、建築費の目途まではたたなかった。しかし、ある女性の存在によって建築への道が開かれることになる。

その女性とは、18年間、宣教師夫人として釜山において活動した後、京都の同志社大学で音楽を教えていたバーサー・K・アービン（Bertha K. Irvin）宣教師である。京都の朝鮮教会の信徒たちが献金を集めて教会堂用の土地を購入したとの消息を聞き、非常に感銘を受けた彼女は、派遣元の米国長老教会の宣教本部や母教会、親戚にそのことを伝え、協力の依頼をしたところ、多額の建築献金が送金されてきた（『京都教会の歴史』）。アービンは、彼女の個人的な貯金と合わせて1万5千円を崔敬学牧師に託した。このことは、ただちに信徒たちにも伝えられ、大きな感謝の念を呼び起こすとともに、信徒らの建築献金への意欲を高めた。

アービン宣教師の献金を元手に建築が始まり、1935年3月、70坪あまりの木造平屋造りの教会堂が完成した。その礎石には、アービンを記念して英文で、「朝鮮人のためのアービン・チャペル、1935年」と記された。

しかし、「崔敬学牧師が三・一独立運動に加担した不逞鮮人（ママ）であるとの名目と建築許可を警察の同意なしに受けた」（兪錫濬『在日韓国人의 설움』）との理由で、警察当局が教会堂の使用許可を出さなかったので、完成はしたものの、使用できない事態となった。崔敬学牧師は事態の打開のために、1935年11月に辞任し和歌山教会へと転任した。そして、京都中央教会を盧震鉉牧師に託したが、盧震鉉牧師の3年間の視務期間においても問題は解決されなかった。

そのような中、1939年1月に全仁善伝道師（同年5月に牧師按手）が赴任することで、直接・間接的に事態の打開に向けた働きがなされるようになる。また、先述の通り、この時期における宗教団体法の施行（40年4月1日）に伴い、在日本朝鮮基督教会はそのままでは宗教団体としての認可を受けられないと判断し、日本基督教会との合同を図る。京都中央教会では、4月2日の職員会議で、「朝鮮基督教中央教会を解散し、日本基督教会に加入し、名称を日本基督教西京教会と変更」することが決議されている。このこと自体は朝鮮教会にとって悲しむべきことであったが、京都中央教会では、日本の教会となったことでようやく警察の教会堂使用許可

第 4 章　苦難の道：日本基督教会および日本基督教団時代（1940 〜 1945）

が下り、40 年 4 月 14 日に入堂式が行なわれることになった。建物の完成後 5 年目のことであった。

　入堂式当日の模様について、朝鮮で発行されていた『長老会報』は、「全京都 4 教会が連合し、新築教会堂で入堂礼拝を挙行した。300 名あまりの人が列をつくり、奏楽に合わせて入堂すると、全牧師の涙はとめどなく溢れ、恵みの感激と感謝に溢れる教友の心境は言葉で言い尽くすことのできるものではなかった」と伝えている[23]。

2. 日本基督教団の創立と旧在日本朝鮮基督教会諸教会の加入

　日本の政府当局が宗教に対する統制を強める中、日本にあるプロテスタントの諸教派が合同して日本基督教団を創立したのは、1941 年 6 月のことであった。日本基督教団には 34 教派が合流し、信徒数 24 万人を数える教派が誕生した。教派合同への動きは、それ以前からもあったが、40 年 8 月以降、合同への流れが急激に加速する。その直接の契機となったのは、39 年 4 月に公布された宗教団体法であった。また、同年 7 月には「救世軍取り調べ事件」が起こり、宣教師をスパイとみなす新聞報道（8 月 3 日）などもあった。このようにキリスト教に対する逆境が続く中、当時の日本キリスト教界の指導者たちは、「日本の教会が戦時下の厳しい反キリスト教的風潮に直面している現在、主要教派のみならず、小教派を含めてすべての教派が生きのびるために結集しなければならない、と考え」たので[24]あった。

　合同への動きは、1940 年 10 月、青山学院に 2 万人が参加して行われた「皇紀 2600 年奉祝」全国基督教信徒大会で一挙に高まり、その大会で各派合同の決意が表明された。しかし、信仰告白について意見の一致が得られなかったため、もともとの教派にもとづく部制（全 11 部）が採用された。しかし、その後、この部制は、当局からの圧力もあり、第 1 回総会（1942 年 11 月）において廃止された。

　在日本朝鮮基督教会は、前年の 1940 年に日本基督教会に「合同」していたが、

第2部　創設期から解放まで（1908〜1945）

日本基督教団の成立にあたり、第1部（旧日本基督教会）に加入することになった。加入に際して、自給教会は「教団設立同意書」、伝道所は「教団所属同意書」をそれぞれ提出している。

日本基督教団の成立時に全11部の中で最大規模であった第1部において旧在日本朝鮮基督教会

日本基督教団時代の下関大坪教会（現・下関教会、1943.5.22）

の占める位置は小さくなかったようである。例えば、日曜日の朝礼拝出席100名以上の教会が11ヵ所ある中、東成教会（現・大阪教会）は、高知教会（286名）、富士見町教会（214名）に次いで三番目（180名）に礼拝出席者の多い教会であった[25]。また、祈祷会の出席が30名以上の教会は16ヵ所であったが、そのうちの半分を越える9教会（東成、西京、名古屋南、西成、下関大坪、林田、武庫川、神若、雑司ヶ谷）が旧在日本朝鮮基督教会の教会であった[26]。

日本基督教団に加入した後の旧在日本朝鮮基督教会の教勢は、1942年47教会・伝道所、1943年36教会・伝道所と減少し、のちに見る1945年11月の在日本朝鮮基督教連合会創立時には21教会となっている[27]。

第4章　苦難の道：日本基督教会および日本基督教団時代（1940〜1945）

3. 旧在日本朝鮮基督教会の日本基督教会および日本基督教団加入後の教会・教師・補教師名[28]

在日本朝鮮基督教会時代	日本基督教会時代	教師	補教師	日本基督教団時代	教師	補教師
東京神田教会	西神田伝道教会	崔錫柱		西神田伝道所		
東京中央教会	中央伝道教会	金致善	金徳栄	若宮教会	光　晋	金徳栄
品川教会	品川伝道教会	鄭勲澤		荏原二番町伝道所	鄭勲澤	
目黒教会	目黒伝道所		鄭基蓮	目黒伝道所	金致善	鄭基蓮
雑司ヶ谷教会	雑司ヶ谷伝道所	金致善	沈恩澤	雑司ヶ谷伝道所	呉允台	沈恩澤
王子教会	王子伝道所	鄭勲澤		王子伝道所	鄭勲澤	
横須賀佐野教会	横須賀佐野伝道所	朱観裕	李永實	横須賀佐野伝道所		王星吉
横浜教会	横浜打越教会	朱観裕	李永實	横浜打越教会		李永實
名古屋教会	名古屋南教会	秋仁奉	呉明錫	名古屋南教会		尹敬愛
大阪教会	東大阪教会	禹東哲	金淳嬋	東成教会	全仁善	
今宮教会	今宮教会	盧震鉉	金馬多	西成教会		
北部教会	大仁教会	全重煥		大仁伝道所		
堺教会	堺東教会	安榮俊		堺東教会	安榮俊	
池田教会	川西教会	李相国		川西伝道所		
守部教会	守部教会	李守弼	金銀禮	武庫川教会	李守弼	
明石教会	明石伝道所		金銀禮			
別府伝道所	別府伝道所			別府伝道所		
高砂教会	高砂伝道所					
姫路教会	姫路西伝道所		張崇徳			
飾磨教会	飾磨細江伝道所					
名古屋東部教会	名古屋東伝道教会	朴尚東	李鶴林	名古屋東伝道所		朴命俊
名古屋西部教会	名古屋北伝道教会	朴尚東	丁海金			
瀬戸教会	瀬戸陶部伝道教会	朴尚東	朴信三	瀬戸伝道所		
一宮教会	一ノ宮伝道教会	朴尚東	鄭浩恩			
豊橋教会	豊橋八町伝道教会	金容錫		豊橋旭町伝道教会		
桑名教会	桑名伝道教会	秋仁奉		桑名東教会		
岡崎教会	岡崎北伝道教会		姜貞愛	岡崎北伝道所		姜貞愛
福井教会	福井東伝道教会	裵英俊				
金沢教会	金沢中川伝道教会	裵英俊		金沢中川除町伝道		
京都中央教会	西京伝道教会	全仁善	黄秉淑	西ノ京伝道所		
京都田中伝道所	田中伝道所	全仁善				
京都南部教会	京都南伝道教会	黄善伊	黄秉淑			
京都伏見教会	伏見西伝道教会	黄善伊	黄秉淑			
大阪今福教会	今福伝道教会	禹東哲		大阪今福伝道所		申日平

第2部　創設期から解放まで（1908～1945）

在日本朝鮮基督教会時代	日本基督教会時代	教師	補教師	日本基督教団時代	教師	補教師
小阪教会	永和伝道教会	盧震鉉		永和伝道所		申日平
田辺教会	湯里伝道教会	安榮俊		湯里伝道所	安榮俊	
中央教会	豊崎伝道教会	全重煥		大阪豊崎伝道所		
十三教会	十三伝道教会	金泰錬		西十三伝道所		
淡路教会	淡路伝道教会	金泰錬				
西部教会	此花伝道教会	韓命東	許英姫	此花伝道所	西原實	
淀川教会	淀川伝道教会	韓命東				
樽井教会	樽井伝道教会	鄭箕煥	辛秉從	樽井伝道所		金海鏡
春木教会	春木伝道教会	鄭箕煥		春木伝道所		金海鏡
和歌山教会	和歌山南伝道教会	鄭箕煥				
尼崎教会	尼崎伝道教会	李守弼	金銀禮	尼崎小田伝道所	李守弼	
兵庫教会	林田伝道教会	文宗洙	全淑女	林田教会	文岩宗	
神戸教会	葦合伝道教会	文宗洙	全淑女	神若伝道所		簾命任
西宮教会	北口伝道教会		簾命任	平木伝道所		簾命任
青木教会	青木伝道教会		簾命任	青木伝道所		金雲松
大石教会	大石伝道教会		李信實	大石伝道所		
下関教会	下関伝道教会	李完模		下関大坪伝道教会	李完模	
厚狭教会	厚狭千町伝道教会	李完模		厚狭千町伝道所	李完模	姜貞吉
宇部教会	宇部新川伝道教会	李完模		宇部新川伝道所		
	徳山正重伝道所	李完模		徳山西部伝道所		
赤崎教会	赤崎伝道所		申日平	赤崎伝道所		
岡山内田教会	岡山内田伝道所		申日平	岡山内田伝道所		
八幡教会	丸山伝道教会	金奉奎	李京信	八幡丸山教会		
福岡教会	吉塚伝道教会	金奉奎	宋淑伊	福岡吉塚伝道教会		鄭信敬
小倉教会	白銀伝道教会	金奉奎	康聖禮	小倉白銀伝道教会		康聖禮
厳原伝道所	厳原伝道所		韓瑛姫	厳原伝道所		
雛知伝道所	雛知伝道所		韓瑛姫			

4. 戦時下における旧在日本朝鮮基督教会の負の遺産

　旧在日本朝鮮基督教会の諸教会が日本基督教団に所属していた時期は、まさにアジア・太平洋戦争が行なわれていた時期であり、旧在日本朝鮮基督教会の諸教会にとっては特高の監視と圧迫によって苦難と犠牲を強いられた時期でも

第4章　苦難の道：日本基督教会および日本基督教団時代（1940〜1945）

あった。また同時に、日本基督教団に連なる中で日本の他の教会とともに日本の侵略戦争に加担・協力する過ちを犯した時期でもあった。

　戦時下の1942年10月に日本基督教団は、「日本基督教団戦時布教指針」を発表している。そこでは、「大東亜戦争はその目的の高遠にして規模の雄大なことは世界史上未だ比べるものがない。〔中略〕必勝の信念をもって昂揚し、堅忍持久総力を挙げて戦い、以て聖戦の目的を完遂しなければならない」と述べ、綱領として、①国体の本義に徹し大東亜戦争の目的完遂に邁進すべし、②本教団の総力を結集し率先垂範宗教教団の憫を効すべし、③日本基督教の確立を図り本教団の使命達成に努むべし、といった三点を掲げた[28]。

　旧在日本朝鮮基督教会の諸教会もこの戦時布教指針にそった教会運営を行なうようになっていった。個教会レベルでは、1942年頃から軍部献納運動の強化、礼拝前の宮城遥拝、国歌斉唱、国防献金、戦勝祈祷会、日本基督教団戦時報国会献金などが実施され、信徒レベルでは、神社参拝や家ごとに神棚を設置し、大麻（お札）を奉祀することが強制された。また、旧在日本朝鮮基督教会の指導者の中には、積極的に在日朝鮮人および信者の日本化の必要性を唱え、権力者側にすり寄る者も現れた[29]。

　解放後、1984年に締結された日本基督教団との協約文の中で在日大韓基督教会は、これらの負の遺産について、「日帝の暴政に対してさまざまな抵抗がなされたにもかかわらず、徹底性を欠いた」と告白している（なお、2010年に公にした「『荒れ野の記憶』と約束─ポスト『併合100年』に関する在日大韓基督教会の宣教声明」において、在日大韓基督教会は戦時下における自らの戦争協力に対する罪責を告白している）。

5. 戦時下の旧在日本朝鮮基督教会の抵抗と弾圧

　すでに触れたように、日本が太平洋戦争へと突き進んでいた時期、当局による在日朝鮮人教会への監視や弾圧も厳しさを増していった。その端緒は、京都における朝鮮教会弾圧事件であった。1941年7月26日、黄善伊牧師や金在述

長老、玉文錫神学生など、京都南部教会と京都西京教会（現・京都教会）に所属する7名が検挙され、うち5名が治安維持法違反で送検されるといった事件が起こった。

　その逮捕理由は、黄牧師を中心に、「朝鮮基督教々徒は、基督の福音伝道に当りて、其の教理に従って朝鮮同胞の民族意識を高揚し、民族伝統の文化を維持し、民族性を持続せしめ其の団結を図り、以て朝鮮の独立の為献身すべき特異なる使命あり」[30]と主張したといったものであった。黄善伊牧師や金在述長老らは、起訴猶予処分となって2ヵ月後に釈放された。しかし当局は、教会の存続は許さず、さらに黄牧師は日本から追放され、南部教会ほか数ヵ所の伝道所が解散に追い込まれた[31]。特高の『月報』には、黄牧師の説教と聖書研究、金長老や玉神学生の奨励の内容が詳しく記載されている。教会を監視・弾圧していた特高による資料という性格上、その内容の真偽については慎重にならざるをえないが、戦前に在日朝鮮人教会で語られた説教に関する資料は在日朝鮮人教会側にはほとんど残されていないこともあり、特高資料はそれを知る上で貴重な資料となっている。

　1941年10月20日に京都南部教会は解散式を行ない、信徒は西京教会と洛南伝道所に合流した[32]。解放後、京都南部教会の礼拝堂が再建されるのは、弾圧事件から数えて35年後の1976年のことであった。

　神戸では、1941年12月に中央神学校に留学中であった朝鮮人神学生たちへの弾圧事件が起こっている。この事件では、中央神学校の学生5名が検挙された[33]。そのうち金永昌、姜昌浩、金万済は1941年12月9日に、安瑢濾と金希栄は12月26日に検挙されている。検挙理由は、「朝鮮民族の真の幸福は日本の天皇制支配化より離脱し朝鮮民族より出たる統治者に統治」されることであると確信し、朝鮮独立に向けて協議したというものであった[34]。この事件に関する報告書で特高は、1940年10月6日の大阪田辺教会と41年4月の明石教会における金永昌らの説教内容を紹介し、「ユダヤ人のバビロニアに於ける奴隷生活を日本に於ける朝鮮人に比較」することによって、民族意識の高揚を図ったとしている[35]。

　1941年に始まった一連の旧在日本朝鮮基督教会の関係者に対する弾圧事件の中で最大規模のものは、先に触れた愛知県における弾圧事件であった。この事件は、弾圧した側の特高資料では、「旧朝基牧師等の民族主義並不逞宗教グ

第 4 章　苦難の道：日本基督教会および日本基督教団時代（1940 ～ 1945）

ループ事件」と名づけられている[36]。この弾圧による検挙者は、愛知県内の牧師 3 名、長老 5 名、信徒 3 名であり、この 11 名のほかにも、名古屋東教会（4 名）、名古屋南教会（3 名）、名古屋北教会（6 名）の計 13 名の信徒も取調べを受けた。逮捕された者のうち朴尚東・秋仁奉・金恩錫牧師と朴尚奉長老は、「民族主義及び宗教グループ」として 1 年数ヵ月にわたって拘束された後、起訴猶予となって釈放された。彼らを逮捕する理由とされたものには、朝鮮独立に向けて信徒たちの民族意識を高めるために布教活動を利用したというものや先に見たように神社参拝への反対があった[37]。

　しかし、このような逮捕理由は口実に過ぎず、当局の真の狙いは、旧在日本朝鮮基督教会の指導者たちをすべて逮捕し、教会が民族教会として活動できないようにすることにあったと言える。釈放された後、朴尚東牧師は、1944 年 2 月に山口県の厚狭西部伝道所に赴任し、農業を営みながら日曜日には伝道所で説教を行なう生活を送っていた。しかし同年 8 月、李完模牧師（下関教会）らとともに再び治安維持法違反を理由に逮捕され、翌年 8 月 21 日に懲役 2 年、執行猶予 3 年の判決を受け釈放された[38]。下関教会に保管されているその当時の判決文によると、「朝鮮独立を企て、民族意識の高揚を試みたこと、在日朝鮮人への差別待遇に抗争したこと、日本の敗戦を予告し、もって日本の国体を変革すること」を目的としたことが罪に問われている[39]。この判決文で罪に問われた内容は、ある意味、植民地支配を受けた者たち一般の願望であったと言えるであろう。朴尚東牧師は帰国後、1947 年から大邱南山教会で牧会していたが、1948 年 5 月に病のため天に召された。

6.　旧在日本朝鮮基督教会に関わった日本人牧師たち

　1941 年頃から旧在日本朝鮮基督教会の指導的な教職者や信徒に対する官憲による弾圧が一段と厳しくなったことを見てきたが、そのことに関連して、日本基督教団名古屋教会の赤石義明牧師は次のように回想している。「朝鮮人教会（当時はそのように呼んだが、現在の大韓教会である）に対しても、その監

視はさらにきびしいものがあった。礼拝のために集団的に集まることは絶対に許されなかった。但し日本人の責任者がそれに出席して直接指導の任に当る場合においてのみ、それが許された」[40]。このような理由だけでなく、当時、教職者のうち徴用される者や朝鮮に戻る者が多く、多くの教会が無牧状態となっていたため、主管者（堂会長）や代務者（臨時堂会長）に日本人牧師が任命され、礼拝が行なわれるようになっていた。

　1941年からの5年の間に、旧在日本朝鮮基督教会の牧会に関わった日本基督教団の日本人牧師は次の通りである。

　関東地方では、東京代々木教会（1946年に現在の東京教会に合同）に光晋牧師（1942～43年）、貴山栄牧師（1943年）。

　中部地方では、名古屋南教会（現・名古屋教会）に日本基督教団名古屋教会の赤石義明牧師（1942～45年）、名古屋東教会（現・名古屋教会）に桶田豊冶牧師（1943～45年）、一宮教会に橋田利助牧師、名古屋西教会に清水明夫牧師、豊橋教会に山田牧牧師（1941～45年）、大垣教会に鈴木伝助牧師（1941～45年）、小畠恵一牧師（1945年）、岡崎北伝道所に宮田熊冶牧師（1945年）。

　関西地方では、西京伝道所（現・京都教会）に古山金作牧師（1941～42年）、萩原文太郎牧師（1943年）、田口政敏牧師（1943～45年）、此花伝道所に湯谷喜一郎牧師（1942～45年）、大阪今福伝道所に西端利一牧師（1943～45年）、大阪南方教会（現・大阪北部教会）に森田殿丸牧師（1944～45年）、東成教会（現・大阪教会）に竹内信牧師（1944～45年）、西成教会に湯谷喜一郎、西田昌一牧師（1945年）。

　西部地方では、林田教会（現・神戸教会）に神戸神港教会の田中剛二牧師（1942～45年）、樽井伝道所に今井正克牧師（1943～45年）、青木伝道所に今井正克牧師（1943～44年）、飯島誠太牧師（1944～45年）。

　西南地方では、福岡吉塚教会（現・福岡教会）に藤田冶芽牧師（1944年）、下関大坪教会（現・下関教会）に岡本武夫牧師らが代務者・主管者として登録されている。ほとんどの日本人教職者は日本基督教団内の他の日本人教会との兼務であった。

　このように、旧在日本朝鮮基督教会に対する官憲による監視・弾圧が厳しかったこの時期は、日本人牧師の働きによって教会が維持され、礼拝が行なわれた。しかし一方では、旧在日本朝鮮基督教会の信徒と日本人牧師との間には軋

第4章　苦難の道：日本基督教会および日本基督教団時代（1940〜1945）

轢もあった。例えば京都教会の場合、それは神社参拝をめぐって生じた。京都教会の兪錫濬長老によれば、同教会の日本人牧師が教会員に対して、神社参拝は国民として当然行なうべきものであり、また、歴史的に立派な尊敬に値する人物を記念する神社に参拝することは道理にかなったことではないかと述べたため、牧師と信徒の間に論争が起こった[41]。

　戦争が拡大・激化していくと、徴用などによる教職者不足や戦災による教会堂の焼失によって信徒が四散してしまう教会も多くなっていった。1945年2月現在の日本基督教団内の旧在日本朝鮮基督教会の教勢に関する資料によれば、在籍信徒数3088名、教会・伝道所数48、正教師25名中現住者12名、補教師44名中現住者9名となっていたが、1945年11月の教会状況報告では、礼拝出席信徒数は440名に激減している[42]。解放後に再建された在日大韓基督教会は、このような現実から出発することになった。

1　同志社大学人文科学研究所／キリスト教社会問題研究会編『特高資料による戦時下のキリスト教運動』1、340頁。
2　同上、141-142頁。
3　『第五十二回日本基督教会大会記録』（1938）、85頁。
4　同志社大学人文科学研究所／キリスト教社会問題研究会編『特高資料による戦時下のキリスト教運動』1、341頁。
5　同上。
6　『第五十三回日本基督教会大会記録』（1939）、125-126頁。
7　同志社大学人文科学研究所／キリスト教社会問題研究会編『特高資料による戦時下のキリスト教運動』1、342頁。
8　同上、342-343頁。
9　五十嵐喜和「朝鮮基督教会併合問題（下）」（『福音と世界』1992年7月）、71頁。
10　同上、73頁。
11　同上、66-68頁。
12　同上、68頁から再引用。
13　同上、70頁。
14　同上、74頁から再引用。
15　同上、74頁。
16　明石博隆・松浦総三編『昭和特高弾圧史8―朝鮮人にたいする弾圧』下、32頁。
17　『第六十三回浪速中会記録』、49頁。
18　呉寿恵『在日朝鮮基督教会の女性伝道師たち―77人のバイブル・ウーマン』、227-228頁を参照のこと。
19　同志社大学人文科学研究所／キリスト教社会問題研究会編『特高資料による戦時下のキリスト教

第 2 部　創設期から解放まで（1908 〜 1945）

運動』1、345 頁。
20 『第五十四回日本基督教会大会記録』（1940）、111 頁。
21 同志社大学人文科学研究所／キリスト教社会問題研究会編『特高資料による戦時下のキリスト教運動』2、新教出版社、1972 年、109 頁。
22 同上、110 頁。
23 「前朝鮮基督教京都中央教会遂使用入堂 日本基督教会西京教会」（『長老会報』1940 年 5 月 15 日）。
24 「第 5 章 日本基督教連盟の教派合同運動〔解題〕」（日本基督教団宣教研究所教団資料編纂室編『日本基督教団史資料集』第 1 巻、日本基督教団宣教研究所、1997 年、246 頁。
25 『日本基督教団 第一部第二回大会記録』（1942）、11 頁。
26 同上。
27 『昭和十七年 日本基督教団第一部年鑑（旧日本基督教会）』（1943）、36-124、『日本基督教団年鑑』（1943）、79-110 頁、『在日本朝鮮基督教連合会撮要』（1945）、15-20 頁。
28 日本基督教会時代は『昭和十五年 日本基督教会年鑑』（1940）、日本基督教団時代は『昭和十七年 日本基督教団第一部年鑑（旧日本基督教会）』（1943）発行による。
29 「日本基督教団戦時布教指針」（日本基督教団宣教研究所教団資料編纂室編『日本基督教団史資料集』第 2 巻、日本基督教団宣教研究所、1998 年、235-236 頁。
30 例えば、「全仁善書簡」（日本基督教団総務局長宛、1945 年 2 月 5 日、歴史編纂委員会所蔵）を参照。
31 明石博隆・松浦総三編『昭和特高弾圧史 7 ―朝鮮人にたいする弾圧』中、144 頁。
32 在日大韓基督教会歴史編纂委員会編『在日大韓基督教会 宣教 90 周年記念誌』、216 頁。この弾圧事件に関する金在述長老の証言については、金在述「証言」（日本キリスト教団大阪教区社会委員会シンポジウム報告集編集小委員会編『社会委員会シンポジウム報告集―「在日大韓基督教会の歴史に学ぶ」』日本キリスト教団大阪教区社会委員会、1983 年、19-27 頁を参照のこと。
33 崔定植氏（大阪西成教会長老）とのインタビューより（2014 年 10 月 6 日）。
34 明石博隆・松浦総三編『昭和特高弾圧史 7 ―朝鮮人にたいする弾圧』中、305-307 頁。
35 同上、306-307 頁。
36 同上、307 頁。
37 明石博隆・松浦総三編『昭和特高弾圧史 8 ―朝鮮人にたいする弾圧』下、25 頁。
38 同上、25-32 頁。同特高報告の中には、朝鮮が独立したあかつきには、朴尚東牧師を大統領、金恩錫牧師を外務大臣、秋仁奉牧師を大蔵大臣にしようと話し合ったことが記録されている。冗談も弾圧の口実になったのである。
39 『創立 70 周年記念誌』、22 頁。
40 同上、41-44 頁。
41 赤石義明「創立当初の中部教区」（中部教区史資料蒐集委員会編『日本基督教団中部教区史資料集（一）』日本基督教団中部教区常置委員会、1979 年）、8 頁。
42 兪錫濬『在日韓国人의 설움』쿰란出版社、1988 年、165 頁。
43 1945 年 2 月の統計は「日本基督教団総務局資料」（1945 年 2 月）、同年 11 月の統計は、日本 18 教会より提出された「教会状況報告」（歴史編纂委員会所蔵）の礼拝出席者数を合計したもの。

第3部
解放後から宣教100周年まで
（1945〜2008）

第1章　教会再建の歩み

（1945〜1948）

在日本朝鮮基督教連合会創立総会に出席した代表者（1945.11.15）
於：京都西京教会（現・京都教会）

第1章　教会再建の歩み（1945〜1948）

1. 在日韓国・朝鮮人社会の状況

　1945年8月、日本はポツダム宣言を受諾し、無条件降伏を連合国側に伝えた。8月15日には天皇の「終戦の詔勅」が放送され、朝鮮は日本の植民地支配から解放された。

　解放と同時に多くの在日朝鮮人が、喜びと希望に満ち溢れた祖国へと移動を開始した。1945年5月時点の在日朝鮮人数は推定210万人であった。彼らは、下関、仙崎、博多などの港町に殺到し、日本人を乗せて朝鮮の南部から「引揚げてきた船舶が、帰りにかれらを輸送することもあったが、大部分は二、三トンの機帆船を利用して生命の危険を犯しながら波高い玄界灘を越えて自費帰国した」[1]。

　1946年2月17日に連合国軍最高司令官総司令部（GHQ／SCAP）は、「朝鮮人、中国人、琉球人および台湾人の登録に関する総司令部覚書」を発表した。この覚書にもとづき日本の厚生省が行なった登録結果によれば、在日朝鮮人総数は64万7006名、そのうち帰国希望者は51万4060名であった。1946年4月から計画輸送が始まるが、その年12月の計画輸送終了時までの帰国者数は8万2900名にとどまった。

　1947年5月2日に日本政府は、最後の勅令207号「外国人登録令」を公布したが、「台湾人および朝鮮人は、この勅令の適用については、当分の間、これを外国人とみなす」（第11条）との条項によって、当時、日本国籍を有していた在日朝鮮人も「外国人」とみなし、外国人登録の対象となした。1947年末の在日外国人登録者総数は、63万9368名であり、そのうち在日朝鮮人は59万8507名（総数の93.6％）であった。

　日本に残った在日朝鮮人は、自分たちの生活と権益を擁護することなどを目的に、1945年10月15日に在日朝鮮人連盟（朝連）を組織した。初期の朝連は、「帰国同胞の援助」「生活権の確保」「民族教育の推進」を目指した。朝連の初代中央本部委員長は、東京朝鮮YMCA総務の尹槿であった[2]。朝連はまもなく日本共産党の指導下に入り、左翼的な色彩を濃くしていった。

　1946年1月には、朝連から離脱した人々が民族運動家の朴烈を団長として新朝鮮建設同盟（建同）を結成した。建同は、同10月に朝鮮建国促進青年同

151

盟(1945年11月設立)と合併して在日本朝鮮居留民団(民団)を形成し、「民生安定」「文化向上」「国際親善」を目指すとともに反共的色彩を明確に打ち出して朝連に対抗した。1948年8月に大韓民国(韓国)が、同年9月に朝鮮民主主義人民共和国(北朝鮮)が樹立されると、民団は韓国を、朝連は北朝鮮をそれぞれ支持し、その政策に従って運動を展開するようになった。

しかし翌年9月、GHQ／SCAPの指令のもとに日本政府は、団体等規制令を朝連に適用し、反民主主義的暴力団体であるとして解散させ、その財産を接収するとともに、朝連の幹部を公職追放(当時の在日朝鮮人は日本国籍者であった)した[3]。その後、1955年5月に在日本朝鮮人総連合会(朝鮮総連)が組織され今日に至っている。

祖国が南北に分断される中、在日韓国・朝鮮人社会も朝連と民団という二つの民族団体に分断され、それは、その後の在日韓国・朝鮮人社会および在日大韓基督教会の歩みに大きな影を落とすこととなった。

2. 在日本朝鮮基督教連合会の創立

(1) 教会組織再建への動き

解放された祖国へと多くの人々が続々と帰っていく中、日本に残った旧在日本朝鮮基督教会の長老や執事たちが会合をもち、日本における朝鮮教会の再建に向けての準備を進めていった。この会合について京都教会の兪錫濬長老は、次のように記している。

> 最初に集まった場所は、大阪市東成区にあった大阪東成教会堂(現・大阪教会)の裏部屋であった。
> 　この日に集まった中の中心的人物は、十三教会の金元植長老で、出席者は京都西京教会(現・京都教会)の金在述・兪錫濬、東成教会(現・大阪教会)の劉時漢・康慶玉、堺東教会の李鳳朝、今宮教会(現・大阪西成教会)の金正三・

第1章　教会再建の歩み（1945～1948）

李永俊、十三教会（現・北部教会）の金元植、池田教会（川西教会）の方聖元・朴石萬といった10名であり、次のような点について討議し、合意した。
1. 教会連合体を組織することと名称をどのようにするかという問題
2. 本会は、教会再建発起委員会あるいは創立準備委員会とすること
3. 関東、中部、関西、西南の各地方にも連絡をとることなど
4. 先ず委員会の部署を決めることとし、次のように決定した。
　　委員長　金元植長老
　　書　記　兪錫濬執事
　　会　計　金在述長老[4]

　この在日本朝鮮基督教連合会発起委員会は、1945年10月22日付で「呼びかけ文」を発送した[5]。その呼びかけ文は、B5版のザラ半紙にガリ版印刷されたもので、そこには、「世界政局の変遷により、日本にいるわれわれの教会も一大改革運動を展開すると同時に、これに適応する体制を確立するため有志十名あまりが協議した結果、在日本朝鮮基督教連合会（仮称）を組織すべく貴下（貴教会長老・執事）を発起人として推薦」すると記されていた。
　創立準備委員会の日時は1945年10月30日の午前9時、場所は日本基督教団東成教会堂、協議事項は、①在日本朝鮮基督教会独立の件、②朝鮮人教職者招請の件、③教会の統廃合の件、④教会財政整理の件、⑤復興伝道運動展開の件などであった。また、備考として、宿舎は主催者側が準備するが食糧は各自持参すること、また、乗車券はなるべく往復で購入することなど、細かな点にまで言及がなされていた。たった一枚の呼びかけ文ではあるが、当時の在日朝鮮人キリスト者たちの熱意を垣間見ることができる内容である。

（2）在日本朝鮮基督教連合会創立準備委員会の開催

　在日本朝鮮基督教連合会発起委員会の呼びかけに応えて、10月30日に大阪東成教会に集まった教会は、関西地方7教会（大阪東成教会、大阪西成教会、堺教会、南方教会、大阪今里教会、川西教会、京都西京教会）、中部地方4教会（名古屋瀬戸教会、名古屋児玉教会、岡崎教会、名古屋豊崎教会）、関東地方1教会（横須賀佐野教会）の計12教会で、出席者の内訳は牧師2名、女性伝道師1名、長老13名、執事9名の計25名であった[6]。

第 3 部　解放後から宣教 100 周年まで（1945 〜 2008）

　創立準備委員会では、開会辞にかえて康慶玉長老（大阪東成教会）によって連合会の発起趣意書が朗読された。康長老はかつて日本基督教団の第 1 回総会において、在日朝鮮人に対する差別的待遇を問題視する発言を行なったが、その言動が過激であるとの理由で発言を止められた経歴をもつ人物である[7]。

　発起趣意書は、解放直後の在日本朝鮮教会の時局および歴史認識がよく整理されたかたちで示されている歴史的な文書である[8]。そこでは、「朝鮮教会に対する圧迫が増す中で、われわれの教会は自主性を失い、日本基督教会と連合し、次いで日本基督教団へと合同するに至った。そして礼拝において説教、祈祷、聖書に至るまで日本語使用が強要され、教会発展にとって阻害となった」との総括がなされた後、「同胞の帰国が日増しに増える中で、在日本朝鮮基督教会は連合して、今後の宣教の基盤を整えるために大同団結することになった」と述べている。

　創立準備委員会では、日本基督教団から脱退することを条件に、「在日本朝鮮基督教連合会」を創立することが満場一致で可決された。また、創立総会に向けて創立準備委員の選挙を行ない、委員長に金琪三（今里聖潔教会 現・大阪第一教会 牧師）、副委員長に金元植（南方教会 現・大阪北部教会 長老）、書記に康慶玉、会計に李鳳朝（堺東教会長老）らを選出した。そのほか、朝鮮の宣教機関およびカナダ長老教会との連絡や規則の起草、創立総会の日時や場所などについて協議を行なった[9]。

　この創立準備委員会の直後に開かれた第 1 回委員会では、教職者がいない教会は教職者が招請されるまで委員会が教会の礼拝を導く牧師や長老を派遣することと教会の財産整理および統廃合に関する調査を行なうために各地域に担当者を送ることが決められた。各地域の担当者は、金琪三、金元植（関東）、朴命俊、金在述（北陸）、康慶玉、趙端龍（九州）、金在述、方聖元、李鳳朝、李永俊（京阪神）であった。また、規約起草委員には、金琪三、朴命俊、金元植の 3 名が選ばれ、創立総会を同年 11 月 15 日に京都西京教会（現・京都教会）で開催することが決定された[10]。この決定を受け、1945 年 11 月 8 日付の創立総会開催の案内文が各教会に送られた。その案内文には、教会状況報告を 11 月 14 日の正午までに提出するようにとの要請が記されていた[11]。

第1章　教会再建の歩み（1945～1948）

（3）在日本朝鮮基督教連合会創立総会の開催

　創立準備委員会が結成された2週間後の1945年11月15日、在日本朝鮮基督教連合会の創立総会が、京都西京教会において開催された[12]。参加教会（カッコ内は代表者名）は、東京雑司ヶ谷教会（沈恩澤）、東京京韓教会（全景淵、李政鎬、崔正洙、金学龍）、東京深川東部教会（金正中、権泰岳）、東京三河島教会（李載実）、東京崇徳教会（李永喜、李鐘聲、具明淑）、東京目黒教会（劉正嬅、朴慶姫）、東京代々木教会（張斗川）、横須賀佐野教会（楊泰寿）、名古屋児玉教会（金秉憲）、名古屋瀬戸教会（朴命俊、金炳善、孫炳泰、宣洙根）、名古屋南教会（李敬律）、京都西京教会（史明守、金在述、兪錫濬、李道尚）、京都洛南伝道所（曺宣井、朴斗星、蔡舜基）、大阪西成教会（李永俊、金正三、金洙浩）、大阪東成教会（康慶玉、趙端龍、丁仁寿、金郡化、白南哲）、大阪南方教会（金元植、林盛富、文龍興）、大阪樽井教会（辛聖煥）、堺東教会（李鳳朝）、池田川西教会（方聖元、朴石萬）、神戸青木教会（徐仁泰、申元伯、金斗任）、大阪今里教会（金琪三）の21教会・伝道所で、代表者数は47名（うち女性8名）であった。

　このうち、東京三河島教会と東京深川東部教会は日本基督教団設立時には第10部に所属していた単立教会であり、大阪今里教会（現・大阪第一教会）は聖潔教会として第6部に所属していた教会であった。また、京都洛南伝道所は、1942年以降集会出席の大半を朝鮮人が占めていた日本の伝道所であった[13]。

　各教会の代表者数は、先の創立準備委員会における「代表は各教会の礼拝出席20人までは3人、20人毎に1人増加とする」との決定に則ったものであり、集まった代表の内訳は、牧師3名、伝道師5名（うち女性4名）、長老19名、執事15名、神学生1名、信徒4名であった。

　在日本朝鮮基督教連合会創立総会は、開会礼拝をもって始められた。礼拝では、奏楽を李永喜伝道師、開会祈祷を方聖元長老、説教を朴命俊牧師、祈祷を全景淵伝道師がそれぞれ担当した。次いで、金琪三牧師を議長に選出して創立総会の議事が進められ、創立総会に至る経過報告があった後、規則案が承認され、任員の選挙が行なわれた。その結果、会長に金琪三牧師、副会長に金元植長老、総務に朴命俊牧師、書記に兪錫濬執事、会計に金在述長老、伝道部長に金正中牧師、教育部長に康慶玉長老、経理部長に金元植長老が選出された。

創立総会における主な決議内容は次の通りであった。①九州地方の教会の実情調査を行なう、②日本基督教団から脱退する、③教職者問題に関しては任員会に一任する、④本国の宣教機関およびカナダ宣教部への連絡は任員会に一任する、⑤会報を発行する。

組織としては、末だ「連合会形式」ではあったが、このようにして再び一つの組織として独立し、再建の道を歩むこととなった。独自の組織となったのは、在日本朝鮮基督教会が1940年1月に日本基督教会への合同を決議し、日本基督教会に加入して以来5年半ぶりのことであった。

在日本朝鮮基督教連合会の創立総会が開催された時期は、先述したように、解放され、祖国を目指して多くの在日朝鮮人が移動していた時期であり、帰還する者の中には教会の信徒や教職者も多く含まれていた。創立総会時に提出された18教会の教会状況報告では、合計で在籍会員数が1059人、礼拝出席者が平均433人となっていたが、そのうちの帰国希望者数は241人であった[14]。このような状況の中、教派的な壁を超えた連合会として大同団結が図られたのである。

在日本朝鮮基督教連合会発足当時の牧師は、金琪三、朴命俊、金正中、呉允台の4人であったが、1946年2月に金正中牧師は交通事故死し、同月に会長の金琪三牧師と副会長の金元植長老が帰国した。同年3月には、会長代行に呉允台牧師(東京教会)が就任し、日本に残った人々への伝道活動が推進された[15]。

(4) 在日本朝鮮基督教連合会規則

創立総会において提案され、採択された連合会規則は、以下のような12条からなる簡素な内容のものであった。

第1条　本会の名称　在日本朝鮮基督教連合会と称する。
第2条　本会の目的　在日本朝鮮基督教連合会の将来の発展強化と信仰向上を図ることとする。
第3条　本会の事務所は定期総会または臨時総会で必要と認める地方に置く。
第4条　本会は朝鮮教会の牧師と伝道師と各教会から派遣される代表(職員)

で組織する。
第 5 条　本会の任員を次の如く置く。
　　　　会長1名、副会長1名、総務1名、書記1名、会計1名
第 6 条　本会の目的を達成するために次の各部を置く。
　　　　1. 伝道部　部長1名　部員2名
　　　　2. 教育部　部長1名　部員2名
　　　　3. 経理部　部長1名　部員2名
第 7 条　任員の任務と各部署の職務は次の如くである。〔以下略〕
第 8 条　本会の任員及各部職員の任期は1年とする。毎定期総会時に改選する。
第 9 条　本会の会議は定期総会、臨時総会、任員会、職員会とする。
第10条　定期総会は1年1回とし、毎年秋期とし、臨時総会は特別な緊急事態がある場合に任員会の決議で、任員会および職員会は必要な時に会長が召集する。
第11条　本会の経費は各教会洗礼会員1人当り毎年10円と秋収感謝節献金の十分の一とし、特別な財政は本会で議決する。
第12条　細則
　　　　1. 開会成数は会員の半数以上をもって開会とする。
　　　　2. 本会総代は現住洗礼会員10人に1人の割合とし、教会職員中から選出し、開会1週間前までに書記に通知する。
　　　　3. 総代旅費は本会が実費負担する。
　　　　4. 本規則を改正・増減しようとする場合は総会出席員の三分の二以上の可決を要する。
　　　　5. 本規則は発布日から施行する[16]。

3. 日本基督教団からの脱退

　日本基督教団への脱退届である「教団脱退ニ関スル通告文」は、1945年12月30日付で日本基督教団統理の富田満宛に作成された。その脱退通告文は、12月20日に在日本朝鮮基督教連合会会長の金琪三牧師と書記の兪錫濬長老の二人が、東京の銀座4丁目にあった日本基督教団本部に直接持参して伝達した。

第3部　解放後から宣教100周年まで（1945〜2008）

その当時のことについて兪長老は、「当時は交通が不便なのはもちろん、食べる物さえ不足していた時代であった。一晩中汽車に乗り、家からもってきた弁当を食べたが、少しも辛いとは思わなかった。ただ解放の喜びと感激に浸るのみであった」[17]と述懐している。

日本語で書かれた脱退通告文には、次のような脱退理由が記されていた。

〔……〕日本に在る朝鮮教会は過去に於いて朝鮮本国の宣教機関と加奈太宣教部の宣教に依り設立され日々発展を見るに至りしがその后時局の趨移に従ひ官憲の圧迫日々加はり所謂内鮮一体の政策に基き、聖書、礼拝用語、その他朝鮮的一切の言語、文字、衣服、風習が禁ぜられ朝鮮教会として独自的存在が認められざるに至れり、それが為めに我が朝鮮教会は休むを得ず日本に於ける各教派に加入し日本的教会としてその存在を維持せんとする措置に至りしもその影響として教勢日々衰微の一途を辿るのみなりしが日本の各教派合同して日本基督教団成立と共に貴教団に加入するに至れり
之れ自然的経路の如く見ゆるも其の実は矛盾撞着の点多く見えざる圧迫の力に依る不自然的結果となりしことは明らかなり、此度終戦と共に日本に在る朝鮮教会は再び朝鮮本国の宣教機関と元加奈太宣教部との関係を恢復し朝鮮教会としての本然の姿に立帰へり神から与へられた朝鮮教会としての使命を完うすべく敢て貴教団を脱退することに決議せり〔……〕之れは、時勢に便乗し民族的感情によるとか、信仰結社の自由を濫用するが如き軽挙妄動の態度によるにあらざることを深く御諒解なさると共に今後もキリストの愛に依る友誼的関係及び間接的御指導を御願ひする次第なり[18]

この「教団脱退ニ関スル通告文」は、日本基督教団内においては伝達されてから半年後の1946年6月6日に開催された常議員会において取り扱われた。その常議員会の記録には、日本基督教団からの脱退を申し出た教会は、福音伝道系11、改革派系6、聖公会系5、個教会3、在日本朝鮮教会の全教会であったと記されている[19]。しかし、その翌日に開催された日本基督教団の総会記録には、このことに関する言及はない。脱退通告文に対する日本基督教団からの返答はなかったようである。

日本基督教団の「教会名簿」によれば、東成教会（現・大阪教会）、大阪南方伝道所（現・大阪北部教会）、名古屋南教会（現・名古屋教会）など11教会

158

第1章　教会再建の歩み（1945〜1948）

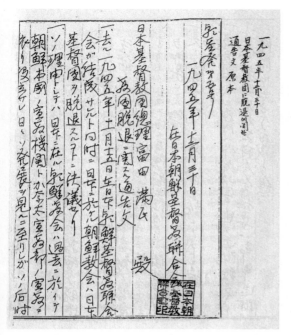

日本基督教団への脱退通告文（1945.12.30付）

は、1948年2月16日付で「解散」となっているが、林田教会（現・神戸教会）は2月19日、横浜打越教会（現・横浜教会）は5月20日、西京伝道所（現・京都教会）は7月13日付で「解散」となっている。「解散」は「脱退」のことであると解釈できるが、各教会の「解散」の日付の違いがなぜ起こったのかについては、その理由はわかっていない。

一方、在日本朝鮮基督教連合会創立時には参加していなかった福岡吉塚教会（現・福岡教会）には、1947年7月22日付で日本基督教団の主管者であった小崎道雄名の離脱「承認書」が発行されている。承認書には、「昭和20年〔1945年〕12月15日附申請本教団離脱ノ件承認ス」と記されていた[20]。このことから、福岡教会が脱退を申請してから約1年半後に承認書が届けられたことがわかる。

日本基督教団成立に大きな影響を与えた宗教団体法は、GHQ／SCAPによって1945年10月に廃止され、新たに同年12月に宗教法人令が公布・施行された。宗教団体法が認可主義だったのに対し、宗教法人令は準則主義をとっており、一定の要件を満たせば官庁の許可を要せず法人が設立できるようになった。在日本朝鮮基督教連合会は、1948年9月6日に「在日本朝鮮基督教団」名で宗教法人として登記している[21]。

4. 解放直後における教会の状況

（1）教会状況報告

　1945年11月、関東地方7教会、中部地方3教会、関西地方8教会の計18教会が「教会状況報告」を提出している[22]。報告内容は、①教会所在地、②教会名、③教職者、④職員（長老、執事）、⑤会員数（在籍、現在会員、平均出席、帰国希望者、主日学校の生徒）、⑥財政状況（不動産、登記名義人、動産）、⑦戦災状況、⑧今後の維持方針、⑨代表者名簿などであった。

　報告書によると、教職者は17名（内訳：朝鮮人牧師4名、日本人牧師7名、朝鮮人伝道師6名）であった。職員は87名（内訳：長老40名、執事47）、会員数は、在籍会員1068名、現在会員461名、平均出席441名、主日学校の生徒196名であった。そのうち帰国希望者は241名となっている。戦災状況では、全焼もしくは焼失が6教会、教会員では死亡者15名、罹災者は、関東地方114名、中部地方11名、関西地方102名となっている。

　今後の維持方針については、「戦災後、東京中央教会と連合。信徒はほとんど帰国。単独では教会を存続できない」（雑司ヶ谷教会）、「現在の会員で経費を負担し、教会は維持できる」（京韓教会）、「権泰岳執事宅で礼拝、その地域を中心に伝道し、拡張すれば維持できる」（深川東部教会）、「現状維持」（崇徳教会、目黒教会）、「教会を閉鎖予定」（横須賀佐野教会）、「1942年の弾圧により教会集会は停止され、日本基督教団が管理中である。現在、集会は個人の家でもたれている」（名古屋児玉教会）。「自力維持」（西京教会）。「日本の教会が朝鮮人のために設立した教会。全教会員が帰国を希望しているので、今後この地域の日本人を中心に伝道」（洛南伝道所）。「十分の一献金によって維持」（樽井教会）といったことなどが記されている。

（2）九州・山口地方における教会の状況

　在日本朝鮮基督教連合会創立総会には、九州・山口地方の教会からの参加はなかった。先に見た通り、創立総会の決議事項に九州地方の教会の実情調査を

第 1 章　教会再建の歩み（1945～1948）

行なうことが任員会に一任されたのはこのためであった。この時期の九州地方の教会状況は、どのようなものであったのだろうか。『宣教 90 周年記念誌』の記述から福岡教会、小倉教会、下関教会の解放直後における状況を垣間見ることができる。

　日本の敗戦後、在日朝鮮人が日本各地から祖国に戻るために福岡に集まっていた。そのような状況の中、福岡教会が中心となって帰国同胞援護会が組織される。福岡教会の教会員で最後まで残ったのはわずか 5 世帯であった。しかし、教会を維持し、1946 年 10 月には解放後最初の教職者である田永福（織田楢次）牧師を迎えている[23]。

　小倉教会の 1944 年の信徒統計によると、洗礼会員が 150 名で、教会学校の生徒が 100 名であった。44 年 10 月に担任牧師である宋永吉牧師が警察の弾圧を受けて帰国する。解放後は、1945 年 11 月に教会堂を日本基督教団に預け、信徒 80 名が帰国し、12 月にも長老 7 名をはじめ信徒が続々と朝鮮に戻っていった。残された信徒は、宋盛錫氏を中心に八幡で家庭集会を続け、青木定雄牧師が牧会を担当するようになった。一方、小倉教会には、李出伊、金命守氏らが出席しつづけた[24]。

　下関教会では、1944 年 8 月に李完模牧師と李白容執事、崔三錫執事らが治安維持法違反容疑で検挙・投獄された。1945 年 8 月 20 日に李完模牧師は釈放されるが、9 月 1 日には朝鮮に戻っていった。また、12 月 20 日には、権聖澤、李玉同の 2 名の長老と多くの信者が祖国に戻り、2、3 世帯のみが残るだけといった状況となっていた[25]。

　この時期、特に地理的に解放された祖国に近く、朝鮮行きの船が出航する港があった九州・山口地方の教会では、その教職者と信徒の多くが帰国したことが上の記述からもうかがえる。

（3）各地域における教会の統合

　1945 年 11 月 15 日の在日本朝鮮基督教連合会の創立後、東京市内の諸教会の中で合同して一つの教会を設立しようとの動きが起こる。そうした動きが起った理由は、米軍の空襲によって東京が焦土化し、東京にあった各教会の信者の多くが祖国に戻ったり、他地域に移っていったりしたためであった。教職者

のほとんども故国に戻り、残ったのは牧師2名、伝道師4名のみといった状況であった[26]。

　そのような中、東京にあった教会の代表者たちが集まって討議した結果、合同することとなり、その合同した教会の名称は「東京教会」とすることが決められた[27]。そして、1946年2月10日に東京朝鮮YMCAにおいて在日本朝鮮基督教東京教会が創立された。その際に集まった教会は、代々木教会（雑司ヶ谷教会、高田聖潔教会、東京中央教会の3教会が合同してできた教会）、目黒教会、品川教会、深川東部教会、崇徳教会、京韓教会、三河島教会であった。教会の担任牧師には呉允台牧師が招聘されたほか、沈恩澤、劉正嬅、全景淵、李永喜の4名が伝道師として迎えられた[28]。

　いくつかの教会が合同して形成された東京教会は、その後、伝道する教会として東京の要地に伝道所を設立し、その伝道所が成長して教会に発展することができるように尽力した。そのようにして生まれた教会に、川崎、多摩川（調布）、船橋、西新井、横須賀、品川の各教会があった。

　東京教会のほか、解放後にいくつかの教会が合同してできた教会に名古屋教会がある。先に見たように、名古屋地域は、旧在日本朝鮮基督教会にあって最も厳しい弾圧を受けた地域であった。投獄された西教会の金恩錫牧師は、1943年にソウルへ移監され、東教会の朴尚東牧師は釈放後に山口県に移り、南教会の秋仁奉牧師も解放後に帰国していた。このような中で解放後の名古屋地域の教会が再建されるのであるが、そのことに関して、『名古屋教会70年史』では次のように記されている。

　　　かろうじて教会を持続して来た名古屋教会は、1946年に入って再建の道を歩み始める。春に、戦争中日本の教会に貸していた西区天塚にある旧西教会の建物が返還され、旧南教会・旧東教会・旧西教会の3教会の教会員たちが一緒に集まり、涙と感謝で礼拝を再開した。その日の礼拝出席者は15名、献金は3円50銭であった[29]。

　これが解放後統合されてできた名古屋教会の始まりであった。その後、1950年に韓国から金徳成牧師が赴任するまで教職者は不在であったが、徐載薫長老と金錫玫長老が礼拝を導き、姜英培長老が家庭訪問に力を入れ教会を守っ

た[30]。

　京都地域では、8月26日に西京教会（現・京都教会）の牧師であった田口正敏牧師が軍役から戻ったことで教会再建が始まった。日本軍の徴兵徴用から引き揚げてきた信徒も戻ってくる中、9月頃からは主日学校、青年会、婦人会活動が始められている。そのような中、10月21日の主日礼拝後、臨時信徒会が召集され、京都教会を設立することが決議された。田口正敏牧師は、翌年1月に京都教会を辞任し、日本基督教団大阪常盤教会に転任することとなった。この頃、戦前京都地域にあった京都中央教会、京都南部教会、伏見教会、田中伝道所、西陣伝道所の各教会・伝道所に所属していた教会員たちの間では、教会の分立が必要となる時までは京都では一つの教会に所属するという合意がなされていた[31]。

　1946年3月17日には、洛南伝道所の朴斗星長老が京都教会の伝道師となり、3月23日には崔正洙伝道師が赴任し、解放後の京都地域における教会の再建が進められていくことになった[32]。

5. 在日本朝鮮基督教会総会の成立

（1）連合会から教団へ

　在日本朝鮮基督教連合会の第2回定期総会は、1946年9月に東京教会において開催された。代議員は8教会（東京、名古屋、京都、大阪、大阪西成、武庫川、大阪南方、福岡教会）からの37名であった。総会における任員改選では、会長に呉允台牧師（東京教会）が選出された。また、創立総会時に採択された連合会規則が改正され、第2条の「会の目的」が、「在日本朝鮮基督教連合会の将来の発展強化と信仰向上を図ることとする」から「在日本朝鮮基督教会の最高機関として、全ての教会の治理会を主管・指導し、キリストの福音を宣布し、教化の使命を達成することを目的とする」というように改められた[33]。さらに、治理局（教職者の将立、政治、長老の試験などを処理する部署）が新設

されたほか、「信条と信仰告白を同じくする完全な教会として組織するために憲法を制定することが決議された」[34]。

この決議を受けて、治理局において憲法起草委員に呉允台、朴命俊、田永福、張徳出、全景淵、崔正洙、兪錫濬、丁仁寿、金錫珍の9名が選出され、この憲法起草委員が作成した憲法案が、1947年10月に大阪教会で開催された第3回定期総会において通過した[35]。この憲法は、1948年度の総会時から完全に施行されることとなり、それまでの間は臨時的に用いられることとなった。この憲法の通過により、名称が在日本朝鮮基督教連合会から在日本朝鮮基督教会総会と改称されるとともに、定期総会名も第3回在日本朝鮮基督教会総会と改められた。

（2）在日本朝鮮基督教会総会憲法の制定とその内容

第3回定期総会で通過した憲法は、①信条、②礼拝模範、③憲法（勧善条例を含む）、④要理問答で構成されていた[36]。

信条としては、①聖書、②神、③三位一体、④聖父、⑤聖子、⑥聖霊、⑦堕罪、⑧赦罪、⑨教会、⑩聖礼典、⑪聖職、⑫審判と永生の12項目が記され、「本信条は、神の御言葉にもとづく明確な信仰の要約であるので、各人の信仰として告白すべきものである」とされた。1934年に制定された在日本朝鮮基督教会の憲法の信条には10項目が記されていたが、在日本朝鮮基督教会総会の信条は、それに2項目（神、聖職）が付け足されたかたちのものとなっている。在日本朝鮮基督教会総会の信条は、ニケヤ信条、カルケドン信条、使徒信条、アウグスブルク信仰告白、ハイデルベルグ問答、ウェストミンスター信仰告白などを参考にして作成されたものであった。

礼拝規範では、十戒、主の祈り、主日をきよく守ること、教会会衆と礼拝時の行儀、教会礼拝儀式、礼拝時の聖書奉読、詩と賛美、公式祈祷、説教、献金、主日学校、礼拝会、幼児洗礼、入教式、聖餐礼式、断食の日と感謝の日などについての規範が定められていた。

憲法本体は、全27章566条におよぶ大部のものであった。この憲法の最大の特徴の一つは、韓国の教会に先立って女性長老の被選挙権（54条）が取り入れられていた点であった。

第1章 教会再建の歩み（1945〜1948）

6. 教会の設立（1945〜1947）

平野教会（1947年）、川崎教会（1947年）

7. 教勢（1945〜1947）[37]

	1945	1946	1947
教会	21	8	10
洗礼会員	449*	227	373
信徒総数		470	

*449名中、帰国希望者は241名

第 3 部　解放後から宣教 100 周年まで（1945 ～ 2008）

1　姜在彦・金東勲『在日韓国・朝鮮人―歴史と展望』、101 頁。
2　柳東植『在日本韓国基督教青年会史』、307 頁。
3　『朝鮮を知る事典』平凡社、1986 年、159-160 頁。
4　兪錫濬『在日韓国人의 설움』、72 頁。
5　「呼びかけ文」（1945 年 10 月 22 日、歴史編纂委員会所蔵、原文は表題なし）。
6　『在日本朝鮮基督教連合会撮要』（1945）、3-4 頁。
7　日本基督教団と在日大韓基督教会との協約に関する合同作業委員会「日本基督教団と在日大韓基督教会の関係史」（1982 年 10 月）、4 頁。
8　発起趣意書の全文は、『在日本朝鮮基督教連合会撮要』（1945）、1-2 頁に収録されている。
9　同上、4-7 頁。
10　同上、7-8 頁。
11　「創立総会の開催案内文」（1945 年 11 月 8 日、歴史編纂委員会所蔵、原文は表題なし）。
12　在日本朝鮮基督教連合会創立総会の会録は、『在日本朝鮮基督教連合会撮要』（1945）、9-24 頁に収録されている。
13　「洛南教会略史」『写真で見る 40 年』日本基督教団洛南教会、1989 年。
14　「教会状況報告」（歴史編纂委員会所蔵）。
15　兪錫濬『在日韓国人의 설움』、74 頁。
16　『在日本朝鮮基督教連合会撮要』（1945）、21-24 頁。
17　兪錫濬『在日韓国人의 설움』、74 頁。
18　「教団脱退ニ関する通告文」の全文は、兪錫濬『在日韓国人의 설움』、78-80 頁に収録されている。原文の片仮名を平仮名に改めた。
19　日本基督教団宣教研究所教団史料編纂室編『日本基督教団資料集』第 3 巻、日本基督教団出版局、1998 年、122 頁。
20　日本基督教団福岡吉塚教会宛「承認書」（1947 年 7 月 23 日、歴史編纂委員会所蔵）。
21　歴史編纂委員会所蔵の大阪教会「登記謄本」（1949 年 11 月 25 日）、大韓基督教会総会「登記簿妙本」（1950 年 3 月 16 日）、大韓基督教会総会「登記謄本」（1951 年 11 月 25 日）などの資料から、「在日本朝鮮基督教団」との宗教法人名で 1948 年 9 月 6 日付で登録した後、1950 年 3 月 13 日に「大韓基督教会総会」と名称変更したことがわかる。大韓基督教会総会「登記謄本」（1951 年 11 月 25 日）にある目的の蘭には、「プロテスタント主義福音宣伝を為し全国各地に所在する朝鮮基督教会を統率する最高機関として教会政治を管り教義を保守し行政を同一ならしめ信仰上の純粋たる福音的道理を擁護し人をして救贖に与らしむること」とある。
22　「教会状況報告」（歴史編纂委員会所蔵）。
23　在日大韓基督教会歴史編纂委員会編『在日大韓基督教会 宣教 90 周年記念誌』、339 頁。
24　同上、344 頁。
25　同上、350 頁。
26　『在日大韓基督教 東京教会七十二年史』、194 頁。
27　同上、195 頁。
28　同上、195-196 頁。
29　『名古屋教会 70 年史』、57 頁。
30　同上。
31　兪錫濬・田永福・楊炯春・金在述編著『在日大韓基督教 京都教会 50 年史』、87-88 頁。
32　金守珍著『京都教会의 歴史』在日大韓基督教京都教会、쿰란出版社、1998 年、157-158 頁。
33　『在日本朝鮮基督教連合会 第二回定期総会摘要』（1946）、10-12 頁。
34　『在日本大韓基督教会 憲法』在日大韓基督教会総会、1948 年、1 頁。
35　『在日本朝鮮基督教会 第三回定期総会要録』（1947）、3 頁。
36　『在日本大韓基督教会 憲法』（1948 年）。

第 1 章　教会再建の歩み（1945 〜 1948）

37　1945 年の教会数は、在日本朝鮮基督教連合会創立総会時の出席教会数、洗礼会員数は「教会状況報告」（歴史編纂委員会所蔵）による。1946 年は、『在日本朝鮮基督教連合会　第二回定期総会摘要』（1946）、6 頁、1947 年は、『在日本朝鮮基督教会　第三回定期総会要録』（1947）、5-9 頁を参照した。

第2章　在日大韓基督教会

第1期

（1948～1957）

在日本大韓基督教会第4回定期総会（1948.10.14）於：京都教会

第2章　在日大韓基督教会　第1期（1948〜1957）

1．カナダ長老教会による宣教協力の再開

（1）L・L・ヤングの再来日

　1949年2月に当時73歳となっていたL・L・ヤング宣教師が再び来日する[1]。解放前の在日本朝鮮基督教会の創立において中心的役割を担い、日本基督教会に併合された後の1940年12月にカナダに帰って以来8年2ヵ月ぶりの日本であった。3月には妻のミリアム・ヤング、6月にはP・ランボール（Paul Rumball）とジーン・ランボール（Jean MacLean Rumball）が来日した。ジーン・ランボールは、解放前12年にわたる在日朝鮮人宣教の経験をもつ宣教師であった。こうして、カナダ長老教会在日宣教部の宣教活動と宣教費補助が、宣教師の来日とともに再開されることとなった。

　しかし、L・L・ヤングは、韓国人信徒のクリスマス会に招かれた際に歯からの出血が止まらなくなり、それがもとで亡くなる。1950年2月21日のことであった。告別式は、2月23日に在日大韓基督教会総会葬として執り行われた[2]。総会葬は、これが最初のものであった。L・L・ヤングが永眠する墓地は、現在も神戸市立外国人墓地にあるが、その墓碑には、「強く穏やかな心と厳しく慈しみ深い態度をもって福音を伝え、1950年2月21日の夜に75歳の生涯を終えた。在日韓国教会の創設者であり、神学博士であった彼の地上での生活を記念してこの文を記す」とある。

（2）美総委員会の設置

　カナダ長老教会による宣教協力の再開を受け、宣教師と総会の事務連絡を円滑に進めるために、1950年1月に美総委員会が設置されることとなった（「美総」は、ミッションの「美」と総会の「総」を意味する）。委員には、朴命俊、丁仁寿、L・L・ヤング、ジーン・ランボールの4名が選出された[3]。すでに1949年度にカナダ宣教部は宣教補助金を再開していたが、美総委員会は、以降の宣教補助金の使用方針および計画を立て、委員会決定により宣教部会計が教会および個人に宣教補助金を送金するシステムをつくった[4]。

第3部　解放後から宣教100周年まで（1945～2008）

　その後、美総委員会は1962年10月にその役割を終え、その働きは宣教師人事委員会に引き継がれ、宣教補助金はそれ以降、在日大韓基督教会の一般会計の中で取り扱われることになった[5]。宣教補助金の用途は、教会建築補助金を含む教会への補助、教職者の生活および交通費補助、神学生への奨学金、地方会および総会活動費補助（伝道・教育・青年局）など多岐にわたった。1949年から57年までの9年間に約1800万円の宣教費の補助が行われている[6]。また、1962年度における在日大韓基督教会総会の予算の85％がカナダ長老教会在日宣教部の補助金で賄われていた[7]。カナダ長老教会在日宣教部による宣教補助金は、在日大韓基督教会の教会形成、特に伝道活動の一層の活性化や人材養成のための財政的な基盤を提供した。

（3）カナダ長老教会との連席会議の開催

　1955年1月にカナダ長老教会総会長のJ・L・W・マクレーン（J. L. MacLean）と海外宣教部総務のE・H・ジョンソン（E. H. Johnson）一行が来日し、在日大韓基督教会任職員会との間で宣教協力に関する連席会議をもった。

　この連席会議上、在日大韓基督教会側はカナダ側に対して、提案書を提出している。提案書は、在日韓国人の現状と在日大韓基督教会の教勢、宣教方針に対する要望、宣教師の住宅問題、在日カナダ宣教師に対する所感などを含む内容のものであった。

　具体的には、宣教方針に対しては、教会中心伝道、文書伝道、教育伝道の三つの伝道方法を採用し、これを実行するための計画や予算を立てることや、宣教師の派遣よりもより多くの韓国人教職者の採用のために宣教費を用いることなどが提案された。また、当時の宣教師住宅は不便な場所（神戸市の長峰山）にあったため、教会や信徒が連絡をとりやすい場所に移転することなどが提案されている。在日カナダ宣教師に対する所感の中では、ランボール（Paul Rumball）とパウエル（Donald Powell）という二人のカナダ長老教会からの宣教師を比較し、ランボール宣教師の宣教方式は旧来のものである一方、パウエル宣教師のものは現代的であり、東洋人、特に韓国人に適したものであるとの評価がなされていた[8]。このような提案書の内容をもとに、連席会議では、

第 2 章　在日大韓基督教会　第 1 期（1948～1957）

在日大韓基督教会の若い教会指導者たちが率直な意見を述べる中で宣教協力に関するさまざまな点についての議論がなされた。

その後、宣教師住宅問題に関しては、1955年 3月に開催されたカナダ長老教会の宣教部理事会の会議において、長峰山にある住宅は宣教師住宅としては使用しないことのほか、長峰山の土地・建物を在日大韓基督教会や日本のキリスト者グループ向けの研修センターとして使用できるかを調査することが決定された[9]。

カナダ長老教会と在日大韓基督教会任職員会との連席会議（1955.1.18）於：京都教会

このことが契機となり、翌年に開催された在日大韓基督教会の定期総会で修養会館の建設が提案され、1958年に京都府山科に在日韓国基督教会館（KCC）が設置されることとなった。今日の大阪市生野区にある KCC の前身である。

2. 一票差による名称の変更

1948年10月に開催された第4回定期総会（16教会、代議員56名）における議論の焦点の一つは、名称変更問題であった。定期総会が開催される直前の 8月15日には大韓民国政府、9月9日には朝鮮民主主義人民共和国政府がそれぞれ樹立されていた。このような政治状況の中で開催された第4回定期総会では、名称を「在日本朝鮮基督教会総会」から「在日本大韓基督教会総会」に変更することが長時間にわたって討議され、28対27の一票差で名称変更が決議された[10]。第4回定期総会録には、このことについて、「総会名称は左記の如

173

く改称するよう決議した」とだけ記されている[11]。

　この名称変更に関しては、政治的圧力があったとの形跡は見当たらない。名称変更は、当時の教会指導者（教職、長老、執事、信徒代表）たちの政治状況に対する認識の反映であった。この名称変更の結果、在日大韓基督教会は長年の間、在日韓国・朝鮮人社会におけるその宣教の対象領域を狭めてしまい、在日韓国・朝鮮人の分断、そして祖国の分断の間に立って「和解の福音」を伝える使命を果たせなくなった。

　在日韓国・朝鮮人社会が1946年以降に「朝連」（社会主義派）と「民団」（民族派）とに色分けされていく中、教会指導者には民族派に属する人たちが多かったと言えるが、それにもかかわらず名称変更の票決に際して一票差しか出なかったという事実からは、当時の教会指導者たちにとって名称変更が簡単に決定することのできない大きな問題であったということがうかがわれる。

3. 組織確立に向けた取り組み

（1）常務制の採用

　第4回定期総会（1948年）において、在日大韓基督教会の事務や渉外を円滑に進めるために「常務」の設置が可決され[12]、兪錫濬長老（京都教会）が常務に指名された。当時、京都朝鮮中学校（現・京都国際学園）の校長であった兪長老は、最初の1年間は非常勤として務め、1949年9月から常勤の常務に就任し、京都教会内に常務事務所を置いた[13]。1950年には、常務の権限に関して、「各委員会に出席し、発言権はあるが表決権はなし」と定められた[14]。この常務制は、1960年に総務制が導入されるまで続いた。

（2）地方会の創立

　第6回定期総会（1950年）において、地方会を組織する提案が大阪教会よ

第2章　在日大韓基督教会　第1期（1948～1957）

りなされ、長時間討議された末、3地方会が組織されることとなり、その組織方法については常議員会に一任されることになった[15]。そして、1950年11月に開催された第2回常議員会において、関東地方会、関西地方会、西南地方会を創立することが決定され、名古屋など中部地方にあった教会は関東地方会に含まれることとなった。また、地方会定期総会への代議員数は、憲法通り、洗礼会員30名当り1名（30名未満の場合も1名）、30名の半数以上の場合は1名増加することができるとされた[16]。

　この決定を受けて、1950年12月4日に関西地方会が創立され、次いで1951年4月3日に関東地方会、同年6月12日に西南地方会がそれぞれ創立され、在日大韓基督教会の地方会組織が整えられていった[17]。

（3）連合婦人伝道会の創立

　連合婦人伝道会は、1949年9月に大阪教会に31名の教会女性が集って創立された[18]。初代会長には朴斗星伝道師が選出されている。連合婦人伝道会は、開拓伝道、家庭礼拝、聖書研究、母親教育を活動方針の柱に据えてその活動を展開していった。

　総会レベルでは、伝道局が連合婦人伝道会の担当部署であったが、第8回定期総会（1952年）において婦女局が新設されてからは、婦女局が担当部署となった[19]。また、第11回定期総会（1955年）で婦人伝道会会長

婦人伝道連合会（現・全国教会女性連合会）総会（1958.11.3）於：京都嵐山

第 3 部　解放後から宣教 100 周年まで（1945 〜 2008）

が定期総会に陪席し、婦人会に関する件に対して発言する権限が与えられた[20]。また、翌年の定期総会で、婦女主日を 5 月第二主日とすることが定められた[21]。

（4）勉励青年会

勉励青年会に関するものとしては、1946 年の定期総会において青年会の名称を「勉励青年会」とすることが決められたとの記録がある[22]。また、翌年の定期総会では、勉励青年会組織を総会直轄とすることや、勉励青年会との連絡員に崔正洙伝道師、金錫珍長老、李光祚長老、丁仁寿長老が指名された[23]。

勉励青年会連合修養会（1948.8.24）於：比叡山

勉励青年会は、1948 年 8 月に夏期修養会を比叡山において開催し、全国レベルの活動を再開した[24]。1952 年には青年局が新設され、カナダ留学から戻った金元治牧師（大阪西成教会）が初代の局長に選出された[25]。また、総会は、勉励青年会の活動を支援するために、第 10 回定期総会（1954 年）において青年主日（7 月第二主日）の設定を決議し、主日献金の半分を勉励青年会の活動に用いることとした[26]。

4. 礼式文の作成

　1948年5月に治理局（局長：呉允台）編纂による礼式文が刊行された[27]。礼式文の各項目は、第1章 学習礼式、第2章 幼児洗礼、第3章 洗礼典、第4章 入教礼式、第5章 入会礼式、第6章 聖餐礼典、第7章 伝道師任職式、第8章 長老按手礼式、第9章 牧師按手礼式、第10章 牧師委任礼式、第11章 婚姻礼式、第12章 葬礼式、第13章 定礎式、第14章 献堂式であった。
　その後、第22回定期総会（1966年）において、「冠婚葬礼」に関する案件が討議され、承認された。その案件は、結婚する両者ともに未信者である場合や未信者の葬礼を行なう場合に関する規定を含んだ内容のものであった[28]。この承認を受け、在日大韓基督教会総会信条や講道師認許式、婚約式、誕生日祝賀礼拝（還暦、一歳時の誕生）、追悼礼拝などを新たに加えた礼式文が翌年の10月に宣教局（局長：丁仁寿）によって作成・刊行された[29]。
　さらにその後、新たな礼式書が作成される。第34回定期総会（1978年）時に、教育局（局長：金榮植）内に礼式文草案委員会（尹宗銀、李仁夏、金榮植）が構成され、第35回定期総会（1979年）において礼式文草案委員会が作成した草案が承認された後、1981年1月に礼式書として発行されるに至った[30]。
　礼式書の序文によれば、1981年発行の礼式書は、在日大韓基督教会の憲法に立脚しているばかりでなく、教会の伝統や現代の神学および礼拝学的な視点を含んだ内容のものとなっていた[31]。礼式書の各項目は、Ⅰ．信条（信仰告白文）と主の祈り、Ⅱ．礼拝順序、Ⅲ．聖礼典（幼児洗礼式、洗礼式、入教式、学習式、転入式）、Ⅳ．任職と奉献（牧師按手式、牧師委任式、牧師加入式、副牧師委任式、講道師認許式、長老・執事認職式、元老牧師推戴式、名誉牧師推戴式、名誉長老推戴式、教会職員・奉仕者任命式、教会設立式、伝道所開設式、礼拝堂起工式、礼拝堂定礎式、礼拝堂献堂式）、Ⅴ．家庭儀礼（婚約式、結婚式、入棺式、葬礼式、火葬式、追悼式）、Ⅵ．附録1：一般行事（誕生日祝賀会、成人式、長寿祝賀会、敬老会、結婚記念日、患者訪問、墓碑開幕式、墓地祈祷会、新築竣工感謝会、Ⅶ．附録2：日用の糧（結婚に関する貴い御言葉、出生についての貴い御言葉、誕生日を迎える人への貴い御言葉、教育に関する御言葉、事業を行なう家庭のための御言葉、患者を慰労する御言葉、キリスト者が

第3部　解放後から宣教100周年まで（1945～2008）

なすべきこと、キリスト者が互いにすべきこと、キリスト者が日毎にすべきこと、キリスト者がすべきでないこと）となっている（なお、2013年10月に神学考試委員会編の『礼式書』が新たに発行されている）。

5. 韓国の教会との関係の再構築：解放後初の韓国公式訪問

　1949年10月に武庫川教会で開催された第5回定期総会において、総会長の呉允台牧師と常務の兪錫濬長老の二人を韓国に派遣することが決定された[32]。これは、解放後における在日大韓基督教会の代表者による最初の韓国公式訪問であった。その目的は、①教職者の招請交渉、②韓国教会とのつながりをつくること、③聖書公会から韓国語聖書の寄贈を受けること、④韓国の教会・各機関を訪問すること、⑤政府機関を訪問して教職者招請に協力を求めることなどであった[33]。
　東京の駐日大韓民国代表部から二人に渡されたパスポートの番号は、呉允台牧師が6号、兪錫濬長老が7号であった。二人は、1950年4月4日に東京を飛び発ち、釜山経由でソウルに到着した。兪長老にとっては初めてのソウル訪問であった[34]。
　公式日程の初日である4月5日、二人は、かつて在日朝鮮人宣教に携わった金致善牧師の案内で韓国基督教教会協議会（KNCC）を訪問し、在日大韓基督教会の韓国基督教教会協議会への加入を要請した。そして、韓国基督教教会協議会の南宮爀総務の助言に従って書類を提出したところ、韓国基督教教会協議会の理事会において、準会員としての加入が認められた。準会員での加入承認となったのは、在日大韓基督教会が地理的には日本にあったためであった[35]。
　次に一行は、韓国政府の外務部を訪問し、教職者招請などにおける外務部の協力を要請した。また、大韓イエス教長老会の兪虎濬総務、大韓聖書公会の任栄彬総務、大韓監理会総理院の金裕淳監督、大韓聖潔教会の朴炫明総会長らを訪問し、在日大韓基督教会がその宣教の歩みの初めから超教派的なかたちで組織されてきたことを説明し、今後の協力を要請している。そのほかソウルでは、

基督教書会、YMCA、YWCA、救世軍、キリスト教関係の教育機関および新聞社なども訪問している[36]。

　4月21日からは大邱、釜山、順天などを訪れ、大邱では、再び大韓イエス教長老会の兪虎濬総務と会い、牧師3名の日本への派遣を要請した。また、同教派の婦人伝道会総会にも出席し、在日韓国人宣教のために伝道師1名を派遣することを要請したところ、満場一致で女性伝道師1名分の派遣と旅費として60万ウォンの支援が決定された[37]。

　同じく4月21日に一行は、大邱第一教会において開催されていた大韓イエス教長老会第36回総会に陪席した[38]。この総会は、朝鮮神学大学（現・韓国神学大学）の問題をめぐって紛糾し、警官隊まで導入された総会であり、その後、長老教会はこの問題をめぐって分裂したが、そのような歴史的な場面に一行は立ち合うことになったわけである。

　一行二人が滞在中に訪問し、挨拶を交わした主な教会関係者は50名をくだらない。その芳名録には署名と激励辞が記されている。戦前に在日宣教に携わった金禹鉉牧師は「良心救国」、秋仁奉牧師は「神は愛なり」、鄭箕煥牧師は「祈祷」と記している。また、大韓監理会の梁柱三監督は「神は愛なり」、金致黙YMCA総務は「真実一路」、朴炫明牧師は「静観自得」、基督教書会の金春培総務は「主は一つ、信仰も一つ、希望も一つ」、韓国基督教教会協議会の南宮爀総務は「形式よりも真、自分よりもキリスト」、咸錫憲氏は「神の国はあなた方の中にある」と記し、在日大韓基督教会の若い指導者を激励した[39]。

　41日間という長期の公式訪問を無事に終え、呉允台牧師と兪錫濬長老が帰日したのは、6月14日のことであった[40]。その11日後の6月25日に朝鮮戦争が勃発し、朝鮮半島は焦土と化して多くの人たちが戦災民となった。この戦争により、在日大韓基督教会と韓国のキリスト教界および政府との間で交わされた約束は履行不可能となった。

第 3 部　解放後から宣教 100 周年まで（1945 〜 2008）

6. 朝鮮戦争と在日大韓基督教会

　1950 年 6 月 25 日未明に北朝鮮軍が 38 度線の南側へと侵攻したことにより朝鮮戦争が勃発した。その後、同年 7 月における国連軍の参戦決定や 10 月の中国人民志願軍の参戦によって戦争の規模が拡大していった。3 年 1 ヵ月にわたって戦われた朝鮮戦争は、南北朝鮮に莫大な人的・物的被害をもたらした後、1953 年 7 月 27 日に国連軍と朝鮮人民軍、中国人民志願軍の三者間で結ばれた協定によって休戦となった。しかし、韓国の李承晩政権は休戦に反対して署名を拒否した。朝鮮戦争によって、朝鮮人だけでも南北合わせて 126 万人におよぶ死者を出したほか、多くの離散家族を生み出した。

　休戦後、南北間の相互不信や憎悪が増幅されていき、分断の固定化が決定的となるとともに、政治・経済・社会的に混乱が広がったが、それは、在日韓国・朝鮮人社会にも大きな影響を及ぼした。在日韓国・朝鮮人社会も南北間で分裂し、激しく対立することによって分断の固定化を招く結果となった。また、朝鮮半島における政治・社会的な混乱は、在日韓国・朝鮮人の日本への定住化を促進する要因ともなった。

　在日大韓基督教会は、朝鮮戦争の早期終結と家族や親族の無事を祈るとともに、総会レベルでは、本国〔韓国〕戦災同胞慰問金や慰問品を集めて送り届けるなどの活動を行なった。また、戦火を避けて朝鮮半島から日本に来た人々の在留資格を得るための働きなども行なっている[41]。このような中、在日大韓基督教会内では反共イデオロギーが次第に強くなっていった一方、教会内にいた社会主義信奉者の多くが教会を離れていった。

7. 『福音新聞』の発行

　在日大韓基督教会の機関紙である『福音新聞』は、1951 年 7 月 10 日に『基督申報』という名称で創刊されたのがその始まりである。『基督申報』は、1

第2章　在日大韓基督教会　第1期（1948～1957）

年後に『基督新報』、さらに53年4月に『福音新聞』と改称され今日に至っている。

　『基督申報』の創刊は、朝鮮戦争が始まって間もない1950年7月初めのジェームズ・フィッシャー（James E. Fisher）氏による訪問がきっかけとなった。フィッシャー氏は、1919年から35年まで米国南メソジスト監督教会の宣教師として延禧専門学校（現・延世大学）で教授として教え、50年当時は亜細亜文化財団関係の仕事で東京に駐在していた。在日大韓基督教会は、フィッシャー氏に対して、在日韓国・朝鮮人への伝道、特に文書伝道のための財政的協力を要請して快諾を得ると、『基督申報』刊行のための新聞社である基督申報社を設立した[42]。また、新聞社経営および編集責任の適任者を韓国から招請することにし、田栄沢牧師を編集責任者として招いた[43]。

　在日大韓基督教会の第7回定期総会（1951年）において、基督申報社を在日大韓基督教会の直属にすべきだとの意見もあったが、別組織のまま留めることになった。その後、基督申報社は、理事会（理事長：呉允台）のもと、職員として社長（呉允台）、主筆（田栄沢）、専務（兪錫濬）、記者（羅曾男）、事務員を置くとともに、関西支社と西南支社のもとに京都支局、名古屋支局、岐阜支局、福岡支局、熊本支局を置き組織体制を整えていった[44]。

　『基督申報』の創刊号は、A3判4頁のものであった。当初は毎月5日、15日、25日の月3回発行されていたが、1952年10月からは週刊となった。『基督申報』という名称は、戦前にソウルで発行されていた新聞の名称と同一であった。

　創刊号の第一面には、スタンレー・ジョーンズ（Stanley Jones、

『基督申報』（現・『福音新聞』）創刊号（1951.7.10）

181

インドで活動した米国人宣教師で、アシュラム運動の創始者）博士による「新しい韓国建設の機会をつかめ―苦難に対するキリスト教の解答」や「キリスト教戦時救国態勢―使命遂行のために各派統合」と題した記事が掲載された。また、創刊辞には、「日本に韓国人のキリスト教会が設立されて久しいが、文化的貢献はほとんどない。日本にある韓国人教会が文化的貢献の第一歩として基督申報を発行するに至ったことは意味深いことである」と記されていた[45]。第2号からは、社説が第一面に掲載され、本格的な新聞としての体裁が整えられていった。発行部数は当初5000部であった[46]。

　財政面については、1952年6月の収支報告を見ると、収入はフィッシャー氏からの補助金14万4000円、購読料7090円、広告料1万1410円、寄付金1万7900円の合計18万400円、支出は印刷費や給料、事務所使用料、事務費、通信費、発送費など約20万6000円となっている[47]。収入の約80％がフィッシャー氏からの補助金であった。54年6月にはその補助金がなくなることによって、新聞社運営が一挙に厳しくなる。54年10月に127号が発行されたが、翌年の10月まで停刊状態となる。その後、1956年に開催された在日大韓基督教会の第12回定期総会において、福音新聞社理事会が総会任員会の直属となった後、57年には総務局が『福音新聞』を直営することとなった[48]。

　幾多の困難を経て発行されつづけてきた『福音新聞』は、在日大韓基督教会の生活と実践、そして証しの記録であったと言える。

8. 臨時総会の開催と超法規的措置

　解放後初の臨時総会が、1952年3月1日に東京教会において開催された。議題は、牧師資格についてであった[49]。牧師試験を受ける資格については、当時の憲法第19条において、「神学校を卒業し、本総会において伝道師試験に合格した後、本総会の指導のもとで1年以上修養し、伝道師として務めた者であり、但し年齢27歳以上の既婚者であること」と定められていた[50]。

　臨時総会が開催された時点での按手候補者は李鍾聲、丁仁寿、金元治の三氏

であったが、その中に未婚者が含まれており、そのことをどのように取り扱うかを決めるために臨時総会が開催されたのであった。1951年10月の時点で、在日大韓基督教会には20教会・15伝道所が所属していたが、牧師は、呉允台（東京教会）、金徳成（名古屋教会）、朴命俊（大垣教会）、田永福（京都教会）、趙淇善（大阪北部教会）、崔正洙（武庫川教会）、李宗憲（福岡教会）の7名（そのほか伝道師6名）で、教職者がかなり不足していた。また、韓国は朝鮮戦争のただ中にあったため、日本に教職者を送れる状況ではなかった。

臨時総会では、長時間にわたって質疑応答がなされた後、「既婚・未婚不問」とし、「試験に合格すれば牧師按手を行なう」との動議が賛成多数で可決された。これを受けて、按手候補の丁仁寿、李鍾聲、金元治の三氏は試験を受け、翌日の3月2日に按手を受けて牧師となった[51]。状況に応じた超法規的措置がとられたのである。実際に牧師試験の受験資格から「既婚者であること」との文言が削除されるのは、1965年からのことであった[52]。

9. 日本キリスト教協議会への加盟

在日本朝鮮基督教会も加盟していた日本基督教連盟は戦時中に解散したが、戦後、1948年に日本キリスト教協議会（NCCJ）として再出発する。その日本キリスト教協議会に在日大韓基督教会が加盟するのは、1956年3月のことであった。これにより、在日大韓基督教会は、日本基督教団から脱退した1945年12月以来はじめて日本国内の他の諸教会との関係を公的にもつようになり、エキュメニカル（教会一致／超教派）運動の一翼を担うようになっていく。また、このことは、その後の世界教会協議会（WCC）やアジア・キリスト教協議会（CCA）などへの加盟の端緒ともなった。

在日大韓基督教会では、1955年10月に開催された第11回総会において、「日本NCC加盟に関する件」が全会一致で可決され、加盟のための手続きが取られることになる[53]。日本キリスト教協議会ではこれを受けて、第9回総会（1956年3月）の前日に開かれた常議員会（3月21日）において、定期総会で在日

第3部　解放後から宣教100周年まで（1945～2008）

大韓基督教会の加入を推薦することとした[54]。翌日より2日間の日程で開催された定期総会の第一日目に、「加盟団体加盟承認の件」が扱われ、総幹事より在日大韓基督教会の性格および信仰的伝統についての説明がなされた。しかし、在日大韓教会の教職者の教籍に対する質問があったが、「教会代表者の出席がなく、充分なる応答がなかった」との理由で、承認の決議は翌朝まで延期されることとなった。そして、翌日に在日大韓基督教会の加盟の件が再度上程され、在日大韓基督教会総会長の呉允台牧師が「韓国より牧師が来日し、在日大韓基督教会に入会するときは、旧教籍は保有しない」と答弁した後、在日大韓基督教会の加盟承認が承認された[55]。

　総会の質疑において、日本キリスト教協議会の西村総務部委員長は、在日大韓基督教会の加盟の提案について次のように語っている。「在日大韓基督教会の加盟承認により、日本基督教協議会と韓国基督教教会協議会とのより密接なる関係を作り出す機縁となり得るものと思い提案した」[56]。在日大韓基督教会には、日韓両国の橋渡しの役割が期待されていたのである。この点では、在日大韓基督教側の加盟目的も一致していたと言える。その後の在日大韓基督教会の働きを見れば、在日大韓基督教会の日本キリスト教協議会への加盟の目的の一つは、日本キリスト教協議会を通して、すでに交流が始まろうとしていた韓国教会と日本教会の間に立って和解を仲立ちする役割を果たすことであったと言える。

　その後、在日大韓基督教会の加盟は、日本キリスト教協議会に変化をもたらすことになる。在日大韓基督教会の存在を通して、日本キリスト教協議会は、日本社会における在日韓国・朝鮮人に対する差別の実態に目を向けるようになり、1967年6月には「少数民族問題委員会」を組織し、在日韓国・朝鮮人をめぐる問題に取り組みはじめることとなった。委員長は鈴木正久牧師で、在日大韓基督教会からは呉允台牧師と李仁夏牧師が委員となった[57]。この委員会は、1971年12月に「在日外国人の人権委員会」と名称変更し、今日においてもその活動を継続している[58]。

　日本キリスト教協議会は、1948年に結成された日本におけるプロテスタント最大のエキュメニカル機関である。2014年現在、加盟教派は6教派（日本基督教団、日本聖公会、日本バプテスト連盟、日本バプテスト同盟、日本福音ルーテル教会、在日大韓基督教会）、加盟団体は7団体（YMCA、YWCAなど）、

准加盟団体は18団体となっている。組織としては、常任・常議員会のもとに、総務部門、宣教・奉仕部門、神学宣教部門、国際部門、教育部、文書事業部、宗教研究所、特別委員会が置かれている。この間、在日大韓基督教会は、日本キリスト教協議会の働きをおぼえ、常任・常議員会や各活動部門および委員会に委員を派遣することを通してエキュメニカルな働きに参与し、その発展に寄与してきた。

1998年に行われた日本キリスト教協議会創立50周年宣教会議の声明文では、在日大韓基督教会の加盟について次のような一節が記されている。「NCCの歴史の中、1956年の在日大韓基督教会の加盟は、決定的に重要な出来事であった。在日大韓基督教会の加盟により、在日韓国・朝鮮人をめぐる問題に深く気づく契機が与えられたといえる」[59]。逆のこともまた然りである。在日大韓基督教会の存在理由は、日本の教会との出会いを通してより明確にされていったとも言えるであろう。

10.「在日大韓基督教会総会 教会教育理念」の発表

解放後、1945年11月の在日本朝鮮基督教連合会創立総会において、連合会内の部署として伝道部および経理部と並んで教育部が設置されたことは先に見た通りである。1950年には、6月の第二主日を「主日学校主日」(のちのオリニ主日) と定めることが決定された[60]。当時は一世が中心であったので、主日学校でも韓国語が使用されており、教会は民族教育を守る重要な役割の一翼を担っていたと言える。

1950年代には、雄弁大会、査経会、移動聖書学校などの試みが在日大韓基督教会全体の教育プログラムとして行なわれた。特に夏期学校のための全国教師講習会が1950年、54年、55年に開催され、多くの成果を挙げたことは特筆に値することである[61]。1956年からは3地方会別(関東、関西、西南)に教師講習会がもたれるようになった[62]。

1960年代に入ると、1967年に開催された在日大韓基督教会の第23回定期総

会において、「教会教育基本問題研究委員会」が教育局の中に設置された[63]。この研究会は、宣教70周年に向けての活動および計画を研究するとともに、1967年7月15日には『福音新聞』紙上で「在日大韓基督教会総会 教会教育理念」を発表した。

　「教会教育理念」の内容は、教会教育の目的、主体、方法、対象、使命の5点からなっている。まず、教会教育の目的とは人間を変革する神の力を信じながら、教会が回心前後の全年齢層の人々に対して教育的配慮を行なうことにあるとし、教会教育の主体は教会であり、教会教育は教職者のみならず教会に属するすべての人の事業であるとされた。教会教育の方法については、教会、家庭、地域社会をよく研究し、教室、教材、教師を整えて計画的・組織的・継続的に行なうべきことが述べられ、また、教育の対象については全年齢層であり、ゆりかごから墓場まですべての人が対象であるので、その名称は「主日学校」から「教会学校」に変更されるべきであるとされた。最後に、在日大韓基督教会の使命は、日本にいるすべての同胞への宣教的使命であることを自覚しなければならないが、同胞との連帯関係をもちつづけるためには国語（韓国語）を保持・使用しなければならないとして、民族教育の重要性を説いた。

　この「教会教育理念」で示された方向性は、1990年代から発行されることになる在日大韓基督教会の『教案』（カリキュラム）に引き継がれていった。

11. 教会・伝道所の設立（1948〜1957）

　新儀教会（1948年）、広島教会（1948年）、三次教会（1948年）、枚岡教会（1949年）、宇部教会（1950年）、折尾教会（1950年）、多摩川伝道所（1950年 現・調布教会）、熊本教会（1951年）、西新井教会（1952年）、岡崎教会（1952年）、船橋教会（1952年）、尼崎教会（1952年）、岐阜教会（1953年）、水島教会（1953年）、大阪築港教会（1954年）、高槻伝道所（1954年）、浜松伝道所（1956年）、西宮教会（1957年）

第 2 章　在日大韓基督教会　第 1 期（1948 〜 1957）

12. 教勢（1948 〜 1957）[64]

年度	1948	1949	1950	1951	1952	1953	1954	1955	1956	1957
教会	16	15	18	18	26	25	26	28	28	33
牧師	4	3	6	7	10	13	13	12	14	16
伝道師	6	5	4	6	11	9	10	16	14	16
宣教師		4	2	2	4	2	2	2	1	2
洗礼会員	479	605	670	772	1081	1126	1166	1231	1290	1333
信徒総数	577	726	825	942	1313	1385	1432	1502	1564	1633

※信徒総数は洗礼会員と学習者の合計数。1954 年度以降、伝道師には講道師を含む。

1　Robert K. Anderson, *My Dear Redeemer's Praise*, 213.
2　『在日本大韓基督教会 第六回定期総会会録』（1950）、18 頁。
3　「任員과 宣教部와 合同会議録」（1950 年 1 月 14 日、歴史編纂委員会所蔵）。
4　「任員과 宣教部와 合同会議録」（1950 年 1 月 14 日）。
5　『在日大韓基督教会 第十八回総会会録』（1962）、6 頁。
6　1949 年〜 1957 年の総会録に記録された「宣教師補助」を合計したもの。
7　『在日大韓基督教会 第十八回総会会録』（1962）、9 頁。
8　「카나다長老教会外国宣教部에 提案」（1955 年 1 月 28 日、歴史編纂委員会所蔵）。
9　「E. H. Johnson 書簡」（1955 年 7 月 20 日付、歴史編纂委員会所蔵）。
10　兪錫濬『在日韓国人의 설움』、77 頁。
11　『在日本大韓基督教会 第四回定期総会撮要』（1948）、3 頁。
12　同上。
13　兪錫濬『在日韓国人의 설움』、81-82 頁。
14　『在日本大韓基督教会 第六回定期総会会録』（1950）、14 頁。
15　同上、11-12 頁。
16　『在日本大韓基督教会 第六回定期総会会録』（1950）、24 頁。
17　『在日本大韓基督教会 第七回定期総会撮要』（1951）、17 頁、『在日大韓基督教会 関西地方会会議録』（1951）、1 頁。
18　四十年史編集委員会編『在日大韓基督教婦人会全国連合会四十年史（1948-1988）』在日大韓基督教婦人会全国連合会、1990 年、29 頁。
19　『在日大韓基督教会 第八回定期総会撮要』（1952）、34 頁。
20　『在日大韓基督教会 第十一回定期総会撮要』（1955）、7 頁。
21　『在日大韓基督教会 第十二回定期総会撮要』（1956）、11 頁。
22　『在日本朝鮮基督教連合会 第二回定期総会摘要』（194 年）、3 頁。
23　『在日本朝鮮基督教会 第三回定期総会要録』（1947）、3 頁。
24　写真「在日朝鮮基督教勉励青年会連合修養会」（1948 年 8 月 24 日、歴史編纂委員会所蔵）。
25　『在日大韓基督教会 第八回定期総会撮要』（1952）、6-7 頁。
26　『在日大韓基督教会 第十回定期総会撮要』（1954）、11 頁。
27　『在日本朝鮮基督教会 礼式文』在日本朝鮮基督教総会書記局、1948 年。

第3部　解放後から宣教100周年まで（1945～2008）

28　『在日大韓基督教会 第22回総会会録』（1966）、61頁。
29　『礼式文』在日大韓基督教総会宣教局、1967年。
30　在日大韓基督教会総会教育局礼式書編纂委員編『礼式書』牧羊社、1981年、3-4頁。
31　同上、4頁。
32　『在日本大韓基督教会 第五回定期総会会録』（1949）、4頁。
33　兪錫濬『在日韓国人의 설움』、91頁。
34　同上、91、109頁。
35　同上、92頁。
36　同上、92-95頁。
37　同上、95頁。
38　同上、95-96頁。
39　これについては、同上、98-105頁を参照のこと。芳名録に記載した人たちの名前、肩書き、直筆署名が収められている。
40　同上、96頁。
41　例えば、教会に出席している「非正規在留」の信者が在留資格を取得することができるよう法務大臣に対する嘆願書の提出などを行なっている。
42　「基督申報社設立経過事情」（日付なし、歴史編纂委員会所蔵）。
43　「文書伝道協力을 強調 本紙主筆 田栄沢牧師」（『基督申報』1952年5月5日）。
44　『在日本大韓基督教会 第七回定期総会撮要』（1951）、11頁、『在日大韓基督教会 第八回定期総会撮要』（1952）、30-31頁。
45　「創刊辞에 이을러」（『基督申報』1951年7月10日）。
46　「社説 文書伝道에 参加하라」（『基督申報』1951年7月18日）、『在日本大韓基督教会 第七回定期総会撮要』（1951）、21頁。
47　「基督申報社会計簿」（1952年6月、歴史編纂委員会所蔵）。
48　『在日大韓基督教会 第十二回定期総会撮要』（1956）、5頁、『在日大韓基督教会総会 第十三回定期総会録撮要』（1957）、4頁。
49　『在日大韓基督教会 臨時総会録』（1952年、歴史編纂委員会所蔵）。
50　『在日本大韓基督教会 憲法』（1948）、58頁。
51　『在日大韓基督教会 臨時総会録』（1952年、歴史編纂委員会所蔵）。
52　『在日大韓基督教会 第21回総会会録』（1965）、26頁。
53　『在日大韓基督教会 第十一回定期総会撮要』（1955）、6頁。
54　八幡明彦『＜未完＞年表・日本と朝鮮のキリスト教100年』、83頁。
55　同上、83-84頁。
56　同上、84頁からの再引用。
57　同上、96頁。
58　『日本基督教協議会 第24回総会報告』（1973）、3、11-12頁。
59　「NCC宣教宣言」（1999年2月、歴史編纂委員会所蔵）。
60　『在日本大韓基督教会 第六回定期総会会録』（1950）、12頁。
61　同上、20頁、『在日大韓基督教会 第十回定期総会撮要』（1954）、附録6頁、『在日大韓基督教会 第十一回定期総会撮要』（1955）、附録3頁。
62　『在日大韓基督教会 第十二回定期総会撮要』（1956）、28頁。
63　『在日大韓基督教会総会 第23回総会録』（1967）、22-23頁。
64　1948年以降は、総会録に収録された教勢に関する統計をもとに作成。

第3章　在日大韓基督教会

第2期
（1958～1967）

「在日僑胞の生きる道はイエス」

伝道50周年記念式典のポスター

第3章　在日大韓基督教会　第2期（1958～1967）：「在日僑胞の生きる道はイエス」

1. 伝道50周年記念事業

（1）記念事業の概要と伝道50周年記年式典

　1958年に在日大韓基督教会は、伝道50周年記念事業を実施した。伝道50周年記念行事および事業の準備は、1957年6月に開かれた任職員会において準備委員会が組織されたことにより始まり[1]、翌年の3月には、「在日僑胞の生きる道はイエス」という50周年の標語が定められた[2]。この50周年記念事業を機に、在日大韓基督教会では、その後も10年ごとに標語を定めるとともに10年間の事業計画を立て、その実現に取り組むことになっていく。

　伝道50周年の記念式典とともに、総会レベルの記念事業として、①在日韓国基督教会館（KCC 1958年～）の設置、②北海道開拓伝道の再開（1958年3月）、③『在日大韓基督教宣教50周年記念画報』の発刊（1959年8月15）などが推進された。『在日大韓基督教宣教50周年記念画報』は、写真によって50周年の歩みを辿ったものであり、在日大韓基督教会の歴史を研究する上で、非常に貴重な資料となっている。

　伝道50周年記念式典については、在日大韓基督教会の第13回総会（1957年）において、東京教会を会場とすることが決められるとともに、特別集会を3地方会で行なうことが決定された[3]。また、1958年の1年間は、前記の特別集会を除いた総会内の集会をすべて中止し、記念行事に力を集中させることとなった[4]。

　1958年8月15日に開催された記念式典では、趙淇善牧師の司会のもと、ソウルのセムナン教会の姜信明牧師が「教会の使命」と題して説教を行なった。祝辞は、韓国の教会を代表して洪顕髙博士が行なったほか、日本キリスト教協議会議長の小崎道雄牧師、世界基督教教育協議会総務のネルソン・チャペル博士、大韓民国駐日代表部の金裕澤大使、カナダ長老教会宣教部のアダ・アダム女史らが行なっている[5]。

(2) 在日韓国基督教会館の設立

先に見たように、在日韓国基督教会館（KCC）の設立に向けての動きは、1955年1月に開催された在日大韓基督教会とカナダ長老教会との連席会議での提案を受けてカナダ長老教会が、神戸の長峰山にあった宣教師住宅の使用を中止し、その土地・建物を研修センターとして有効利用する可能性の有無について調査することを決定したことが契機となって始まった。

このカナダ長老教会の決定を受けて在日大韓基督教会内に修養会館建設の動きが生まれ、1956年の在日大韓基督教会の定期総会において修養会館の建設が献議案として出され、この案件は任職員会に一任することが決議された[6]。その後、1957年2月にカナダ長老教会から会館建設費として500万円の補助金を出すことを決定したとの通知が届くと会館建設計画が具体化しはじめ[7]、翌年の3月には京都市山科区の山林にあった土地の購入契約が行なわれた。土地8675坪、建物57坪（三棟）で、価格は975万円であった[8]。

山科におけるKCCの活動は、1958年から始められた。その内容は、委員会の開催、カナダ長老教会との連席会議、青年幹部養成講座、教会学校教師講習会などであった[9]。しかし、1961年になると、「総会の資金がなく、期待していたカナダ宣教部援助の可能性もなく、土地を売却することに決定」した[10]。

1961年10月のKCC建築委員会では、「1958年以降、満3年6カ月間、KCCの目的を達成することができなかったのは遺憾なことであった。総会一同が新しい認識をもってKCCの建設に対してより協力することを願う」との見解が示された[11]。これを受けて、在日大韓基督教会の第17回定期総会（1961年）では、「KCC問題は、KCC委員会に一任する」（委員長：C・R・タルボット（C. Rodger Talbot））とされた[12]。その後、1964年にJ・H・マッキントシュ（Jack H. McIntosh）牧師宅として借用した大阪女学院内にある宣教師住宅にKCCの仮事務所を置き、その活動が継続され、1970年に現在地（大阪生野区）に宣教60周年記念事業の一環として移転することになった[13]。

(3) 北海道伝道の再開

1929年に韓泰裕牧師が北海道に派遣され、札幌、小樽、樺太に教会あるい

第3章　在日大韓基督教会　第2期（1958〜1967）：「在日僑胞の生きる道はイエス」

は伝道所が設立された。また、1935年には石朴南伝道師が樺太に派遣され、伝道活動に従事した[14]。しかし、1938年における朝鮮イエス教連合公議会の解散に伴い、北海道地域の伝道活動は中止状態となっていた。

そうした中、解放後、伝道50周年事業の一環として北海道伝道が再開されることになり、1958年3月に崔京植講道師が北海道開拓伝道の担当教職者として派遣され、札幌に礼拝所を設置し、北海道地域の伝道が再開された[15]。当時、北海道の伝道所（洗礼会員4名、求道者2〜3名）は、主日礼拝を札幌にある北海道基督教会館で行なっていたほか、家庭集会を札幌と千歳で月2回ずつ行なっていた[16]。その後、1959年に崔京植講道師は武庫川教会に転任した[17]。

崔講道師が転任した後、1961年12月からの1年間は、農村研究のため北海道に滞在していた韓国神学大学教授の安熙国牧師が札幌で伝道に尽力した[18]。その後も無牧の期間が長く続いたが、その間は信徒の家で集会がもたれていた。1969年には田永福牧師が数回にわたって札幌で礼拝を導いている[19]。

2. 総会組織の整備

（1）総務局長有給制および総会任職員任期2年制の実施

第16回定期総会（1960年）において在日大韓基督教会は、「総務局長の2年制有給制度」を可決した。この制度による最初の総務局長には李仁夏牧師が就任したほか、書記に兪錫濬長老、局員にC・R・タルボット宣教師が選ばれた。また、兪錫濬長老が対内協同総務、C・R・タルボット宣教師が対外協同総務となって局内での役割分担が整えられた[20]。この総務局組織の拡充は、総務局の事務処理量の増加に伴い実行されたものであると思われる。この組織改編によって、1949年以降採用されていた常務職は廃止され、協同総務職が新設されたのである。その後、1963年の兪錫濬協同総務の辞任に伴ない、事務所は東京に一本化されることとなった[21]。

第20回定期総会（1964年）では、総務局長制から総務制となり、総務の任

193

期が2年から3年となった[22]。

　総務が有給制となったことにより、在日大韓基督教会内の事務処理が円滑に進められるようになるとともに、国内外のエキュメニカルな活動と関係づくりが積極的に推進されることとなった。

　その後、第23回定期総会（1967年）では、総会任職員任期の2年制が実施されることとなり[23]、総務の有給制とともに、より継続的な事業を可能にする土台が整えられ、その後の在日大韓基督教会の発展につながった。

（2）教育主事制の導入

　1961年2月13日に行なわれた在日大韓基督教会任職員会において、カナダ長老教会から要請があった女性宣教師の中村民子女史（日系二世）派遣の件が受諾された[24]。この決定を受け、同年に教会教育の専門家であった中村民子宣教師が来日した。中村民子宣教師は、1962年10月に開催された第18回定期総会において教育局幹事に任命され、3地方会（関東、関西、西南）の巡回教育を担当することになった[25]。

　また、第19回総会期（1963～64年）に、各地方会の教育事業を推進・発展させるために教育主事制が新設されることとなり、教育幹事として中村民子宣教師、教育主事として姜貞子氏（関東・中部地方会担当）と李国姫氏（関西・西南地方会担当）が任命された[26]。続いて1968年には金幸子氏、1969年には呉寿恵氏が教育主事として任命された[27]。

　教育局に教育主事制が導入されたことにより、①教会学校教育に在日韓国教会の特殊性を生かし、韓国的な要素（韓国の年間行事など）を取り入れることや、②教会学校教師のための教材研究委員会の設置、③3年制教師講習会の実施などが積極的に行なわれるようになった[28]。教育主事は、各教会を巡回する中、教師会への出席、教師養成講座実施、教会学校の新設に際しての支援、地域の子ども会における奉仕活動など多岐にわたる働きに従事し、教会教育の活性化を図っていった[29]。

　1973年から1976年までは、韓国から派遣された鄭栄嬉伝道師（大韓イエス教長老会・統合）が関西地方会担当の教育主事職を担ったが、鄭栄嬉伝道師の辞任以降、在日大韓基督教会に教育主事がいない期間が続いた。そのような中、

第3章　在日大韓基督教会　第2期（1958～1967）：「在日僑胞の生きる道はイエス」

1978年に、現場の主日学校の教師たちによる強い要請で、22年ぶりに全国規模での「教会学校教師の研究と交流の集い」が開催されると、それがきっかけとなって1979年に呉寿恵氏が教育主事に再就任した[30]。

在日大韓基督教会の教育主事制度には規約がなく（例えば、日本基督教団の教育主事制度は規約を有する）、身分保障が不安定な中での働きとなったが、第19回総会期（1963～64年）における教育主事制度導入以来これまで6名が教育主事として活動し、在日大韓基督教会の教育事業の発展に貢献した。

（3）中部地方会の分立

1963年に開催された在日大韓基督教会の第19回定期総会において、関東地方会が同地方会から中部地方会を分立させる献議案を提出し、それが可決されると[32]、これを受けて、1964年9月に第15回関東地方会と第1回中部地方会がそれぞれ開催された[33]。関東地方会の設立から数えて15年の間に7教会・2伝道所が新たに設立され、中部地方会が分立されるに至ったが、分立時、関東地方会は6教会（東京、船橋、西新井、調布、川崎、横浜）・1伝道所（横須賀）、中部地方会は5教会（豊橋、大垣、名古屋、岐阜、岡崎）・1伝道所（浜松）で構成されていた。

3.「在日大韓基督教会とカナダ長老教会の関係に関する声明書」の締結

在日大韓基督教会は、第18回定期総会（1962年）において、「在日大韓基督教会とカナダ長老教会の関係に関する声明書」を承認した[34]。同声明書には、これまでカナダ長老教会にとって日本は一つの「宣教地」であったが、現在は「自主的な姉妹教会」である在日大韓基督教会と協働していると記され、在日大韓基督教会が宣教対象ではなく宣教の対等なパートナーであるとの認識が示された。そして、そのような認識のもと、具体的には、カナダの宣教師は在日大韓基督教会の上会や教会の会員権をもつとともにその治理に従うこと、在日

大韓基督教会が教職者の補助や伝道事業に対する財政面での責任を徐々に担うようにしていき、カナダ長老教会からの資金は基本的に開拓事業や特別な事業のために用いることなどが取り決められた[35]。

先に見たように、1927年に在日朝鮮人宣教の可能性を調査するために日本に派遣されたカナダ長老教会代表団の報告書には、「わたしたちは、この活動において彼ら朝鮮人を喜んで援助するが、わたしたちと彼らは、彼らがわたしたちの援助なしに教会運営ができるようになる日が来ることを待ち望むべきである」との一文が加えられていた。カナダ長老教会が在日朝鮮人宣教に参与して35年目に締結された声明書は、その方向に向けて在日大韓基督教会が歩んできたことを示す文書であったと言える。

4. 福音化運動一行による特別伝道集会の実施

1966年の2月から5月にかけて、福音化運動を進める7人（印光植、韓景職、黄光恩、鄭雲祥、金允植、崔宇根、安載福）の牧師を韓国から迎え、伝道局主催による特別伝道集会が4地方会において実施された[36]。7人のうち、例えば印光植牧師の場合、2月23日から3月21日の1ヵ月間に平野、大阪北部、京都、大阪西成、大阪、川西、武庫川、西宮、神戸、広島、宇部、下関、小倉、折尾、福岡、熊本、長崎の各教会・伝道所を巡回し、伝道集会を行なっている[37]。

このようなかたちでの特別伝道集会の実施は、在日大韓基督教会においては初めての試みであった。この経験は、在日大韓基督教会における伝道気運の高まりとともに、宣教60周年の伝道事業に引き継がれていくことになる。

第3章　在日大韓基督教会　第2期（1958〜1967）：「在日僑胞の生きる道はイエス」

5.「北韓送還」に反対する声明書の発表

　「北韓送還」とは、1959年8月に結ばれた北朝鮮赤十字会と日本赤十字社との間の「帰還協定」にもとづいて行われた在日朝鮮人の北朝鮮への「帰国事業」のことを指している。

　在日大韓基督教会は、1959年3月5日に京都で開催された第3回任職員会において、「北韓送還」に対する反対声明書を出すことを決定した[38]。この決定を受けて作成された反対声明書は、1959年3月10日に在日大韓基督教会と在日本韓国YMCAの連名で出された。これは、解放後において在日大韓基督教会が在日韓国・朝鮮人が直面する問題に対して自らの態度を日本社会に明らかにした最初の声明書であった。反対声明書の趣旨は、次のようなものであった。

　まず、在日韓国人の「北韓送還」問題は人道的問題として内外に大きな紛糾を呼び起こしていると述べた後、「在日韓国人の自発的要望による北韓送還ということがその当初より純然性を欠き、結果において人道的思意に相反する結果となっている」と指摘している。特に在日大韓基督教会の信仰的立場からは、「北韓」の現実を知る者として、「愛する僑胞を霊的且つ生存的死地に追いやることの堪え難き事である」と訴え、「これを機に、在日韓国人60万人の現状を全世界の人道的良心に訴え、その善処を要望する」としている。「在日韓国人60万人の現状」とは、日本での差別のことを指していた。これに関して声明書では、声明書の約半分を割いて、在日韓国・朝鮮人が渡日するに至った歴史的要因や差別の現状、生活苦、法的地位の問題点などについて指摘している。

　声明書の最後では、「日本政府は過去の非人道的行為に対しては何らの人道的償いをもせず、人道的美名の下に北韓送還を敢行せんとすることはあまりにも人道に反する措置である」とし、「日本国民は、過去において、日本国の建設に生命的犠牲を提供せし在日韓国人に対し、人道的見地より差別的待遇を撤廃し、優越観を捨て、真の愛情と友好を持ってその生活の安定を保証し、社会保障と就職・就学・金融・厚生の道を開き、真の人道的精神を具体面において発揮される事こそ、韓日両国民の過去一切の感情を取り去る真の友好関係の礎となる人道的緊急事である事を信じる」としている。

第3部　解放後から宣教100周年まで（1945～2008）

　この声明書が発表された9ヵ月後の1959年12月から実施された「帰国事業」によって在日韓国・朝鮮人のうち約9万3000人が北朝鮮に帰還していった。その際に帰国者に同行した日本人妻は1831人であった[39]。現在、この事業を通して北朝鮮へ行った人々がその後直面した困難について、徐々にではあるが、知られるようになってきている。

　この声明書において日本政府と日本国民に向けて記された内容は、「北韓送還」問題だけでなく、今日における日本と韓国および北朝鮮の関係のあり方や、在日韓国・朝鮮人の生活や人権といった課題に対する鋭い問題提起となっている。この声明書において在日大韓基督教会が示した視点は、信仰と在日韓国・朝鮮人の歴史および現状は切り離して考えることのできるものではないというものであった。このような視点は、10年後の宣教60周年（1968年）の際に掲げられた「キリストに従ってこの世へ」という標語に込められた精神へと引き継がれていくことになる。

6. 国際的なエキュメニカル機関への加盟と連帯

（1）世界改革教会連盟への加盟

　世界改革教会連盟（WARC）は、1875年に設立された世界の改革派教会を包括する教会組織である（2010年に改革派エキュメニカル協議会と合同して「世界改革教会共同体」となった。ここでは、在日大韓基督教会の宣教100周年である2008年を基準にして以下においてもWARCとの名称を使用する）。WARCには5つの地域部会があり、在日大韓基督教会は、日本や韓国、台湾などを含む東北アジア部会に属している。

　在日大韓基督教会は、1958年1月に行なわれた任職員会においてWARCへの加盟を決定し、同月29日付でWARCに加盟申請を行ない、同年10月に開催された第14回定期総会で在日大韓基督教会がWARCに加盟したことが報告・承認された[40]。

第3章　在日大韓基督教会　第2期（1958〜1967）：「在日僑胞の生きる道はイエス」

　WARC は、スコットランドのエディンバラで開催された常任委員会（1958年8月）において在日大韓基督教会の加盟の件について討議し、満場一致をもって在日大韓基督教会の加盟を承認した[41]。WARC の常任委員会の議事録には、加盟申請委員会による次のような報告が掲載されている。

　　　　在日大韓基督教会は、憲法に定められた会員としての条件を満たしている。また、この教会が日本キリスト教協議会の会員であるということから、日本の他のキリスト教会と良い関係にあることがわかる。少なくともさしあたっては、政治的・文化的な状況を鑑みると、独立した韓国教会が日本に存在するのが望ましいということは明らかであり、在日大韓基督教会を連盟の会員に迎え入れることを推薦する[42]。

　この文章からは、在日大韓基督教会が日本キリスト教協議会の加盟教団であったことが加盟の際に評価されたことがわかる。
　また、WARC への加盟に際しては、カナダ長老教会海外宣教部の後押しも大きかった。そのことは、加盟申請に際して、カナダ長老教会の海外宣教部総務であったE・H・ジョンソン牧師が推薦書を書き、また、当時、在日大韓基督教会への宣教師であったD・パウエル牧師が、WARC の上記の加盟申請委員会に出席して在日大韓基督教会についての説明を行なっていたことからもうかがえる[43]。
　このように、それまで在日大韓基督教会が築いてきたエキュメニカルな関係が、在日大韓基督教会が WARC に加盟する際に大きな助けとなった。在日大韓基督教会にとって WARC への加盟は、エキュメニカル団体への加盟としては、日本キリスト教協議会への加盟に次ぐ二番目のものであり、世界の教会に連なるきっかけとなるものであった。

（2）世界教会協議会への加盟

　在日大韓基督教会の世界教会協議会（WCC）への加盟は、1961年の任職員会で決定され、1962年に加盟申請することが報告されている[44]。当時、WCC に正式加盟するためには、教団の信徒数が1万人以上との規定があったため、在日大韓基督教会は準加盟となった。現代のエキュメニカル運動を牽引する国

際機関である WCC への加盟は、日本キリスト教協議会や WARC への加盟とともに、在日大韓基督教会がエキュメニズム（教会一致促進運動）への参与を積極的に行なう契機となった。

　現代のエキュメニカル運動は、1910 年に英国のエディンバラにおいて開催された世界宣教会議から始まったと言われている。その後、1925 年にストックホルムで開催された「生活と実践」世界会議と 1927 年にローザンヌで開催された「信仰と職制」世界会議の二つの流れが合流することにより、1948 年にアムステルダムにおいて WCC が誕生した。その背景には、第二次世界大戦に対する世界の教会の真摯な罪責告白があった。それは、「人間の混乱と神の摂理」という WCC 創立総会のテーマにも表されている。設立当初の加盟教会数は 147 教会であったが、2014 年時点では、120 ヵ国以上からの 349 教会が加盟（信徒総数 5 億 6 千万人）している。WCC の加盟教会にはプロテスタントの諸教会のほか、東方正教会の諸教会があり、ローマ・カトリック教会は正式会員ではないが、WCC の会議にオブザーバーとして参加している。日本の加盟教会は、日本基督教団、日本聖公会、ハリストス正教会、在日大韓基督教会である。

　WCC 総会は約 7 年に 1 回開催されている。在日大韓基督教会からの参加は、1975 年にケニアのナイロビで開催された第 5 回総会に崔京植総務が出席したのが最初であった。崔総務はその時の経験について、在日大韓基督教会は「日本の中の少数民族の問題を提起し、人種差別撤廃問題などを強く認識させ、同じ苦悶をもつ教会との紐帯を強めた」[45] と記している。

　具体的な WCC の活動への参与は、1970 年 5 月に設置された「人種差別と闘うプログラム委員会」（PCR）の委員に李仁夏牧師が選出されたことがきっかけとなって始まった。李仁夏牧師は、2 期 12 年間にわたって委員および副委員長の重責を担った[46]。その後、呉寿恵氏が PCR の委員を務めた（1984～91 年）。PCR の働きには、植民地支配体制からのアフリカの解放運動や、世界中の先住民による土地に対する権利回復を求める運動、先進国における社会的マイノリティの人権獲得運動に対する支援などがあった。PCR を通して在日大韓基督教会は、在日韓国・朝鮮人に対する差別問題を宣教課題として世界の教会に提起して連帯を呼びかけた。その結果、PCR は、1970 年代における「日立就職差別裁判」への支援や、1974 年および 94 年に開催された「マイノリテ

第3章　在日大韓基督教会　第2期（1958 ～ 1967）：「在日僑胞の生きる道はイエス」

ィ問題と宣教戦略」国際会議への人的・財政的支援、1975 ～ 78 年における「神学教育基金」（T.E.F.）の提供などを行なった[47]。また 1986 年には、指紋押捺撤廃運動を支援するためにアジア・キリスト教協議会（CCA）とともに調査団を日本に派遣し、その調査結果をまとめた英文冊子 *Alien Fingerprints* を出版し、世界の教会に配布することを通して指紋押捺撤廃運動を支援した。

　在日大韓基督教会は、これらの経験を通して、自分たちは小さな群れではあるが、その働きや宣教への熱意が世界の教会を突き動かす力ともなりうることを学んだ。また、そのことは、在日大韓基督教会の存在自体が神から祝福されているとの自覚につながっていったと言える。

（3）アジア・キリスト教協議会への加盟

　在日大韓基督教会が、アジア・キリスト教協議会（CCA）に加盟したのは、1964 年のことであり、CCA を通して在日大韓基督教会はアジアの諸教会との交流を深めることになった（在日大韓基督教会が加盟した当時の名称は東アジア・キリスト教協議会（EACC）であった）。

　在日大韓基督教会の第 18 回定期総会（1962 年）で報告された書記局・総務局の「綜合報告」には、次のように記されている。「草創期、全盛期、受難期、再建期を経たわが在日大韓基督教会は、今や国際舞台に出る時期に至っており、真の宣教精神を発揮する時」[48] である。CCA をはじめとした世界のエキュメニカルな働きへの在日大韓基督教会の参与は、この報告に記されたような精神をもって進められたのである。

　CCA の歩みは、1957 年にインドネシアのプラパトにアジアの諸教会の代表が集まり、EACC を結成することを決定したことに始まる[49]。EACC は、国際的な地域エキュメニカル機構としては世界で最初のものであった。創立総会は 2 年後の 1959 年にマレーシアのクアラルンプールにおいて開催された。EACC の成立によってアジアの諸教会は、欧米の教会を介さず、また、ロンドンやニューヨーク、ジュネーブではなく、アジアにおいて直接交流し、宣教活動を協力して推進することができるようになった。

　その後、EACC の働きの領域がアジア全体におよぶようになったため、第 5 回総会（1973 年）において EACC は、その名称をアジア・キリスト教協議会

に変更し、現在に至っている。CCAの目的は、「アジアのキリスト者が、アジアに根差したキリスト教思想、礼拝、活動をもって、世界の教会に貢献すること」などであり、「近年、アジアのローマ・カトリック教会との協力も進められて」いる[50]。

1987年12月30日、シンガポールに本部事務所を置いていたCCAは、突如、シンガポール政府から国外退去命令を受けた。その理由は、「CCAが登録条件にはない政治運動を行ない、資金を政治目的に使用した」というものであった。CCAは、退去命令が教会の働きに対する誤解とCCAの宣教活動に対する誤った見解にもとづく処置であったことを明らかにし、「アジアにおいて平和と正義をつくりだす働きがキリスト教信仰と無関係であるとする、いかなる〔シンガポール〕政府の判断も受容することができない」と抗議した[51]。この事件の後、CCAの本部事務所は、1988年からの5年間、大阪にある在日韓国基督教会館（KCC）に置かれこととなり、その間、CCAと在日大韓基督教会との関係はより緊密なものとなった。

在日大韓基督教会は、次のようにCCAに委員を派遣し、その活動に参与してきた。正義と奉仕委員会：李仁夏（1973～77年）、女性委員会：呉寿恵（1981～85年）・徐貞順（1995～2000年）、国際問題委員会：李清一（1985～90年）、都市農村宣教委員会：李清一（1990～95年）、信仰・宣教・一致部門委員会：金性済（2000～05年）、常議員：金知葉（2005～09年）

在日大韓基督教会は、CCAの活動への参与を通して、在日韓国・朝鮮人の人権問題は宣教課題であるとの認識を与えられるとともに、アジアにおける他のマイノリティとの連帯を深めていくきっかけが与えられたと言える。

7. 教会・伝道所の設立・再建（1958～1967）

布施教会（1958年）、札幌伝道所（1958年）、京都南部教会（1960年再建）、春木伝道所（1962年）、品川教会（1963年）、鶴見伝道所（1967年）

第3章 在日大韓基督教会 第2期（1958～1967）：「在日僑胞の生きる道はイエス」

8. 教勢（1958～1967）

年度	1958	1959	1960	1961	1963	1964	1965	1966	1967
教　　会	34	36	35	34	37	38	40	40	41
牧　　師	18	17	20	23	26	21	27	28	27
伝 道 師	16	12	11	11	5	3	6	6	10
宣 教 師	1	1	2	1	5	7	8	5	7
洗礼会員	1402	1369	1420	1417	1474	1180	1754	1766	1886
信徒総数	1731	1629	1729	1691	1722	1412	1969	1995	2089

第3部　解放後から宣教100周年まで（1945〜2008）

1　『在日大韓基督教会総会 第十三回定期総会録撮要』（1957）、29頁。
2　『在日大韓基督教会総会 第十四回定期総会録撮要』（1958）、26頁。
3　『在日大韓基督教会総会 第十三回定期総会録撮要』（1957）、12頁。
4　同上、31頁。
5　『在日大韓基督教伝道50周年禧年式典 式順』（歴史編纂委員会所蔵）。
6　『在日大韓基督教会 第十二回定期総会撮要』（1956）、11頁。
7　『在日大韓基督教会総会 第十三回定期総会録撮要』（1957）、28頁。
8　『在日大韓基督教会総会 第十四回定期総会録撮要』（1958）、26頁、
9　山科におけるKCCの活動については、1958〜1960年の在日大韓基督教会総会の総会録を参照。
10　兪錫濬『在日韓国人의 설움』、149頁。
11　「KCC建築委員会報告」（1961年10月13日、歴史編纂委員会所蔵）
12　『在日大韓基督教会 第十七回総会会録』（1961）、4、7頁。
13　『在日大韓基督教会 第二十回総会会録』（1964）、21頁、『在日大韓基督教会総会 第26回総会録』（1970）、49頁。
14　韓泰裕牧師に関しては、『新豊教会40年史』、96-97頁。石朴南伝道師に関しては、兪錫濬・田永福・楊炯春・金在述編著『在日大韓基督教 京都教会50年史』、72頁。
15　『在日大韓基督教会総会 第十四回定期総会録撮要』（1958）、30頁。
16　同上、34頁。
17　『在日大韓基督教会総会 第十五回定期総会録撮要』（1959）、23、30頁。
18　『在日大韓基督教会 第十七回総会会録』（1961）、附7頁。
19　在日大韓基督教会歴史編纂委員会編『在日大韓基督教会 宣教90周年記念誌』、76-77頁。
20　『在日大韓基督教会 第十六回総会会録』（1960）、11頁。
21　『在日大韓基督教会 第十九回総会会録』（1963）、3頁。
22　『在日大韓基督教会 第二十回総会会録』（1964）、4頁。
23　『在日大韓基督教会総会 第23回総会録』（1967）、46頁。
24　『在日大韓基督教会 第十七回総会会録』（1961）、附3頁。
25　『在日大韓基督教会 第十八回総会会録』（1962）、7頁。
26　『在日大韓基督教会 第二十回総会会録』（1964）、13頁。
27　同上、『在日大韓基督教会総会 第24回総会録』（1968）、39頁、『在日大韓基督教会総会 第25回総会録』（1969）、21、37頁。
28　『在日大韓基督教会 第二十回総会会録』（1964）、13頁。
29　『在日大韓基督教会 第21回総会会録』（1965）、17頁、『在日大韓基督教会 第22回総会会録』（1966）、24-26頁、『在日大韓基督教会 第23回総会会録』（1967）、20-23頁。
30　『在日大韓基督教会 第34回総会会録』（1978）、97頁、『在日大韓基督教会総会 第35回総会録』（1979）、30頁。
31　『在日本大韓基督教会 第六回定期総会会録』（1950）、12、24頁。
32　『在日大韓基督教会 第十九回総会会録』（1963）、7頁。
33　『在日大韓基督教会 第二十回総会会録』（1964）、12頁。
34　『在日大韓基督教会 第十八回総会会録』（1962）、6頁。
35　声明書の全文は、『在日大韓基督教会 第十九回総会会録』（1963）、11-13頁に収録されている。
36　『在日大韓基督教会総会 第22回総会会録』（1966）、19、20頁。
37　同上、19頁。
38　『在日大韓基督教会総会 第十五回定期総会録撮要』（1959）、33頁。
39　和田春樹・高崎宗司『検証 日韓関係60年史』明石書店、2005年、115、138頁。
40　『在日大韓基督教会総会 第十四回定期総会録撮要』（1958）、12-2、26頁、Cho Ki Sun to Marcel Pradervand, January 29, 1958（歴史編纂委員会所蔵）。

第 3 章　在日大韓基督教会　第 2 期 (1958 〜 1967):「在日僑胞の生きる道はイエス」

41　*Minutes of the Executive Committee,* the New College, Edinburgh, Scotland, August 4-9, 1958, 7.
42　同上、6 頁。
43　E. H. Johnson to Marcel Pradervand, June 26, 1958、*Minutes of the Executive Committee,* the New College, Edinburgh, Scotland, August 4-9, 1958, 6.
44　『在日大韓基督教会 第十七回総会会録』(1961)、附 3 頁、『在日大韓基督教会 第十八回総会報告書』(1962)、3 頁。
45　『在日大韓基督教会総会 第 32 回総会総会録』(1976)、39 頁。
46　李仁夏『歴史の狭間を生きる』日本キリスト教団出版局、2006 年、228 頁。
47　例えば、WCC・PCR は、「日立就職差別裁判」への支援として、1972 年から 73 年にかけて約 450 万円を支援し、さらに 74 年 5 月には、日立ボイコット運動を支援した。李仁夏『寄留の民の叫び』新教出版社、1979 年、128-129 頁。また、第 1 回「マイノリティ問題と宣教戦略」国際会議 (1974 年) 時には 235 万円を拠出した。これは、同国際会議の経費の 34％に当たる金額であった。『在日大韓基督教会総会 第 30 回総会総会録』(1974)、135 頁。第 2 回「マイノリティ問題と宣教戦略」国際会議時には、主題講演の講師としてバーニー・ピッツァナを派遣している。
48　『在日大韓基督教会 第十八回総会報告書』(1962)、1 頁。
49　CCA の歴史については、山本俊正『アジア・エキュメニカル運動史』新教出版社、2007 年を参照。
50　『岩波キリスト教辞典』岩波書店、2002 年、21 頁。
51　山本俊正『アジア・エキュメニカル運動史』、87-90 頁。

第4章　在日大韓基督教会

第3期
（1968 ～ 1977）
「キリストに従ってこの世へ」

宣教60周年記念式典（1968.10.11）
於：大阪女学院ヘールチャペル

第4章　在日大韓基督教会　第3期（1968～1977）:「キリストに従ってこの世へ」

1. 宣教60周年

（1）宣教60周年の標語と目標

　在日大韓基督教会は、第23回定期総会（1967年）において、宣教60周年記念行事準備委員会（委員長：金徳成）が提案した宣教60周年記念行事要覧が、趣旨（兪錫濬）、標語および目標（李仁夏）、委員構成（崔京植）、予算（金光洙）、開拓伝道の目標（金元治）についての説明がそれぞれなされた後承認された[1]。承認を受けた10年間の標語は、「キリストに従ってこの世へ」であった。また、この標語とともに次のような宣教の三大目標が承認された。

　　①教会に革新を！：内に新しくなり、仕えるしもべの姿勢を取るようにする。
　　②同胞社会に変革を！：この世にあって和解の働きをなし、健全な社会建設に
　　　貢献することによって民族の光となる。
　　③世界に希望を！：万人にキリストの主権を証しする中で、真の隣人となる[2]。

　この標語および三大目標からもわかるように、宣教60周年にあたって在日大韓基督教会は、社会の中で具体的なしもべの働きをなす教会へと生まれ変わる中でこの世に変革と希望をもたらすのだという積極的な姿勢を示した。宣教60周年記念行事の趣旨文には、次のように記されている。

　　〔……〕内には新しい時代に生きる教会として教会の革新に努め、外に、出で行
　　く教会として仕える僕の姿勢を以て社会の全領域に参与するため、多種多様な
　　事業計画を建て、具体的にこれを推進する宣教機関を設立し、以て在日大韓基
　　督教会の負わされている、日本、アジア、世界に対する和解の僕としての特殊
　　使命に生きることによってこの時代に応えようとするものである[3]。

　準備委員の一人であった李仁夏牧師は、60周年の標語を決める際に在日韓国・朝鮮人が置かれた社会的状況に対する神学的反省があり、その神学的反省の根底には、当時エキュメニカル運動の中で唱えられていた「神の宣教」（Missio

第3部　解放後から宣教100周年まで（1945〜2008）

Dei）という宣教理解があったと記している[4]。「神の宣教」とは、この世で働かれている神の宣教の働きに教会も参与するように招かれているとする宣教理解である。このような神学的反省にもとづく宣教論的転換は、後述するように、その後1973年に発表された「宣教基本政策」などによってさらに明瞭なかたちで示されていくことになる。

　以上のような、標語および三大目標、あるいは60周年記念の趣旨を具体的に実践に移すために、11項目におよぶ宣教実践目標が立てられた。そのうち教会内のものとしては、自立教会を増やすとともに開拓伝道に尽力すること、総会の各局に主事を置くこと、『福音新聞』などの文書活動を推進することなどがあった。また、社会に対するものとしては、朝鮮半島の統一や日韓の和解と交流のために働くこと、在日韓国・朝鮮人や地域社会のために幼稚園や学生センター、地域社会センター、養老院などを建設すること、民族共同体および世界に奉仕しうる人材養成を行なうことなどが実践目標として掲げられていた[5]。

（2）記念行事の実施

　記念行事の期間と定められた1968年には、総会、地方会、教会の各レベルでさまざまな行事が実施された[6]。1月には各教会が第1主日（1968年1月6日）にささげた宣教60周年記念正初礼拝、関東・中部・関西の各地方会において開催された「キリストに従ってこの世へ」をテーマにした正初査経会、3月には京都で開催された韓国の漢陽大学舞踊団による公演会や大阪、京都、名古屋で開催された韓国の延世大学合唱団と関西学院大学グリークラブによるコンサートがあった。5月には西南地方会における李相根博士と曺徳鉉牧師を講師に招いての宣教大会、6月には李相根博士や曺徳鉉牧師、奇元亨牧師、姜信明牧師らを講師に招いて開催された関東・中部・関西の3地方会による特別修養会と西南地方会が李基徳牧師を講師に招いて開催した修養会があった。8月には在日大韓基督教会初の全国規模での教職者および信徒の合同研修会が兵庫県有馬でもたれた。この合同研修会の講師は、洪顯髙博士（韓国監理教神学大学長）や高崎毅教授（東京神学大学学長）、ランサム（R. Malcolm Ransom）牧師（カナダ長老教会）らであった。

　そして、一連の記念行事の締めくくりとして、1968年10月11日に、宣教

第4章　在日大韓基督教会　第3期（1968～1977）：「キリストに従ってこの世へ」

60周年記念式典（第一部記念礼拝、第二部祝賀会）が大阪女学院ヘールチャペルで挙行された。記念式典には、日本国内外からのゲストを含めて1200名が参加した。

第一部記念礼拝は、崔正洙牧師（現地実行委員長）の司会のもと、総会長の呉允台牧師が「在日韓国教会の今日と明日」と題した説教を行なった。呉牧師はまず、過去60年を振り返る中で、諸先輩が東京の留学生をはじめ日本へ移住してきた青年労働者に伝道したことやカナダ長老教会による宣教に言及し、特にカナダ長老教会の宣教に関しては、「宣教の業が世界の教会の協力によらねばならないことを実証した」と述べた。また、現在について触れつつ、「戦後24年間、祝福された環境の中で福音が伝えられ、信仰生活を享有」し、「分に過ぎる礼拝堂を終戦後33箇所建立することができた」ことなどは神の恩寵だったのであり、「今やこの時点に立ち、只へりくだって僕の姿を取り仕える教会として新しい時代に立ち向かうべきである」とした。そして、今後60年を展望する中で、「時に応じて人間社会全域に神は創造的な力を賦与」するが、「和解と贖罪の業を続けること」こそが「今日の教会の責務」であり、使命であるとし、「『キリストに従ってこの世へ』『彼の十字架を負い営門の外へ』出て行くべきである」と語った[7]。

来賓挨拶は、カナダ長老教会のC・J・マカイ（C. J. MacKay）総会長、米国連合長老教会のJ・M・フィリップス（J. M. Philips）博士、韓国教会を代表して韓国YMCA連盟の金致黙総務、日本キリスト教協議会の大村勇議長、大韓民国駐日大使代理、在日韓国居留民団中央本部の鄭東和副団長らが行なった。また、金瓊燦牧師の作詞・作曲による「宣教60周年歌」も当日披露され、出席者全員で合唱した。第二部の祝賀会では、合唱、講演、舞踊（大阪の金剛学園）、映画「姫の片思い」の上映などが行なわれた。

（3）記念事業

実行委員会と後援会組織

在日大韓基督教会は、宣教60周年から70周年に向けての10ヵ年の記念事業を推進するために実行委員会を組織している。その委員会の組織体制は、実行委員長（金徳成）、総幹事（田永福）、幹事（崔京植、J・H・マッキントシュ）

というものであった[8]。また、後援会組織も整えられ、韓国、日本、カナダの教会関係者が名前を連ねた。韓国関係では、顧問に金在俊・白楽濬・李明植・盧震鉉・李桓信・全弼淳・韓尚東・金春培牧師、会長に韓景職牧師、会員としては教界人士52名、実業界人士34名、地方人士20名の名前が挙げられているほか、日本の教会の協力委員として鈴木正久・木村勇牧師ら20名、カナダ長老教会の協力委員としてE・H・ジョンソン牧師ら11名が名前を連ねていた[9]。

開拓伝道の実施

1967年時点における在日大韓基督教会の教会・伝道所は36ヵ所であったが、宣教60周年の10ヵ年計画として、関東地方6ヵ所（立川、鶴見、横須賀、札幌、仙台、相模原）、中部地方6ヵ所（浜松、静岡、桑名、関ヶ原、金沢、名古屋）、関西地方9ヵ所（九条、高槻、宝塚、柏原、和歌山、姫路、岡山、呉、三宮）、西南地方5ヵ所（佐世保、飯塚、徳山、佐賀、長崎）の計26ヵ所で開拓伝道を実施する計画が建てられ[10]、その大部分がその後実施されることになった。

この開拓地域のうちの5ヵ所では、後述するように韓国からの短期宣教師たちが開拓伝道活動に従事した。その他の地域に関しては、例えば、仙台はすでに1968年6月から黄義生牧師によって開拓伝道が開始されていたが、1969年1月からは10ヵ年計画の枠内で開拓伝道が推進されることとなり、同年4月から沈一燮牧師が月に2回説教を担当するようになって平均7名が礼拝に出席するようになった[11]。また、北海道伝道に関しては、先に見たように、50周年の事業の一環として1950年代末から行われるようになったが、無牧の時代が続いていた。そのような中、1970年3月に李聖柱牧師（基督教大韓監理会）が宣教師として札幌に派遣され、同年5月3日に西創成会館において主日礼拝をささげ札幌教会が出発した[12]。

なお、10ヵ年計画が実施された期間には、明石教会、桑名教会、岡山教会、札幌教会、神戸東部教会、新居浜教会が設立されている。

短期宣教師プロジェクト

1969年1月24日に韓国から短期宣教師5名が来日し、3ヵ月ににわたり、

第4章　在日大韓基督教会　第3期（1968～1977）:「キリストに従ってこの世へ」

10ヵ年計画によって開拓伝道の実施が決定されていた5ヵ所で開拓伝道に従事した。開拓伝道の場所、担当者、総会に報告された報告内容をまとめると下記の通りである[13]。

場所	担当者（派遣教団）	報告内容
佐世保	厳機鉉牧師 （韓国基督教長老会）	西南地方の宿願である佐世保開拓伝道を開始し、戸別訪問伝道と大伝道集会を開催。朴昌煥伝道師が常に活動をともにし、一大伝道旋風が起こり、開拓伝道から教会形成の段階にまで至った。礼拝出席は平均男性4名、女性10名。
岡山	崔基奭牧師 （基督教大韓監理会）	崔牧師の働きは10年以上にわたり、関西地方の念願であった岡山教会の形成の礎となった。金榮植牧師（水島教会）が協力し、洗礼会員8名を中心に礼拝出席者は平均18名となり、岡山教会が始まる。
桑名	康相禹牧師 （大韓イエス教長老会・統合）	以前1年間、康牧師が赴任して基礎を築き、再び康牧師を迎え飛躍的に発展。朴命俊牧師の協力を受け、教会が形成されつつある。平均15名の信徒が出席し、信徒数は20名を超え、同胞の救いに尽力した。
静岡	李俊黙牧師 （韓国基督教長老会）	李牧師が赴任した3ヵ月間は、朴命俊牧師が協力し、毎日、静岡在住同胞の戸別訪問を行なった。日本の教会との交流もなされた。宣教の労苦がどれほど大変なのか知ることととなった。
立川	蔡鐘黙牧師 （大韓イエス教長老会・統合）	蔡牧師の立川での開拓伝道は、呉允台牧師の協力のもと同胞の密集地域を中心に戸別訪問というかたちでなされ、民団や日本の教会の協力のもと展開された。毎週木曜日に定期的に平均10名が集まるようになった。

また、カナダ長老教会派遣の短期宣教師としてR・M・ランサム牧師が1968年8月から11月末まで来日し、関西地方において社会活動を行なうとともに、在日大韓基督教会の宣教活動の現況に関して研究し、報告を行っている[14]。

その他の記念事業

そのほか、宣教60周年の記念事業として、1969年4月における川崎教会の桜本保育園の開園、1970年の在日韓国基督教会館（KCC）の再建、記念礼拝堂の建設、日本キリスト教会館内における在日大韓基督教会総会事務所の設置が実行された[15]。

在日韓国基督教会館の再建に関しては、1970年4月に在日大韓基督教会の臨時総会が開催され、大阪市生野区の土地および建物を大阪教会と共同で購入することが承認された[16]。そして、1971年から総幹事に兪錫濬、幹事にJ・H・

マッキントシュと李清一、佐農穆を迎えて活動が開始された[17]。

記念礼拝堂としては、熊本、大阪、桑名、品川、京都九条（現・京都南部教会）の5教会の教会堂を建てることが目標とされたが、そのうち、熊本教会（1967年11月）、桑名教会（1968年4月）、京都九条伝道所（1977年10月）、大阪教会（1979年10月）が教会堂の建築を実現した。

また、日本キリスト教協議会の呼びかけにより1970年に日本のキリスト教界が協力して建設した日本キリスト教会館内に総会事務所が置かれたことで、日本の他教団・団体や国際的キリスト教機関との協力活動が積極的に推進されていくことになった。

2. 社会参与

（1）在日大韓基督教会による声明書

「靖国神社法案反対声明書」および「日本出入国管理法案反対声明書」の発表

在日大韓基督教会は、1969年4月16日付で「靖国神社法案反対声明書」と「日本出入国管理法案反対声明書」という二つの声明書を総会長名で発表した[18]。靖国神社の国営化を目指し議員立法として国会に提出された靖国神社法案に反対した声明書では、靖国神社の国営化は信教の自由を否定するものであり、さらには第二次大戦中における神社参拝強制など教会の本質を危機に陥れた過去を想起させるものであることから強く反対すると表明されていた。この靖国神社法案に対する反対は、日本の教会とも共有する課題であった。この法案は、1969年から74年までの間に5回国会に提出されたが、すべて廃案となっている。

一方、国会に提出された出入国管理法案は、例えば、「外国人に対する営業許認可免許の制度」、「外国人宿泊届出制」などのような外国人に対する取締り強化策を、戦前から居住する外国人にも適用することを画策したものであった。この点について反対声明書は、出入国管理法案は「在留外国人を保護するとい

第4章　在日大韓基督教会　第3期（1968～1977）:「キリストに従ってこの世へ」

う近代国際通念とは逆に、その活動の規制を強化し、抑圧しようとする意図をもち、基本的人権を侵害する危険性が多分にあることを憂慮し、キリスト教精神の立場からも黙していることはできない」と述べている。

この在日大韓基督教会による「日本出入国管理法案反対声明書」の発表をきっかけに、関西にある日本のキリスト教会に支援と連帯の輪が広がっていき、1969年6月には「出入国管理法案反対キリスト者国際連帯会議」（代表：兪錫濬・妹尾活夫）が結成され、反対運動が展開されていった[19]。出入国管理法案は、1969年から1974年までの間に4回国会に上程されたが、すべて廃案となった。

「在日大韓基督教会総会の社会的責任に関する態度表明」の発表

第26回定期総会（1970年）において在日大韓基督教会は、総会議員一同の名で、「在日大韓基督教会総会の社会的責任に関する態度表明」を発表した[20]。

この声明では、60周年の標語「キリストに従ってこの世へ」が意味し志向していたのは、「福音信仰の帰結として、キリスト者は、その生きている社会に変革をもたらすべき責任ある役割を担っていることを確認」することであったことが述べられている。

また、そのもたらされるべき社会変革の対象として「永住権」付与の問題や、靖国神社国営化法案および出入国管理法案の問題性に触れている。具体的には、歴史的背景がゆえに「永住権」は、すべての在日韓国・朝鮮人に付与されるべきであるとの立場から、1965年の「韓日法的地位協定」による在日韓国人への「協定永住権」が朝鮮籍者を排除する中で実施されたことに対して、「和解の福音を信ずる者であるが故に、民族の統一と、同胞が一致団結し前進する方向に深い関心を寄せ」るキリスト者の立場から憂慮を示した。また、特に出入国管理法案に対しては、「神により創造された人間の尊厳性と、自由を保障しないならば、われわれはこの法案に全面的に反対するとともに、政治的・社会的ないかなる差別体制をも変革していくことこそ、キリスト者の使命であると再確認するものである」と表明している。

「南北共同声明」と在日大韓基督教会

1972年7月4日に韓国と北朝鮮が発表した「南北共同声明」（7・4共同声明）では、「祖国統一は自主的、平和的、民族的大同団結を図る」など7項目がう

たわれていた。この7・4共同声明が画期的な出来事として歓迎される中、在日大韓基督教会は、7月6日に総会長の金得三名でそれに対する支持表明を行ない、同月23日には在日韓国基督教会館（KCC）において「南北共同声明支持基督者大会」を開催した。その大会で在日大韓基督教会は、「南北共同声明支持基督者大会宣言文」を発表している[21]。その内容は、次のようなものであった。

> 今日、在日大韓基督教会総会に属するわれわれ信徒は、共同声明を歓迎し、支持するキリスト者大会を召集し、われわれの所信を内外に披瀝しようとする。われわれは歴史の主なる神を信仰によって告白する群れとして、民族の統一は神の深い摂理の業と、これに応える民族の決断によって実現していくと確信する。〔中略〕南北代表が祖国統一のために対話の立場に立つようになったこの歴史的分岐点で、われわれはまず、歴史の主なる神の働きに最善をもって応えることができなかった怠慢と、われわれの民族に向って大胆に預言者的発言と行動を取れなかった過去の過ちを悔い改め、新しい出発点に立とうとする今よりわれわれは全てのことを新たにする創造主なる神の働きを祈願しつつ、キリストの和解の福音に立脚して、四半世紀の間、分断によりお互いに傷を負った民族に慰めと希望を与え、民族の統一を成就する大業に、最大の努力をもって参与することをここに宣言する。

この宣言文を公にした在日大韓基督教会内では、青年会全国協議会中央委員会が「7・4南北共同声明支持文」を発表し、「南北共同声明は、民族的虚無主義から抜けきれずにいる青年すべてをも、祖国統一の共通の課題に立ち向かわせるでありましょう」と「南北共同声明」支持を表明した[22]。また、女伝道会全国連合会も会長の金恒云名で「南北共同声明支持文」を発表し、「われわれ全てが一日も早く南北統一が成就するように祈願するととも

南北共同声明支持基督者大会（1972.7.23）於：KCC

第4章　在日大韓基督教会　第3期（1968～1977）：「キリストに従ってこの世へ」

に、〔中略〕女伝道会は、イエス・キリストの福音により、同族同士の塞がっている心の障壁（38度線）を打ち破る宣教運動に拍車を加える決心を新たにし、7・4南北共同声明を支持歓迎することを表明する」とした[23]。

　在日大韓基督教会は、7・4共同声明を通して南北の統一が民族の宿願であることを再確認するとともに、歴史の中における神の働きを明確なかたちで認識することとなった。こうして在日大韓基督教会は、祖国の統一への参与と日本における差別と抑圧からの解放という二つの大きな課題の中に自らが立っていることを強く自覚するようになっていったのである。

(2) 個教会の取り組み

　宣教60周年以降、個教会においてもさまざまな社会参与の取り組みが行なわれていった。例えば、1969年の桜本保育園の設立に始まる川崎教会による地域社会における取り組みは、その後、1986年における地域共生のための活動センターである「ふれあい館」の設立に至った[24]。

　1970年には広島教会が、広島における韓国人原爆犠牲者慰霊碑の建立に尽力した。また、1984年から始まった在韓被爆者の日本での治療を支援するために組織された「在韓被爆者渡日治療広島委員会」において、同教会の金信煥牧師が中心的な働きを担いつづけた[25]。

　横浜教会は、1972年に打越保育園を開設し、1978年には信愛塾を開設することで、地域の児童を支援する地域活動を活発に展開するようになった[26]。

　名古屋教会は、1972年に永信幼稚園を廃止し、永信保育園を新設した後、1985年10月には特別養護老人ホーム「永生苑」を開設した。これは、在日大韓基督教会における特別養護老人ホームの設立としては最初のものであった[27]。高齢化社会に向けたこのような取り組みは、その後、豊橋教会の「永生苑豊橋」（1993年）や全国教会女性連合会の「セットンの家」（1996年開所）の設立によりさらに広まっていった[28]。

　小倉教会では、1973年10月に納骨堂である「永生園」を建設し、それまで放置されたままとなっていた朝鮮半島から強制連行され、炭鉱などで過酷な労働を強いられて亡くなった人たちの遺骨を安置した。また同教会は、名前をめぐってNHKに対して起こされた崔昌華牧師による「人格権訴訟」（1975年）

の支援を行なったほか[29]、在日大韓基督教会による指紋押捺拒否運動において先駆的な役割を果たした崔昌華牧師の働きを支えた。

3. 組織改編

　第27回定期総会（1971年）において在日大韓基督教会は、その組織の改編を図り、青年局と婦女局を廃局し、厚生局を社会局と改称した。この組織改編に伴い、青年会全国協議会は教育局、女伝道会全国連合会は伝道局へと総会側におけるそれぞれの担当部署が変わった[30]。

　この組織改編は、特に、教職者の厚生を担っていた厚生局を社会局に改編することによって社会参与を積極的に進める体制ともなっていることから、宣教60周年の標語「キリストに従ってこの世へ」に示された方向性にそった組織改編であったとも言える。

　この組織改編により、局は伝道局、教育局、社会局、財政局、人事局の5局となり、委員会は治理委員会と試取委員会の二つとなった。しかし、5年後の1976年に開催された第32回定期総会では、新しい組織体制が十分に機能しなかったことから、青年局と婦女局の復局要請が出され、これら二つの局が再び設置されることとなった[31]。

4.「宣教基本政策」の採択

　在日大韓基督教会は、第29回定期総会（1973年）において、「宣教基本政策」を採択し[32]、聖書において証しされた福音を在日大韓基督教会が置かれた文脈の中で受けとめ、福音の時代的な使命を明確にすることを目指した。

　「宣教基本政策」は、在日大韓基督教会が解放直後から教会を再建すること

第4章　在日大韓基督教会　第3期（1968〜1977）：「キリストに従ってこの世へ」

に没頭するあまり、民族の苦悩を自らのものとして担えなかったことを反省し、「召しを受けた歴史状況に正しく応答できず、自己保存に汲汲となる時、教会はその生命を失っていく」としつつ、「もし、その遣わされた場が、今日日本に流浪し、旅人としての生を日々生きている同胞の中であるならば、われわれは今一度この民族と苦難を分かちあい、その生が福音のさししめすところの解放を得るために戦わねばならない」と述べている。

「宣教基本政策」では、その宣教理解の核ともなるべき重要な救い理解が示されていた。特に在日韓国・朝鮮人にとっての救いとは、政治的・社会的・思想的といった生の全領域における抑圧からの解放であるとされ、在日韓国・朝鮮人の「人権擁護と福祉問題とが、福音宣教の業と全的関係を持ってくるのだとの理解を、われわれの総会における宣教基本政策の基本的姿勢と」すると宣言している。ここに表された救い理解は、救いは個人の魂の次元だけでなく、社会的責任をも含む人間の生全体に関わるものであるとの世界教会協議会（WCC）などが支持した救い理解に連なるものであった[33]。

以上のような理解にもとづき「宣教基本政策」では、例えば、在日大韓基督教会の教育理念は「主なる神から附与された人間の可能性が実現され、恩寵の下にある生を自覚させるその過程に基礎を置」かれなければならず、在日大韓基督教会にとっては、日本の社会および教育によって失わされていた在日韓国・朝鮮人の「民族の自主性（＝自己同一性）と、人間としての主体性の回復」が課題であるとした。また、キリストの愛とは、「人間を完全に回復せんがためになす奉仕の努力」だとし、奉仕における在日大韓基督教会の優先課題は、抑圧を受けている在日韓国・朝鮮人の基本的人権の回復に向けた働きであるとした。

「宣教基本政策」ではそのほか、祖国の平和統一に在日大韓基督教会が責任を負うべきことや在日大韓基督教会が「宣教協力を受ける教会にとどまる」ことなく、自らが神から受けた賜物を、今度は世界の教会と共有すべきことが説かれた。この前者に関して在日大韓基督教会が具体的な活動を推進するようになるのは、1980年代に入ってからのことであった。

この「宣教基本政策」は、宣教60周年の標語「キリストに従ってこの世へ」に示された方向性を神学・宣教論的に深めることによって、在日大韓基督教会の宣教政策の転換を基礎づけた歴史的文書であったと言える。

5. 日北米宣教協力会への加盟

　在日大韓基督教会は、1973年に日北米宣教協力会（JNAC）に準会員として加盟した後、その5年後の1978年に正会員となった[34]。JNAC は、日本側の3団体（日本基督教団、IBC 関係学校協議会、日本キリスト教社会事業同盟）と北米8教派の宣教部によって組織されていた内外協力会を、1973年に宣教協力の相互性を促進するために改編してできた団体である。

　当時総務であった李仁夏牧師は、在日大韓基督教会の JNAC への加入について次のように述べている。「わたしたちがカナダ長老教会と宣教関係を結ぶ以前にもっていた米国教会との紐帯を回復したのである。わたしたちの意図するところは、北米の諸教会との国際的連帯を通して、特に社会において抑圧されている民族の人権のために互いに寄与する道を模索することにある」[35]。

6. マイノリティ問題に対する使命の自覚と実践

（1）米国およびカナダにおける社会的マイノリティ・公民権運動の研修

　1973年4月に在日大韓基督教会は、JNAC との共同プロジェクトとして、北米への視察を実施し、在日大韓基督教会から7名（団長：俞錫濬、権仁淑、洪東根、崔昌華、金信煥、崔忠植、李清一）が参加した。一行は米国およびカナダの社会的マイノリティと住民運動の現状を視察するとともに、北米の教会関係者との交流などを行なった[36]。この視察を通して、北米の諸教会と在日大韓基督教会がマイノリティ問題をめぐって共同の取り組みを行なうようになる基盤ができたと言える。

　視察団一行の日程が終了した後、崔忠植牧師はシカゴ、李清一 KCC 幹事はサンフランシスコにおいて、各3ヵ月にわたって住民運動に関する研修を受けた。その経験はその後の KCC を拠点とする地域活動に生かされていくことに

第4章 在日大韓基督教会 第3期 (1968〜1977):「キリストに従ってこの世へ」

なった。

(2) 米国連合長老教会総会における「在日韓国人に関する決議文」の採択

　北米への視察団のうち、洪東根牧師(京都教会)と崔昌華牧師(小倉教会)は、在日大韓基督教会の代表として米国連合長老教会の総会に出席し、在日韓国人の人権問題について報告した[37]。それがきっかけとなり、同総会において「米国連合長老教会第185回総会における在日韓国人に関する決議文」が採択された。その内容は、次のようなものであった。

>　米国連合長老教会第185回総会は、在日大韓基督教会の代表から報告を受け、在日韓国人に関する決議文を次の如く採択する。
> 1. 在日韓国人63万人のうち、日本で出生した者が75%を占めているが、健康、就職、教育面のみでなく、政治的にも差別を受けている。
> 2. 日本の差別政策は、法的措置を通しての排除と同化である。ゆえに韓国文化を排除しようとし、その主体性を認知しようとはしない。
> 3. 在日大韓基督教会は、日本および米国のキリスト教協議会と協力し、在日韓国人差別に対しての闘争を展開することとする。また、長老教会アジア連盟年次総会(1973年4月26〜28日、於:カリフォルニア)も在日韓国人と連帯することを決議すると同時に、国内的・国際的人種差別と人権闘争を優先課題にして行動することを決議した。
>
>　ここに本総会(第185回　1973年5月15〜23日、於:オマハ)は、
> 1. 在日韓国人に深い関心を向け、民族差別と闘争する在日大韓基督教会の働きを支持することを表明する。
> 2. 本総会は、人種差別撤廃委員会との協議のもとに、在日大韓基督教会の闘争に関する情報を関係する諸教会に提供することを表明する。
> 3. 本総会は、米国の諸教会と協議し、他国における在日大韓基督教会が直面する諸問題と同様の問題に連帯し、協力することをも表明する[38]。

(3)「日本におけるマイノリティ問題と宣教戦略」国際会議の開催

第1回会議

　1974年5月6〜10日、「日本におけるマイノリティ問題と宣教戦略」を主題とした国際会議（5月国際会議）が、在日大韓基督教会と日北米宣教協力会（JNAC）の共催で関西セミナーハウスを主会場にして開催された[39]。この5月国際会議の構想は、1973年1月に開催された日北米宣教協力会の創立総会において李仁夏牧師によって提案された。その際、その提案に対する賛成意見が多く、会議の開催に向けて準備が進められることになった[40]。5月国際会議の委員長を務めた李仁夏牧師は、「計画が具体化される前から関心ある教会からさまざまな激励と要請があり、マイノリティ問題一般に対する世界的な関心を見ることができた」[41] と記している。

　5月国際会議の参加者は、世界15ヵ国からの代表80名とスタッフ・通訳者など20名の計100名であった。特に代表の選出にあたっては、日本や東北アジアからだけでなく、東南アジアや北米などのマイノリティ・グループの代表を招くことに力が注がれた。また、教会機関や国際的あるいは日本におけるエキュメニカル機関において指導的立場にある人々も代表として招かれた。

　5月国際会議では、二つの発題と二つの主題講演（W・スターリング博士「少数者の意味」、H・F・ダニエルCCA副総務「国際的連帯と宣教戦略」）、分団討論（「少数者の意味と宣教戦略」、「文化・教育的要因と宣教戦略」、「経済・政治的要因と宣教戦略」、「国際連帯と宣教戦略」）、3回にわたる聖書研究、京都と大阪での現場研修（大阪生野地域、被差別部落地域）を通して論点が深められていった。

　聖書研究では、抑圧されたマイノリティには新しい希望が約束されていることや、神はすべての人間をその似姿に創造されたこと、また、イエス・キリストはその生涯を通して抑圧されたものの解放に常に関心を示し、最後には十字架を通してすべての人間の救いを完成させたということなどを再確認した。

　また、主題講演と分団討論での議論を通して、過去と現在において少数の支配者が多数の民衆を統治抑圧していることや、その人種的・社会的バックグラウンドのゆえに多くの人々がその基本的人権を否定され、抑圧と搾取のもとに苦しんでおり、その抑圧と搾取に対する闘いのために統一行動がとられるべき

第4章 在日大韓基督教会 第3期（1968〜1977）:「キリストに従ってこの世へ」

ことが確認された。

在日大韓基督教会の各教会に送られた報告文は、各マイノリティの闘いの意義について次のように述べている。

〔……〕在日韓国人・被差別部落の人々・アイヌ民族など、〔日本にあって〕抑圧されているマイノリティの闘いは、自身の解放運動のみに終わるのではなく、全世界の至るところにある抑圧されている他のマイノリティの運動を刺激・激励することともなり、しいては抑圧する支配者たちの真の人間解放にも寄与する道でもある。わたしたちは、ここに全人類の解放と人間化のために闘う創造的マイノリティらの遠大なる歴史的使命を発見するものである[42]。

第2回会議

第2回「マイノリティ問題と宣教戦略」国際会議は、1994年10月25〜29日、主題「21世紀の国際社会とマイノリティの役割」のもと、京都の関西セミナーハウスで開催された。在日大韓基督教会が主催し、社会局（局長：金桂昊）が主管した第2回会議には、14ヵ国から106名が参加した。

第2回マイノリティ会議の目的は、日本はもとより国際社会におけるマイノリティの積極的な存在意味と役割を聖書に立ち返って明確にし、マジョリティとの共生を求めて国際的な連帯およびネットワークの形成を図ることであった。

第2回「マイノリティ問題と宣教戦略」国際会議（1994.10.25〜29）
於：京都・関西セミナーハウス

会議では、前WCC・PCR局長のバーニー・ピッツァナ（Barney N. Pityana）による主題講演「地球化する社会とマイノリティの役割」のほか、3回にわたる聖書研究（李仁夏「社会的少数者のアイデンティティー確立の問題」、ジュニータ・ヘルフリー（Junita Helphrey）「北米先住民の霊性から」、エディシオ・デラトーレ（Edicio de la Torre）「マイノリティは博物館の見世物ではない」）、二つの講演（中島智子「多文化社会と真の共生」、金東勲「国際人権基準とマイノリティ」）、証言（チカップ美恵子「マイノリティの声 アイヌとして生きる」）に聞き、議論を深めた後、「マイノリティ京都声明」を採択・発表した。声明は、マイノリティの今日的使命について次のように述べている。

> 創造の秩序の保全を期して人類が互いにともに生きることができる世界を建設するために、教会は特別な使命を負うべき時である。教会はまた人間の覇権政治を克服し、無慈悲な市場経済の支配に勝って人類共同体がめざすべき道を示す使命を負っている。偏見と差別の歴史過程の犠牲者は、最も弱い者のようだが、あらたな歴史の夜明けを知らせる特権を持っている。今日のように世界の変化が急激で歴史の理解のための新たなパラダイムが要請されているときに、犠牲の小羊だけが持つことのできる特権に対して教会は証しする事ができる勇気を持たねばならない[43]。

（4）在日韓国人問題研究所の設立

1974年2月、在日大韓基督教会は、在日韓国人問題研究所（RAIK 所長：李仁夏）を設立した。その設立の契機となったのは、1972年6月に日本キリスト教協議会の在日外国人人権委員会の主催で開催された「日本人問題としての在日朝鮮人差別セミナー」であった。そのセミナーにおいて、在日韓国・朝鮮人問題に対するより正確な研究・調査を行なえるように、書籍および資料を提供するセンターの必要性が指摘されたのである[44]。これを受けて、1973年10月に開催された在日大韓基督教会の定期総会で、RAIK 設立が承認された[45]。RAIK 設立の目的は、次の3点であった。

1. 在日韓国人が直面している現実の具体的な課題を分析、研究し、運動に必要

第4章　在日大韓基督教会　第3期（1968～1977）：「キリストに従ってこの世へ」

な資料と情報を収集、分析して必要な運動体に提供する。
2. 在日韓国人社会内の諸組織及び諸団体に、個人の人権を重んじる正しい政治意識を昂揚させるために努力する。
3. 在日韓国人社会内の正しい民族主体の原則を昂揚させるために、神学的、思想的反省と思考の機会を組織化し、これに必要な諸般の人的、物的資源を提供する[46]。

1988年7月に創刊され2007年2月に100号を越えたRAIKの機関誌である『RAIK通信』は、その創刊以来、在日韓国・朝鮮人の人権確立運動にとって貴重な資料を提供しつづけてきた。

(5) J・H・コーン博士の来日

在日大韓基督教会は、5月国際会議で提起された課題をさらに深めるために、翌1975年5月に黒人の解放神学の提唱者の一人であったJ・H・コーン（James H. Cone）博士を招いて、地方教会別に指導者研修会を開催した[47]。このコーン博士による講演は、在日大韓基督教会の宣教の使命を神学的に深める機会となり、在日大韓基督教会の宣教の方向性に大きな影響を与えた。

コーン博士は、その著書『抑圧された者の神』の日本語版の序文に、在日大韓基督教会での経験を、深い神学的洞察をもって次のように語っている。

〔……〕すべての神学が自らの状況の特殊性によって限界づけられているとはいえ、そのことは、その限界が絶対的なものであるという帰結を伴うものではない。すなわち、そこには他の諸状況との類比と相似性が存在するのである。〔中略〕この事実は、在日大韓キリスト教会の招きで日本を訪問した際に（1975年5月）、私の意識に鮮明に刻印された。私は東京、名古屋、宝塚および福岡において、大韓教会の指導者たちと共に四つの研集会に参加した。そして、それぞれの場所で二日間に亙って、われわれは「民衆の解放のために闘う教会」という主題に取り組んだ。私はまたいくつかの大韓教会で説教をもした。在日韓国人キリスト者たちと共に過ごした経験の中から、私は、私が黒人について、またイエスの福音について語ったことは、在日韓国人の状況の中に多くの並行関係を持っているということを、理解するようになった。黒人が白人から抑圧されてきたと同じように、在日韓国人は日本人から抑圧されてきたのである。また、黒

人が彼らの解放の闘いの中で自由についての歌を歌い、説教をしたと同じようなことを、在日韓国人もしていたのである。そこには多くの相違点も存在するが、在日韓国人と黒人の諸経験の間にある類似性は驚くべきものである。私が在日韓国人に対して大変な親近感をいだいたのは、そのためであった。〔中略〕すべての神学は特殊的なものであり、したがって、その特殊性によって限界づけられているが、所与の特殊性が指示している真理は限界づけられてはいない。キリスト教的福音の普遍的真理とは、それが北アメリカであれ、日本であれ、あるいは世界のどこであれ、犠牲者たちを抑圧から解放したもう神のみ心のことであるというのが、私の信念である[48]。

(6) 神学教育基金による現場研修の実施

　世界教会協議会（WCC）の神学教育基金（T.E.F.）による研修会が、1975年から78年の4年間に3回、大阪（1975年）、川崎（1976年）、北九州（1978年）の3ヵ所で各1～2週間の日程で開催された。この研修会は、実践を通して神学教育を行なう研修会として実施されたが、その目的は、新しい時代における宣教と神学の模索と、そのための働き人の養成であった[49]。

　例えば、1976年8月16日から29日の2週間にわたって実施された川崎地域での研修会は、10名（朴世一、李貴陽、金達弘、李相兌、李恩子、呉千恵、姜泰洙、金成元、安商徳、趙吉来）の参加のもと開催された。研修会のプログラム内容は、研修（①川崎地域の宣教活動への参加、②同胞の家庭訪問、③関東地方の教会訪問、④民族差別と闘う連絡協議会＜民闘連＞全国交流集会への参加）と学習（①崔勝久「川崎の地域実践」、②姜栄一「聖書研究―同胞の解放を指向する教会」、③呉在植「地域運動論」、④崔京植「在日大韓基督教会の歴史とその宣教的展開」、⑤李仁夏「今日における宣教論、地域に果たす教会の役割」）というものであった。この研修会の参加者たちはその後、在日大韓基督教会をはじめ各方面で活躍している。

第 4 章　在日大韓基督教会　第 3 期（1968 〜 1977）：「キリストに従ってこの世へ」

7. 宣教師受け入れ政策の開始

　宣教 60 周年は、宣教政策上の転換点であっただけでなく、宣教師受け入れ政策上の転換点でもあった[50]。先に見たように在日大韓基督教会は、宣教 60 周年の記念事業の一環として韓国からの「短期宣教師」による開拓伝道を行なった。解放後、在日大韓基督教会が韓国の教団からの長期宣教師として受け入れた初めての宣教師は、韓国基督教長老会の李英粛伝道師であった。李英粛伝道師は、1969 年に来日し、女伝道会連合会の初代総務として活動した[51]。また、1970 年には基督教大韓監理会の李聖柱牧師が札幌に派遣されたが、李聖柱牧師は、牧師としての最初の長期宣教師であった。
　その後、在日大韓基督教会は、宣教師の受け入れを本格化させていき、1972 年の定期総会において、金徳化牧師（基督教大韓監理会）、楊炯春牧師（大韓イエス教長老会・統合）、金炯卓牧師（大韓イエス教長老会・合同）が宣教師として加入し、それぞれ開拓伝道に従事した。
　在日大韓基督教会は、韓国からの宣教師を受け入れる中、1970 年代には「宣教師関係協約」、1980 年代には「宣教協約」を韓国の教団と結ぶことを通して、宣教師受け入れ態勢を整えていった。

8. 教会の設立・加入（1968 〜 1977）

　明石教会（1968 年）、桑名教会（1968 年）、岡山教会（1969 年）、札幌教会（1969 年）、神戸東部教会（1970 年）、新居浜教会（1974 年）、沖縄教会（1977 年加入）

9. 教勢（1972 〜 1977）

年度	1972	1974	1975	1977
教　　会	46	46	46	46
牧　　師	29	31	34	37
講道師・伝道師	11	15	9	9
長　　老	55	57	60	60
洗礼会員	1999	2118	2158	2224
信徒総数	2952	3396	3559	3568

第 4 章　在日大韓基督教会　第 3 期（1968 〜 1977）：「キリストに従ってこの世へ」

1 『在日大韓基督教会総会 第 23 回総会録』（1967）、48 頁。なお、「宣教 60 周年記念行事要覧」は、同総会録の 91-109 頁に収録されている。
2 同上、93 頁。
3 『宣教 70 周年を目指して―在日大韓基督教会 宣教 60 周年記念行事要覧』宣教 60 周年記念行事準備委員会、1968 年、2 頁。
4 李仁夏『寄留の民の叫び』新教出版社、1979 年、48-49 頁。
5 『在日大韓基督教会総会 第 23 回総会録』（1967）、94 頁。
6 『在日大韓基督教会総会 第 24 回総会録』（1968）、26-29 頁に「宣教 60 周年実行委員会報告」が収録されている。以下、行事に関する記述は同報告を参照した。
7 呉允台「説教 在日韓国教会の今日と明日」（『宣教 60 周年記念式典 メッセージ』1968 年、在日大韓基督教会総会宣教 60 周年記念式典 実行委員会）、5-7 頁。
8 『在日大韓基督教会総会 第 24 回総会録』（1968）、26 頁。
9 『在日大韓基督教会総会 第 23 回総会録』（1967）、101-102 頁。
10 『宣教 70 周年을 向かう하여―在日大韓基督教会 宣教 60 周年記念行事草案』、1967 年、20 頁。
11 『在日大韓基督教会総会 第 26 回総会録』（1970 年）、46 頁。
12 在日大韓基督教会歴史編纂委員会編『在日大韓基督教会 宣教 90 周年記念誌』、77 頁。
13 『在日大韓基督教会総会 第 25 回総会録』（1969）、22 頁。
14 ランサム牧師による報告書は、Robert K. Anderson, *Kimchi & Maple Leaves under the Rising Sun*, 377-389 に収録されている。
15 桜本保育園については、川崎教会歴史編纂委員会編『川崎教会 50 年史』在日大韓基督教会川崎教会、1997 年、192 頁、日本キリスト教会館内への在日大韓基督教会総会事務所の設置については、『在日大韓基督教会総会 第 26 回総会録』（1970）、84 頁。総会録に記載された住所「東京都新宿区戸塚町 1-551」は、現在「東京都新宿区西早稲田 2-3-18」と変更されている。
16 この臨時総会の会録は、同上、59-60 頁に収録されている。
17 『在日大韓基督教会総会 第 27 回総会録』（1971）、43 頁。
18 両声明書は、『在日大韓基督教会総会 第 25 回総会録』（1969）、17 頁に収録されている。
19 『在日大韓基督教会関西地方会 第二十回地方会』（1969）、6 頁、「日本基督教団大阪教区社会委員会作成のチラシ」（1969 年 6 月 11 日、歴史編纂委員会所蔵）。
20 『在日大韓基督教会総会 第 26 回総会録』（1970）、12 頁。「態度表明」の全文は、『在日大韓基督教会総会 第 27 回総会録』（1971 年）、58-59 頁に収録されている。
21 「南北共同声明支持表明」および「南北共同声明支持基督者大会宣言文」は、『在日大韓基督教会総会 第 28 回総会録』（1972）、30-31 頁に収録されている。
22 「在日大韓基督教青年会全国協議会中央委員会 7・4 南北共同声明支持文」（『福音新聞』1972 年 8 月 15 日）。
23 「南北共同声明文支持文（要旨）」（『福音新聞』1972 年 8 月 15 日）。
24 在日大韓基督教歴史編纂委員会編『在日大韓基督教会 宣教 90 周年記念誌』、46-47 頁。
25 同上、295-296 頁。
26 同上、37 頁。
27 同上、145 頁。
28 同上、139、402 頁。
29 同上、345 頁。
30 『在日大韓基督教会総会 第 27 回総会録』（1971）、11-12 頁。
31 『在日大韓基督教会総会 第 32 回総会総会録』（1976）、16-17 頁。
32 『在日大韓基督教会総会 第 29 回総会報告書』（1973）、12 頁。「宣教基本政策」の全文については、『宣教基本政策』（1973 年 10 月 10 日、歴史編纂委員会所蔵）を参照。
33 李相勲「ディアスポラ・マイノリティ教会としての在日大韓基督教会の宣教的使命」（『キリスト

第 3 部　解放後から宣教 100 周年まで（1945 〜 2008）

　　　 教文化』2013 年春）、64-65 頁、神田健二「宣教論の現代的展開―エキュメニカル運動の軌跡の
　　　 中から」（『神学研究』第 33 号、1985 年）、154-157 頁。
34　『在日大韓基督教会総会　第 29 回総会報告書』（1973）、11、16 頁、『在日大韓基督教会総会　第 34
　　　 回総会総会録』（1978）、217-18、23 頁。
35　『在日大韓基督教会総会　第 29 回総会総会録』（1973）、24-25 頁。
36　同上、25 頁。
37　同上、20 頁。
38　同上、52 頁。
39　5 月国際会議の報告書は、『在日大韓基督教会総会　第 30 回総会総会録』（1974）、125-141 頁に収
　　　 録されている。
40　同上、127 頁。
41　同上。
42　同上、132 頁。
43　『第 2 回マイノリティ問題と宣教戦略国際会議』在日大韓基督教会総会、1995 年、65-66 頁。
44　『在日大韓基督教会総会　第 31 回総会報告書』（1975）、52 頁。
45　『在日大韓基督教会総会　第 29 回総会総会録』（1973）、12 頁。
46　『RAIK 創立 40 周年　感謝の 40 年　そして今』在日韓国人問題研究所、2014 年、3 頁。
47　『在日大韓基督教会総会　第 31 回総会報告書』（1975）、52 頁。
48　Ｊ・Ｈ・コーン、梶原寿訳『抑圧された者の神』新教出版社、1976 年、6-7 頁。
49　『在日大韓基督教会総会　第 31 回総会報告書』（1975 年）、32、37 頁、『在日大韓基督教会総会　第
　　　 32 回総会総会録』（1976）、57 頁、『在日大韓基督教会総会　第 34 回総会総会録』（1978）、33 頁。
50　この項に関しては、이상훈「재일대한기독교회에서 한국교회 파견목사의 지위 변천 과정」、103-
　　　 113 頁を参照。
51　『在日大韓基督教会総会　第 25 回総会総会録』（1969）、18 頁。四十年史編集委員会編『在日大韓基督
　　　 教婦人会全国連合会　四十年史（1948-1988）』、35 頁。

第5章　在日大韓基督教会

第4期
（1978 〜 1987）

「われわれの希望イエス・キリスト」

宣教70周年記念式典（1978.10.10）
於：大阪女学院ヘールチャペル

第 5 章　在日大韓基督教会　第 4 期（1978 〜 1987）:「われわれの希望イエス・キリスト」

1. 宣教 70 周年記念事業

（1）標語と目標

　在日大韓基督教会は、第 33 回定期総会（1977 年）において、宣教 70 周年記念実行委員会（委員長：李仁夏）提案による記念行事案および標語と目標を承認した[1]。標語は、「われわれの希望イエス・キリスト」であり、目標は、60 周年に引き続き、「教会」「同胞」「世界」に対するもので、①「新しい世代の教会を形成しよう」、②「在日同胞の新しい生を志向しよう」、③「世界の歴史の中にあってわれわれの使命を果たそう」という三つであった。
　実行委員会は、標語および目標の趣旨説明を記しているが、それは以下の 5 点であった。

> ①教会を新しい世代の教会として形成するため、あらゆる条件を克服し一世の信仰的遺産を正しく継承する。
> ②在日同胞のより充実した新しい生と忠実な信仰生活の基盤を打ち立てる。
> ③苦難を担いつゝある同胞と共に、主に従って前進する教会となり、歴史の中におけるその宣教的使命に総力を尽し自主自立を期す。
> ④宣教 100 周年に向って民族の念願である統一された祖国を目指して、統一への祈願と努力がわれわれの聖なる使命であることを自覚する。
> ⑤この地に神の国が顕現することを願う終末の希望を宣布し、世界教会との一致運動と連帯に積極参与する[2]。

　目標の構成と趣旨説明からも明らかなように、宣教 70 周年の標語と目標は、宣教 60 周年時に示された方向性を引き継ぐ内容となっている。

（2）記念式典

　宣教 70 周年時には、記念行事として正初査経会や各種の記念集会が実施された後、宣教 70 周年記念式典が、1978 年 10 月 10 日に大阪女学院ヘールチャペルで挙行された。記念式典には、日本国内外からゲストを含めて約 1000 名

が参加した[3]。

　第一部の礼拝では、李仁夏牧師の司会のもと、総会長の金徳成牧師による「われわれの希望イエス・キリスト」（イザヤ40：28～31、Ⅰテモテ1：1～3）と題したメッセージがあった。そして、宣教70周年略史の朗読後、苦難の歴史の中で信仰を継承した先達や日本の植民地時代に独立を求めて亡くなった犠牲者らを覚えて黙祷がささげられ、続いて大会宣言文が採択された[4]。

　大会宣言文の発表は、この70周年時が初めてであったが、その後、10周年の大会ごとに発表されるようになる。70周年の大会宣言文に記された項目は、①十字架の犠牲的愛が神の愛である、②わたしたちの宣教的使命は、真の自己確立にある、③神のみ旨は、全ての抑圧と虚無から解放し、自由と正義の新しい秩序を約束されるイエス・キリストにある、④わたしたちにゆだねられた宣教の特別な使命は、和解にある、⑤信仰の遺産を継続し、新しい世代の教会を形成する、というものであった。

　来賓挨拶は、基督教大韓監理会の金昌熙監督、日本基督教団の戸田伊助総会議長、駐日韓国大使の金永善大使、カナダ長老教会のビゲロー（Josse E. Bigelow）総会長、ドイツ教会代表のシュナイス（Paul Schneiss）牧師らであった。来賓挨拶後には、信仰生活50年を超える信徒に対する表彰があり、10名が表彰された。

　第二部の祝賀会は、崔忠植牧師と金主日女性会前会長の司会のもと行なわれ、文化公演として、韓国舞踊や青年会による寸劇などが演じられた。

（3）記念事業

　70周年の記念事業としては、開拓伝道、礼拝堂建築、福祉施設の設置、在日韓国基督教会館の強化、信徒教育機関の設置などが実施された。礼拝堂建築では、京都南部教会（1977年）、横須賀教会（1978年建物購入）、新居浜伝道所（1978年）、武庫川教会（1978年）、東京教会（1979年）、大阪教会（1979年）、明石教会（1980年）、大阪北部教会（1987年）が礼拝堂を新築あるいは購入し、献堂式を行なった。

　また、福祉施設としては、サカエ保育園（1978年）、愛信保育園（1979年）、イカイノ保育園（1983年）、特別養護老人ホーム永生苑（1985年）が設置され、

第 5 章　在日大韓基督教会　第 4 期（1978 〜 1987）：「われわれの希望イエス・キリスト」

信徒教育機関として、関西聖書神学院（1984 年）と東京聖書神学校（1987 年）が開校した。

2. 定期総会における重要決定事項

　在日大韓基督教会の第 34 回総会（1978 年）では、憲法改正がなされ、女性牧師・長老への道が開かれた[5]。これにより、在日大韓基督教会は、その職制において新たな一歩を踏み出すことになった。これを受けて、1980 年 6 月に芮戍糞執事が解放後初の女性長老として按手された。また、1983 年 10 月には慶恵重講道師が女性初の牧師となった[6]。

　また、同定期総会においては、定期総会の 2 年制が通過し、それまでの毎年開催から隔年開催となった[7]。これは、1979 年から実施されている。

　第 36 回定期総会（1981 年）においては、勧懲（戒規）条例が簡素化されたほか、韓国の 4 教団（基督教大韓監理会、韓国基督教長老会、大韓イエス教長老会・統合、大韓イエス教長老会・合同）との間で宣教協約が結ばれた。また、在日韓国・朝鮮人への福音宣教のために、1 億円自立基金の実施が決議された[8]。その後、1985 年にこの自立基金は、宣教協約を結んだ韓国 4 教団でも決議された。また、その後、日本基督教団からの宣教協力資金 1 億円と合わせて 3 億円の自立基金プロジェクトに発展した。

　そのほか、第 36 回定期総会では、神学委員会（委員長：楊炯春）の設置が決定されている。神学委員会は、以下の 5 点を目的として発足した。

①在日大韓基督教会の方向性を確かなものに設定する。
②在日 70 万同胞のための宣教の発展を期す。
③われわれの神学形成のための研究と教職者継続教育。
④われわれの実情に合ったカリキュラムをもって神学生を訓練する。
⑤わが総会の神学研究誌の発刊を準備する[9]。

神学委員会の設置後、教育局が担当していた教職者の神学研修会を神学委員会が担当することになったほか、海外韓人教会神学会議などが実施された。1999年には、機構改編に伴い、神学委員会と試取委員会が合併して神学・考試委員会となった[10]。また、2000年から神学生研修会は、総会神学校に委託されることになった[11]。

第38回定期総会（1985年）では、人権主日（9月第一主日）の制定、大韓イエス教長老会（大神）との宣教協約の批准、海外韓人長老会（KPCA）との宣教協約の批准、カナダ長老教会との宣教協約の改正、関西地方会の分立の承認などが行なわれた[12]。また、次の第39回定期総会（1987年）においては、伝道主日（2月第二主日）が制定されている[13]。

3. 第1回海外韓人教会神学会議の開催

1984年10月3～6日、天城山荘において在日大韓基督教会主催による「海外韓人教会神学会議」が主題「神の働かれる辺境の地」のもとに開催された[14]。この神学会議は、韓国教会の宣教100周年を記念して実施されたものであった。参加者は、米国、カナダ、ドイツ、台湾、日本および韓国で宣教に従事する教職者63名であった。

神学会議では、主題講演：崔孝燮牧師（ニューヨーク韓人教会）「移民神学」、李仁夏牧師（川崎教会）「寄留者・旅人の神学に関する一考察」、発題（①「海外における教会形成と宣教の課題」：朴タルジン牧師（在米）、尹宗銀牧師（在日）、②「文化的葛藤における二・三世の教育問題」：金チャニ牧師（在米）、楊炯春牧師（在日）、③「同胞の生活権と居住権問題」孫奎泰牧師（在独）、崔昌華牧師（在日））が行なわれた。

この神学会議は、その後、隔年で開催されることとなった[15]。海外韓人教会神学会議は在日大韓基督教会にとって、海外で苦難に直面する「同胞」との連帯や情報交換の場であり、その交流を通してディアスポラ教会としての自己理解と神学を形成する上で重要な出発点となった会であったと言える。

第5章　在日大韓基督教会　第4期（1978〜1987）：「われわれの希望イエス・キリスト」

なお、第3回の神学会議も、1988年7月6〜8日に日本（和歌山の北村荘）において開催され、カナダ、米国、韓国、台湾、在日大韓基督教会から57名の参加があった[16]。

4. 日本基督教団との「協約」の締結

　日本基督教団と在日大韓基督教会総会との「協約」の締結式が1984年2月8日、在日大韓基督教会の大阪教会において行なわれた[17]。1979年以降、両教会の合同作業委員会における討議を経て「協約」案が作成され、それを両教会がそれぞれ総会において批准し締結式に至った[18]。

　「Ⅰ. 序」「Ⅱ. 協約」「Ⅲ. 実施要綱」「Ⅳ. 運用規定」という構成で作成された「協約」の「序」では、両教会の関係が歴史的に総括されている。また、「Ⅱ. 協約」には、①両教会は「それぞれの職制と聖礼典を相互に認めること」、②両教会は「可能な限り各方面での宣教協力を約すること」、③両教会は「とくに在日韓国・朝鮮人の人権問題への取り組みについての協力を約すること」の3項目が記されている。

「協約」締結後、1988年と1996年の二度にわたって、「宣教協力にあたっての指針」が作成され、「協約」の内実化が計られた。この「協約」の締結以降、両教会の間では、個教会・地方会・総会レベルにおいて多くの宣教協力が積み重ね

日本基督教団との「協約」締結式（1984.2.8）於：大阪教会

られてきた。例えば、「協約」締結に際して、日本基督教団が宣教協力資金として10年間に1億円（1985～1994年）を献金することを約束し、これを実施した。在日韓国・朝鮮人の人権問題に関しては、指紋押捺撤廃運動に取り組み、現在はその延長線上で、外国人住民基本法の制定運動を担っている。また、在日大韓基督教会の開拓伝道のいくつかは、日本基督教団の協力のもとに行われてきた。

「協約」の「序」には、「この度両教会が宣教協約を締結することは、両者の和解の実を結ぶはじめであり、日本における福音宣教に新しい次元をつくりだすものと信じる」と記されている。新しい時代には、新しい福音宣教の課題が生じる。そのことを神の祝福と信じ、福音宣教の新しい次元を目指して「協約」の内実化が深められてきたと言える。

なお、2002年に東京神学大学教授の朴憲郁牧師が日本基督教団に「宣教師」として派遣されたが、それは「協約」をもとに実現したことであった[19]。朴憲郁牧師の派遣は、在日大韓基督教会による最初の宣教師派遣でもあり、在日大韓基督教会にとっては歴史的に大きな意義をもつ派遣となった。

5. 外国人登録法の抜本改正運動

1980年に始まる指紋押捺拒否の流れは、指紋押捺制度のほか外国人登録証（外登証）の常時携帯や違反者に対する過重な罰則を規定する外国人登録法（外登法）の抜本改正運動となっていく。在日大韓基督教会は、外登法抜本改正運動にその当初から組織として関わった。1983年の金君植総務の報告に、「昨年来、外国人登録法に関して、指紋押捺と常時携帯に反対して日本政府と闘っています。〔……〕在日韓国人差別の象徴である指紋押捺廃止に向けて闘うことは、教会の責任であり義務であります」[20]と記されているように、教会の宣教課題として担ったのである。

1981年2月に開催された在日大韓基督教会の任職員会では、社会局の要請に応じ、北九州市長に対して指紋拒否者を警察に告発しないことや、外登証の

第 5 章　在日大韓基督教会　第 4 期（1978 ～ 1987）:「われわれの希望イエス・キリスト」

常時携帯の廃止を要請することを決議している[21]。

　1980 年代に始まる外登法抜本改正運動は、1980 年 9 月に韓宗碩氏が東京の新宿区役所で指紋押捺を拒否し、即日警察署に告発されたことがその端緒となった。次いで同年 11 月に崔昌華牧師が北九州小倉区役所で拒否し、この年の拒否者は 3 名となる。1981 年には、小倉教会の崔善愛・崔善恵姉妹、金貞女師母、ロン藤好氏（米国合同教会宣教師）を含めた 6 名が拒否者となった。

　1982 年に拒否者が日本全国に拡がりを見せはじめた頃、日本政府は 10 月に改定外登法を施行した。それは、①切り替え期間を 3 年から 5 年、②新規登録を 14 歳から 16 歳、③罰金を 3 万円以下から 20 万円以下にするといった内容の改定であった。また、指紋押捺拒否者に対しては、原則として再入国を不許可とする制裁措置を加えることによって日本政府は、拒否者数の増加を防ごうとした。

　1983 年には、金智隆（東大阪市）や崔日承（熊本市）ら高校生の拒否者が続き、支援運動も活発に行われるようになっていった[22]。在日大韓基督教会では、84 年 12 月に指紋拒否実行委員会（委員長：金得三）が総務室直属として設置され[23]、指紋拒否予定者を募り、拒否者に対する支援および日本の教会、韓国の教会、米国の教会への支援要請を活発化させていった。各地方会においても指紋拒否実行委員会との共催で集会が行なわれた。関東地方では 85 年 1 月、「在日韓国人キリスト者外登法改正要求 1・15 決起集会」が開催され、指紋拒否予定者の名簿が発表された。次いで同年 3 月には、西南地方および関西地方で集会が開催され、この時点で在日大韓基督教会内の指紋拒否予定者は

在日韓国人キリスト者外登法改正要求 1・15 決起集会（1985.1.15）
於：日本基督教団東京山手教会

第3部　解放後から宣教100周年まで（1945〜2008）

1070名に達している。85年の在日大韓基督教会の信徒総数は約4300人であったので、実にその四分の一にあたる信徒が指紋拒否を予告したことになる。

　外登法抜本改正運動の特徴は、在日大韓基督教会以外の教会との連帯とともに、日本の市民運動との連帯があったことである。特に、日本の諸教会、海外の教会およびキリスト教の国際機関のサポートは、指紋拒否当事者たちに対する大きな励ましとなった。

　日本国内では、1984年2月に在日大韓基督教会と日本基督教団との間に締結された「協約」にもとづく具体的な取り組みとして、指紋押捺の撤廃を求めた署名活動が両教団によって実施された[24]。また、日本における主要な諸教派（日本カトリック教会、日本聖公会、日本バプテスト連盟、日本バプテスト同盟、日本キリスト教会、日本自由メソヂスト教会、日本ナザレン教団）と団体（日本キリスト教協議会、日本YWCA、日本基督教婦人矯風会）、そして、すでに組織されていた「外登法問題と取り組む関西キリスト教代表者会議」（関西代表者会議）をはじめ、各地の「外キ連」（北海道、関東、神奈川、中部、関西、京滋、九州、山口）が、1987年1月に「外登法問題と取り組む全国キリスト教連絡協議会」（外キ協）を結成した。これにより、よりエキュメニカルな連帯にもとづく活動が展開されるようになっていった。

　このような取り組みに対して、「悪法も法だ。それを守らないのはキリスト教精神に反する」との批判の声が教会内外で上がったが、それに対してカトリック大阪大司教区の安田久雄大司教は、「法治国に住むのだから法を守れと言う前に、その法が神によって与えられた人間の尊厳を侵していないかを兄弟同士の問題として問わなければならない」[25]と語り、キリスト者の外登法問題に対する取り組みの意義を明らかにした。

　海外においては、韓国基督教教会協議会（KNCC）が1984年7月より署名運動を展開したのをはじめ、アジア・キリスト教協議会（CCA）が85年にソウルで開催された第8回総会において「指紋押捺制度撤廃」の支援を決議した[26]。CCAは、さらに87年に世界教会協議会（WCC）と合同で日本に調査団を派遣し、調査報告書を世界の教会に配布した[27]。また、1984年3月に開催された日北米宣教協力会（JNAC）の総会では、指紋押捺制度の廃止のための具体的な行動提起として、①日本で50万、米国で10万の署名を行なうこと、②JNAC代表がワシントンとオタワで日本政府代表と会見し、指紋問題をアピー

ルすることなどが決議された[28]。そのほか、在日韓国人の人権擁護米国委員会のメンバーである牧師たちで構成された外登法問題米国調査団一行6名が、1988年4月19日から22日にかけて、大阪と東京で外登法問題に関する実態調査を行なった。一行は、東京の衆議院会館で外登法問題について公明党や社会党の議員と懇談したほか、熊谷直博入管局長に声明書を伝達し、「外登法の抜本改正のみが、国際社会において人権を尊重する国のあり方である」と訴えた[29]。

　外登法の指紋押捺制度は、1993年1月より永住資格者から、また、2000年4月よりすべての外国人から撤廃された。この運動の目的は、指紋押捺制度をなくすことにとどまらず、外国人に対しては指紋押捺に象徴されるような差別を行なってもよいとの考え方・価値観に対して「否」を突きつけることにあった。

6. 教会・伝道所の設立・加入（1978〜1987）

　今福教会（1978年）、巽教会（1978年）、豊中第一復興教会（1980年）、コリアン・チャペル（1982年加入　現・東京第一教会）、東京信濃町教会（1983年加入　現・東京中央教会）、浦和伝道所（1983年加入　現・大宮教会）、大阪第一教会（1984年加入）、高槻伝道所（1984年）、仙台教会（1984年）、奈良教会（1985年）、福岡中央教会（1985年）、姫路教会（1985年加入）、東京新宿教会（1985年）、水戸伝道所（1985年）、三沢教会（1986年）

7. 教勢（1979 〜 1985）

年度	1979	1981	1984	1985
教　　会	46	48	55	58
牧　　師	40	47	53	58
講道師・伝道師	7	7	7	10
長　　老	67	71	88	96
洗礼会員	2338	2569	3093	3320
信徒総数	3524	3584	4275	4803

第 5 章　在日大韓基督教会　第 4 期（1978 〜 1987）:「われわれの希望イエス・キリスト」

1 『在日大韓基督教会総会 第 33 回総会総会録』（1977）、18-24 頁。
2 同上、20 頁、『宣教 70 周年記念行事要覧』在日大韓基督教会総会宣教 70 周年記念委員会、1978 年、9 頁。
3 「宣教 70 周年盛大히 挙行」（『福音新聞』1978 年 11 月 15 日）。
4 大会宣言文は、『在日大韓基督教会総会 第 34 回総会総会録』（1978）、137-138 頁に収録されている。
5 『在日大韓基督教会 憲法』在日大韓基督教会総会、1979 年を参照。
6 「関東地方会」（『福音新聞』1983 年 9 月 15 日）。第 34 回関東地方会において、慶恵重講道師の牧師按手式が行なわれた。
7 『在日大韓基督教会総会 第 34 回総会総会録』（1978）、101 頁。
8 『在日大韓基督教会総会 第 36 回総会総会録』（1981）、12-17、102 頁。
9 『在日大韓基督教会総会 第 37 回総会総会録』（1983）、96 頁。
10 『在日大韓基督教会総会 第 45 回定期総会総会録』（1999）、17 頁。
11 同上、58、82 頁。
12 『在日大韓基督教会総会 第 38 回総会総会録』（1985）、16-17 頁。なお、分立した地方会の名称は、第 39 回定期総会（1987 年）において、「関西地方会」および「西部地方会」となった。『在日大韓基督教会総会 第 39 回総会総会録』（1987）、19 頁。
13 同上。
14 この会議については、『在日大韓基督教会総会 第 38 回総会総会録』（1985）、102-107 を参照。
15 同上、105 頁。
16 『在日大韓基督教会総会 第 40 回総会総会録』（1989）、100-101 頁。
17 『在日大韓基督教会総会 第 38 回総会総会録』（1985）、26 頁。
18 「協約」を日本基督教団は第 22 回総会（1982 年）、在日大韓基督教会は第 37 回定期総会（1983 年）において批准した。
19 『在日大韓基督教会 第 47 回定期総会総会録』（2003）、23、106 頁。
20 『在日大韓基督教会総会 第 37 回総会総会録』（1983）、41 頁。
21 『在日大韓基督教会総会 第 36 回総会総会録』（1981）、34 頁。
22 「教会関係者拒否者一覧表」（『福音新聞』1985 年 7 月 15 日）。なお、指紋押捺拒否者の証言集としては、在日大韓基督教会指紋拒否実行委員会編『日本人へのラブコール』明石書店、1996 年がある。
23 『在日大韓基督教会総会 第 38 回総会総会録』（1985）、29、111-118 頁。
24 同上、108-110、113 頁。
25 「メッセージ」（『外登法問題を訴える関西大集会』）1985 年 7 月 14 日）、9 頁。
26 「韓国 NCC 서 指紋拒否運動위해 百万名署名전개」（『福音新聞』1984 年 7 月 15 日）、「第八回 CCA 総会서 指紋制度撤廃決議」（『福音新聞』1985 年 8 月 15 日）。
27 *Alien Fingerprints: Legacies of Japan's war* (Hong Kong: CCA-URM, WCC,-PCR, 1986).
28 「JNAC 総会 열리다 少数者의 人権問題에 関心」（『福音新聞』1984 年 5 月 15 日）。
29 「外登法問題米国調査団来日 日本法務省に要望書伝達」（『福音新聞』1988 年 5 月 15 日）。

第6章　在日大韓基督教会

第5期
（1988 ～ 1997）

「我らに新しい力を給うイエス・キリスト」

宣教80周年記念総合修養会（1988.7.4～6）於：和歌山

第6章　在日大韓基督教会　第5期（1988〜1997）：「我らに新しい力を給うイエス・キリスト」

1. 宣教80周年記念事業

（1）標語および実践目標

　在日大韓基督教会は、1987年3月の任職員会において宣教80周年実行委員会（委員長：洪永其）を組織し、宣教80周年に向けて本格的な準備に入った[1]。その後、第39回定期総会（1987年）において、標語「我らに新しい力を給うイエス・キリスト」と実践目標が承認された[2]。実践目標は、①自立した100教会の設立、②主の働き人の養成、③小さな隣人とともに生きる宣教、④在日同胞の生に参与する奉仕、という4項目であった[3]。
　標語の主旨については、1988年に出された「在日大韓基督教会総会 宣教理念」において、次のように記されている。

　　われわれ総会は、この宣教80周年に当たり、90周年に向けて、「われらに新しい力を給うイエス・キリスト」という標語を掲げ、この荒野の道を、主イエス・キリストに励まされながら約束の地を目指し前進しようとしている。バビロニア捕囚からまもなく解放されんとしていた捕囚の民イスラエルに向かって、預言者第二イザヤは神の深い慰めの言葉と共に、行く手に広がる荒野に主の大路を整え、約束の地に向かって前進してゆく使命遂行の前進命令を伝えた。第二イザヤはまた、この主の言葉に応答して捕囚の状況から踏み出してゆく為に、主なる神は尽き果てることのない新しい力をそなえて下さることも伝えている（イザヤ40：31）。われわれ総会も、今日在日同胞を取り巻く様々な試練を乗り越え、主イエス・キリストの指し示す目標に向かって、今日の在日同胞の置かれた荒野に主の大路を切り拓く歩みを開始する時、キリストはわれわれに惜しみなく新しい力を注いで下さることを信じてやまない[4]。

　この標語と実践目標のもと、在日大韓基督教会は、記念行事および記念事業を推進した。記念行事としては、宣教80周年記念地方大会（1988年5月29日：関東地方会、6月12日：中部地方会）や総合修養会、記念大会が開催された。一方、記念事業としては、『宣教80周年記念画報（1908〜1988年）』の発刊（1988年）、「在日大韓基督教会総会 宣教理念」の発表（1988年）、『韓日讃頌歌』の

刊行（1996年12月）が実施された。『韓日讃頌歌』は、韓国讃頌歌公会発行の讃美歌558曲の対訳版であった[5]。

（2）記念大会

　宣教80周年記念大会は、1988年10月10日、大阪中之島中央公会堂において挙行され、日本内外からのゲストを含め、約1000名の参加があった[6]。
　第一部の記念式典は、洪永其牧師（実行委員長）の司会のもと、総会長の楊炯春牧師による「我らに新しい力を給うイエス・キリスト」と題したメッセージがあった。尹宗銀牧師（横浜教会）の80周年略史の朗読と金在述名誉長老（京都教会）の祈祷に続いて、大会宣言文が金榮植牧師（大阪北部教会）によって朗読され、拍手で採択された。大会宣言に記された決意は、次の6項目であった。

> ①諸先輩の信仰の伝統を歴史的遺産として継承発展させることを誓う。
> ②在日同胞の苦難の生に参与する教会として、仕える者の使命を全うすることを誓う。
> ③世代交代の信仰と教会構成員の多様化を考慮して、教会共同体の主体性の確立を模索することを誓う。
> ④現在72ヵ所に教会が設立されていることを神の祝福として感謝し、来る90周年に向って、自立した100教会を設立し、キリストの福音を通して、同胞を民族的虚無と罪から解放し、このための働き人を養成することを誓う。
> ⑤宣教90周年に向け、三・四世代への宣教的使命の重要性を認識し、このための働き人を養成することを誓う。
> ⑥世界教会と母国教会、そして海外同胞のディアスポラ教会の今日まで多くの協力と支援を感謝し、今後もこの地に神の国の具現をめざすエキュメニカル運動の隊列に世界教会と共に参与することを誓う[7]。

　引き続き式典では、韓国教会を代表して大韓イエス教長老会（統合）の林沃総会長、日本教会を代表して日本基督教団の後宮俊夫総会議長、駐日韓国大使館のイ・ハンチュン公使、カナダ長老教会のビゲロー牧師、日北米宣教協力会代表の中嶋正昭牧師、日本キリスト教協議会の竹内謙太郎議長、アジア・キリ

第6章　在日大韓基督教会　第5期（1988〜1997）：「我らに新しい力を給うイエス・キリスト」

スト教協議会代表の朴相増総幹事らの祝辞があり、次いで教職者・長老・信徒50年以上、教師25年以上の奉仕者に対する表彰が行なわれた。

第二部の祝賀会は、金得三牧師（西宮教会）の司会のもと、韓国の人間文化財である朴東鎭長老によるパンソリ「イエス伝」や青年会全国協議会による寸劇「在日物語」が演じられた。

2. 定期総会における重要決定事項

在日大韓基督教会の第43回定期総会（1995年）では、世界宣教協力委員会が設置された。世界宣教協力委員会の提案理由は、2008年に宣教100周年を迎える教団として、在日韓国・朝鮮人宣教の経験をアジアの教会と共有し、世界宣教の一翼を担うためというものであった。一方、婦女局廃止の件が献議案として提出され、総会書記および全国女性会から献議理由が説明された後、可決された[8]。

また、同定期総会では、解放50周年という節目の年に在日大韓基督教会が、戦後補償問題や民族差別問題、祖国の平和統一において役割を担うべきことを再確認するために「在日大韓基督教会の宣教的使命 ―荒野の50年を越えて」が採択された。

3. 教会学校教案の作成

解放後、1940年代に在日大韓基督教会の主日学校で利用された教案は、韓国の聖公会発行の教案（1946年の第2回定期総会で決定）、『万国主日工課』（1947年）、『壮幼年主日工課』（1949年の第5回定期総会においてこの教案を配布したとの報告がある）であり[9]、すべて韓国で発行されたものであった。

第 3 部　解放後から宣教 100 周年まで（1945 〜 2008）

　1950 年代に入っても、1951 年の第 7 回定期総会の報告の中で、「1952 年度主日学校教案は、カナダ宣教部の原本を注文中であるので、出版翻訳委員 4 人を決めて準備中」[10] とあるが、1952 年（第 8 回）から 1959 年（第 15 回）においてはすべて、『主日工課』など韓国で発行された教案を注文・配布したことなどが報告されている[11]。

　1960 年代においても、1960 年（第 16 回）から 1966 年（第 22 回）まで『主日工課』、『世界統一工課』を取り寄せ、各教会に配布していた。しかし、この 60 年代に独自の教案作成に向けての動きも生まれている。1966 年の教育局の報告によれば、宣教 70 周年記念行事の一環として在日大韓基督教会独自の教案作成を計画し、「教会学校カリキュラム作成委員会」を設置したことが報告されている[12]。その後 1970 年代に入っても在日大韓基督教会独自の教案作成の計画・研究が継続して行なわれた[13]。

　そのような中、1980 年代の半ば過ぎから、在日大韓基督教会独自の教案作成への動きが本格化し、1986 年から 89 年にかけて、第 1 号から 6 号までが単発的に『教会学校シリーズ』として 300 部ずつ発行された。

　その後、1987 年 10 月の第 39 回定期総会後の教育局会において、教案を 3 年サイクル（1 年目は教理、2 年目は新約聖書、3 年目は旧約聖書）で発行することが決定され、教育局のもとに 6 名（局長、主事を含む）で構成された「教案委員会」を組織して活動を開始した[14]。教案を作成するにあたっては、在日韓国・朝鮮人の視点からその歴史や状況、課題などを取り上げるとともに、在日大韓基督教会の歴史やマイノリティ性、エキュメニカル性を扱うこと、また、韓国語を少しずつ日常生活の中に取り入れ、本名（民族名）を名乗ることを後押しするような内容をもつ教案とすることが確認された[15]。

　そして、1990 年 4 月から教案の刊行が始まり、第Ⅰサイクル（1990 年 4 月〜 93 年 3 月）、第Ⅱサイクル（1993 年 4 月〜 96 年 3 月）、第Ⅲサイクル（1996 年 4 月〜 99 年 3 月）、第Ⅳサイクル（1999 年 4 月〜 2002 年 3 月）、第Ⅴサイクル（2002 年 4 月〜 2005 年 3 月）を通して、7 号から 56 号までが発行された。第Ⅴサイクル終了以降は、15 年にわたる教案の作成・刊行は休止状態となっている。

4. 平和統一宣教への参与

(1) 平和統一宣教の始まり

　在日大韓基督教会の総会レベルにおいて平和統一に関する委員会の設置が決定されたのは、第36回定期総会（1981年）においてであった。1981年7月に開催された在日大韓基督教会第3回人権シンポジウムにおいて、「民族統一宣教研究委員会」の設置を定期総会に提議することとなり、同年10月の定期総会において社会局の中に「民族統一小委員会」（委員長：崔昌華）が設置されることとなった[16]。委員会は、1985年に特別委員会となってその名称が「北韓宣教特別委員会」となったが、1986年12月の任職員会において再び名称変更が行なわれ「南北宣教委員会」となった。さらに1991年4月の任職員会において名称が「平和統一宣教委員会」と変更された[17]。

　1984年10月には、世界教会協議会（WCC）の国際委員会（CCIA）が主催した「北東アジアの平和と正義」協議会が日本の東山荘で開催され、在日大韓基督教会からも李仁夏牧師らが参加した。この協議会は、朝鮮半島の平和統一を課題として開催された国際会議で、これ以降の朝鮮半島におけるキリスト教会の「平和統一宣教」に対するガイドラインが協議された重要な会議であった。

　1986年9月、スイスのグリオンで開かれたWCCの平和会議で、韓国と北朝鮮のキリスト者代表が初めて出会い、聖餐をともにした。その後、第2回グリオン会議が1988年11月に、第3回グリオン会議が1990年12月に開催され、その際には在日大韓基督教会から李大京総会長と金安弘総務が参加している[18]。

　1986年12月に開催された任職員会では、「日本NCCの北朝鮮訪問団」に金桂昊牧師（南北宣教委員会委員長）が参加する件が討議され、「金牧師を推薦し、経費を総会が負担する」ことが承認された[19]。しかし、金牧師の参加は北朝鮮側の承認を受けることができず、3人の日本キリスト教協議会代表（隅谷三喜男、中嶋正昭、前島宗甫）が北朝鮮を訪問した[20]。

(2)「民族統一に関する在日大韓基督教会総会宣言」の発表

1988年7月、在日大韓基督教会は、在日大韓基督教会総会名で「民族統一に関する在日大韓基督教会総会宣言」を発表した[21]。この宣言は、1988年2月に韓国基督教教会協議会（KNCC）が第37回総会で採択して発表した「民族の平和と統一に対する韓国キリスト教会宣言」に呼応して、在日大韓基督教会がその立場を明らかにした宣言であった。そこでは、「キリストの和解の福音に立脚して分断された同胞、すなわち民団、朝総連、帰化同胞の和解を計り、祖国の統一と平和が成就されるために寄与することが、わが総会の宣教的課題であると宣言」されている。

同宣言では、在日大韓基督教会の統一と平和に向けての実践項目として、次の9項目を挙げている。

①毎年8・15前主日を「民族和解と統一のための主日」として守る。
②総会は、離散家族再会のためにあらゆる努力を行なう。
③総会は、民族記念行事を民団・朝総連・帰化同胞と共同で開催できるように努力する。
④総会は、在日同胞が南北の地を自由に往来できるよう、南北政府に要請する。
⑤総会は、朝鮮基督教徒連盟との交流を持ちつつ、適当な時期に宣教協約を結び、共同で南北統一のため努力する。
⑥総会は、理念を超越して、人道的な意味で南北地域で人権蹂躙と抑圧なき自由と平和が実現されることを祈る。
⑦総会は、宣教90周年に向って、平和と統一を内容とする教育と宣教を具体化していく。
⑧総会は、祖国の統一と平和のため、本国教会と日本教会と世界教会の連帯と対話を続けていく。
⑨総会は、世界平和の定着のため、韓半島のあらゆる核兵器をはじめ、全世界の核兵器撤廃運動にも参与して行く。

(3)「祖国の平和統一と宣教に関する基督者東京会議」の開催

1988年に発表された「民族統一に関する在日大韓基督教会総会宣言」では、

第 6 章　在日大韓基督教会　第 5 期（1988 〜 1997）:「我らに新しい力を給うイエス・キリスト」

その実践項目の 8 番目に、「総会は、祖国の統一と平和のため、本国教会と日本教会と世界教会の連帯と対話を続けていく」とある。在日大韓基督教会は、この項目の実践として、1990 年 7 月に第 1 回「祖国の平和統一と宣教に関する基督者東京会議」（平和統一会議）を開催した[22]。当時、南北分断という時代状況のため朝鮮半島内で南北の教会が出会うことは不可能であった。そのような時期に在日大韓基督教会は、韓国の諸教会や北朝鮮の朝鮮基督教徒連盟、エキュメニカル関係の教会代表を招き、平和統一会議を 2002 年まで 8 回にわたって開催した。

　この平和統一会議は、「キリストはわたしたちの平和であって、二つのものを一つにし、敵意という隔ての中垣を取り除く」（エフェソ 2 : 14）ことを実現するための南北の教会の出会いの場であった。平和統一会議を通して、韓国基督教教会協議会（KNCC）に加盟していない韓国の諸教会を含め、「南北教会は、主にあって赦しあい、短い時間ではあるが、暖かい交わりを通して相互信頼を回復しつつ、和解への第一歩を踏み出すことができたのである」[23]。1990 年から 2002 年まで平和統一会議は以下のように開催された。

祖国の平和統一と宣教に関する基督者第 8 回東山荘会議（2002.7.22 〜 24）
於：YMCA 東山荘

第3部　解放後から宣教100周年まで（1945〜2008）

回	日時	場所	参加	主催
1	1990年7月10〜13日	在日本韓国YMCA	100	KCCJ
2	1991年7月9〜12日	在日本韓国YMCA	78	KCCJ
3	1992年10月20〜22日	御殿場東山荘	95	KCCJ平和統一研究所
4	1994年5月31日〜6月2日	在日本韓国YMCA	120	韓国5教団とKCCJ
	主題：「民族大団結の原則を実践するための教会の役割」			
5	1996年6月5〜7日	KCCJ東京教会	120	韓国5教団とKCCJ
	主題：「祖国の平和と民族大団結のためのキリスト者の役割」			
6	1998年10月8〜10日	KCCJ大阪教会	145	韓国5教団とKCCJ
	主題：主題：「21世紀の文明史的転換とわが民族共同体の未来」			
7	2000年11月6〜9日	KCCJ福岡教会	160	韓国5教団とKCCJ
	主題：「変化した韓・朝鮮半島を共につくっていく民族統一」			
8	2002年7月22〜24日	御殿場東山荘	103	韓国5教団とKCCJ
	主題：「南北（北南）信仰共同体の分かち合いと奉仕」			

（4）朝鮮基督教徒連盟訪問と交流の実施

　1987年5月に実施された日本キリスト教協議会の北朝鮮訪問団の一員に加わることはできなかったが、1987年6月に韓国の盧泰愚大統領候補が発表した「6・29民主化宣言」と、「海外同胞は申告によって北朝鮮を訪問してもよい」とした1988年の盧政権による7・7特別談話を受けて在日大韓基督教会は、民族の和解と統一を目的として朝鮮基督教徒連盟との交流を進めるために訪問団を北朝鮮に派遣した。

　在日大韓基督教会の第一次朝鮮基督教徒連盟訪問団（団長：金桂昊南北宣教委員会委員長）6名は、1989年7月27日に日本を発ち、北京経由で29日に平壌に到着した後、約2週間滞在した。一行は、7月30日の主日には、鳳水教会に出席した[24]。礼拝は午前10時に始まり、礼拝順序は、黙祷、信仰告白、讃美歌、祈祷、聖書、讃美（聖歌隊）、説教（約20分）、讃美歌、平和の握手、讃美歌、献金、祝祷というもので、訪問団からは金桂昊牧師が祈祷、李大京総務が祝祷を担当した[25]。

　訪問団一行は、8月2日における朝鮮基督教徒連盟（委員長：康永燮）との会合において、在日大韓基督教会の第40回定期総会への招待状を伝達し、キリスト教関係の書籍を贈呈した。また、両教会の今後の交流および、南北の教会をはじめ海外の韓国教会を含めた民族教会シンポジウムなどの開催について

第6章　在日大韓基督教会　第5期（1988〜1997）：「我らに新しい力を給うイエス・キリスト」

話し合った。

その後、訪問団一行は、平壌市内をはじめ、西海閘門、金剛山、白頭山、板門店を訪問し、8月12日に帰路に着いた。

この訪問を通して、翌年に「祖国の平和統一と宣教に関する基督者東京会議」が開催されることとなった。朝鮮基督教徒連盟訪問は、現在まで次のように4次にわたって実施されている。

　第2次訪問：1991年7月22日〜8月1日（参加者：団長　金榮植総会長ほか3名）
　第3次訪問：1993年4月30日〜5月11日（参加者：団長　金元治牧師ほか6名）
　第4次訪問：2002年5月18〜25日（参加者：団長　金広照長老ほか9名）

（5）自転車100台の贈呈

1993年の第3次朝鮮基督教徒連盟訪問団の平壌訪問時に、在日大韓基督教会から自転車100台が朝鮮基督教徒連盟に贈呈された。この自転車は500ヵ所の家の教会で用いるためのものであった。北朝鮮全土に散らばる家の教会では牧師数が絶対的に不足しており、宣教の業に信者たちが携わっている。そのような信者たちによる宣教の働きのために自転車が贈呈されたのであった[26]。

（6）洪水・旱ばつ被害に対する支援

1995年、北朝鮮に大規模な自然災害が発生する。特に農業が大きな打撃を受け、それによる食糧危機は1996年と1997年に最も深刻となった。在日大韓基督教会は、1997年に、在日大韓基督教会内の各教会をはじめ日本の教会や世界の教会に飢餓基金を呼びかけた。1997年3月に米国ルイビルにおいて開催された韓国・米国・豪州長老教会の宣教協議において緊急支援が協議され、150万ドルの支援が決定された。これに呼応して、在日大韓基督教会の任職員会は5万ドルの支援を決定している。同年11月には、姜栄一総務が日本のキリスト教会の代表とともに支援物資および飢餓基金を伝達するために平壌を訪問した[27]。

(7) 日本キリスト教会による「朝鮮基督教徒連盟への謝罪訪問」への同行

　日本キリスト教会は、戦前における韓国・朝鮮教会に対して行なった「神社参拝強要問題に関する謝罪」のために、朝鮮基督教徒連盟への訪問を希望していたが、1999年11月27〜30日にそれが実現する運びとなった。訪問団は、大会議長の久野牧牧師ほか2名であったが、日本キリスト教会は在日大韓基督教会に対して姜栄一総務の同行を要請した。平壌を訪れた日本キリスト教会の訪問団は、11月28日に鳳水教会における礼拝後に謝罪文を読み上げた[28]。

5. 東京総会神学校の開校とその事業

　在日大韓基督教会の第43回定期総会（1995年）において、「総会立神学校の設立」の提案がなされた。その提案理由などは、次のようなものであった。

　①在日同胞に対する福音伝道と在日大韓基督教会の神学を定立すること。
　②在日大韓基督教会の教職者の養成をわたしたちの力量で行ない、また、教会運営のための指導者および信徒の訓練を行なうこと。在日同胞の福音伝道のためには、教職者養成が何より急を要することである。現在までは、本国・日本の神学校に依存してきた。宣教現場に対する認識の欠如により積極的な対応ができずにきた。牧会者の再教育も急を要する課題である。
　③後世代のための精神文化の継承のためである。民族の文化形成は重要である。在日同胞社会が日本の地において存続するためにも、精神文化を継承していく研究機関が必要である。
　④総会立神学校の開校日は、1996年の春とし、場所は東京教会を予定している。
　⑤運営費は、当分の間、個教会の宣教負担金の1ヵ月分とする[29]。

　このような提案理由の説明があっと後、長時間にわたる質疑応答があり、採択の結果、賛成36票、反対21票で総会立神学校の設立が可決された。この後、

第6章　在日大韓基督教会　第5期（1988〜1997）：「我らに新しい力を給うイエス・キリスト」

準備期間を経て、1996年9月12日に「東京総会神学校」の開校式および入学式が東京教会において行なわれた。東京総会神学校の初代の理事長および校長、担当教授は次の通りであった。

　　　理事長：金君植　　　　校長：尹宗銀　　　　教務主任：朴憲郁
　　　旧約聖書学：金榮植　　新約聖書学：尹宗銀　　組織神学：黄義生
　　　教会史：朴憲郁　　　　実践神学：李聖柱　　　語学：朴憲郁・金性済[30]

　1996年9月、東京教会の地下の一室で開校された東京総会神学校は、12年目の2008年に西新井教会と共同購入した建物に移転することとなった。1階部分は共通の駐車場、2階部分（120坪）は神学校、3階部分は西新井教会が使用することとなった。2階の神学校施設には、二つの講義室、図書室、事務室、食堂、寄宿舎5室などの施設が完備されている。新校舎竣工感謝礼拝は、2008年3月11日に行なわれた。

　東京総会神学校は、最初の卒業生2名（張元世、朴恩塾）を輩出した後、毎年卒業生を出し、2008年までの卒業生は19名となっている。

　東京総会神学校は、2000年から、それまで神学委員会が実施していた神学生の研修会を担当することになり、神学生研修会を通して神学生と教会をつなぐ機会を提供してきた。2005年には総会神学校と改称している。

総会神学校

6. 宣教協約関係の広がり

（1）基督教大韓聖潔教会との宣教協約締結

　1995年1月10日、ソウルにある基督教大韓聖潔教会本部において、在日大韓基督教会（総会長：金君植）と基督教大韓聖潔教会（総会長：崔建鎬）との間の宣教協約式が行なわれた[31]。これにより、在日大韓基督教会は、韓国の6教団と宣教協約関係をもつこととなった。

　1901年に来日したC・E・カウマン（C. E. Cowman）によって東洋宣教会が東京に設立されるが、その東洋宣教会所属の聖書学院出身であった鄭彬と金相濬の両伝道師が1907年に朝鮮宣教を開始したのが基督教大韓聖潔教会の始まりである。その後、朝鮮イエス教東洋宣教会聖潔教会として組織を整え、朝鮮のみでなく、満州や日本在住の朝鮮人への宣教活動を展開した。日本におけるその宣教は、1927年3月の東京をはじめ、豊橋、大阪、名古屋、広島、神戸とその宣教地域を広げて展開されていった。しかし戦時中、聖潔教会の再臨信仰が当局から危険視され、1943年12月に強制的に解散させられている。

　解放後に組織された在日本朝鮮基督教連合会の初代会長であった金琪三牧師は、大阪聖潔教会（現・大阪第一教会）の牧師であった。

（2）米国合同キリスト教会との宣教協約締結

　在日大韓基督教会は、米国合同キリスト教会（The United Church of Christ）の第20回定期総会（1995年6月29日〜7月4日、於：オークランド）において、同教会との宣教協約を締結した。在日大韓基督教会の金君植総会長と米国合同キリスト教会のフェリー（Ferry）総会長が宣教協約文に調印した後、金君植総会長は挨拶の中で、両教会は「日北米宣教協力会を通して良き宣教協力関係を固く築いてきたが、今後両教会の復興発展だけでなく、日米両国における宣教課題を協力して担っていくことを願う」と述べた[32]。両教会が結んだ宣教協約の内容は次のようなものであった。

第6章　在日大韓基督教会　第5期（1988～1997）：「我らに新しい力を給うイエス・キリスト」

①洗礼、聖餐、聖書のみ言葉に忠実であることにおいて一つである。
②イエスの歩かれた道に従い、米国・日本・全世界の平和と正義の実現をともに望むことにおいて一つである。
③この宣教協力は、両教会の関係をより深いものとするだけでなく、両国内にあって教会一致を推進するにあたって大きな助けとなると信じる。

上記の内容を具体化するために、次のことを行なう。
①教職者、信徒間の交流訪問。
②神学的にも信仰的にも、これを強めるため定期的に協議会を開催する。
③共同プログラム、また人材を交換し、両国にあって宣教の相互参与を行なう。
④人種的・経済的・社会的正義のため献身的に働く両教会が何について相互協力することができるか模索する。

（3）オーストラリア連合教会との宣教協約締結

　オーストラリア連合教会（The Uniting Church in Australia：UCA）との宣教協約を目指しての交流は、1994年から始められていた。1996年3月に、UCAの世界宣教委員会と世界宣教協力委員会（委員長：金君植）との間で、宣教協約に関する意見交換がなされた。そして、相互交流（牧会者、信徒、青年、女性）を行なうことや共同の宣教課題を担うことで合意した[33]。
　1997年7月7～12日、パースにおいて宣教協約の調印式が両教会の代表の出席のもとで行なわれた。在日大韓基督教会からの出席者は、李大京総会長、金君植世界宣教委員長、姜栄一総務であった。この宣教協約は、在日大韓基督教会側では、同年10月に開催された第44回総会において批准されている[34]。
　UCAは、長老教会とメソジスト教会を中心に教会一致を目指して結成された連合教会であり、カトリックをも含んだ連合教会を理想としてさらなる合同の努力を継続している教会である。UCAが1996年に在日大韓基督教会の牧会者1名を研修のために受け入れることを決定したのを受けて、在日大韓基督教会から李根秀牧師が派遣された[35]。

（4）日本キリスト教会との宣教協約締結

在日大韓基督教会は、日本キリスト教会との宣教協約を、第44回定期総会（1997年）において批准し、その直後に両教会の代表による調印式を行なった。在日大韓基督教会との宣教協約締結は、日本キリスト教会にとっては初めてとなる他教団との協約であった[36]。

宣教協約前文には、両教会の歩みを振り返る中、「日本キリスト教会は神の前で、〔……〕戦前・戦中・戦後の罪責を認識し、赦しをこう」と記され、また、在日大韓基督教会は「日本キリスト教会への一方的な吸収合併、偶像崇拝への抵抗と拒否に関して徹底さを欠いたことへの悔い改めがなされていないことを覚える」と記されている。また、「両教会は、キリストの教会として平和と正義のために働き、また、すべての創造されたものが互いに共生するために働くことが、自分たちに与えられた使命であると信じる」としている。そして、両教会の公的な関係が再び新しく開かれることを願って以下のような宣教協約を結ぶとした。

①日本キリスト教会と在日大韓基督教会総会は、それぞれの職制と聖礼典を相互に認める。
②日本キリスト教会と在日大韓基督教会総会は、相互の歴史と自主性を尊重しつつ、宣教の協力をはかる。
③日本キリスト教会と在日大韓基督教会総会は、特に在日韓国・朝鮮人をはじめ社会的少数者への宣教の課題に取り組むために協力することをはかる。

また、実施要綱として、①相互に宣教協力委員会を設置して年1回の会合を開くこと、②両教会の直面する課題に取り組むために「指針」を作成すること、③両教会が加盟している世界改革教会連盟の働きにおいて協力することが挙げられている。1999年には、実施要綱にある「指針」（「日本キリスト教会と在日大韓基督教会との宣教協力指針」）が作成された。

第6章　在日大韓基督教会　第5期（1988～1997）：「我らに新しい力を給うイエス・キリスト」

7. 兵庫県南部地震対策委員会の設置とその取り組み

　1995年1月17日の午前5時46分に発生した阪神・淡路大震災は、兵庫県南部を中心に甚大な被害をもたらした。大都市直下型の大地震で、震度7が記録された。被害は、死者6434人、負傷者4万3792人におよんだ。死者のうち外国籍者は判明しただけで250名、韓国・朝鮮人は144名であった。
　地震の被害を受けた在日大韓基督教会所属の教会は、神戸教会、神戸東部教会、西宮教会、武庫川教会、川西教会、明石教会、姫路教会の7教会であった。在日大韓基督教会の教会のうち、全壊したものはなかったものの、修理費は相当なものとなり、最も被害の大きかった神戸教会の教会堂の修理費は、約1600万円に上った。信徒の被害状況に関しては、1名が地震によって亡くなり、7名が負傷している。また、信徒の家屋被害は、全壊・全焼家屋が59世帯、半壊・半焼家屋が46世帯であった[37]。
　在日大韓基督教会は、地震翌日（18日）に兵庫県南部地震対策委員会（委員長：金君植総会長）、現地対策委員会（委員長：趙載国関西地方会社会部長）を武庫川教会に設置し、活動を開始した。具体的には、物資の提供（飲料水などの生活必需品の提供、発電機やプロパンガスなどの被害教会・民団・朝総連への提供など）、行政サービスなどに関する情報の提供、「KCCJ緊急通信」などによる広報と募金活動、被害教会・牧師に対する見舞金の交付、被災外国人救援活動（非正規滞在者や旅行者などに対する義援金交付についての行政交渉）などの救援活動を行なった[38]。
　在日大韓基督教会を通して集まった支援献金の総額は約4,680万円で、韓国の諸教団・個教会・個人、日本の教会、海外の教会・団体、在日大韓基督教会内の個教会から送られた献金であった。なお、在日大韓基督教会所属の各教会の献金額を表にすると下記の通りとなる[39]。

261

関東地方会	2,429,612	関西地方会	3,788,113	西部地方会	693,750
東京教会	716,450	高槻伝道所	20,000	岡山教会	132,550
東京第一教会	95,000	大阪国際	50,000	広島教会	230,200
新潟教会	50,000	築港教会	88,000	三次教会	100,000
三沢伝道所	70,000	西成教会	320,000	武庫川教会	100,000
品川教会	81,250	枚岡教会	30,000	新居浜教会	131,000
東京新宿教会	51,000	布施教会	175,400		
仙台教会	30,000	新儀教会	30,000	中部地方会	1,657,465
東京グローリア教会	30,400	京都南部教会	337,000	岐阜教会	159,050
西新井教会	104,800	京都南部・青年	10,000	名古屋教会	1,313,415
札幌教会	81,250	平野・女性会	20,000	岡崎教会	49,000
横浜教会	328,811	布施・女性会	10,000	名古屋南教会	53,800
調布教会	37,500	イカイノ保育園	42,000	大垣教会	30,000
東京中央教会	160,000	布施・教会学校	6,720	浜松教会	52,200
つくば東京教会	30,000	大阪教会	906,660		
川崎教会	200,000	大阪・壮年会	35,280	西南地方会	1,332,402
千葉教会	52,450	大阪・教会学校	24,400	福岡教会	500,000
大宮教会	85,201	京都教会	500,123	小倉教会	78,000
東京日暮里教会	15,000	京都・青年会	25,000	下関教会	100,000
ハンサラン教会	50,000	奈良教会	64,200	熊本教会	208,000
横須賀教会	56,500	大阪北部教会	349,000	折尾教会	100,000
船橋教会	105,000	今福教会	59,890	福岡中央教会	206,401
		平野教会	336,000	宇部教会	70,000
		豊中第一復興教会	15,500	沖縄教会	70,000
		巽教会	300,000		
		枚方・青年会	30,000		
		関西青年連合会	30,000		

8. 在日韓国人の法的地位の保障を求める活動

(1) 在日同胞法的地位保障促進大行進

　在日大韓基督教会の社会局(局長:姜栄一)主催による「在日同胞法的地位保障促進大行進」が、1988年7月28日から8月19日までの日程で韓国各地(釜

第6章　在日大韓基督教会　第5期（1988〜1997）：「我らに新しい力を給うイエス・キリスト」

山、大邱、光州、全州、裡里、大田、ソウル）を巡回しながら実施された[40]。

　促進大行進一行は、各地を回りながら、街頭署名活動や抗議書の伝達、セミナー（テーマ：「宣教課題としての在日同胞問題」）などを行なった。特にソウルでは、ソウル駅広場など4ヵ所で街頭署名を行なったほか、各教団本部を訪問するとともに、平民党の金大中総裁、民主党、外務部の申東和次官などと面談し、在日韓国人の法的地位の安定、91年問題の再協議などについて申し入れを行なった。また、駐韓日本大使館に対しては抗議書を伝達した。

　各地域での街頭署名活動では約8万筆の署名が集まった。この促進大行進には、中高生（崔賢洛、金成宏、金成男）3名と金安弘・姜栄一両牧師が全期間参加し、崔昌華・金得三・李海春牧師が釜山および大邱地域において、金榮植牧師が全州から、楊炯春総会長と李大京牧師がソウルにおいて参加した。

(2)「91年問題」の解決を目指して

　1988年4月18日、在日大韓基督教会の社会局は、91年問題の解決を目指して「91年問題シンポジウム」を在日韓国基督教会館において開催した[41]。「91年問題」とは、1965年の日韓条約締結に際して取り決められた、「協定永住許可者の「孫」以降については、法的地位を空白にし、協定発効後25年（1991年1月16日）までに韓国政府から要請があれば、日本政府は協議することに同意する」との文言に関わる「協定三世」の法的地位の問題であった。シンポジウムでは、「91年問題」に関する在日韓国人の要求を韓国政府に伝え、日本政府との交渉を正しいかたちで行なうよう世論形成を行なう必要があるとの提言がまとめられた。在日大韓基督教会は、シンポジウムの提言を受け、翌年の1989年3月27日から29日にかけてソウルの新羅ホテルにおいて「91年問題」に関するシンポジウムを開催した[42]。

　「91年問題」は結局、1990年4月に韓日外相会談が開かれ、在日韓国人「協定三世」の法的地位に関しては、「協定三世」以降も永住を認めることで合意し、翌年1月10日の「覚書」の調印によって解決されることになった。

9. 教会・伝道所の設立・加入（1988 〜 1997）

　福山伝道所（1988 年）、和歌山第一教会（1989 年）、東京日暮里教会（1989 年加入）、静岡伝道所（1990 年）、大阪上町教会（1990 年）、新潟教会（1990 年）、名古屋南教会（1990 年）、大阪栄光伝道所（1990 年）、長野教会（1991 年）、千葉教会（1991 年）、東京グローリア教会（1993 年加入）、つくば東京教会（1993 年加入）、山形伝道所（1994 年）、東山伝道所（1994 年）、日立伝道所（1995 年）、ハンサラン教会（1995 年加入）、関空伝道所（1995 年）、東京ベテスダ教会（1995 年）、永和教会（1996 年分立）、京都伏見伝道所（1996 年）、甲府ウリ教会（1997 年）、浪速教会（1997 年）、姫路薬水教会（1997 年加入）

10. 教勢（1988 〜 1997）

年度	1988	1992	1993	1997
教　　会	61	72	75	82
牧　　師	58	64	73	76
講道師・伝道師	8	17	16	14
長　　老	105	112	83	115
洗礼会員	4179	4123	4205	4135
信徒総数	5241	5976	6055	5872

※ 1993 年度の長老数は視務長老のみ。

第6章　在日大韓基督教会　第5期（1988〜1997）:「我らに新しい力を給うイエス・キリスト」

1 『在日大韓基督教会総会 第39回総会総会録』(1987)、31頁。
2 同上、20頁。
3 『在日大韓基督教会総会 宣教理念（宣教90周年을 向하여）』宣教80周年実行委員会 宣教理念委員会、1988年、18-26頁。
4 同上、16-17頁。
5 「韓日対訳 賛頌歌 完全収録版이 出版」(『福音新聞』1997年2月1日)。
6 宣教80周年記念大会については、『福音新聞』1988年10月15日号を参照。
7 『在日大韓基督教会 宣教80周年記念大会』(1988年10月10日)、23頁。6項目については要約して記した。
8 『在日大韓基督教会総会 第43回総会総会録』(1995)、22-24頁。
9 『在日本朝鮮基督教連合会 第二回定期総会撮要』(1946)、3頁、『在日本朝鮮基督教会 第三回定期総会要録』(1947)、4頁、『在日大韓基督教会 第五回定期総会会録』(1949)、6頁。
10 『在日本大韓基督教会 第七回定期総会撮要』(1951)、20頁。
11 例えば、『在日大韓基督教会 第八回定期総会撮要』(1952)、26頁、『在日大韓基督教会 第九回定期総会撮要』(1953)、8頁、『在日大韓基督教会 第十回定期総会撮要』(1954)、附録1頁、『在日大韓基督教会 第十一回定期総会撮要』(1955)、附録3頁、『在日大韓基督教会総会 第十五回定期総会録撮要』(1959)、44頁。
12 『在日大韓基督教会総会 第22回総会録』(1966)、56頁。
13 『在日大韓基督教会総会 第26回総会録』(1970)、56頁、『在日大韓基督教会総会 第31回総会録』(1975)、21頁、『在日大韓基督教会総会 第32回総会録』(1976)、19頁、『在日大韓基督教会総会 第35回総会録』(1979)、11頁。
14 「91年度教会学校教案づくり」(『福音新聞』1991年3月15日)、「教育局特集 私たちの教会学校について考える」(『福音新聞』1998年6月1日)。
15 元教育主事・呉寿恵氏の証言による。
16 『在日大韓基督教会総会 第36回総会総会録』(1981)、11頁。「第3回人権シンポジウム声明書」には、「南北が同居する在日にあって、われわれ在日韓国人基督者は、祖国の分断状況を克服して行くそのいったんとして、イデオロギーを超えた宣教の道を考えなくてはならない。そのためにKCCJ総会内において『民族統一宣教研究会』（仮称）を設置することを、社会局を通して要請する」と記されている。「第3回在日同胞人権シンポジウム声明書」(『福音新聞』1981年10月15日)。
17 『在日大韓基督教会総会 第38回総会総会録』(1985)、17頁、『在日大韓基督教会総会 第39回総会総会録』(1987)、29、122頁、『在日大韓基督教会総会 第41回総会総会録』(1991)、27頁。
18 同上、35頁、洪性完「エキュメニカルな流れの中でのKCCJの平和統一宣教と『東京会議』の位置づけ」(姜栄一編『平和統一とKCCJ』在日大韓基督教会平和統一宣教委員会、2002年)、34頁。
19 『在日大韓基督教会総会 第39回総会総会録』(1987)、30頁。
20 韓国問題キリスト者緊急会議・NCCアジア資料センター編『朝鮮半島の平和と統一を求めて』新教出版社、1989年、123頁。
21 「民族統一に関する在日大韓基督教会総会宣言」の全文は、『福音と世界』(1988年10月)、52-55頁に収録されている。
22 韓聖炫「平和統一宣教に対するKCCJの歴史的な役割」(姜栄一『平和統一とKCCJ』)、45-46頁。
23 姜栄一編『平和統一とKCCJ』、6-7頁。
24 「総会代表共和国訪問 平壌・鳳水教会에서 感激의 主日礼拝出席」(『福音新聞』1989年9月15日)。
25 同上。
26 「総会代表団共和国訪問 朝基連の自主的宣教を支援、自転車100台伝達」(『福音新聞』1993年6月15日)。

第 3 部　解放後から宣教 100 周年まで（1945 〜 2008）

27　韓聖炫「平和統一宣教に対する KCCJ の歴史的な役割」、44 頁。
28　日本キリスト教会歴史編纂委員会編著『日本キリスト教会 50 年史』一麦出版社、2011 年、489-490 頁。
29　『在日大韓基督教会総会 第 43 回総会総会録』（1995）、23 頁。原文を一部省略・要約した。
30　「東京総会神学校開校」（『福音新聞』1996 年 10 月 1 日）。
31　「基督教聖潔教会와 宣教協約」（『福音新聞』1995 年 3 月 15 日）。
32　「미국유리스도連合教会와 宣教協約締結」（『福音新聞』1995 年 7 月 15 日）。
33　「濠洲連合教会와 宣教協議会 가져」（『福音新聞』1996 年 4 月 1 日）。
34　『在日大韓基督教会総会 第 44 回総会総会録』（1997）、13、82 頁。
35　同上、36 頁。
36　日本キリスト教会歴史編纂委員会編著『日本キリスト教会 50 年史』、491-495 頁。
37　「阪神大震災로 教会破損」（『福音新聞』1995 年 3 月 15 日）。
38　同上。
39　『在日大韓基督教会総会 第 43 回総会総会録』（1995）、137 頁。
40　『在日大韓基督教会総会 第 40 回総会総会録』（1989）、52-53 頁、「在日同胞法的地位保障促求大行進」（『福音新聞』1988 年 9 月 15 日）。
41　『在日大韓基督教会総会 第 40 回総会総会録』（1989）、52 頁。
42　「『九一年問題』シンポジウム ソウル・新羅ホテルで百余名参加」（『福音新聞』1989 年 4 月 15 日）。

第7章　在日大韓基督教会

第6期
(1998〜2007)

「立ってイエス・キリストの光を放とう」

宣教90周年記念合同研修会（1998.8.13〜15）
於：富士箱根ランド

第7章　在日大韓基督教会　第6期（1998～2007）：「立ってイエス・キリストの光を放とう」

1. 宣教90周年記念事業

（1）標語「立ってイエス・キリストの光を放とう」（イザヤ65：1、マタイ5：16）

　在日大韓基督教会は、1996年11月の任職員会において宣教90周年準備委員会（委員長：金榮植）を構成して宣教90周年記念事業に向けての準備を開始した[1]。この準備委員会によってまとめられた宣教90周年記念事業に関する「提言」が第44回定期総会において承認された後、宣教90周年実行委員会（委員長：崔正剛）が組織された[2]。この実行委員会を中心に準備が進められる中、標語を「立ってイエス・キリストの光を放とう」とすることが決定された[3]。

（2）記念行事・事業

　宣教90周年においては、宣教90周年を記念する行事として、第12回KCCJ人権シンポジウム（主催：社会局、在日韓国基督教会館、在日韓国人問題研究所、西南在日韓国基督教会館、1998年7月19～21日、於：関西セミナーハウス）、合同研修会、宣教90周年記念式典、全国教会学校教師研修会（1998年11月1～3日、於：浜名湖研修センター・カリアック、主題「立ってイエス・キリストの光を放とう」、副題「21世紀に向けたKCCJのCS教育のあり方」）が行なわれた[4]。

　1998年8月13～15日に富士箱根ランドにおいて開催された合同研修会には、教職者、信徒、女性会、青年会から300名が参加した。合同研修会では、講演Ⅰ「宣教90周年の歴史に学ぶ」（李清一牧師）、講演Ⅱ「21世紀に向うディアスポラ教会のビジョン」（李昇萬リッチモンド・ユニオン神学校教授）、特別講演「健全な教会形成と成長」（崔基奭韓国富川第一教会名誉牧師）、パネル・ディスカッションが行なわれた。パネル・ディスカッションでは、「21世紀に向けての在日大韓基督教会像について」とのテーマのもと、金聖孝牧師、裵明徳牧師、金太烋長老、梁霊芝女性会会長、金一惠全協代表委員が発題を行なった[5]。

また、記念事業として、2002年7月に『宣教90周年記念誌』が刊行された。『宣教90周年記念誌』は、各教会・伝道所の歴史、各地方会の歴史、青年会全国協議会および全国教会女性連合会の歴史を収録した内容のものであった。

(3) 宣教90周年記念大会

1998年10月10日には、大阪カテドラル聖マリア大聖堂において、宣教90周年記念大会（第1部：記念礼拝、第2部：記念式典、第3部：祝賀会）が、在日大韓基督教会の教職者・信徒および来賓を合わせて約1000名が参加する中で開催された[6]。

第1部の記念礼拝（司会：崔正剛実行委員長）では、李建豪・金徳化両副総会長による祈祷、教会学校の生徒による聖書朗読、関西地方聖歌隊連合会による賛美「詩編150編」、慶恵重総会長による説教（題目：「立ってイエス・キリストの光を放とう」）があった。

第2部の記念式典では、祝辞（基督教大韓聖潔教会の張徳龍総会長、朝鮮基督教徒連盟の康永燮委員長、日本キリスト教協議会の徳善義和議長、日北米宣教協力会のP・パターソン（P. Patterson）女史と大会宣言文の朗読・採択がなされた。

第3部の祝賀会（司会：金秀男長老）では、大阪教会グロリア吹奏楽団による演奏、教会学校の生徒たちによる自作の作文の朗読、女性賛美団による賛美と閔恵羅師母（姫路薬水教会）の独唱、青年会全国協議会によるマダン劇「未来」、関西地方聖歌隊連合会による韓国の唱歌や民謡の合唱があった後、最後に参加者全員による「ウリエソウォン（わたしたちの願い）」の大合唱が行なわれた。

第7章　在日大韓基督教会　第6期（1998〜2007）：「立ってイエス・キリストの光を放とう」

2. 憲法・規則の改定

（1）「改定憲法」の採択と施行

　第45回定期総会（1999年）は、在日大韓基督教会の解放後の歩みにおいて大きな変革の時となった。前総会時に通過し、憲法委員会に回付されていた「改定憲法」が審議され可決されたのである。改定憲法の採択は、総代の起立によって行なわれ、111名中95名の賛成によって可決された[7]。
　憲法委員長の金榮植牧師の説明によれば、憲法改定の理由は、在日大韓基督教会の活性化と21世紀を迎える在日大韓基督教会における諸般の法的整備化のためであり、長老の被択年齢制限の撤廃や女性会の総会への参与促進の条文化、各個教会の財産管理の明文化などが改定の要点であった[8]。
　女性会の総会への参与促進は、改定憲法62条に「定期（臨時）総会開会成数は、総代牧師長老の過半数と女性会代表の出席により成立する」との条項を加えることで明文化された。また、総会規則によって、全国教会女性連合会からの総代が8名（全国連合会会長、副会長、書記、5地方会会長）とされた（但し、総会の三分の一以上が女性になった場合はこの項を削除するとある）。さらに、全国教会女性連合会会長が常任委員会の委員に位置づけられることになった。このことによって女性の発言が尊重され活かされるようになったことは、在日大韓基督教会にとっては大きな体質改善への一歩であったと言える。

（2）教会名称の変更：「在日大韓基督教会総会」から「在日大韓基督教会」へ

　第45回定期総会（1999年）での「憲法改定」に伴い、「在日大韓基督教会総会」の「総会」という部分が削除され、正式名称が「在日大韓基督教会」とされた[9]。解放後、「在日本朝鮮基督教連合会」（1945〜47年）にはじまり、「在日本朝鮮基督教会総会」（1947〜48年）、「在日本大韓基督教会総会」（1948〜52年）を経て1952年から47年間にわたって使用されてきた「在日大韓基督教会総会」からの名称変更がなされたのである。

改称の理由は明確には示されなかったが、教会の組織名としての「総会」の名称は、「定期総会」などの会議名と混同されてきた経緯があった。しかしながら、47年間使用されてきた名称の変更は、憲法改定の中で他の変更とともに一括して行われるのではなく、定期総会の議題として取り上げ議論される中でなされるべきことではなかったかと考えられる。

（3）総会規則と組織改編

　第45回定期総会（1999年）では、常設委員会の組織改編などを含む総会の規則改定が行なわれた。この改定により、常設委員会は、これまでの伝道局、教育局、社会局、青年局、財政局、憲法委員会、試取委員会、神学委員会という組織体制から、宣教奉仕委員会（伝道部、教育部、社会部、世界宣教協力部）、神学考試委員会（神学部、考試部）、信徒委員会（女性会、青年会、信徒運動促進部：長老会）、財政委員会（財政部、年金部）、憲法委員会の5委員会へと改編された。また、「任職員会」が「常任委員会」と改称された[10]。
　この組織改編の目的は、常設委員会の縮小と、関連する委員会の相互連関を図って組織機能の向上を図ることであった。これにより、各部会の活動計画などは、上部委員会を通して常任委員会へ報告され承認を得るという体制となった。しかし、在日大韓基督教会の基本組織である伝道部、教育部、社会部と宣教奉仕委員会とのつながりが機能せず、常任委員会と伝道部や教育部、社会部の働きがうまくつながらないなどの問題が起き、宣教奉仕委員会の組織機構が見直されることとなった。そして、新しい組織体制となって6年後の2005年に、宣教委員会、教育委員会、社会委員会が常設委員会として設置されることとなった[11]。

3. 信仰告白（使徒信条）前文の制定

　第46回定期総会（2001年）では、神学・考試委員会（委員長：金君植）に

よって起草された信仰告白(使徒信条)前文案が提出され、一部文章の修正を検討することを前提に通過した[12]。この前文案は、「礼拝時に使徒信条の信仰告白へと繋げて会衆が唱和できる告白的、文学・比喩的、今日的な表現内容の簡潔な前文ということで、その主旨に沿って作成された」ものであった[13]。

　神学委員会では、すでに1991年から「信仰告白的前文」作成の構想が検討されてきた[14]。「信仰告白(使徒信条)前文」は、2001年10月に第46回総会を通過した後、この前文案に関する意見があればそれを地方会任職員会ごとに集約して神学・考試委員会に提出し、最終的には、次期定期総会(2003年)において決議されることとなった。2001年に通過した「信仰告白(使徒信条)前文」の全文は、以下の通りである。

　　　私たちは、聖書に証しされた主イエス・キリストにより、父・子・聖霊なる三位一体の神を信じます。
　　　歴史の中で救いを起こされる神は、かつてイスラエルの民をエジプトの奴隷生活から救い出し、約束の地に導きいれられたように、御子の十字架と復活の恵みにより、故郷を離れてさすらった祖先の中より、私たちを個人と国家が犯した罪の縄目から解き放ち、今や主の霊に支配され導かれた新しい神の民として、この地に送り住まわせて下さいました。
　　　私たちはイエス・キリストにおいて救いの御業が完成する終末の希望を共に抱き、それをあらゆる民に証しする使命を私たちに委託された神を賛美しつつ、教会の信仰を表明し、ここに代々の聖徒と共に使徒信条を告白します。

4. 他教団との宣教協議会

(1) カナダ長老教会との宣教協議会

　在日大韓基督教会は、1998年10月5～7日、カナダ長老教会との宣教協議会を在日韓国基督教会館において開催した。カナダ長老教会からは、M・ロス(M. Ross)世界宣教部総務をはじめ8名、在日大韓基督教会からは、慶恵重総

会長をはじめ任職員会のメンバーとカナダ長老教会の関係者らが参加した[15]。

協議会では、今後も宣教協力関係を継続することやアフリカ・アジア宣教を共同して行なうこと、人材養成を具体的に推進することなどを記した宣教協力に関する覚書を交換した。

(2) 日本基督教団との宣教協議会

在日大韓基督教会と日本基督教団は、1984年に「協約」を締結し、さまざまな分野での宣教協力を行なってきた。「協約」締結後、両教会は宣教協力委員会を中心に「協約」の実質化に向けて協議を進めていった。また、1988年には「指針」がつくられたが、両教会の宣教課題が多様化していく中、1996年に「宣教協力にあたっての指針」を新たに採択した。そして、この新たな「指針」の実質化を図るために両教会の三役をはじめ地方会・教区関係委員などが集まって宣教協議会を開催することになった。宣教協議会は、現在まで2回にわたって開催されている[16]。

第1回宣教協議会

第1回宣教協議会は、1998年10月26～28日、箱根アカデミーハウスにおいて開催された。出席者は、日本基督教団から小島誠志教団総会議長をはじめ29名、在日大韓基督教会から慶恵重総会長をはじめ18名の計47名であった。

宣教協議会では、在日大韓基督教会からの報告（崔正剛牧師（伝道局長）「在日大韓基督教会の現況」、洪性完牧師（関東地方会書記）「関東地方会と日本基督教団との宣教協力についての報告」、金性済牧師（教育局長）「多様化の中の在日コリアンのアイデンティティとKCCJの教育的課題」）と、日本基督教団からの報告（芦名弘道牧師（四国教区）「地域交流 —四国教区における両教会の交流」、後宮敬爾牧師（前伝道委員会委員長）「日本基督教団伝道委員会報告」、小田原紀雄牧師（前社会委員会委員長）「教団社会委員会の働き」、穂鷹守氏（前在日・日韓連帯特別委員会委員、外キ協事務局長）「外国人住民基本法の制定運動について」）があった。また、分科会に分かれて協議を深めた後に全体協議を行ない、次のような内容の「合意文書」を採択した。

第7章　在日大韓基督教会　第6期（1998～2007）：「立ってイエス・キリストの光を放とう」

①「在日」の多様性とアイデンティティのとらえ直し
　　在日韓国・朝鮮人社会の多様化（世代交代、国籍、法的地位、出身、名乗り方）が進んでいる中で、日本政府によって永住者（特別・一般）と非永住者の間の隔ての中垣が作られている。両教会は、これを拒否するのみならず、宣教の課題として国籍概念に拘束されたアイデンティティ理解を乗り越え、イエス・キリストにあって包括的・複合的な在日韓国・朝鮮人のアイデンティティの目覚めと確立に参与する。〔中略〕
②具体的な伝道協力の在り方を模索〔中略〕
③「外国人住民基本法」制定にむけて
　　両教会は、日本に在住する在日韓国・朝鮮人をはじめとする外国人に対する、外登法・入管法による管理強化の動きに反対し、外国人住民基本法の制定運動を通して、在日外国人の人権確立に取り組む。
④朝鮮民主主義人民共和国への食糧等の支援
　　両教会は、人道的次元に立ってNCCを通して食糧支援に協力してきた。今後もこれを継続する。
⑤日米新安保ガイドラインに対して
　　日米新安保ガイドラインと周辺事態法、組織犯罪対策法の問題については、朝鮮半島の平和の阻害要因であると同時に、アメリカの東アジアにおける軍事戦略への従属と日本における不必要な対外敵視政策を助長するものであり、今後、両教会の該当する専門委員会・局で具体的な取り組みを検討し、共有する。
⑥両教会が共通に負っている課題
　　青少年伝道、高齢者の問題、礼拝の刷新、教会における性差別問題、多様化する在日（滞日）外国人への宣教等に取り組む。

第2回宣教協議会

　第2回宣教協議会は、2007年7月23～24日、日本基督教団東梅田教会において開催された。出席者は、日本基督教団から山北宣久教団総会議長をはじめ27名、在日大韓基督教会から李聖雨総会長をはじめ21名の計48名であった。
　第2回宣教協議会は、主題「100周年を迎える在日大韓基督教会と日本基督教団の宣教協力の展望」のもとに開催され、地域交流の報告（宇賀充牧師、金炳鎬牧師）、宣教100周年記念事業についての報告（崔正剛牧師）、講演「在日大韓基督教会宣教100年の歩み―日本基督教団との関係史を踏まえて」（李清

一牧師)、発題(小林眞牧師「憲法教育基本法改訂の流れについて」、韓聖炫牧師「在日外国人の人権状況をめぐって」)、分団協議があった後、全体会において、合意文を採択した。合意文のおもな内容は次の通りである。

①両教会は共にKCCJの宣教100周年を祝い、KCCJの歴史を学び、深める。
・UCCJは、募金活動などによってKCCJの記念事業を積極的に支援する。
・両教会の歴史について、共同で資料収集し、研究を行なう。
②両教会は、交流をさらに深める。
・KCCJの教会のない地区においては、教区・地方会・地区間において交流を模索し、実践する。
・神学生の夏期伝道などの実習交換を奨励する。
・青少年を含む信徒間の交流を促進する。
③両教会は、平和といのちの主に仕える。
・平和憲法を堅持するために祈り、さらに行動する。
・両教会は、「平和メッセージ」を毎年8月に共同で作成し、各教会に発信する。
④両教会は、神の国を待ち望むものとして共生社会を目指す。
・両教会は、在日外国人を排斥する言論および行動を批判しつつ、在日外国人に対する理解が深まるように努める。
・両教会は、指紋制度の復活を含む外国人管理制度である「出入国管理および難民認定法」の問題点を共有し、その抜本的改正に向けて行動する。
・両教会は、「外国人住民基本法案」の制定のために働く。個教会レベルでの学習会や国会請願署名運動を積極的に推進する。
⑤今後の課題
・両教会の讃美歌から平和などをテーマとして讃美歌を選出し、韓日対訳の讃美歌集を編纂する。
・「宣教協約の日」を設定し、共同の式文を作成して用いる。
⑥今後の宣教協議会の開催に関しては、宣教協力委員会に委ね、5年以内に開催するように努力する。

5. 在日大韓基督教会と社会参与

(1) 宣言・声明書の発表

　在日大韓基督教会は、宣教90周年期において、社会的・政治的課題に対する多くの宣言・声明書を発表した。その中には、在日大韓基督教会が独自に発表したものと、関係教団・団体との連名で出されたものとがあった。その中の多くは、在日韓国・朝鮮人の声を代弁しようとしたもの、あるいは日本社会における共生と和解を願ってなされたものであった。発表された宣言・声明書は以下の通りである。

在日大韓基督教会が単独で発表した宣言・声明書
① 1999年10月：「KCCJ の社会的責任に関する態度表明」第45回定期総会
② 2001年4月：「歴史教科書の歪曲に関する抗議文」在日大韓基督教会総会
③ 2001年4月：「日本の歴史教科書に対する抗議文」在日大韓基督教会総会常任委員
④ 2001年8月：「小泉首相の靖国神社参拝に反対する声明書」在日大韓基督教会一同、総会長 金徳化
⑤ 2003年12月：「自衛隊のイラク派兵に反対する声明」在日大韓基督教会総会長 崔正剛、宣教奉仕委員会委員長 李根秀
⑥ 2006年9月：「私たちは、石原慎太郎・東京都知事の差別発言に抗議します」在日大韓基督教会総会長 李聖雨、社会委員会委員長 韓聖炫

関係教団・団体との連名で発表した宣言・声明書
① 2000年9月：「9月3日『東京都防災訓練』に名を借りた治安出勤訓練に反対する共同声明」日本基督教団総会議長 小島誠志、在日大韓基督教会総会長 金徳化
② 2006年3月：「隔ての壁・指紋押捺を復活する入管法改定案反対」日本基督教団総会議長 山北宣久、在日大韓基督教会総会長 李聖雨
③ 2007年3月：「声明、私たちは伊吹文科相の発言に抗議します」外登法問

題と取り組む全国キリスト教連絡協議会、在日大韓基督教会社会委員会、日本キリスト教協議会在日外国人の人権委員会ほか

(2)「外登法抜本改正運動」から「外国人住民基本法の制定運動」へ

1999年8月、「改定外国人登録法」が国会で可決された。改定の内容は、①指紋制度の全廃、②登録原票の開示制度の新設、③永住・特別永住者について「職業」「勤務所または事務所の名称と所在地」の登録事項の削除、④永住者・特別永住者の登録証切替期間を5年から7年にすることなどであった。この法案は、2000年4月から実施されることとなった。これにより、1980年に始まった外国人登録法抜本改正運動の結果、指紋押捺制度は廃止された。

2000年4月1日に施行された改定外登法による指紋押捺制度の全廃を受け、指紋押捺拒否の闘いに対する報復として永住権を奪われていた崔善愛氏、在留資格を奪われていたビンセント・ボネット神父の在留権が回復されることとなった。

このような状況変化の中、在日大韓基督教会もその構成団体となっている「外登法問題と取り組む全国キリスト教連絡協議会」(外キ協)は、1998年1月の第11回全国協議会において、「外国人住民基本法（案）」を採択し、その制定運動を推進していくことを決定した[17]。

この「外国人住民基本法」は、国籍を超えた個人の権利の保障、民族間の平等の保障および在日外国人を住民として認め、地方自治への参加を法的に保障することを通し、共生社会を実現することを目指して起草された法律案であった。この「外国人住民基本法」の制定運動が始められて以来、在日大韓基督教会もその制定のための署名運動などを展開していった。

(3)「在日大韓基督教会の社会的責任に関する態度表明・1999」

在日大韓基督教会は、1999年に「社会的責任に関する態度表明」（社会的態度表明・1999）を発表した[18]。「社会的態度表明」としては、1970年に次ぐ二つ目のものであった。「社会的態度表明・1999」は、在日大韓基督教会としてのその間の社会的責任に対する総括であるとともに、新たな課題を明確にし、

第7章　在日大韓基督教会　第6期（1998〜2007）：「立ってイエス・キリストの光を放とう」

それに取り組む姿勢を表明したものであった。

「社会的態度表明・1999」ではまず、在日大韓基督教会が社会的責任を積極的に担うために、大阪に在日韓国基督教会館（1971年）、東京に在日韓国人問題研究所（1974年）、西南在日韓国基督教会館（1983年）を設立したことや、1980年に始まった外登法抜本的改正運動では、指紋押捺拒否実行委員会（1984年）を結成し、全教会をあげて運動を支えてきたことに言及している。また、指紋押捺撤廃運動が「沈黙を余儀なくされてきた同胞に、自ら人権運動に起つことによって法制度を変えることができるという人権意識を自覚・高揚させた」としつつ、今後の課題として戦後補償の解決と「外国人住民基本法」の制定運動を挙げている。

また、「社会的態度表明・1999」では、在日韓国・朝鮮人に対する差別撤廃のための運動を推進する中で差別構造の多重性に対する気づきが与えられたとし、「我々は今や〔障がい者〕差別・性差別・セクシャルマイノリティ差別などの問題を担おうとする時、総会自ら内包している差別性を厳しく見つめ直さなければならない」としている。

そのほか、1999年の「新ガイドライン関連法」、「盗聴法」、「日の丸・君が代法」などの法制化に対する反対を表明したほか、在日韓国・朝鮮人が「多様な民族的・社会的アイデンティティを獲得し、「国境をまたぐ存在」として自己定立することこそ、日本社会に豊かな多様性をもたらすことを確信する」とした。

（4）西南在日韓国基督教会館の会館建設

西南在日韓国基督教会館（西南KCC）は、2007年11月18日、小倉における会館の竣工式を行なった。この西南KCCの会館建設は、米国メソジスト教会婦人部から寄贈された資金をもとに西南地方会と日本基督教団九州教区とのジョイント・プロジェクトとして始まったものである[19]。同プロジェクトは、福岡と小倉に活動センターを置く構想のもとに進められ、福岡には1983年に建築された日本基督教団九州教区の会館の中に西南KCCの占有部分が提供されていた。小倉における西南KCCの会館には、「在日人権資料センター」が設置されるとともに、九州教区の占有部分が設けられた。

6. 同性愛者差別問題に関わる教会使用拒否および「差別発言」に対しての対応

　1999年、在日大韓基督教会の慶恵重総会長宛に「抗議と要望」（1999年3月、NCC関西青年協議会）と「要望書」（1999年4月、在日大韓基督教会青年会全国協議会（全協）中央委員会代表委員　崔炯仁」）が送付された。二つの団体からの抗議および要望書によれば、それらが出されたのは、その前年（1998年）2月に行なわれた青年局（局長：金武士）主催の「第29回青年指導者研修会」において、同性愛者に対する差別発言があったこと、また同年7月に予定されていた全協伝道部主催の「全国聖書講演キャラバン'98 in 関西」の講師が同性愛者であることを理由に青年局から講師の再考要請があるとともに、教会使用が拒否されたためであった。「要望書」の中で全協は、次の2項目を要望していた。

①今回の教会使用拒否・同性愛者に対する発言など一連の差別事件を緊急かつ重要な問題として正確に把握し、誠実に対応してください。
②今回の事件を踏まえて、私たち教会に連なる者が同性愛者を知るために学習できるなどの場を設けてください。また、私たちがそのような機会を持つに際し、教会を使用させてください[20]。

　これらの要望に対して在日大韓基督教会の任職員会（1999年4月6日）は、社会局長、青年局長、全協代表で構成された性差別等特別委員会を設置し、対処することを決議した[21]。性差別等特別委員会は、5月10日に第1回事実確認会を開き、金聖孝牧師（社会局長）を議長、金健牧師（青年局）と梁彩氏（全協）を共同書記とし、要望の中にある、①第29回青年指導者研修会における発言と、②講師の再考を促した件と教会使用拒否の二点についての事実確認会を3回（1999年5月10日、7月2日、9月23日）にわたって行なった。「講師の再考を促した件と教会使用拒否」については、当該牧師が全協によって提出された事実経過報告のほとんどの発言内容を認めたにとどまった。また、「第29回指導者研修会」の質疑応答部分に関するテープ起こしの記録が提出され

第 7 章　在日大韓基督教会　第 6 期（1998 ～ 2007）:「立ってイエス・キリストの光を放とう」

検討されたが、三者間の合意には至らなかった[22]。

　1999 年 9 月 27 日に開催された任職員会では、継続的に事実確認を行なうことが決定された後、1999 年 12 月に開催された常任委員会（組織改編により任職員会が常任委員会と改称）において、性差別等問題特別委員会（委員長：李根秀）を常任委員会の直轄組織として設置することが決定された[23]。

　性差別等問題特別委員会は、「当事者が正式に参加すること」や陪席や傍聴を認めることを原則に、事実確認会を 4 回（2000 年 6 月 22 日、9 月 19 日、12 月 18 日、2001 年 2 月 22 日）にわたって開催した。そして、その結果報告である「教会使用拒否および『差別発言』に関する事実確認会の性差別等問題特別委員会としての総括」を委員長名で発表した。

　「総括」では、教会堂使用拒否事件については、「在日大韓基督教会総会は今回のこの教会堂使用拒否事件を差別事件として深く且つ重く受け止め、再びこのような差別事件がおこらないように最大限の努力をする必要と義務がある」とし、そのために「性差別に関する学習会を継続的に持つこと、その為の場所を保証すること」などを勧告した[24]。

　青年指導者研修会における発言については、「発言の主旨として同性愛者の存在を否定する発言であり、その発言は差別性を持っていたと言わざるを得ない」と結論づけた[25]。

　在日大韓基督教会は、1999 年 10 月に第 45 回定期総会名で「在日大韓基督教会の社会的責任に関する態度表明・1999」を発表したが、その中で、「在日同胞の差別撤廃運動を担うなかで明らかになってきたことは、差別構造の多様性である。我々は今や〔障がい者〕差別、性差別、セクシャルマイノリティ差別などの問題を担おうとする時、総会自ら内包している差別性を厳しく見つめ直さなければならないのである」と指摘している。在日大韓基督教会内におけるこの「同性愛者差別事件」こそは、まさにこの気づきの端緒となった事件であった。

7. 教会・伝道所の設立・加入（1998 ～ 2007）

　東京カルバリ教会（1998年加入）、東京ベテスダ教会（1998年加入）、一宮伝道所（1998年）、東金伝道所（1999年）、大阪南伝道所（1999年）、横田伝道所（1999年加入）、東京アーメン教会（1999年、2001年1月に東京日暮里教会と合併）、宮崎伝道所（2000年）、別府伝道所（2000年）、大阪聖山教会（2001年加入）、神奈川平和伝道所（2001年）、吹田ミッション伝道所（2001年）、大阪平康教会（2001年加入）、日本サラン伝道所（2002年加入）、東京東部伝道所（2002年）、大阪シオン教会（2003年加入）、高槻伝道所（2004年）、博多伝道所（2004年）、愛隣伝道所（2004年）、豊田めぐみ伝道所（2004年）、長岡伝道所（2005年）

8. 教勢（1999 ～ 2007）

年度	1999	2001	2003	2005	2007
教　　会	93	98	96	98	94
牧　　師	85	89	83	94	86
講道師・伝道師	18	22	14	26	10
長　　老	107	128	87	117	81
洗礼会員	4692	4390	4543	4480	4780
信徒総数	7317	6825	6998	7366	7260

第 7 章　在日大韓基督教会　第 6 期（1998 〜 2007）：「立ってイエス・キリストの光を放とう」

1 『在日大韓基督教会総会 第 44 回総会総会録』(1997)、27 頁。
2 同上、21 頁。
3 『在日大韓基督教会総会 第 45 回定期総会総会録』(1999)、23 頁。
4 「『在日と教会の現在を考える』―人権シンポを開催」(『福音新聞』1998 年 9 月 1 日)、「CS 教育の在り方を模索」(『福音新聞』1998 年 11 月 1 日)。
5 「21 世紀に向けての KCCJ 像を」(『福音新聞』1998 年 9 月 1 日)。
6 「宣教 90 周年記念式典 在日同胞・日本社会への奉仕 多様化の中の教会形成を決意」(『福音新聞』1998 年 10 月 1 日)。
7 『在日大韓基督教会総会 第 45 回定期総会総会録』(1999)、15 頁。
8 同上、18 頁。
9 『在日大韓基督教会憲法規則集』在日大韓基督教会憲法委員会、2009 年、1、12 頁。
10 『在日大韓基督教会 総会規則』(1999) を参照。
11 『在日大韓基督教会 第 48 回定期総会総会録』(2005)、14-15 頁。
12 『在日大韓基督教会 第 46 回定期総会総会録』(2001)、25 頁。
13 「『信仰告白（使徒信条）前文』草案」(『福音新聞』2002 年 2 月 1 日)。
14 『在日大韓基督教会総会 第 41 回総会総会録』(1991)、85 頁。
15 「카나다장로교회와의 宣教協議会를 開催―宣教파트너로서 깊은 유대」(『福音新聞』1998 年 11 月 1 日)。
16 以下の第 1 回および第 2 回宣教協議会については、『第一回在日大韓基督教会と日本基督教団との宣教協議会 報告書』日本基督教団と在日大韓基督教会との宣教協力委員会、および『第 2 回日本基督教団と在日大韓基督教会との宣教協議会 報告書』宣教協力実務会、2009 年を参照した。
17 「外キ協全国協議会を開催 ≪住民基本法≫を確定」(『福音新聞』1998 年 2 月 1 日)。
18 「社会的態度表明・1999」は、「在日大韓基督教会の社会的責任に関する態度表明・1999」(『福音新聞』1999 年 11 月 1 日) に掲載されている。
19 「西南 KCC 会館竣工式と小倉教会新会堂献堂式挙行」(『福音新聞』2007 年 12 月 1 日)。
20 在日大韓基督教会青年会全国協議会中央委員会代表委員 崔炯仁「要望書」(在日大韓基督教会総会 性差別等問題特別委員会編『教会使用拒否及び「差別発言」に関する同性愛者差別についての事実確認会報告書』2001 年)、68 頁。
21 『在日大韓基督教会総会 第 45 回定期総会総会録』(1999)、29 頁。
22 在日大韓基督教会総会 性差別等問題特別委員会編『教会使用拒否及び「差別発言」に関する同性愛者差別についての事実確認会報告書』、1-2 頁。
23 同上、2 頁。
24 同上、11-12 頁。
25 同上、12-13 頁。

第8章　在日大韓基督教会

第7期
(2008 ～)

「感謝の100年、希望の100年」

宣教100周年記念大会（2008.10.13）
於：大阪女学院ヘールチャペル

第 8 章　在日大韓基督教会　第 7 期（2008 ～）：「感謝の 100 年、希望の 100 年」

1. 宣教 100 周年記念

（1）宣教 100 周年記念事業

2008 年に宣教 100 周年を迎えた在日大韓基督教会は、主題「感謝の 100 年、希望の 100 年」（Ⅰテサロニケ 5：18）と副題「遣わされたこの地で宣教に参与する教会」（創世記 45：5）のもと、各種の記念事業を実施してきた[1]。

記念事業としては、宣教 100 周年記念大会、宣教 100 周年記念合同修養会、第 6 回海外韓人教会 教育と牧会協議会（主管：在日大韓基督教会、2008 年 4 月 2 ～ 4 日、於：東京教会、長野県松代）、第 14 回 KCCJ 人権シンポジウム（主催：在日大韓基督教会社会委員会、在日韓国基督教会館、西南 KCC、在日韓国人問題研究所、2008 年 4 月 20 ～ 22 日、於：関西セミナーハウス）などが行なわれたほか、写真で見る宣教 100 年の歩み『祈りと共に』と「在日大韓基督教会宣教 100 周年（1908 ～ 2008）DVD」が出された。

そのほか、各地方会でも宣教 100 周年関連の記念集会が 2008 年 10 月中に行なわれた。関東地方会では宣教 100 周年記念礼拝（10 月 12 日、於：東京教会）、中部地方会では宣教 100 周年記念礼拝および交流会（10 月 26 日、於：名古屋教会）、関西地方会では記念礼拝および讃揚（10 月 12 日、於：大阪教会）、西部地方会では宣教 100 周年記念特別集会（10 月 12 日、於：神戸東部教会）、西南地方会では宣教 100 周年記念特別集会（10 月 12 日、於：小倉教会）がそれぞれ開催された。

（2）宣教 100 周年記念合同修養会

8 月 13 ～ 15 日には、宣教 100 周年記念合同修養会（主催：在日大韓基督教会、主管：合同修養会実行委員会）が東京プリンスホテルにおいて開催された。参加者は、全国からの教職者・信徒合わせて 338 名であった[2]。

合同修養会では、総神大学総長の金仁煥牧師（「一人の義人の重要性」、「従順の力」、「巡って歩まれる主イエス」）、韓国基督教教会協議会総務の権五成牧師（「祖国の平和統一とディアスポラ教会」）、李清一牧師（「在日大韓基督教会

の歩みと展望」）による講演があったほか、「宣教100周年以降の使命と課題」をテーマにパネル・ディスカッション（司会：金秀男長老）が行なわれ、金貞姫勧士（関東地方会女性連合会会長）、金済宇氏（青年会全国協議会副代表委員）、朴龍洙牧師（京都教会）がそれぞれ女性・青年・新一世の立場から発題を行なった後、李明信牧師（山形ウリ教会）、河礼子執事（全国教会女性連合会副会長）、朱喜哲氏（青年会全国協議会代表委員）を交え、在日大韓基督教会の多様性の中の一致などについてディスカッションを行なった。

宣教100周年記念 合同修養会（2008.8.13～15）
於：東京プリンスホテル

（3）宣教100周年記念大会

　日本国内外のゲストを含めた1300人が参加する中、宣教100周年記念大会（第1部：記念礼拝、第2部：記念式典、第3部：祝賀会）が、2008年10月13日に大阪女学院ヘールチャペルにおいて開催された[3]。

　第1部の記念礼拝（司会：崔栄信副総会長）では、大阪教会グロリア吹奏楽団の演奏に合わせての、教会学校生による各教会名を記したプラカードを掲げての行進、100名で編成された宣教100周年連合聖歌隊（指揮：尹聖澤執事）による賛美、総会長の鄭然元牧師による100周年記念説教などがあった。

　第2部の記念式典（司会：金武士現地実行委員長）では、崔正剛実行委員長の挨拶、来賓挨拶（駐日本大韓民国特命全権大使の権哲賢大使、韓国教会を代表して韓国基督教長老会総会長の徐載鎰牧師、日本基督教団総会議長の山北宣久牧師、エキュメニカル代表として韓国基督教教会協議会会長の林明奎牧師）、

米国改革教会（RCA）との宣教協約締結式のほか、100周年の歴史の中で協力関係のあった教団・団体・功労者への感謝牌の伝達式が行なわれた。

第3部の祝賀会（司会：崔金順執事）では、教会学校の最優秀作文の朗読（洪篤磨君「私の教会」）、大阪教会教会学校による合唱、青年会によるアンサンブルとパフォーマンス、女性会による合唱と民族舞踊、崔和鎮教授による賛美、韓国伝統舞踊、連合聖歌隊による合唱、出席者全員による「ウリエ ソウォン」の合唱などがあった。

（4）大会宣言文

在日大韓基督教会は、宣教100周年記念大会において大会宣言文を発表した。以下は、その大会宣言文の全文である[4]。

　　　宣教100周年を迎えた私たち在日大韓基督教会は、過ぎし100年の間、ディアスポラ（散らされた民）としての私たちの歩みを見守り、導いてくださった神に感謝いたします。
　　　私たち在日大韓基督教会は、宣教が開始された時から今日にいたるまで、在日大韓基督教会に集い支えてきた先輩たちの信仰を継承し、新たな100年に向かうにあたって、神が派遣してくださった地における宣教使命を確認し、それらを実践する決意を、ここに表明いたします。

①私たちは、在日社会および日本社会に生きる人びとが福音によって生かされるための方策を具体的に研究・実践します。
②私たちは、教会における多様性を神から与えられた祝福として感謝し、豊かな信仰共同体を形成することに努めます。
③私たちは、在日大韓基督教会としてのアイデンティティを確認し、合同教会としての内実を整えるために努力します。
④私たちは、あらゆる暴力を克服し、自然環境を含むすべての神の被造物が共生する世界の実現に向けて取り組みます。
⑤私たちは、子どもたちが自らを肯定的に受けとめ、平和や命の尊さを知る心を育む教育を推進します。
⑥私たちは、多民族・多文化共生社会を日本において実現するため、「外国人住民基本法」の制定に向けて取り組みます。

⑦私たちは、祖国の平和統一をはじめ、分裂のあるところに和解をもたらす「和解のしもべ」としての働きを行います。
⑧私たちは、神の宣教の業に共に参与するため、女性や青年が教会の意思決定に積極的に参加できる道を広げるよう努めます。
⑨私たちは、在日大韓基督教会をはじめ、在日社会、日本社会、アジア、世界においてキリスト教の精神をもって仕える働き人を養成します。
⑩私たちは、世界の教会の一致に向けたエキュメニカル運動を日本の教会、本国の教会、アジアおよび世界の教会と共に推進します。

私たちは、これから始まる新たな100年においても、私たちと共に歩んでくださる主の導きを信じ、神から与えられた宣教的使命に取り組むことを通して、神の国の実現に向けて歩むことを宣言します。

(5)「宣教100周年 宣教理念」の発表

宣教100周年を迎えた在日大韓基督教会は、「宣教100周年 宣教理念」を発表し、在日大韓基督教会の特徴である「マイノリティ性」「多様性」「エキュメニカル性」に沿ったかたちでその宣教使命を明らかにした[5]。

まず、「マイノリティ性」に関しては、異教の地・日本において、いのちを救う働きを行うことが神からマイノリティ教会である在日大韓基督教会に与えられた宣教使命であると告白した。「宣教理念」ではこの「いのちの救い」とは、すべての「生」の領域、すなわち、政治・経済・社会・身体・心理・霊的領域におけるすべての抑圧からの解放を指すとし、「宣教基本政策」(1973年)に示された救い理解を踏襲するとともに、それをさらに展開した救い理解を示した。また、このことの実現に向けた宣教を展開するために、自らのマジョリティ(抑圧側に立つ者)性をも直視しつつ、マイノリティ(小さくされた者)の側に立ってともに歩むマイノリティ教会の形成が目指されるべきであるとされた。

また、「多様性」に関しては、在日大韓基督教会内にある文化・国籍・アイデンティティなどにおける多様性を豊かさとして受け止める道を探ることや、韓国と北朝鮮間、「日本と北朝鮮・韓国間、在日間、在日と日本間、さらには人間とその他の被造物の間」において和解の働きを行なうことが在日大韓基督

第8章　在日大韓基督教会　第7期（2008～）：「感謝の100年、希望の100年」

教会に与えられた宣教使命であり、そのために「教会自らが絶えず変化し続けることが必要」であると述べられた。

　最後に「エキュメニカル性」に関しては、エキュメニカルな宣教協力の中で生まれ、また、エキュメニカルな交わりの中でその宣教の視点を豊かにされてきた在日大韓基督教会は、これからも、「歴史状況や今日的な課題に正しく応答」していくためにエキュメニカルな交わりを大切にしていくべきことが述べられるとともに、在日大韓基督教会自身のエキュメニカル性、すなわち、「絶えず真の合同に向けて変化する途上にあるという意味での合同（Uniting）」を実質化し、積極的に活用していかねばならないことが述べられた。

2.　教会・伝道所の設立・加入（2008）

　　東京朝鮮教会、黎明教会（加入）、北上シオン伝道所

---

[1] 『在日大韓基督教会　宣教100周年記念大会』在日大韓基督教会、2008年、1頁。記念事業に関しては、同上、45頁、各地方会で開催された宣教100周年関連の記念集会に関しては、「総会宣教100周年記念　各地方会で行事開催」（『福音新聞』2008年11月1日）を参照のこと。
[2] 「宣教100周年記念合同修養会開催」（『福音新聞』2008年9月1日）。
[3] 「在日大韓基督教会宣教100周年記念大会開催」（『福音新聞』2008年11月1日）。
[4] 大会宣言文の全文は、『在日大韓基督教会　宣教100周年記念大会』、34-35頁に収録されている。
[5] 「宣教100周年　宣教理念」の全文は、同上、36-41頁に収録されている。

おわりに:「感謝の100年、希望の100年」

　在日大韓基督教会の宣教は、異教の地に散らされたディアスポラの民への宣教から始まった。それは、韓国教会(長老教会、監理教会)にとっては「地の果てに」まで行き、主の「証人となる」(使徒言行録1:8)働きであった。東京の留学生教会にもたらされた福音は、カナダ長老教会をはじめ多くの宣教団体の協力を得る中で、関西・九州・中部・北海道で働く朝鮮人労働者とその家族へと広がっていき、1934年には、在日本朝鮮基督教会が成立した。6年という短い活動期間ではあったが、在日本朝鮮基督教会としての経験は、解放後、各地に散在する旧在日朝鮮人教会および在日朝鮮人キリスト者を糾合し、在日大韓基督教会として再出発する際の原動力となった。

　1945年8月に朝鮮が日本による植民地支配から解放されると、在日朝鮮人の教職者と信徒の多くが解放された祖国へと帰還していった。そのことにより在日朝鮮人教会は、存続の危機に直面することとなった。しかし神は、そのような状況にあった在日朝鮮人キリスト者に「残された者」(イザヤ49:6)としての新たな使命を与えられた。解放後の歩みは、この「残された者」としての使命を担ってなされた歩みであり、その使命とは、「創造的マイノリティ」として生きることであった。在日大韓基督教会の存在とその働きは、日本の社会および教会が在日韓国・朝鮮人をはじめとするマイノリティが置かれた状況を知ることで日本の中にある「隔ての壁」の存在に気づき、その壁を取り除く共同の働きに参与する契機となったと言える。

　在日大韓基督教会の100年の歩みはまた、さまざまな過ちと罪で覆われた歴史でもあった。そのことを覚え100年の宣教の歩みを辿るとき、神の恵みとその救済のみ業の偉大さを改めて感謝とともに発見するのである。在日大韓基督教会の100年の歴史は、神が与えてくださった恵みへの「感謝の100年」の歴史である。

　在日大韓基督教会は、新たな100年を歩むにあたって、先達の信仰の遺産を引き継ぐとともに、今日この日本の場で与えられている宣教の課題を実践する責任を負っていかねばならない。そして、そのことを実践するために、いのちを大切にする神の宣教に参与しなければならない。なぜならば、いのちを救う

おわりに:「感謝の100年、希望の100年」

働きを行なうことこそが在日大韓基督教会がディアスポラの地・日本に遣わされた理由だからである（創世記5：5）。宣教とは神の国のしるしを言葉と行為を通して打ち立てることである。その宣教の働きに参与してこそ、在日大韓基督教会の未来に「希望の100年」が切り開かれていくことであろう。

「神は、抑圧を受け、捨てられた者たちの痛みを分かちあい、被造物のうめきの声を聞き過ごしはしない」（「マイノリティ京都声明」）。すでに始まっている新たな100年においても、在日大韓基督教会という信仰の共同体とともに歩んでくださる主の導きを信じ、主から与えられた宣教の課題に取り組み、神の国の到来を目指して大胆に歩まなければならない。

〈 参 考 文 献 〉

I．単行本

1．在日大韓基督教会関係

(1) 個教会・機関史（出版年順）

1）個教会
- 『在日大韓基督教京都教会 50 年史』、1978 年
- 『在日大韓基督教大阪教会 55 年史』、1979 年
- 『在日大韓基督教 東京教会七十二年史』、1980 年
- 『川西教会六十年史』、1990 年
- 『神戸教会 70 年史』、1991 年
- 『武庫川教会 60 周年記念誌』、1991 年
- 『西新井教会 40 年沿革史』、1992 年
- 在日大韓基督教岐阜教会『教会創立 40 周年記念誌』、1993 年
- 巽教会 10 周年記念誌編集委員編『創立 10 周年記念誌』、1993 年
- 『姫路教会 10 周年記念画報』、1995 年
- 『川崎教会 50 年史』、1997 年
- 小倉教会編『教会創立 70 周年記念誌』、1997 年
- 下関教会編『創立 70 周年記念誌』、1998 年
- 『名古屋教会 70 年史』、1998 年。
- 広島教会企画委員会編『創立 50 周年記念誌』、1998 年
- 『京都教会의 歴史』、1998 年
- 布施教会 40 周年記念集編集委員会編『創立 40 周年記念誌』、1999 年
- 『神戸東部教会 30 年史』、2000 年
- 在日大韓基督教会折尾教会編『創立 50 周年記念誌』、2000 年
- 『武庫川教会 70 周年記念誌』、2001 年
- 『大阪教会創立 80 周年記念誌』、2001 年

参考文献

- 『大阪西成教会 80 年史』、2003 年
- 『東京中央教会 創立 30 周年 記念誌』、2003 年
- 在日大韓基督教会大阪北部教会編『創立 80 周年記念誌』、2005 年
- 『岡山教会 40 周年記念誌』、2009 年

2) 機関史
- 『向上社保育園創立 50 周年記念誌』、1984 年
- 四十年史編集委員会編『在日大韓基督教婦人会全国連合会四十年史（1948-1988)』在日大韓基督教婦人会全国連合会、1990 年
- 五十年史編集委員会編『在日大韓基督教全国教会女性連合会五十年史』在日大韓基督教全国教会女性連合会、1999 年
- 『全協のあゆみ』、2002 年
- 60 年史編集委員会編『全国教会女性連合会六十年史（1999 〜 2008)』在日大韓基督教全国教会女性連合会、2009 年

(2) 在日大韓基督教会による出版書籍（出版年順）
- 『在日本朝鮮基督教会 礼式文』在日本朝鮮基督教総会書記局、1948 年
- 羅曾男編『在日大韓基督教宣教五十周年記念画報』在日大韓基督教会総会総務局、1959 年
- 『礼式文』在日大韓基督教総会宣教局、1967 年
- 在日大韓基督教会総会教育局礼式書編纂委員編『礼式書』牧羊社、1981 年
- 『在日大韓基督教総会神学研究会資料』第一集、在日大韓基督教会総会神学委員会、1984 年
- 在日大韓基督教会指紋拒否実行委員会編『日本人へのラブコール』明石書店、1986 年
- 宣教 80 周年画報委員会編『在日大韓基督教会総会宣教 80 周年記念画報』在日大韓基督教会総会、1988 年
- 在日大韓基督教会総会編『ヨベルの年に向かって』新教出版社、1991 年
- 姜栄一編『平和統一と KCCJ』在日大韓基督教会平和統一宣教委員会、2002 年
- 在日大韓基督教会歴史編纂委員会編『在日大韓基督教会 宣教 90 周年記念誌』쿰란出版社、2002 年

(3) その他
・李仁夏『寄留の民の叫び』新教出版社、1979 年
・李仁夏『明日に生きる寄留の民』新教出版社、1987 年
・李仁夏『自分を愛するように』日本基督教団出版局、1991 年
・李仁夏『歴史の狭間を生きる』日本キリスト教団出版局、2006 年
・飯沼二郎・韓晳曦『伝道に生きて』麦秋社、1986 年
・呉寿恵『在日朝鮮基督教会の女性伝道師たち─77 人のバイブル・ウーマン』新教出版社、2012 年
・織田楢次『チゲックン』日本基督教団出版局、1978 年
・田中伸尚『行動する預言者』岩波書店、2014 年
・日本宣教協力委員会編『日本宣教의 파이오니아』쿰란出版社、2001 年
・『「牧師職」とはなにか ─KCCJ の正常化のための一里塚として─』姜栄一牧師を支える会、2009 年
・マッキントシュ宣教師の在留権訴訟を支援する会編『マッキントシュ牧師の「在日」にかける夢』キリスト新聞社、1987 年
・兪錫濬『在日韓国人의 설움』쿰란出版社、1988 年
・柳東植『在日韓国基督教青年会史』在日韓国 YMCA、1990 年

2. 韓国教会関係
・安利淑『たといそうでなくても』待晨社、1972 年
・H・G・アンダーウッド、韓晳曦訳『朝鮮の呼び声』未来社、1976 年
・姜渭祚『日本統治下 朝鮮の宗教と政治』聖文舎、1976 年
・金南植『神社参拝と韓国キリスト教会』サエハン出版社、1997 年
・韓国基督教歴史研究所、韓晳曦・蔵田雅彦 監訳『韓国キリスト教の受難と抵抗 韓国キリスト教史 1919 〜 45』新教出版社、1995 年
・池明観『流れに抗して ─韓国キリスト者の証言』新教出版社、1966 年
・池明観『現代史に生きる教会』新教出版社、1982 年
・閔庚培『韓国キリスト教会史』新教出版社、1981 年
・柳東植『韓国のキリスト教』東京大学出版会、1987 年

・金吉昌『말씀따라 한 平生』亜成出版社、1971 年

- 金守珍『한국 기독교 선구자 이수정』도서출판 진흥、2006 年
- 김승태・박혜진 엮음『자료총서 제 18 집 내한 선교사 총람 1884-1984』한국기독교역사연구소、1994 年
- 김인덕『식민지시대 재일조선인운동 연구』国学資料院、1996 年
- 金漢周『韓末在日韓国留学生의 民族運動』느티나무図書出版、1993 年
- 류대영・옥성득・이만열『대한성서공회사』Ⅰ、대한성서공회、1993 年
- 盧震鉉『真實과 証言』도서출판 하나、1995 年
- 白南薫『나의 一生』（増補版）新現実社、1973 年
- 『新豊教会 40 年史』기독교대한감리회 신풍교회、1993 年
- 呉允台『韓国基督教史Ⅳ―改新教伝来史―先駆者 李樹廷編』恵宣出版社、1983 年
- 李萬烈『한국기독교사특강』聖書읽기社、1993 年
- 李萬烈編『언더우드 자료집』Ⅰ、延世大学出版部、2005 年
- 全澤鳧『한국에큐메니칼운동사』韓国基督教教会協議会、1979 年
- 전수철『순교열전』2、福音文書宣教会、1992 年
- 蔡弼近『韓国基督教開拓者 韓錫晋牧師와 그 時代』大韓基督教書会、1971 年
- 崔錫柱『希望과 成長있는 対話』大韓基督教書会、1972 年
- 崔錫柱『恩寵은 江물같이』大韓基督教書会、1975 年
- 崔承萬『二・八独立宣言과 関東震災의 實相과 史的意義』二・八独立記念館設置委員会、1984 年
- 韓国監理教会史学会編『梁柱三総理師著作全集』全 5 巻、韓国監理教会史学会、1991 年
- 한국기독교역사연구소 북한교회사집필위원회『북한교회사』한국기독교역사연구소、1991 年
- 한국기독교역사학회 편『한국 기독교의 역사』Ⅰ（개정판）、기독교문사、2011 年
- 『황해도교회사』황해도교회사발간위원회、1995 年

3. 日本教会関係

- 明石博隆・松浦総三編『昭和特高弾圧史』6～8、太平出版社、1975・1976 年
- 飯沼二郎『天皇制とキリスト者』日本基督教団出版局、1991 年
- 五十嵐喜和『日本基督教会史の諸問題』改革社、1983 年

- 内村鑑三『内村鑑三信仰著作全集』2、教文館、1962 年
- 大島良雄『日本につくした宣教師たち』ヨルダン社、1997 年
- 太田雅夫『新島襄とその周辺』青山社、2007 年
- 金田隆一『戦時下キリスト教の抵抗と挫折』新教出版社、1985 年
- 金田隆一『昭和日本基督教会史　天皇制と十五年戦争のもとで』新教出版社、1996 年
- 京都大学キリスト教青年会百周年記念事業委員会記念誌部会『地塩 洛水 京都大学 YMCA 百年史』京都大学キリスト教青年会、2003 年
- 竹中正夫『ゆくてはるかに』教文館、2000 年
- 中央神学校史編集委員会『中央神学校の回想 日本プロテスタント史の一資料として』中央神学校同窓会、1971 年
- 中央神学校史編集委員会『エス・ピ・フルトンの生涯と神学思想』中央神学校同窓会、1976 年
- 日本聖書神学校創立 30 周年記念出版委員会『日本聖書神学校 30 年』日本聖書神学校、1976 年
- 中部教区史資料蒐集委員会『日本基督教団中部教区史資料集（一）』日本基督教団中部教区常設委員会、1979 年
- 「日本神学校史」出版委員会『日本神学校史』レバノン会、1991 年
- 同志社大学人文科学研究所編『戦時下抵抗の研究』Ⅰ・Ⅱ、みすず書房、1997 年
- 同志社大学人文科学研究所編『日本プロテスタント諸教派の研究』教文館、1997 年
- 同志社大学人文科学研究所編『来日アメリカ宣教師 ―アメリカン・ボード宣教師書翰の研究 1869 ～ 1890 年』現代史料出版、1999 年
- 同志社大学人文科学研究所／キリスト教社会問題研究会編『特高資料による戦時下のキリスト教運動』1 ～ 3、新教出版社、2003 年
- 都田恒太郎編『皇紀二千六百年と教会合同』基督教出版社、1941 年
- 土肥昭夫『日本プロテスタント・キリスト教史』新教出版社、1980 年
- 土肥昭夫『歴史の証言 ―日本プロテスタント・キリスト教史より』教文館、2004 年
- 富坂キリスト教センター編『15 年戦争期の天皇制とキリスト教』新教出版社、2007 年

参考文献

- 中村敏『日本プロテスタント神学校史』いのちのことば社、2013 年
- 奈良常五郎『日本 YMCA 史』日本 YMCA 同盟、1958 年
- 日本キリスト改革派神港教会『神港教会の 100 年』、2009 年
- 日本キリスト教歴史編纂委員会編著『日本キリスト教 50 年史』一麦出版社、2011 年
- 日本基督教団史編纂委員会編『日本基督教団史』日本基督教団出版局、1967 年
- 日本基督教団宣教研究所教団史料編纂室編『日本基督教団史資料集』第 1 ～ 5 巻、日本基督教団出版局、1997・1998・2001 年
- 日本基督教団中部教区愛知西地区靖国神社問題特設委員会編『愛知県下における「朝鮮基督教会」の歩み』日本基督教団中部教区愛知西地区靖国神社問題特設委員会、1998 年
- 日本基督教団洛南教会『写真で見る 40 年』太安堂、1989 年
- 日本 YMCA 連絡委員会編『日韓 YMCA 関係史』日本 YMCA 同盟、2004 年
- 日本 YWCA100 年史編纂委員会『日本 YWCA100 年史 女性の自立を求めて 1905-2005』日本キリスト教女子青年会、2005 年
- バプテスト研究プロジェクト編『バプテストの歴史的貢献』関東学院大学出版会、2007 年
- 原誠『国家を超えられなかった教会』日本基督教団出版局、2005 年
- 森岡巌・笠原芳光『キリスト教の戦争責任（日本の戦前・戦中・戦後）』教文館、1974 年
- 山本菊子『豊かな恵みへ』日本基督教団出版局、1995 年
- 八幡明彦『＜未完＞年表・日本と朝鮮のキリスト教 100 年』神戸学生青年センター出版部、1997 年
- 横浜指路教会一二五年史編纂委員会『横浜指路教会百二十五年史』日本基督教団 横浜指路教会、2004 年
- 佐波亘『植村昌久と其の時代』第四巻、教文館、1976 年

4. 日韓教会史関係
- 呉允台『日韓キリスト教交流史』新教出版社、1968 年
- 小川圭治・池明観編『日韓キリスト教関係史資料 1876 ～ 1922』新教出版社、1984 年
- 富坂キリスト教センター編『日韓キリスト教関係史資料』Ⅱ、新教出版社、

1995 年
- 韓国問題キリスト者緊急会議編『韓国民主化闘争資料集』（1973 〜 1976）、新教出版社、1976 年
- 韓国問題キリスト者緊急会議・NCC アジア資料センター編『朝鮮半島の平和と統一をもとめて』新教出版社、1989 年
- 金文吉『津田仙と朝鮮 朝鮮キリスト教受容と新農業政策』世界思想社、2003 年
- 徐正敏『日韓キリスト教関係史研究』日本基督教団出版局、2009 年
- 池明観『日韓関係史研究』新教出版社、1999 年

5. カナダ長老教会・世界教会関係
- 山本俊正『アジア・エキュメニカル運動史』新教出版社、2007 年
- Anderson, Robert K. *My Dear Redeemer's Praise : The Life of Luther Lisgar Young D. D.* Hantsport, N. S. : Lancelot Press, 1979.
- Anderson, Robert K. *Kimchi & Maple Leaves under the Rising Sun.* Guardian Books, 2001.
- Klempa, Lois & Doran, Rosemary. *Certain Women Amazed Us, The Women's Missionary Society Their Story 1864-2002,* Women's Missionary Society (WD), 2002.
- *Alien Fingerprints: Legacies of Japan's war* . Hong Kong: CCA-URM, WCC-PCR, 1986.

6. その他
- 李元範・桜井義秀編著『越境する日韓宗教文化』北海道大学出版会、2011 年
- 姜在彦・金東勲『在日韓国・朝鮮人 歴史と展望』労働経済社、1994 年
- 姜徳相『朝鮮独立運動の群像』青木書店、1984 年
- 姜徳相『〔新版〕関東大震災・虐殺の記憶』青丘文化社、2003 年
- 金一勉『天皇と朝鮮人と総督府』田畑書店、1984 年
- 金賛汀『風の慟哭 在日朝鮮人女工の生活と歴史』田畑書店、1977 年
- 金賛汀『在日コリアン百年史』三五館、1997 年
- 金英達『創氏改名の研究』未来社、2003 年
- J・H・コーン、梶原寿訳『抑圧された者の神』新教出版社、1976 年

参考文献

- 在日本大韓民国民団中央民族教育委員会・歴史教科書『在日コリアンの歴史』作成委員会『在日コリアンの歴史』明石書店、2006 年
- 趙景達編『植民地朝鮮―その現実と解放への道』東京堂出版、2011 年
- 二・八独立宣言記念碑建立記念集編集委員会『二・八独立宣言記念碑建立記念集』、1982 年
- 朴殷植『朝鮮独立運動の血史』1、平凡社、1972 年
- 朴慶植編『在日朝鮮人関係資料集成』第一～五巻、三一書房、1975・1976 年
- 兵庫朝鮮関係研究会『在日朝鮮人 90 年の軌跡―続・兵庫と朝鮮人』神戸学生青年センター出版部、1993 年
- 韓晳曦『日本の朝鮮支配と宗教政策』未来社、1988 年
- 松尾章一『関東大震災と戒厳令』吉川弘文館、2003 年
- 水野直樹『創氏改名―日本の朝鮮支配の中で』岩波新書、2008 年
- 森田芳夫『数字が語る在日韓国・朝鮮人の歴史』明石書店、1996 年
- 山田昭次『関東大震災時の朝鮮人虐殺―その国家責任と民衆責任』創史社、2003 年
- 藪景三『朝鮮総督府の歴史』明石書店、1996 年
- 和田春樹・高崎宗司『検証 日朝関係 60 年史』明石書店、2005 年

Ⅱ．論文

1．論文

- 浅田朋子「1930 年代における京都在住朝鮮人の生活状況と京都朝鮮幼稚園」(『在日朝鮮人史研究』第 30 号、2000 年 10 月)
- 李相勲「ディアスポラ・マイノリティ教会としての在日大韓基督教会の宣教的使命」(『キリスト教文化』2013 年春)
- 李清一「キリスト教教育の課題としての日韓関係史」(日本キリスト教協議会(NCC)教育部『教会教育』第 391 号、2001 年)
- 五十嵐喜和「朝鮮基督教会併合問題―日本基督教会としての歴史的責任」上・中・下 (『福音と世界』1992 年 5・6・7 月号)
- 宇治郷毅「戦時下の在日朝鮮人キリスト教運動」(『福音と世界』1976 年 1 月号)
- 姜在彦「儒教の中の朝鮮女性」(『季刊 三千里』7 号、1976 年)
- 神田健次「宣教論の現代的展開―エキュメニカル運動の軌跡の中から」(『神

学研究』第 33 号、1985 年）
- 金性済「差別社会の周辺から共生社会のフロンティアへ」（日本キリスト教協議会（NCC）教育部『教会教育』第 391 号、2001 年）
- 徐正敏「李樹廷と日本キリスト教との関係」（『『마가복음) 출판 130 주년 기념 국제 학술 심포지엄 이수정의 성경번역과 선교활동 자료집』2015 年）
- 田村紀之「内務省警保局調査による朝鮮人人口（Ⅰ）」（『経済と経済学』第 46 号、1981 年 2 月）
- 韓晳曦「神社参拝強要とキリスト者の抵抗」（『季刊 三千里』31 号、1982 年 8 月）
- 韓晳曦「戦時下朝鮮の神社参拝強要とキリスト者の抵抗」（『朝鮮史叢』第 5・6 号合併号、1982 年 1 月）
- 平田賢一「明治期の朝鮮人留学生」（『季刊 三千里』13 号、1978 年）
- 山田昭次「関東大震災と朝鮮人虐殺―事件をめぐる民衆意識について」（旗田巍編『朝鮮の近代史と日本』大和書房、1987 年）

- 孫仁銖「韓国近代学校의 成立過程」(李海南博士華甲紀念史学論叢編輯委員会『李海南博士華甲紀念史学論叢』一潮閣、1970 年）
- 이상훈「재일대한기독교회에서 한국교회 파견목사의 지위 변천 과정」(『한국기독교와 역사』第 42 号、2015 年 3 月）

2. 学位論文
   - 윤상림「한국교회의 재일조선인 선교 연구」연세대학교 대학원 박사학위논문、2015 年

Ⅲ. 新聞・雑誌（出版年順）

1. 新聞
   - 『七一雑報』（1883 年）
   - 『基督申報』（1915 〜 1937 年）
   - 『東亜日報』（1935 年）
   - 『福音新報』（1934 〜 1941 年）
   - 『基督教報』（1936 〜 1938 年）

参考文献

- 『長老会報』（1940 年）
- 『教団時報』（1942 〜 1944 年）
- 『日本基督教団新報』（1944 〜 1946 年）
- 『福音新聞』（1951 〜 2008 年）

2. **雑誌・機関誌**
- 『学之光』（1914 〜 1919 年）
- 『極光』（1933 年）
- 『朝鮮監理会報』（1939 〜 1941 年）
- 『和解』第 1 〜 39 号（1969 〜 1972 年）
- 『地之塩』（1987 〜 1992 年）
- 『RAIK 通信』（1 号〜 110 号）在日韓国人問題研究所、1988 年〜 2008 年
- 『母心』（1989 〜 1991 年）
- 『長老会通信』（2004 〜 2008 年）
- The Missionary Review（1884）
- The Korea Mission Field（1905 〜 1941）
- The Pioneer（1909）
- The Glad Tidings（1925 〜 1941）
- The Japan Christian Quarterly（1930 〜 1932）
- The Japan Christian Year Book（1938 〜 1940）

Ⅳ．会録・報告書（出版年順）

1. **会録**

(1) 在日大韓基督教会関係

1) 在日本朝鮮基督教会関係

- 『在日本朝鮮基督教会 第一回大会々録』（1934 年）
- 『在日本朝鮮基督教大会 第二回会録』（1936 年）
- 『朝鮮基督教 中北中会・総会録（第 1 〜 4 回）』（1938 年）
- 『朝鮮基督教 関西中会第三回会録』（1936 年）

- 『朝鮮基督教 関西中会第四回会禄』（1937 年）
- 『朝鮮基督教 関西中会第五回会録』（1938 年）
- 『在日本朝鮮基督教福岡教会職員録 附同教会共同議会録 第二号』（1932 年 3 月～1941 年 1 月）
- 『日本基督教会吉塚教会委員会々録 第参号』（1941 年 1 月 19 日～1943 年 3 月 14 日）
- 『十三（南方）教会委員会会録』（1940 年 7 月 7 日～1948 年 12 月 5 日）
- 『日本基督教団福岡吉塚教会委員会記録』（1941～1945 年）
- 『日本基督教団福岡吉塚教会総会記録』（1941～1944 年）

2) 在日大韓基督教会関係
- 『在日大韓基督教会総会録 第 1～40 回』第 1～5 巻（1945～1989）、在日大韓基督教会総会歴史編纂委員会、1995 年
- 「任員과 宣教部와 合同会議録」（1950 年 1 月 14 日）
- 『在日大韓基督教会 臨時総会録』（1952 年）
- 『在日大韓基督教会総会総会録』（1991～1999 年）
- 『在日大韓基督教会総会録』（2001～2009 年）

(2) 韓国教会関係
- 『대한예수교장로회 독노회록 : 제 1 회～제 5 회』（1907～1911）、대한예수교장로회 총회교육부、1980 年
- 『대한예수교장로회 총회록 : 제 1 회～제 31 회』（1912～1942）、대한예수교장로회 총회교육부、1980 年
- 『경남노회 제 12 회회록』（1921 年）
- 『朝鮮監理会年会録』第 4～15 巻、基督教大韓監理会 百周年記念事業委員会、1984 年
- 『조선기독교 연합공의회 회의록』韓国教会史文献研究院、1987 年

(3) 日本教会関係

1) 日本基督教会関係
- 『第五二回日本基督教会大会記録』（1938 年）

参考文献

- 『第五四回日本基督教会大会記録』（1940 年）
- 『第五拾四回東京中会記録』（1940 年）
- 『第五拾五回東京中会記録』（1941 年）
- 『第六十三回浪速中会記録』（1940 年）
- 『第六四回浪速中会記録』（1941 年）
- 『日本基督教団第一部浪速中会区第一回中会記録』（1942 年）
- 日本基督教会柳川教会編『日本基督教会鎮西中会記録』新教出版社、1980 年

2）日本基督教連盟関係
- 『第 14 回日本基督教連盟総会報告』（1936 年）
- 『第 15 回日本基督教連盟総会報告』（1937 年）
- 『第 16 回日本基督教連盟総会報告』（1938 年）

3）日本キリスト教協議会関係
- 『日本基督教協議会 第 24 回総会報告』（1973 年）

4）日本基督教団関係
- 『第二十二回日本基督教団総会議事録』（1982 年）

(4) その他
- Minutes of Annual Meeting of the Council of Presbyterian Missions in Korea（1916 〜 1921）
- Meeting of the Federal Council of Protestant Evangelical Missions in Korea（1921 〜 1927）
- The Acts and Proceedings of the General Assembly of the Presbyterian Church in Canada（1928 〜 1972）
- Minutes of the Executive Committee, the New College, Edinburgh, Scotland, August 4-9, 1958.

2．報告書
- 『活動報告』（1971 年〜 2008 年）在日韓国基督教会館
- 『マイノリティ問題と宣教戦略会議報告』在日大韓基督教会総会

- 『在日韓国人の法的地位の現実と展望』在日大韓基督教会総会社会局、1977年
- 日本キリスト教団大阪教区社会委員会シンポジウム報告集編集小委員会編『社会委員会シンポジウム報告集―「在日大韓基督教会の歴史に学ぶ」』日本キリスト教団大阪教区社会委員会、1983年
- 『第2回マイノリティ問題と宣教戦略国際会議』在日大韓基督教会総会、1995年
- 在日大韓基督教会総会 性差別等問題特別委員会『教会使用拒否及び「差別発言」に関する同性愛者についての事実確認会報告書』、2001年
- 『第一回在日大韓基督教会と日本基督教団との宣教協議会 報告書』日本基督教団と在日大韓基督教会との宣教協力委員会
- 『第2回 日本基督教団と在日大韓基督教会との宣教協議会 報告書』宣教協力実務会、2009年

V．辞書

- 『キリスト教人名辞典』日本基督教団出版局、1986年
- 『日本キリスト教歴史大事典』教文館、1988年
- 『朝鮮を知る事典』平凡社、1986年
- 『岩波キリスト教辞典』岩波書店、2002年
- 『基督教大百科事典』12・16、基督教文社、1984・1985年

VI．その他の資料（出版年順）

1．在日大韓基督教会関係

(1) 憲法
- 『在日本朝鮮基督教会憲法・大会規則』（1935年）
- 『憲法』（1948年）
- 『在日大韓基督教会憲法』（1954年）
- 『在日大韓基督教会 憲法』（1979年）

- 『在日大韓基督教会 総会規則』(1999 年)
- 『在日大韓基督教会憲法規則集』在日大韓基督教会憲法委員会、2009 年

(2) 宣言・声明
- 『宣教基本政策』(1973 年 10 月)
- 『在日大韓基督教会総会 宣教理念（宣教 90 周年을 向하여）』宣教 80 周年実行委員会 宣教理念委員会、1988 年
- 「民族統一に関する在日大韓基督教会総会宣言」(『福音と世界』1988 年 10 月号)
- 「在日大韓基督教会の宣教的使命　―荒野の 50 年を越えて」在日大韓基督教会総会、1995 年

(3) その他

1) 解放前
- 在日本東京朝鮮예수教連合教会『教会日誌』(1924 年 1 月 27 日～1927 年 1 月 9 日)
- 在日本東京朝鮮예수教連合教会『教会日誌』(1927 年 1 月 2 日～1931 年 6 月 21 日)
- 『朝鮮耶蘇教福岡教会建築損補芳名記』(1930 年 4 月、1931 年 9 月)
- 『福岡朝鮮基督教会日誌』(1936 年 11 月 21 日～1939 年 4 月 30 日)
- 「教師加入願」(1940 年)
- 「履歴書」(1940 年)
- 「教団所属同意書」(1943 年)
- 「全仁善書簡」(日本基督教団総務局長宛、1945 年 2 月 5 日)

2) 解放後
- 「呼びかけ文」(1945 年 10 月 22 日、原文は表題なし)
- 「創立総会の開催案内文」(1945 年 11 月 8 日、原文は表題なし)
- 「朝鮮基督教人迫害・弾圧状況調書」「教会状況報告」(1945 年)
- 日本基督教団福岡吉塚教会宛「承認書」(1947 年 7 月 23 日)
- 大阪教会「登記謄本」(1949 年 11 月 25 日)
- 大韓基督教会総会「登記簿妙本」(1950 年 3 月 16 日)

- 大韓基督教会総会「登記謄本」(1951 年 11 月 25 日)
- 「基督申報社設立経過事情」(日付なし、歴史編纂委員会所蔵)
- 「基督申報社会計簿」(1952 年 6 月)
- 「카나다長老教会外国宣教部에 提案」(1955 年 1 月 28 日)
- 「E. H. Johnson 書簡」(1955 年 7 月 20 日)
- 『在日大韓基督教伝道 50 周年禧年式典 式順』
- 「KCC 建築委員会報告」(1961 年 10 月 13 日)
- 『宣教 70 周年을 向하여―在日大韓基督教会 宣教 60 周年記念行事草案』(1967 年)
- 『宣教 70 周年を目指して―在日大韓基督教会 宣教 60 周年記念行事要覧』宣教 60 周年記念行事準備委員会、1968 年
- 『宣教 60 周年記念式典 メッセージ』在日大韓基督教会総会宣教 60 周年記念式典 実行委員会、1968 年
- 『宣教 70 周年記念行事要覧』在日大韓基督教会総会宣教 70 周年記念委員会、1978 年
- 日本基督教団と在日大韓基督教会との協約に関する合同作業委員会「日本基督教団と在日大韓基督教会の関係史」(1982 年 10 月)
- 『在日大韓基督教会 宣教 80 周年記念大会』(1988 年 10 月 10 日)
- 『在日大韓基督教会総会 長老会名単』在日大韓基督教会総会全国長老会、1995 年
- 在日大韓基督教会総会 教育局・伝道局・社会局・青年局『宣教 90 周年記念合同研修会』(1998 年)
- 在日大韓基督教会『宣教 100 周年記念大会』(2008 年)
- 在日大韓基督教会『宣教 100 周年記念 合同修養会』(2008 年)
- 在日大韓基督教会宣教 100 周年記念事業実行委員会・在日大韓基督教会歴史編纂委員会『祈りと共に―写真で見る宣教 100 年の歩み』(2008 年)
- DVD「在日大韓基督教会(KCCJ)宣教 100 周年史 (1908-2008)」(2008 年)
- 「横浜教会 80 周年記念 DVD」在日大韓基督教会横浜教会、2009 年
- 『在日大韓基督教会 長老会総鑑 2008 年』在日大韓基督教会全国長老会、2009 年
- 「韓延洙 三女徳珠氏回顧談」
- 『RAIK 創立 40 周年 感謝の 40 年 そして今』在日韓国人問題研究所、2014 年

・Cho Ki Sun to Marcel Pradervand, January 29, 1958.
・E. H. Johnson to Marcel Pradervand, June 26, 1958.

2. 韓国教会関係
    ・郭安連『朝鮮イエス教長老会憲法』(1938 年)

3. 日本教会関係
    ・『基督教年鑑』(1938 〜 1941 年)
    ・『昭和十五年 日本基督教会年鑑』(1940 年)
    ・『昭和十七年 日本基督教団第一部年鑑(旧日本基督教会)』(1943 年)
    ・『日本基督教団年鑑』(1943 年)
    ・「日本基督教団による旧朝基の教勢に関するメモ」(1945 年 2 月)
    ・「日本基督教団大阪教区社会委員会作成のチラシ」(1969 年 6 月 11 日)
    ・『外登法問題を訴える関西大集会』(1985 年 7 月 14 日)
    ・「NCC 宣教宣言」(1999 年 2 月)
    ・DVD「日曜学校から始まるキリスト教教育の歩み」NCC 教育部

4. その他
    ・大阪市社会部調査課『社会部報告 85 号 本市に於ける朝鮮人の生活概況』、1929 年
    ・「国勢調査」(1930 年)

〈 資 料 ① 〉

在日本朝鮮基督教会憲法（1934年2月制定）

　　　　序　　文

　此ノ憲法ハ在日本朝鮮基督教会ノ聖職ニ在任スル牧師及宣教師等ガ、昭和九年二月（救主降生一千九百三十四年）神戸ニ会合シ朝鮮耶蘇教長老会憲法及基督教朝鮮監理会教理ト章程ニ基キ在日本朝鮮基督教会ノ組織ヲ完成シ自治ノ基ヲ開キテ之ヲ制定シタルモノナリ

　　　　宣　　言

　在日本朝鮮基督教会ハ全世界基督教会ト共ニ聖書要理問答及使徒信経ヲ本教会ノ教理ノ法則トシテ之ヲ信條ニ用ユルコト左ノ如シ

　　　　信　　條

三　位　　第一、神ノ本体ハ聖父、聖子、聖霊ノ三位ニ分チ、本体ハ一ニシテ其ノ権能ト栄光ハ同等ナルコトヲ信ズ

聖　父　　第二、神ハ独ニノミ在マス、惟神ニノミ礼拝スベシ、神ハ自然ニ在マス。不在ノ所無クシテ他ノ神ト凡テノ物質ト区別アラセラル。其ノ存在ト智慧ト権能トハ聖ニシテ、仁慈ト真実ト愛ニ至リテハ無限無窮、永遠ニ変リ給ハザルナリ。

聖　子　　第三、神ハ人類ヲ罪ヨリ救ヒ永遠ノ生命ヲ与ヘント欲シ給ヒ、無限ナル愛ヲ以テ其ノ御独子ヲ世ニ遣シ給ヘリ。神ノ子ハ人トナリ給ヒヌ。彼ノミ人ヲ救ヒ給フ。
　　　　其永遠ナル御独子ニ二品性アリ給フ。永遠ニ至ル迄真ノ神真ノ人ニテ在マシ給フ。聖霊ニヨリテ孕マレ童貞女マリアニ生レ給ヒタレド罪ナカリキ。罪人ヲ贖ハンタメニ神ノ法規ニ服従シ給ヒ宥ノ供物トナリ、神ノ公義ヲ満足シ給ヘリ。人ヲ神ニ宥ムルタメ十字架ニ釘ケラレ死ニ給ヘリ。三日目ニ墓ヨリ甦ヘリ給ヒテ、神ノ右ニ昇リ人ノ為メ祈リ、死ニシモノヲ甦ラシメ世ヲ審カン為メニ再ビ来リ給フ。

資料

聖　霊　　第四、父ト子トガ遣ハシタル聖霊ハ人間ノ霊魂ヲ罪ト悲惨ト死ヨリ甦ラスルヲ掌リ給フ。人ノ心ヲ清クセシメ精神ヲ新ニシ福音ヲ価ヒ無ク与フルイエス・キリストヲ受ケシメ、キリストノ内ニアル総テノ義ヲ現シ漸次霊化シ栄光ヨリ栄光ニ入ラシメ給フ

聖　書　　第五、旧新約聖書ハ聖霊ニヨリテ賜ハリタル神ノ聖言ニシテ信仰ト行為ノ唯一明確且ツ完全ナル法則ナリ（創世記、出埃及記、レビ記、民数記、申命記、ヨシュア記、師士記、ルツ記、サムエル前書、サムエル後書、列王記略上、列王記略下、歴代志略上、歴代志略下、エズラ書、尼希米亜記、エステル書、ヨブ記、詩篇、箴言、伝道之書、雅歌、イザヤ書、エレミヤ記、エレミヤ哀歌、以西結書、ダニエル書、ホゼア書、ヨエル書、アモス書、ヲバテヤ書、ヨナ書、米迦書、ナホム書、哈巴谷書、ゼバニヤ書、ハガイ書、ゼカリヤ書、マラキ書、マタイ伝、マルコ伝、ルカ伝、ヨハネ伝、使徒行伝、ロマ書、コリント前書、コリント後書、ガラテヤ書、エペソ書、ピリピ書、コロサイ書、テサロニケ前書、テサロニケ後書、テモテ前書、テモテ後書、テトス書、ピレモン書、ヘブル書、ヤコブ書、ペテロ前書、ペテロ後書、ヨハネ一書、ヨハネ二書、ヨハネ三書、ユダ書、ヨハネ黙示録）

犯　罪　　第六、人類ノ先祖タルアダムハ神ノ命令ニ背キ罪ヲ犯カセシモノナリ。其子孫ハ普通生殖ニヨリ犯罪堕落セリ。其ノ原罪ト腐敗ト共ニ実行犯タルニヨリテ全人類ハ此ノ世ト来世ニ於テ神ノ怒ヲ受クベキモノトナレリ。

救　援　　第七、神ハイエス・キリストニヨリテ愛スル者ヲ価ナシニ救ヒ給ヘリ。命ジテ曰ク罪ヲ悔改メ、主イエス・キリストヲ救主ト信ジ其模範ニ従ヒ遜リテ聖ナル生活ヲナシ、ソノ御旨ニ従フベシ。総ベテ是ニ従フモノハ救ヒ、其ノ恵ニヨリテ義トナシ、神ノ子女トナシテ永遠ニ至ラシム。カカル大ナル事業ヲ成就シ給フ聖霊ハ特ニ聖書ト聖霊ト祈祷ヲ方途トシテ使用シ給フ。

教　会　　第八、主ノ聖旨ニ従ヒ聖言ノ真理ヲ明ニシ、制定シ、政治ヲ守ル団体ヲ以テ組織ス。コレ神ノ教会ナリ。イエス・キリストノ聖身ナリ。之ヲ聖霊ノ殿ナル聖教会ト云フ。

聖　霊　　第九、洗礼ト聖餐ヲ設ケ給ヘリ。洗礼ハ牧師水ヲ以テ聖父、聖子、聖霊ノ聖名ニヨリ施ス。此レ主ノ御血ヲ以テ甦リヲ表スモノナリ。聖餐ハ麺麴ト葡萄汁ヲ以テ施ス。コレ主<u>キリスト</u>十字架ニ釘ケラレタルヲ紀念ス。信者ニハ表蹟ト保証トニナルモノナリ。但シ聖霊ノ益ナルハ<u>イエス・キリスト</u>ノ祝福ト信仰ヲ以テ参礼スル者ノ内ニ聖霊ノ働キ給フニヨル。

審　判　　第十、凡ソ人生ノ終リノ日ニ至リ自己ノ行為ノ儘<u>キリスト</u>ノ審判ヲ受クル者ナリ。<u>イエス・キリスト</u>ヲ信ズル者ハ永遠ノ生命ニ入リ信ゼザル者ハ永遠ノ刑罰ニ入ラン。

　　　　　　承　　認
　教会ノ信条ハ神ノ聖言ニ基キ之ノ明確且ツ完全ナルコト受納レ又ハ吾個人ノ信条トシテ公布ス。

　　　教　会　憲　法

　　　第一章　　名　称
一、本教会ヲ在日本朝鮮基督教会ト称ス

　　　第二章　　教会及信徒
一、教会ノ区別　教会ニ有形及無形ノ区別アリ。即チ無形ノ教会ハ人ノ目ニ現ハレズ神ノミニ属ス。有形ノ教会ハ世界ニ散在ス。其会員ハ神ヲ崇奉スルモノニシテコレヲ基督者トス。
二、教会ノ組織　日本内地ニ住居スル朝鮮同胞ニシテ本憲法ニ従フ者ヲ以テ之ヲ組織ス。
三、教　　会　旧新約聖書ニヨリテ賜ハリタル聖言ニ従ヒ、一定ノ場所ニ集会シ神ニ礼拝スルモノトス。
四、正　会　員　本教会ニ於テ洗礼ヲ受ケ又ハ他教会ヨリ無欠転入シタル者ヲ謂フ。（但シ選挙権ト被選挙権アリ）
五、幼児洗礼　信者ノ子女四歳以下ノモノニシテ父母之レニ代リ問答ス。
六、学　習　人　六箇月以上教会ニ出席シ成績良好ニシテ試験ニ合格シタルモ

ノヲ謂フ。

七、求　道　者　キリストヲ信ジ救ハレ度ク思フ者ヲ謂フ。

　　　　　第三章　　教会職員
一、職　　　員　牧師、長老、勧師、執事、四職ヲ置ク。
　　　　牧師ハ説教ト治理ニ兼務シ聖礼ヲ施シ担任シタル教会ヲ総察スル者ナリ、長老ハ其所属シタル教会ニテ治理ヲナス信者ノ代表ナリ。勧師ハ長老ナキ教会ニ於テ視務スルモノナリ。執事ハ牧師長老ト協力シ寄付行為ヲナシ教会ノ会計事務ヲ掌ル。（但シ聖餐ニ参与スル者ニ限ル）
二、職員資格
　　　1、牧師ハ学識（常識、神学）豊富ニテ神学校ヲ卒業シ、品行方正ニシテ説教ト教授ニ能アル者ヲ大会ガ按手任職シタル者ナリ。
　　　2、長老ハ年齢二十七歳以上ノ者ニシテ、家族ト共ニ本教会ニ入会シ満二箇年、洗礼ヲ受ケテヨリ満五箇年ヲ経過シタル者ヲ以テシ正会員廿名ニ一名比例ニテ有権者三分ノ二ノ投票ヲ得テ当選シ其ノ行為<u>テモテ</u>前書第三章一節ヨリ七節ニ該当スルモノトス。当選後六箇月間教養シテ中会之ヲ試験シ合格ト認ムルモノトス（但シ任期ハ三箇年トシテ再選ノ場合ハ牧師之ヲ留任ス。）
　　　3、勧師　正会員二十名未満ノ教会ニテ選挙ス。（但シ小会ニテ之ヲ試験ス任期ハ二箇年トス。其他ハ長老ト同一ナリ）
　　　4、執事ハ正会員二分ノ一投票ヲ得テ選挙セラルルモノニテ真実ナル信仰ヲ有シ其品行方正ニシテ福音ニ適合シ奉仕的ノ精神アルモノトス（但シ任期ハ一箇年）
三、臨時職員　教会ノ事情ニヨリ左記ノ臨時職員ヲ選定ス
　　　1、男女伝道師ハ牧師及教会ノ推薦ニヨリ選定サレタルモノヲ中会之ヲ試験シ合格ト認ムル者ニシテ支教会ノ事務ヲ補助セシム（但シ有給者ニ限ル）
　　　　　一、権利　小会及中会ニテ投票権ハナクトモ発言権ヲ有ス。
　　　　　二、資格　年齢二十五歳以上ニシテ神学校二年以上ヲ修業ノ程度又ハ聖書学院ヲ卒業シタルモノト同等ノ資格アルモノトス

　　　　第四章　　議　　会
一、教人議会　正会員ヲ以テ之ヲ組織ス（但シ会長ハ牧師トナス）
　　　1、集会　総会ハ年一回ニテ正会員三分ノ一又ハ上会ノ命令ニヨリ必要ト認ムル場合牧師之ヲ召集ス
　　　定期総会ニ於テ処理スベキ事項左ノ如シ
　　　1、小会ノ経過事項ヲ聴取ス
　　　2、職員会及各附属会ノ事業報告ヲ聴取ス
　　　3、教会ノ会計決算報告ヲ聴取ス（但シ検査済ノモノ）
　　　4、職員会ニ於テ提出シタル来年度予算案ヲ討議決定ス
　　　5、牧師自身ニ関スル事件ハ他ノ牧師ヲ招キ之ヲ代理処理スル事ヲ得（但シ一般ノ決定ハ会員過半数ヲ以テシ、牧師自給招聘ニ関スル件ハ正会員三分ノ二ノ投票及学習人過半数ノ承諾ヲ要ス）
　　　定期総会ハ一週間以前ニ時日及提議事項等ヲ教会ニ公布スベシ
　職　員　会
1、組織、支教会ノ小会員勧師及執事職ヲ以テ之ヲ組織ス。会長ハ牧師トナス。書記及会計ハ職員会ニ於テ之ヲ選挙ス（但シ必要ト認ムル場合ハ伝道師、共励会々長及日曜学校々長ニ協同会員権ヲ与フ。）
2、未組織教会ニ於テハ牧師、伝道師、勧師及執事等ガ職員会ノ事務ヲ執行スルコトヲ得
3、職員会ハ教会ノ予算編成及金銭ニ関スル件ヲ処理ス
4、職員会ハ毎年定期教人議会ニ於テ経過状況ヲ報告シ一般収支総決算書ニ検査ヲ受クベシ
　小　　　会
1、小会組織　小会ハ牧師及長老ヲ以テ之ヲ組織ス
2、開会成数　小会ニ長老二人ナレバ長老一人及牧師ヲ以テ開会スルコトヲ得　長老三人以上ノ場合ハ長老二人及牧師ヲ以テ開会ス
3、会長ハ支教会ノ牧師ニ限ル。但特別ノ境遇ニハ小会ノ決議ヲ以テ中会ニ属スル他牧師ヲ招キ之ヲ代理トナス
4、小会ニ於テ処理スベキ事項左ノ如シ
　　1、洗礼及学習志願者ノ信仰試問　信徒ノ転出転入ノ希望者ニ対スル薦書ノ受理及附与承認ヲ為ス

2、信徒ノ戒規ニ関スル件ヲ処理
　　　3、献金収集時日及方針ヲ定ム
　　　4、中会ニ派遣スベキ代議員ヲ選定ス
　　　5、中会ニ提案スベキ議案ヲ作成建議ス
　　　6、聖礼施行及聖書研究ノ時日ヲ予定発表ス
　　　7、日曜学校、伝道会、共励会及其ノ他附属機関ヲ監督ス
　5、小会々集　小会ハ三箇月毎ニ一回開催シ会務ヲ処理ス、臨時会ハ中会及牧師ニ於テ必要ト認メタルトキ又ハ長老二人以上連署ヲ以テ請求シタル場合之ヲ開クモノトス
　6、小会々録　書記ハ決議事項ヲ作成シ信徒名簿ト共ニ一年一回中会ノ検査ヲ受クベシ
中　　　会
1、組織　中会ハ区域内ノ牧師（牧師二人以上ヲ要ス）及宣教師支教会ヨリ派遣サレタル長老一人宛ヲ以テ組織ス未組織教会ハ牧師ノ薦書ニヨリ勧師及伝道師ヲ以テ組織スルコトヲ得、勧師及伝道師ハ発言権ノミ有シ委員会ニノミ投票権ヲ有ス
2、職務　中会ニ於テ処理スベキ事項ハ左ノ如シ
　　1、中会ハ本憲法ニ従ヒ建議及一般ノ請願等委託判決ヲ受理ス
　　2、本区域内教会ヲ管轄シ長老及伝道師ノ試験ヲ行フ
　　3、支教会設立及分立合併廃止、小会組織等一切ノ事項ヲ処理ス
　　4、上会ニ提出スベキ総計表及建議等上会ノ指導ニヨリ代議員ヲ選抜シ各教会ノ秩序及平和ヲ計画ス。
3、集会　定期総会ノ期日場所及執行順序ハ其ノ開会ノ日ヨリ二週間前各牧師代議員ニ通知ス
　臨時会議ハ牧師二人及支教会各長老二人ノ連署ヲ以テ請求スル場合ハ会長之ヲ召集ス（但シ臨時会議ニ於テハ召集ノ目的タル議案ノ外ハ審議スルコトヲ得ズ）
大　　　会
1、大会ハ在日本朝鮮基督教会最高ノ治理会トシテ其ノ名称ヲ在日本朝鮮基督教会大会ト称ス
2、組織　各中会ノ牧師、宣教師及其ノ同数ノ長老ヲ以テ之ヲ組織ス　中会未

組織地方ハ牧師及其ノ同数ノ長老或ハ伝道師及勧師ガ協同代議員トナルコトヲ得（但シ伝道師及勧師ハ発言権ノミヲ有ス）

3、開会成数　中会ノ過半数及代議員牧師、長老ノ各過半数ヲ以テ開クベキモノトス
4、大会ニ於テ処理スベキ事項ハ左ノ如シ
   1、所属各教会及治理会ヲ総察シ合法的各種ノ文書ヲ受理又ハ処理ス
   2、各中会ノ会録ヲ検査ス
   3、憲法及規則ノ改正、教理及勧戒ニ関スル異端ヲ判断シ牧師ノ任命、委任、転任及勧懲ノ件、カナダ宣教会及連合公議会ヨリ派遣サレタル牧師ニ本大会ノ憲法ヲ試問後本大会ニ入会セシム
   4、所属教会ヲ統括シ中会設立分立合併廃止其他教派ニヨル教会ノ分裂争論等ヲ処理シ内外地伝道事業及其ノ他重大事務ヲ掌ル常務委員ヲ置ク事及大会各部ニ属セザル事項ヲ処理ス
5、集会　定例総会ハ二年毎ニ一回トス
   既定ノ時日ニ会長事故アルトキハ副会長或ハ書記之ヲ代理シ新会長選挙サルル迄事務ヲ執行スベシ

　　　　　細　　　　則
長老及勧師任職
1、任職承認及問答ハ左記五条ヲ以テ誓約セシムベシ。
   1、旧新約聖書ハ聖霊ニヨリテ賜ハリタル聖言ニシテ信仰ト行為ノ唯一明確且ツ完全ナル規範ニシテ総テノ教理ト之ヲ教フル者トハ此規範ニ拠ルベキモノナルコトヲ信ズルヤ
   2、本教会ノ憲法（信条及政治）ヲ真心ヲ持ッテ信ズルヤ
   3、本教会ノ〇〇職ノ任職ヲ受ケテ忠実ニ務ムベキヤ
   4、本教会ノ牧師ヲ相助ケ其ノ指導ニ服従スルヤ
   5、本教会ノ平和及連合ト聖潔ノ為メニ盡スベキヤ
2、問答後牧師之ヲ按手任職後会衆ニ公布ス（但シ勧師ト執事ニハ按手ヲナサズ）

牧師任職

資料

1、牧師ノ資格　牧師タルモノハ特別ノ境遇ヲ除ク外大中学校ヲ卒業シ且ツ神学校ヲ卒業シ試験ニ合格シタルモノヲ任職ス（但シ招聘書ヲ受ケシモノニ限ル）
2、牧師招聘　支教会員ノ三分ノ二以上得票ヲ以テ招聘ヲ決議シ議会長及正会員過半数ノ記名捺印ヲ添付シタル招聘証書ヲ大会ニ提出スベシ
3、招聘書式

　　　　　牧　師　招　聘　書
　　　　　我ガ○○教会ハ這般教人議会ニ於テ貴下ヲ煩ハス事ノ甚ダ必要ナルヲ認メ我等ノ牧師タランコトヲ決議シタリ願クバ貴下ハ主ノ聖旨ノアルトコロニ鑑ミ快ク我等ノ招聘ニ応ゼラレンコトヲ我等会員ハ主ヨリ遣サレタル牧師トシテノ貴下ノ勤労ニ対シテ常ニ敬意ヲ表スルコトヲ怠ラズ貴下ノ生活上ノ必要ニ応ジテ謝金ヲ呈上スルコトヲ約束ス
　　　　　　　年　　　月　　　日
　　　　　　　　　　　　　　　　　連　　　　　　　　署　印
　　　　　　　　　　　　　　　　　右証人教人議会長　署名捺印
　　　何　某　牧　師　貴　下

4、招聘書ハ被招聘者ヲ管轄スル大会或ハ機関ニ於テ之ヲ適当ト認メタル場合ハ被招聘者ニ附与ス（但シ大会ヲ経由セザレバ直接受クベカラズ）
5、大会ハ被招聘者ヲ以テ聖職ヲ受クル資格ヲ有セル者ト認メタル場合ハ便利ヲ図リ大会或ハ中会ニ於テ任職式ヲ行フ委任式ハ支教会ニ於テ行フベシ
6、牧　師　試　取　科　目
　1、口頭及筆記二種アリ
　2、論文　一、組織神学　二、注釈（聖書中ニテ）　三、講演　聖書　或ハ科学　四、説教（題目指定）（但シ説教及講演ハ公開席上ニ於テ之ヲ為スベシ）
7、牧　師　任　職　問　答
　1、旧新約聖書ハ聖霊ニヨリ賜ハリタル聖言ニシテ信仰ト行為ノ唯一明確且ツ完全ナル規範ニシテ総テノ教理ト之ヲ教フル者トハ此ノ規範ニ拠ルベキモノナルコトヲ信ズルヤ
　2、本教会憲法ヲ正当ナルモノト認メ真心ヲ以テ信ズルヤ

3、此ノ聖ナル職ハ我ガ主イエス・キリストノ召命ニヨルモノト確信スルヤ
4、如何ナル艱難逼迫ニ遭遇スルモ凡テノ事ニ忍ビ信仰ニ抵触セザル様又ハ教会ノ聖潔ト平和ノ為メニ忠実ナランコトヲ誓約スルヤ
5、汝ハ今任職ヲ受ケテ牧師ノ職ニ聖別セラレタリ今ヨリ後ハ自己ノ本分ト他人ニ対スル義務を実行シ主イエス・キリストノ任ジ給ヒシ教会ニ敬虔ナル模範ヲ立テントスルヤ

8、大会代表者ト共ニ会長按手祈祷後会衆ニ公布スベシ
9、牧師委任式問答
  1、汝ハ今此ノ教会ノ聖職担任ヲ承諾スルヤ
  2、此ノ職務ニヨリテ聖栄ヲ顕シ教会ヲ導クヤ
  3、本教会ヲ受持チタル以上牧師タル義務ヲ盡シ凡テノ事ニ慎ミテ福音ノ使者トナリ以上承諾件ヲ実行スベキヤ（但シ転任ノ場合モ同ジク問答スベシ）
10、信徒ニ問答
  1、何々教会兄弟姉妹ハ某氏ヲ本教会牧師トシテ受容ルル覚悟アリヤ
  2、愛スル兄弟姉妹ハ牧師ノ教罰及治理ニ服従スベキヤ
  3、牧師諸信徒ニ教導ヲ行ヒ聖霊ノ徳ヲ建ツルガ為メ苦メル時慰メ相助ケルヤ
  4、牧師某氏ガ本教会ニ在任中約束シタル謝金ヲ呈上スルヤ
11、問答ヲ終リシ後会長或ハ他牧師之ヲ新任牧師及教会ニ勧勉後祝祷ヲ以テ閉式ス
12、牧師大会ノ承認ヲ受ケザレバ他ノ支教会ヘ転任スルヲ得ズ
13、他教会内転任　或ル中会区域ニ属スル支教会ガ他ノ中会ニ属スル牧師ヲ招カントセバ本中会ニ提議スベシ、本中会之ヲ承認シタル後ハ該中会及大会ヘ之ヲ送達シ大会ノ裁可ヲ得ベシ
14、牧師本教会ニ於テ困難ナル事情ニヨリ大会ニ辞免願ヲ提出ノ場合ハ大会ハ該中会ヲ命ジ其ノ支教会ノ代表ヲ召喚セシメ其ノ理由ヲ採問ノ上其ノ説明ノ不充分ナルカ欠席ノ場合ハ大会ニ報告シ之ヲ承認スト雖モ該教会ハ虚位ニナル（但シ其ノ事由ハ会録ニ詳記スベシ）
15、支教会牧師ヲ解職セントセバ大会ハ該中会ニ命ジ之ヲ調べ大会ニ報告処理スベキモノトス

16、支教会内ニ於ケル各属会ハ本教会憲法ニ従ヒ組織シ該治理会ノ監督及指導ニ従フベシ
17、本憲法ヲ改正セントスルトキハ大会ハ各中会ニ垂議シ各中会ノ三分ノ二以上ノ投票ヲ要ス

　　　　　附　　　　則
以上ノ規則ハ昭和九年（一千九百三十四年）二月二十三日ヨリ之ヲ施行ス

懲　戒
第一章　総論〔省略〕
第二章　告訴及罪証説明書〔省略〕

儀式規範　〔省略〕

在日本朝鮮基督教会大会規則

本会ハ在日本朝鮮基督教会大会ト称ス
本会ハ在日本朝鮮基督教会最高機関トシテ諸支教会及治理会ヲ掌ドル教会道理ノ純全ヲ保チ政治ヲ同一ニシ信仰上正道理ヲ守ルヲ目的トス
本会ハ各地方及中会牧師宣教師及総代長老ヲ以テ組織ス
本会職員ハ左ノ如シ　任期ハ二箇年トシ毎定期会ニ於テ之ヲ改選ス
　　　会　　長　　一　人　　　副 会 長　　一　人
　　　書　　記　　一　人　　　副 書 記　　一　人
　　　会　　計　　一　人　　　副 会 計　　一　人
本会ハ左ノ六局ヲ置キ事務ヲ処理ス
一、伝　道　局
　　（一）局員　三人
　　（二）幹部　局長　一人　　書記　一人　　会計　一人
　　（三）範囲　在日本朝鮮同胞
　　（四）維持方法　各教会ノ復活主日献金ヲ以テス（但シ支教会復活主日献金ハ各中会々計ヲ経テ本会ニ納付スベシ）
二、教　育　局
　　（一）局員　五人
　　（二）幹部　局長　一人　　書記　一人　　会計　一人　　部員　三人
　　（三）範囲　1、学務部（幼稚園、講習所、夜学）
　　　　　　　　2、宗教々育部（日曜学校、日曜学校大会、夏期児童聖経学校、編集及出版、共励会、聖書学校聖書通信教授）
　　　　　　　　3、維持方法、学務部ハ各支教会ノ毎年三月第一日曜ノ献金ヲ以テ宗教々育部ハ各日曜学校生徒一人二銭ノ比例ヲ以テ共励会ハ会員一人五銭ノ比例ヲ以テス
　　　　　　　　4、試験部ハ各種ノ試験ヲ行フ
　　　　　　　　5、修養部　修養会及其他振興運動ヲ研究ス
三、法　務　局
　　（一）局員　五人
　　（二）幹部　局長　一人　　書記　一人　　会計　一人

資料

　　　（三）範囲　1、政治及規則部
四、財　務　局
　　　（一）局員　五人
　　　（二）幹部　局長　一人　　書記　一人　　会計　一人
　　　（三）範囲　1、予算編成部　2、社会事業部　3、財団法人部　4、検査部
五、庶　務　局
　　　（一）局員　十人（牧師六人教人総代四人）
　　　（二）幹部　局長　一人　　書記　一人　　会計　一人
　　　（三）範囲　1、詮衡部　2、順序部　3、総計部　4、交渉部　5、献議部
　　　　　　　　6、受理部
六、常　務　局
　　　（一）局員　七人（牧師　五人　長老　二人）　会長書記ハ例兼ス
　　　（二）幹部　局長　一人　　書記　一人　　会計　一人
　　　（三）範囲　各局ノ事務ヲ代理取扱ヒ大会任務ヲ臨時代理ス
各局員選定方法及任期ハ左ノ如シ
　1、役員選挙方法ハ無記名投票過半数トス
　2、詮衡部員ハ牧師及各中会々長之ヲ例兼ス
　3、順序部及総計部ハ書記之ヲ例兼ス
　4、詮衡及順序部員ノ外各部員ハ詮衡部ニ於テ之ヲ詮衡報告ス
　5、任期ハ各四箇年トシ毎二箇年定期総会ニ於テ之ヲ半数宛改選ス
七、本会委員ノ職務ハ左ノ如シ
　1、会長ハ本会務ヲ統轄ス
　2、副会長ハ会長ヲ協賛シ会長事故アルトキ之ヲ代理ス
　3、書記ハ会中一切ノ文簿ヲ掌理ス特ニ開会前ニ会員名簿及順序ヲ各全員ニ
　　印刷配布スベシ総会期間中会録ヲ作成シ閉会後会録ヲ印刷配布ス必要ノ
　　文簿ハ保管スベシ　但シ順序部ノ職務ヲ兼行スベシ
　4、副書記ハ書記ヲ補助シ順序部ノ職務ヲ兼行スベシ
　5、会計ハ財政ニ関スル事務ヲ掌理シ財政出納ヲ本会ニ報告スベシ
　6、副会計ハ会計ヲ補助スベシ
八、本会各局ノ職務ハ左ノ如シ
　1、伝道局ハ伝道ニ関スル事務一切ヲ掌ルベシ

2、教育局ハ一般教育事業ト試験、修養振興等本会ヨリ任セタル事項ヲ協議報告スベシ
3、法務局ハ本教会憲法ニヨリ政治規則及裁判ニ関スル事務ヲ掌理スベシ
4、財政局ハ財政ニ関スル事務ヲ掌理スベシ
5、庶務局ハ庶務ニ関スル事務即チ詮衡、順序、総計、交渉、受理、献議等一切ヲ掌理スベシ
6、常務局ハ本会事務ヲ代理スベシ（決議ヲ本会ニ報告スベシ）

九、大　会　集　会
　定期総会ハ毎二年五月第一水曜日午後三時ヨリトス臨時総会ハ本教会憲法ニヨリ会長之ヲ召集ス会場ハ本会ニ於テ之ヲ定ム

十、各中会ノ報告様式
1、感謝スベキコト、教会ノ現状　1、祈祷　2、聖書　3、伝道　4、牧師赴任、長老、勧師、執事、任職及伝道師選定、教会堂建築
2、教会ノ特別事項
3、教会状態
4、将来ノ事件及経営
5、総計

十一、本会ノ経費ハ各信徒ノ負担金ヲ以テス
十二、旅費、総代旅費ハ本会ニテ其実費ヲ支給ス
十三、本会ノ原則及細則ヲ改正或ハ増削セントスルトキハ次回定期会員三分ノ二ノ賛成ヲ得ベシ（但シ在日本朝鮮基督教会憲法ニヨリテ改正スベシ）

　　　　　細　　　則
一、本会総代長老ハ各其中会ニ於テ之ヲ選択シ大会開会日ヨリ一箇月前ニ書記ニ通知スベシ
二、各中会々長及書記ハ勿論大会ノ総代トナリ得ベシ
三、教会ノ担任者ハ牧師ニ限ル
四、大会開会前日ニ必ズ聖餐式ヲ挙行スベシ
五、大会開会後常務局委員中欠席アルトキハ来ル総会開会迄務ムル臨時委員ヲ常務局之ヲ選択スベシ（但シ大会々長之ヲ自辟スルコトヲ得）
六、大会ノ決議ヲ得ベキ案件ハ開会ノ翌日以内ニ提出スベシ

資料

七、婚姻ハ六箇月以上教会ニ出席シ真実ナル願入信徒ヨリ牧師之ヲ主礼スベシ（但シ男子満十七歳女子満十五歳以上）
八、教会堂ニ於テハ各種ノ演劇及演説ヲスルコトヲ得ズ
九、神学校ニ入学セントスル者ハ該小会ノ承認ヲ得テ履歴書ヲ添附シ小会長之ヲ中会ニ請願スベシ
十、支教会ニ於テ長老ヲ選択セントセバ該区域内ノ牧師ト協議ノ上小会長之ヲ中会ニ請願スベシ（但シ承諾ヲ得テ一箇年ヲ経過スレバ無効トス）被選サレテ一箇年以内ニ試験ニ応ゼザル場合問答権利ヲ失フモノトス

〈 資　料　② 〉

在日大韓基督教会　歴代任職員

<在日本朝鮮基督教連合会>					
定期総会	日　時	場　所	総会長	副会長	総務
第 1 回	1945 年 11 月 15 日	京都西京教会	金琪三	金元植	朴命俊
第 2 回	1946 年 9 月 25 〜 27 日	東京教会	呉允台	朴命俊	崔正洙

<在日本朝鮮基督教会総会>					
第 3 回	1947 年 10 月 14 〜 16 日	大阪教会	呉允台	朴命俊	…

<在日本大韓基督教会総会>					
定期総会	日　時	場　所	総会長	副会長	常務
第 4 回	1948 年 10 月 13 〜 14 日	京都教会	呉允台	朴命俊	
第 5 回	1949 年 10 月 11 〜 13 日	武庫川教会	呉允台	朴命俊	兪錫濬
第 6 回	1950 年 10 月 10 〜 12 日	武庫川教会	呉允台	朴命俊	兪錫濬
第 7 回	1951 年 10 月 9 〜 11 日	京都教会	呉允台	朴命俊	兪錫濬

<在日大韓基督教総会>					
第 8 回	1952 年 10 月 14 〜 15 日	大阪教会	趙淇善	李宗憲	兪錫濬
第 9 回	1953 年 10 月 13 〜 15 日	名古屋教会	呉允台	安栄俊	兪錫濬
第 10 回	1954 年 10 月 12 〜 14 日	京都教会	呉允台	朴命俊	兪錫濬
第 11 回	1955 年 10 月 11 〜 13 日	京都教会	呉允台	李宗憲	兪錫濬
第 12 回	1956 年 10 月 16 〜 18 日	京都教会	趙淇善	朴命俊	兪錫濬
第 13 回	1957 年 10 月 15 〜 17 日	大阪北部教会	呉允台	朴命俊	兪錫濬
第 14 回	1958 年 10 月 14 〜 16 日	京都教会	呉允台	朴命俊	兪錫濬
第 15 回	1959 年 11 月 10 〜 12 日	京都教会	呉允台	朴命俊	兪錫濬
第 16 回	1960 年 10 月 12 〜 13 日	京都教会	呉允台	朴命俊	李仁夏
第 17 回	1961 年 10 月 18 〜 19 日	京都教会	呉允台	丁仁寿	李仁夏
第 18 回	1962 年 10 月 17 〜 18 日	京都教会	朴命俊	丁仁寿	李仁夏
第 19 回	1963 年 10 月 15 〜 16 日	京都教会	呉允台	丁仁寿	李仁夏
第 20 回	1964 年 10 月 27 〜 30 日	名古屋教会	丁仁寿	崔正洙	李仁夏
第 21 回	1965 年 10 月 19 〜 21 日	京都教会	金徳成	崔正洙	李仁夏
第 22 回	1966 年 10 月 11 〜 13 日	京都教会	田永福	金徳成	李仁夏

※第 16 回定期総会以降、常務制が総務制となった。

資料

定期総会	日　時	場　所	総会長	副（牧師）	副（長老）	総　務
第23回	1967年10月17～19日	京都教会	呉允台	崔正洙	…	李仁夏
第24回	1968年10月17～19日	京都教会	呉允台	崔正洙	…	李仁夏
第25回	1969年10月15～16日	京都教会	金徳成	金元治	…	李仁夏
第26回	1970年10月12～14日	京都教会	金徳成	金元治	…	李仁夏
第27回	1971年10月12～14日	大阪教会	金得三	尹宗銀	金光洙	李仁夏
第28回	1972年10月16～17日	京都教会	金得三	尹宗銀	金光洙	李仁夏
第29回	1973年10月9～11日	西成教会	李仁夏	金元治	李先祚	崔京植
第30回	1974年10月9～10日	京都教会	李仁夏	金元治	李先祚	崔京植
第31回	1975年10月14～16日	京都教会	金元治	黄義生	権泰岳	崔京植
第32回	1976年10月12～13日	京都教会	金元治	黄義生	権泰岳	崔京植
第33回	1977年10月11～13日	京都教会	金徳成	尹宗銀	金漢弼	崔京植
第34回	1978年10月11～12日	西成教会	金徳成	尹宗銀	金漢弼	崔京植
第35回	1979年10月16～18日	大阪教会	尹宗銀	黄義生	兪錫濬	金君植
第36回	1981年10月20～22日	大阪北部教会	黄義生	洪永其	金京秋	金君植
第37回	1983年10月18～20日	東京教会	洪永其	金信煥	崔永模	金君植
第38回	1985年10月22～24日	福岡教会	金信煥	楊炯春	朴憲爕	李大京
第39回	1987年10月20～22日	名古屋教会	楊炯春	金榮植	李永欽	李大京
第40回	1989年10月17～19日	大阪教会	金榮植	崔昌華	呉在憲	金安弘
第41回	1991年10月15～17日	大阪教会	崔昌華	金君植	裵基秀	金安弘
第42回	1993年10月19～21日	東京教会	金君植	李大京	許唱業	姜栄一
第43回	1995年10月9～11日	京都南部教会	李大京	慶恵重	金徳洙	姜栄一
第44回	1997年10月21～23日	福岡中央教会	慶恵重	金徳化	李建豪	姜栄一

＜在日大韓基督教会＞						
第45回	1999年10月19～21日	神戸東部教会	金徳化	李炳球	金鉄斗	姜栄一
第46回	2001年10月23～25日	名古屋教会	李炳球	金安弘	鄭鍾実	朴寿吉
第47回	2003年10月13～15日	東京教会	崔正剛	李聖雨	兪台植	朴寿吉
第48回	2005年10月10～12日	大阪教会	李聖雨	朴米雄	金世栄	朴寿吉
第49回	2007年10月8～10日	東京教会	鄭然元	崔栄信	金漢範	朴寿吉
第50回	2009年10月12～14日	京都教会	崔栄信	金武士	李光世	洪性完

※第23回定期総会以降、任職員の2年制が採用された。また第35回定期総会以降、定期総会が隔年開催となった。

〈 資　料　③ 〉

在日大韓基督教会　年表

年月日	内　容
1883年 4.29 6.24	李樹廷受洗（場所：露月町教会＝現・日本基督教団芝教会） 李樹廷、朝鮮安息日学校（主日学校）開設（朝鮮人留学生の信仰共同体の形成）。1883年末までに李樹廷をはじめ7〜8名の留学生が受洗。彼らを中心に30余名の留学生による朝鮮人教会が東京に設立される
1885年 1.〜2.	李樹廷翻訳による「新約馬可伝福音書言解」刊行（横浜：米国聖書会社） H.G.Underwood（米国長老教会）、H.G.Appenzeller（メソジスト監督教会）が横浜着。李樹廷より朝鮮語を学ぶ。朝鮮語訳聖書を携えて朝鮮に向かう
1906年 11.5	東京朝鮮基督教青年会（現・在日本韓国基督教青年会）設立 留学生を対象に聖書研究会をもち、日曜日には礼拝を行なうようになる（東京留学生約400名）
1908年	鄭益魯長老（平壌・章台峴教会）、金貞植YMCA総務、10余名の学生が礼拝後集まり、YMCAとは別に教会を設立することで意見が一致、東京教会設立
1909年 10.〜12.	韓錫晋牧師来日、約3ヵ月間滞在。教会任員を任命。領袖に金貞植、曺晩植、呉舜炯、執事に金顕洙、荘元培、張恵淳、白南薫
1910年	朴永一長老、伝道者として東京へ赴任（4ヵ月）
1911年 7.	朴永一長老、東京赴任（3ヵ月間）、病気のため帰国召天 教会任員会を開き、礼拝を合同（長老教会、監理教会）で守ることを決定し、朝鮮の長老教会と監理教会に報告
1912年 9.	林鍾純長老、東京教会赴任（4ヵ月間） 長老教会と監理教会は東京伝道を連合して責任をもつことに合意
1913年 1.	朱孔三牧師（長老教会）、東京連合教会赴任。教会情況：留学生500〜600名、洗礼会員80名、学習者40名、決心者40名、毎週出席者80〜100名
1914年	呉基善牧師（監理教会）、東京連合教会赴任
1916年 9.	李汝漢牧師（長老教会）、東京連合教会赴任。横浜在住の20余名の信者および女子労働者への伝道を始める
1917年	林鍾純牧師（長老教会）、東京連合教会赴任 神戸神学校専攻科在学生の林沢権、李仁植が神戸在留の朝鮮人信者と礼拝所を定めて集会を始める
1918年 3.26 12.29	朝鮮イエス教長・監連合協議会結成 神戸、朝鮮人基督教講議所開始（林沢権が設立）。男女19名出席

資料

年月日	内容
1919年	
2.8	2・8独立宣言書および決議文の発表（場所：東京朝鮮YMCA会館）
11.15	京都学生礼拝会始まる（場所：京都大学YMCA会館） 13名出席。京都大生の李順鐸が中心となる
12.	「ここ（神戸、大阪、京都）にも働き人（伝道者）を送ってください」との記事が『基督申報』に掲載される＜神戸発信＞
1921年	
5.	神戸神学校在学中の金禹鉉が、大阪難波摂津紡績会社の女工・金義生と出会い寄宿舎の部屋を借りて祈祷会を始める 大阪東部教会（現・大阪教会）設立
9.	神戸在住の神学生6名、夏期休暇を利用して全朝鮮を巡回伝道
10.30	神戸教会設立
1922年	
3.	金二坤牧師（長老会慶南老会）、関西伝道始める
4.16	兵庫県西宮で礼拝始まる。平均13名出席。5月より夜学校開始
4.30	大阪北区教会（中津町下3番）で礼拝始まる
5.1	大阪紡績会社春木工場で礼拝をもちはじめる
6.30	神戸朝鮮イエス教会、兵庫県庁より設立認可を受ける
9.18	京都朝鮮人教会で夜学校開始
12.	日本関西地方在留朝鮮人基督教伝道会を組織
1923年	
3.	大阪今宮教会（現・大阪西成教会）設立
8.	W.N.Blair宣教師（在平壌）、日本ミッション同盟年次総会に出席し、在日朝鮮人宣教への協力を要請。在日朝鮮人宣教を支援する特別委員会の設置
9.1	関東大震災発生。東京朝鮮YMCA会館焼失 九州地区（福岡、八幡、小倉）に伝道始まる
1924年	
3.	関西朝鮮イエス教信徒会（関西地方会前身）結成（場所：西宮集会所）
9.7	第1回関東大震災記念主日。説教：崔承萬YMCA総務
9.24	朝鮮イエス教連合公議会（KNCC前身）結成
9.25	徐相賢牧師、東京連合教会に赴任
10.	朴淵瑞牧師、関西地方伝道のため来日
1925年	
2.	大阪神学院在学中の全弼淳氏、名古屋で伝道を行なう
9.25	十三教会（現・大阪北部教会）設立
10.6	京都教会設立
10.23	朝鮮イエス教連合公議会に連合伝道局を設置
1926年	
9.29	大阪東部教会の教会設立認可願いが不許可となる。同時に大阪府下朝鮮人教会集会所5ヵ所に対しても集会禁止令。11月、許可申請の管理者名を変更して許可を受ける

年月日	内　　容
12.	呉沢寛牧師、九州地方伝道牧師として赴任（朝鮮イエス教連合公議会派遣）
1927年	
3.	九州伝道状況：八幡　男15名、女3名、計18名で礼拝
3.2	福岡教会設立
3.	朴淵瑞牧師帰国、後任に韓泰裕牧師赴任
8.	小倉、八幡教会設立
9.	申公淑牧師、東京連合教会に赴任
9.	カナダ長老教会海外宣教部、在日朝鮮人への宣教の可能性を調査するためL.L.Youngと3名の代表団を日本および朝鮮へ派遣
10.19～20	連合伝道局会議　於：ソウル朝鮮ホテル、L.L.Young日本派遣を決議
	カナダ長老教会、朝鮮イエス教連合公議会および外国宣教団、在日朝鮮人宣教について協議を行ない、合意文書を確認
	教会名称は「朝鮮基督教会」（Korean Christian Church）とする
10.25	堺教会設立
1928年	
2.19	横浜教会設立
3.10	豊橋教会設立
5.25	下関教会設立
6.4	大阪今宮教会、幼稚園設立
7.17	大阪今宮教会、夜学校を再開。毎夜平均30名
9.	京都南部教会設立
9.29	名古屋教会設立
10.2	兵庫教会、幼稚園開園。児童30余名
10.28	朴尚東牧師、関西地方牧師就任歓迎会（場所：十三教会）
1929年	
3.20～21	在日本朝鮮イエス教会教職者会開催（場所：神戸教会）
4.	北海道（札幌・小樽）伝道開始。韓泰裕牧師赴任
4.4	東京朝鮮YMCA会館落成式
5.6	第1回九州地方会開催（場所：小倉教会）会長：呉沢寛
9.	住吉教会設立
12.15	金吉昌牧師、東京連合教会に赴任
1930年	
1.	大阪朝鮮教会中央礼拝堂建築期成会発足。会長：朴尚東
1.8	京都に崔敬学牧師赴任。毎主日午前礼拝は連合礼拝（京都中央、南部、東部、伏見教会）として守る
3.31	在日本関東朝鮮基督教会諸職連合会発足。会長：金吉昌
4.20	在日本朝鮮イエス教会関東地方連合復活祭記念礼拝、200～300名出席
8.10	目黒教会設立、30余名出席（東京連合教会）
8.18	雑司ヶ谷教会設立、34名出席

資料

年月日	内　　　容
9.	朝鮮イエス教連合公議会（第7回総会）。大阪中央教会堂建築に関して献金協力決議
9.20	名古屋教会、幼稚園永生学園を開園。園児20名
10.17	池田教会設立（現・川西教会）
11.22	在日本関西地方神学生会創立（場所：大阪西部教会）
1931年	
3.11	在日本朝鮮イエス教会状況（1930年の報告）：牧師6名、伝道師5名（男1・女4）、宣教師6名、神学生・保母6名。①九州地域：福岡、八幡、小倉、下関教会、大里、中山伝道所　②神戸地域：飾磨、兵庫、神戸、大石、青木、尼崎、西宮教会　③大阪地域：今宮、東部、大運橋、住吉、堺、北区、西部、十三、中央教会、小坂伝道所　④京都地域：京都中央、京都東部、京都南部、伏見教会　⑤名古屋地域：名古屋、豊橋教会、名古屋市内に4つの伝道所　⑥東京地域：東京、横浜、雑司ヶ谷、目黒教会　⑦北海道地域：札幌教会、小樽伝道所
4.20	第3回九州地方会開催（場所：八幡教会）会長：L.L.Young
4.27	関西地方勉励青年会連合会発足総会（場所：神戸教会）参加教会：名古屋、京都中央、神戸、大阪北区、青木、大阪、十三、大阪東部、大阪、木津川（9教会）。会長：崔成坤
4.27	在日本朝鮮イエス教関西地方会開催（場所：神戸教会）会長：崔敬学
7.	L.L.Young、韓泰裕牧師、サハリン訪問
8.	大阪東部教会夏期天幕伝道大会、講師：全仁善
	「我々は日本に住んでいるが、朝鮮人であることを忘れてはならない」と講演して検挙される。集会は中止
8.	八幡教会、飾磨教会、横浜教会などで夏期聖書学校開催
9.	金応泰牧師、東京連合教会に赴任
10.10〜13	青木教会設立10周年記念大伝道集会
11.15	守部教会（現・武庫川教会）設立
12.30	飾磨教会女子伝道会創立総会
1932年	
2.	吉見教会設立
3.	崔永来牧師、福岡教会に赴任
3.	春木教会設立
4.18	在日本朝鮮イエス教関西地方会第10回定期総会開催（場所：大阪東部教会）代議員49名。会長：李寅渉
4.24	在日本朝鮮イエス教九州地方会第4回定期総会開催。会長：呉根睦
	新設教会の承認：高松教会
6.15	中山教会堂奉献式
9.	在日朝鮮教会現況：教職者・牧師10名、その他教職者7名、信者総数2414名、洗礼会員826名、教会46ヵ所、勉励会19・会員540名、婦人会14・会員280名、幼稚園5園・園児119名
10.9	宇部教会設立

年月日	内　　容
11.	金洙喆牧師、大阪地方に赴任
	門司教会設立
1933年	
3.	金益斗牧師講演会（場所：大阪東部、今宮、北区教会）主催：大阪連合諸職会、後援：カナダ長老教会在日宣教部
4.	長崎教会設立、大垣教会設立
	飾磨教会、幼稚園開園、園長：Maclay宣教師
5.15	第5回九州地方会定期総会開催（場所：中山教会）会長：崔永来
6.21	高麗偉牧師、神戸兵庫教会に赴任（カナダ在日宣教部招請）
6.25~7.4	関西地方神学生会夏期巡回伝道、大田教会、水原教会、京城中央教会、新義州教会を巡回
10.17~25	金益斗牧師復興・査経会、主催：名古屋教会
11.15	飾磨教会10周年設立記念式
12.10	小倉教会献堂式
1934年	
1.	朝鮮基督教連合公議会、九州地方における宣教事業を中止
1.1~5	大阪北区域5教会（中央、西部、北区、十三、淡路）連合査経会開催
1.19~20	関西地方神学生会主催「同胞慰安音楽会」 （場所：神戸YMCA会館、大阪ウィルミナ女学校講堂）
2.21~23	第1回在日本朝鮮基督教会大会（場所：大阪東部教会）憲法（含信条）、大会規則制定。会長：L.L.Young（栄在馨）、副会長：呉沢寛、書記：呉根睦、会計：崔敬学。総代19名（宣教師1名、牧師9名、教会代表9名）
4.10	関西中会創立総会（場所：大阪今宮教会）会長：高麗偉
	中北中会創立総会（場所：大阪今宮教会）会員10名
	文宗洙牧師（福井教会）の『基督申報』への記事「朝鮮民族と基督教」の続編が掲載禁止となる
5.1	東京神田教会（東京連合教会）に金洙喆牧師赴任
5.13	名古屋教会献堂式
5.20	堺教会献堂式
7.4~5	大阪教会連合主催、夏期聖書学校指導者講習会開催。講師：洪秉漩、金基演牧師。11教会50名参加
9.1.	第1回全朝鮮勉励会4年大会に横浜、神戸、大阪などより参加 （場所：平壌崇実専門学校）
10.	「在日朝鮮教会現況」：教会数51、教職者27名（牧師9、宣教師6、伝道師12）
11.10	京都田中幼稚園設立（現・向上社保育園）。名誉園長：魚乙彬（アービン）、園長：高光模
1935年	
4.7	福島教会、愛光託児園開園式。園長：金英哲
4.9	第2回関西中会定期総会開催（場所：守部教会）会長：文宗洙

資料

年月日	内　　容
	①長老将立3名　②姫路教会設立許可
4.14	西部教会、李元道長老委任式
4.16	第2回中北中会定期総会開催（場所：名古屋教会）、孫炳泰長老委任式
4.21	東部教会、姜喜錫長老委任式
4.28	今宮教会、韓延洙長老委任式
5.12	金洙喆牧師送別連合礼拝（神田、深川、駒込教会）
6.9	京都幼年主日学校連合野外礼拝、6幼年主日学校より250名
7.7	大阪中央教会献堂式、司式：呉沢寛牧師。総工費12,800余円
8.1	在日本朝鮮基督教共励連合会夏期修養会（場所：樽井）
10.21	第6回常務局会、1936年春より東京連合教会後任として呉沢寛牧師の派遣を連合公議会に交渉することを決定
10.	東京神田（東京連合）、深川、駒込教会の連合で崔錫柱牧師（長老教会）請聘
11.17	守部教会、新築礼拝堂献堂式
11.	京都教会礼拝堂新築、警察当局によって使用不許可となる
12.26	東京連合教会聖誕祝賀礼拝（神田、深川、駒込教会連合）会衆700余名
1936年	
4.21	第3回中北中会定期総会開催（場所：名古屋教会）会長：朴尚東
5.6	第2回在日本朝鮮基督教会大会開催（場所：兵庫教会）
	会長：L.L.Young、副会長：朴尚東、書記：文宗洙
8.	東京深川教会、新築落成式
11.	日本基督教連盟へ加盟。名称を「朝鮮基督教会」と改称
1937年	
1.	全国的に査経会、復興会が実施される
2.22	関西地方神学生会第10回定期総会開催
3.2	日本基督教連盟「朝鮮人伝道委員会」（委員長：森田殿丸）にL.L.Young宣教師、盧震鉉牧師が出席。この年の伝道支援として1,200円の募金と官庁との関係で委員の斡旋を依頼
4.10	東京朝鮮YMCA、神田教会（東京連合教会）との関係について声明を発表。神田教会が集会場所を移転し、分離独立したことを公にする
4.13	第4回関西中会定期総会開催（場所：大阪北部教会）会長：文宗洙
4.19	関東中会創立総会開催（場所：東京中央教会）。8教会（牧師1、伝道師1、教会代表16）。会長：呉沢寛
5.	金奉奎、朝鮮基督教会初の牧師任職（按手）、八幡教会に赴任
9.	基督教報東京支局、「崇徳寮」を留学生指導のため経営
11.21	「1937年度夏期児童聖書学校総決算」参加64校、参加生徒数2387名、教師数191名
12.	秋仁奉、牧師任職
1938年	
1.1	西南中会共励青年連合会創立

年月日	内　　容
1.25	大阪北区在住教会員、朴基弘（31歳）、羅伊順（49歳）、「皇大神宮に対する不敬事件」で逮捕される
5.4	第3回朝鮮基督教会大会開催（場所：大阪）会長：朴尚東。日本基督教会と合同もしくは協調することを決定。交渉委員にL.L.Young宣教師ほか5名選出
10.7～11	第52回日本基督教会大会、「在内地朝鮮人教会に対する建議案」（提案者：浪速中会）を承認し、基礎条件を制定するため特別委員を選出（委員長：多田素）
1939年	
3.24	朴寛俊、安利淑、朴永昌、衆議院議場に献議案（東亜大局国教改宗献議書ほか4種）を投下し、逮捕される
4.	日本基督教会第62回浪速中会にて、加入にあたっての3項目の条件を朝鮮基督教会に通告　①日本基督教会の信条に服すること　②教職者の再試験をなすこと　③布教は国語（日本語）を使用すること
5.	李守弼、徐丙烈、全仁善、牧師任職
9.19	朝鮮基督教会、名古屋で会合し、日本基督教会の合同条件の緩和要求案を検討　①布教伝道は国語（日本語）を使用することを削除すること　②教職者資格の再試験に対し現在の朝鮮基督教会の教職者を認めること　③朝鮮基督教会大会を合同後は日本基督教会内の一中会として認めること
10.6～10	第53回日本基督教会大会、「在内地朝鮮人教会に関する特別委員報告」を承認（朝鮮基督教会の申し入れは受け入れず）
11.4	日本基督教会側とカナダ長老教会在日宣教部、合同後の宣教協力について協議
11.25	カナダ長老教会在日宣教部、宮城遥拝問題で日本基督教連盟からの脱退を決定
1940年	
1.16	朝鮮基督教会臨時大会開催（場所：大阪）出席者：宣教師2、牧師11、伝道師・長老80、傍聴40。日本基督教会へ合同することを決定
2.～3.	朝鮮基督教会、関西中会と中北中会の教会・伝道所（42ヵ所）の加入願いおよび教師加入願い（17人分）を日本基督教会浪速中会に提出
3.28	第55回日本基督教会山陽中会で6教会（伝道教会3、伝道所3）および1名の教師が加入
4.1	宗教団体法が施行される
4.4	日本基督教会鎮西中会、1名の教師と2名の教師補の加入、5教会の加入願を受け入れる
4.9～10	日本基督教会第54回東京中会、7教会の加入と牧師5名の加入を可決
4.14	京都教会入堂礼拝
4.16	朝鮮基督教会関西中会、最後の定期総会開催。96名出席
4.23	日本基督教会第63回浪速中会で42の教会の加入が行われる
8.4	朝鮮基督教会共（勉）励青年会連合第14回総会（場所：十三教会）37名出席。日本基督教会との合同により解散を決定
8.22	神奈川県当局が朝鮮基督教会横浜教会に対し日本語使用を誓約させる
9.29	名古屋北伝道教会、教会建設（昇格）願提出
10.11～16	第54回日本基督教会大会、①教派合同に関する建議案を可決　②ミッションとの協調申合規約を廃止し、伝道事業の委譲を受けることを決定
11.26	加茂川伝道教会、教会建設（昇格）願提出

資料

年月日	内容
12.3	臨時東京中会、横浜朝鮮教会加入願いについて独立教会として受け入れを可決
12.10	L.L.Young 宣教師一行帰国。残務は神戸中央神学校 G・チャップマンに引き継がれる
1941年	
1.～3.	八町（豊橋）、此花（大阪）、豊崎（大阪）、十三、京都南、名古屋東、林田（兵庫）伝道教会が教会建築（昇格）願を提出
6.24～25	日本基督教団創立総会（場所：富士見町教会）統理者：富田満
	旧朝鮮基督教会の諸教会は日本基督教団第一部に加入
7.26	京都南部教会：黄善伊牧師、金在述長老、金基禎執事、権永斗、京都教会：玉文錫、千用甲、金禮錫氏ら検挙される（治安維持法違反）
10.10	明石教会、神社参拝反対などの活動が原因で廃止届を提出
10.20	京都南部教会、伏見教会、西京教会、牧師・信者が治安維持法違反で検挙され、活動の余地がなくなったため解散式（場所：京都南部教会）
12.9	太平洋戦争の開戦による「非常措置」で朴尚東牧師、秋仁奉牧師、朴尚奉長老、金恩錫牧師ほか15名逮捕される（愛知11、兵庫5、大阪3名）
12.	今宮教会、難波教会と合併して西成教会を設立
1942年	
1.5	桑名東伝道教会、教会建設（昇格）願提出
3.	十三教会（現・大阪北部教会）、大阪市淀川区南方町へ移転、南方教会と改称
	小倉教会、小倉白銀教会と改称。金義祥、李孟義、長老将立
11.25	日本基督教団第1回総会開催。席上、旧在日本朝鮮基督教会関係代表の康慶玉長老（大阪東成教会）は朝鮮人の差別待遇問題を論じ、議長より弁論を中止させられる。日本基督教団、部制廃止を決議
1943年	
5.23	下関教会、創立15周年記念式。李先祚、林順錫、長老将立
9.	京都西京教会、東京三河島教会の織田猶次牧師を請聘決議するが、京都太秦警察特高係の圧力で断念
1944年	
8.	李完模牧師、朴尚東牧師、李白容執事、崔三錫執事が治安維持法で逮捕、投獄される
10.	小倉白銀教会の宋永吉牧師、警察の弾圧のため帰国、海州にて殉教。
	雑司ヶ谷、高田町聖潔、中央教会が連合して代々木教会を組織。呉允台牧師が委任牧師に就任
1945年	
2.	旧在日本朝鮮基督教会、会員数3088名、教会数48、正教師25名（現住者12）、補教師44（現住者9）
6.	南方教会の礼拝堂が災難民の避難収容所として使用されることとなり、礼拝が中断される（10月に礼拝が再開）
6.18	豊橋教会、空襲により全焼
8.20	李完模牧師、朴尚東牧師釈放される
10.22	在日本朝鮮基督教連合会発起委員会組織（場所：大阪東成教会）

年月日	内容
10.30	在日本朝鮮基督教連合会創立準備委員会開催（場所：大阪東成教会）。創立準備委員会委員長：金琪三
11.15	在日本朝鮮基督教連合会創立総会（場所：京都西京教会）。21教会、代表47名参加。日本基督教団脱退を可決、規則を採択。会長：金琪三
12.30	在日本朝鮮基督教連合会、日本基督教団脱退を通告
1946年	
2.10	東京教会再建記念礼拝
3.5	会長金琪三牧師が帰国のため辞任、会長代行に呉允台牧師就任
6.6	日本基督教団総会常議員会にて在日本朝鮮基督教連合会の脱退申出を報告
9.25～27	第2回定期総会開催（場所：東京教会）。参加教会10教会、代議員37名。会則を改正、治理局を新設、讃頌歌出版委員、幼年讃頌歌編集委員を選出
1947年	
8.31	平野教会設立
10.14～16	第3回定期総会開催（場所：大阪教会）。11教会、総会総代44名。名称を「在日本朝鮮基督教会総会」に改称、憲法と信条を制定、勉励青年会連合会を総会直轄とする、豊橋教会を新設教会として承認
11.9	川崎教会設立
1948年	
4.14	新儀教会設立
7.9	広島教会設立
8.	勉励青年会連合修養会開催（場所：比叡山）
10.13～14	第4回定期総会開催（場所：京都教会）。12教会、総会総代56名。総会名称を「在日本大韓基督教会総会」と改称
10.25	三次教会設立
1949年	
2.11	L.L.Young宣教師再来日
9.11	南方教会と関目教会が合併し、大阪北部教会と改称
9.	在日大韓基督教会連合婦人伝道会創立総会開催（場所：大阪教会）
9.30	枚岡教会設立
10.11～13	第5回定期総会開催（場所：武庫川教会）。15教会、総会総代54名。小倉教会加入を承認。金元治伝道師、トロント大学ノックス神学院へ留学
1950年	
2.	宇部教会設立
2.23	L.L.Young宣教師永眠、総会葬を挙行
4.4	総会長 呉允台牧師、常務 兪錫濬長老、韓国教会を訪問し、教職者請聘依頼、聖書公会および基督教書会と出版権について協議
6.16	金徳成牧師来日、名古屋教会赴任
6.25	折尾教会設立
7.27～28	教育局主催、夏期児童聖書学校教師講習会、60名参加（場所：川西教会）

資料

年月日	内　　容
10.10〜12	第6回定期総会開催（場所：京都教会）。18教会、総会総代57名。聖経学校創立、地方会組織（関東、関西、西南）を承認、カナダ宣教部との事務連絡のため美総委員会設置。6月第2主日を主日学校主日とする（現・オリニ主日）
12.4	関西地方会創立総会開催（場所：大阪教会）。横須賀伝道所再開
1951年	
4.3	関東地方会創立総会開催（場所：名古屋教会）
5.	韓国高等聖経学校開校式挙行（場所：大阪北部教会）
5.31	熊本教会設立
6.12	西南地方会創立総会開催（場所：下関）
7.10	機関紙『基督申報』創刊号発行
8.21〜23	勉励青年会連合会夏期修養会開催（場所：箱根）
10.9〜11	第7回定期総会開催（場所：京都教会）。20教会、総会総代41名。総会事務所の東京移転を決定。崔正洙牧師按手式
1952年	
1.8	西新井教会設立。多摩川伝道所設立（現・東京調布教会）
3.1〜2	臨時総会開催（場所：東京教会）。李鍾聲、丁仁寿、金元治牧師按手式　東京教会礼拝堂献堂式挙行
3.17	岡崎教会設立
7.21〜24	婦人伝道会連合会夏期修養会開催（場所：佐波江）
10.14〜15	第8回定期総会開催（場所：大阪教会）。教会・伝道所26、総会総代37名。青年局、婦女局を新設。船橋教会設立
1953年	
8.17〜20	勉励青年会連合会夏期修養会開催（場所：佐波江）
10.13〜15	第9回定期総会開催（場所：名古屋教会）総会総代39名　厚生局新設、自立伝道基金、200万円募金実施を決定　尼崎教会、岐阜教会、水島教会設立
1954年	
2.9	文化庁より宗教法人認証を受ける
6.9	大阪築港教会設立
10.12〜14	第10回定期総会開催（場所：京都教会）総会総代36名。青年主日制定
10.	高槻伝道所設立
1955年	
7.19〜22	教職者修養会開催（場所：飛騨高山）主題「牧会の実践」
8.1〜3	主日学校教師講習会（場所：二色の浜）参加者：54名
10.11〜13	第11回定期総会開催（場所：京都教会）総会総代38名、NCC加盟可決
1956年	
3.23	日本キリスト教協議会（JNCC）に加盟
10.16〜18	第12回定期総会開催（場所：下関教会）総会総代38名。婦女主日（5月第2主日）を制定、修養館（KCC）建設を任員会に一任

年月日	内容
10.18	下関教会堂献堂式
11.21	浜松伝道所設立
1957年	
9.15	西宮教会設立
10.15～17	第13回定期総会開催（場所：大阪北部教会）総会総代39名
1958年	
1.5	布施教会設立
3.16	北海道開拓伝道開始、崔京植講道師赴任
5.4～6	勉励青年会指導者講習会開催（場所：山科KCC）
8.11～14	全国高等部夏期学校開催（場所：天ノ橋立）
8.15	在日僑胞伝道50周年記念式典を挙行（場所：東京教会）
	標語「在日僑胞の生きる道はイエス」
8.21～22	全国主日学校教師講習会（場所：吉野山）、参加者：50名
10.14	第14回定期総会開催（場所：京都教会）総会総代47名。世界改革教会連盟（WARC）への加盟を承認
1959年	
3.10	「北韓送還」に対する反対声明書を発表
7.27～10	呉允台総会長、世界長老大会およびブラジル教会宣教100周年記念式典に参席し、アメリカ、カナダ教会を訪問
9.14	第10回関西地方会開催（場所：京都教会）
11.10～12	第15回定期総会開催（場所：京都教会）総会総代48名
1960年	
5.18	京都南部教会再建設立
8.23～25	教職者修養会（場所：比叡山延暦寺宿院）62名参加
8.30～31	神学生研修会（場所：神戸教会）
10.12～13	第16回定期総会開催（場所：京都教会）総会総代52名。地方会会長は職務上任職員会に参席すること、李仁夏牧師を2年制有給総務に決定
1961年	
3.16～4	丁仁寿牧師を代表とする祖国訪問団が各教団・機関を訪問
8.29～30	神学生研修会（場所：服部ユースホステル）
	神学生夏期特別伝道実習：和歌山地方2名、中国地方4名、西南地方1名
8.29	中部地方婦人会連合会結成（場所：名古屋教会）
10.18～19	第17回定期総会開催（場所：京都教会）総会総代62名
	自立基金1,000万円決議
1962年	
10.17～18	第18回定期総会開催（場所：京都教会）総会総代62名。カナダ教会と覚書を交換。世界教会協議会（WCC）へ準会員加盟を承認
1963年	
4.2～12	カナダ海外宣教部協同総務ランサム牧師来訪、3地方会巡回

資料

年月日	内容
8.16〜17	第1回青年会全国協議会（全協）開催（場所：伊豆長岡）参加者：31名
10.15〜16	第19回定期総会開催（場所：京都教会）総会総代65名
	奨学生委員会を設置、関東地方会から中部地方会分立。品川教会設立
1964年	教育主事制を新設。中村民子宣教師が教育幹事に、姜貞子、李仁姫主事が就任
2.	東アジア・キリスト教協議会（EACC＝現・CCA）に加盟
7.7	関西地方会信徒会創立
10.27〜29	第20回定期総会開催（場所：名古屋教会）総会総代64名
1965年	
6.	台湾教会宣教100周年記念大会に金徳成牧師ほか2名出席
10.19〜21	第21回定期総会開催（場所：京都教会）総会総代65名
1966年	
1.20〜21	第1回韓・日問題協議会に呉允台牧師、李仁夏牧師、兪錫濬長老出席
	（主催：日本クリスチャン・アカデミー）
2.	韓国福音化運動一行（韓景職、鄭雲祥、印光植、黄光恩諸牧師）が来日し、4地方で特別伝道集会を開催
10.11〜13	第22回定期総会開催（場所：京都教会）総会総代68名。標語：「在日同胞をキリストへ」H・マルグル博士記念講演「神の宣教と宣教する神の民」
1967年	
6.25	日本NCCに少数民族問題委員会が設置され、呉允台牧師、李仁夏牧師が委員となる
10.17〜19	第23回定期総会開催（場所：京都教会）総会総代67名。宣教60周年標語「キリストに従ってこの世へ」を決定、任職員会の任期を2年制とする
1968年	
4.26	明石教会設立
8.20〜28	宣教60周年記念全国教職者・信徒合同研修会開催（場所：有馬御苑）220名参加
10.9〜10	第24回定期総会開催（場所：京都教会）総会総代70名。宣教10ヵ年計画実行委員会を組織
10.11	宣教60周年記念式典挙行（場所：大阪女学院ヘールチャペル）
	標語：「キリストに従ってこの世へ」、副題：「在日大韓基督教会に革新を」「在日同胞社会に変革を」「世界に希望を」。桑名教会設立
1969年	
1.2〜4	全協、第1回全国青年指導者研修会開催（場所：河内長野おばな旅館）
1.28〜	第1次本国短期宣教師5名が来日（約3ヵ月間滞在）厳機鉉（佐世保）、崔基奭（岡山）、康相禹（桑名）、李俊黙（静岡）、蔡鐘黙（立川）
2.4	岡山教会設立
4.16	「出入国管理法案反対声明書」「靖国神社法案反対声明書」を発表
6.6	出入国管理法案反対キリスト者国際連帯会議結成。代表：兪錫濬長老、妹尾活夫牧師
10.15〜16	第25回定期総会開催（場所：京都教会）総会総代68名
10.15	札幌教会設立

年月日	内容
1970年	
4.5	神戸東部教会設立
6.9	第2回臨時総会開催（場所：大阪教会）、KCC建設を可決
10.12～14	第26回定期総会開催（場所：京都教会）総会総代63名
	「在日大韓基督教会総会の社会的責任に関する態度表明」を発表
1971年	
10.12～14	第27回定期総会開催（場所：大阪教会）総会総代72名。総会組織改編：青年局と婦女局廃局、厚生局が社会局に改称、総会とカナダ長老教会との協約改正案を承認、南北赤十字会談支持声明
10.13	在日韓国基督教会館（KCC）開館式挙行
1972年	
1.30	出入国管理法案再上程に対し反対声明を発表
6.26～28	NCC在日外国人人権委員会主催「日本人問題としての在日朝鮮人差別セミナー」（場所：東山荘）参加者：46名
7.6	「南北共同声明」支持表明
7.23	南北共同声明支持基督者大会開催（場所：KCC）宣言文採択
10.16～17	第28回定期総会開催（場所：京都教会）総会総代76名。教職者請聘手続きに関する内規採択
12.	徐勝君減刑嘆願電報を大統領・大法院長に打電
1973年	
1.	日北米宣教協力会（JNAC）準会員加盟
4.16	出入国管理法案反対声明発表
4.23	北米視察・研修（少数民族問題、住民組織運動）に7名参加（団長：兪錫濬）
5.	第185回米国連合長老会総会、「在日韓国人問題に関する決議文」を採択
7.2～5	第1回韓日NCC協議会開催（場所：ソウル）李仁夏総務出席
7.17～19	教職者・長老合同夏期研修会開催（場所：奥津温泉）
9.28	韓国基督教長老会と宣教関係協約締結
10.9～11	第29回定期総会開催（場所：大阪西成教会）総会総代82名。「宣教基本政策」を採択、JNAC加入を批准、韓国教団との宣教師関係協約案を批准、総務に崔京植牧師を選出
12.4	全協、韓国民主化のための「青年会宣言文」を発表
12.17～25	全協、「日韓閣僚会議反対」断食闘争（場所：東京数寄屋橋公園）25日午後、銀座から虎ノ門を経て外務省ヘデモ
1974年	
2.	在日韓国人問題研究所（RAIK）設立
4.22	「靖国神社法案反対声明」発表
5.6～10	在日大韓基督教会・JNAC共催「マイノリティ問題と宣教戦略」国際会議開催（場所：関西セミナーハウス）80名参加

資料

年月日	内　　容
5.15	大統領緊急措置違反で拘束されている韓国の教職者・信徒の釈放のため大統領に嘆願書を提出
6.29	「靖国法案反対声明」発表
10.3	全協「在日韓国青年キリスト者宣言」発表
10.9〜10	第30回定期総会開催（場所：京都教会）総会総代86名。「京都韓国学園建設問題に関する要望書」を採択、京都市長へ提出
1975年	
2.4	第30回総会期第2回任職員会にて宣教師関係協約補充案承認
5.7〜21	J・H・コーン博士を講師に4地方会で講演会を開催
5.8〜6.8	カナダ長老教会宣教100周年記念にアリラン合唱団がカナダ教会訪問
8.11〜14	連合研修会開催（教職者、長老、婦人会、青年会、信徒）（場所：浜名湖）主題「同胞の解放を指向する教会」
10.14〜16	第31回定期総会開催（場所：京都教会）総会総代93名
11.4〜25	第5回世界教会協議会（WCC）総会に崔京植総務出席（場所：ケニア・ナイロビ）
11.25	金哲顕神学生救出委員会を組織、朴正熙大統領へ嘆願書を提出
1976年	
10.12〜13	第32回定期総会開催（場所：京都教会）総会総代89名
	青年局・婦女局を復局、宗教法人規則改正案を可決
1977年	
4.28〜29	社会局主催、第1回在日韓国人の法的地位問題シンポジウム（場所：京都教会）
10.11〜13	第33回定期総会開催（場所：京都教会）、一億円宣教基金案通過、憲法一部改正。京都教会創立50周年記念礼拝
10.	沖縄教会、総会加入
11.21〜24	在日大韓基督教会とNCC共催の在日韓国人諸権利に関するシンポジウム開催（場所：東山荘）、金光洙社会局長ほか17名参加
12.	韓国4教団（イエス教長老会＜統合・合同＞・基長・監理会）との宣教協議会開催（場所：ソウル）。新居浜伝道所設立
1978年	
4.	日・北米宣教協力会（JNAC）会員として正式加盟
8.17〜19	第1回教会学校教師の研究と交流の集い（場所：伊勢）参加者：31名
10.10	宣教70周年記念式典開催（場所：大阪女学院）参加者：約1000名
	標語：「われわれの希望イエス・キリスト」
10.11〜12	第34回定期総会開催（場所：大阪西成教会）総会総代93名。定期総会2年制案通過、改正憲法採択（女性牧師・女性長老職按手など）
12.3	今福教会設立
1979年	
4.6〜17	在日大韓基督教保育連盟結成
4.14〜30	宣教70周年記念聖地視察研修実施、29名参加

年月日	内　　容
7.3	日本基督教団との宣教協約に関する合同作業委員会開催。
	協約第1草案作成
10.16〜18	第35回定期総会開催（場所：大阪教会）総会総代92名
	総務に金君植牧師を選出
1980年	
4.	豊中第一復興教会設立
4.3〜24	第1回宣教師研修会開催（場所：黙想の家）
4.25	韓国4教団と宣教協議会開催（場所：大阪）
5.19〜21	社会局・KCC・RAIK共催、第2回人権シンポジウム「在日同胞の人権と本国の僑胞政策」開催（場所：六甲YMCA研修センター）
6.8	芮戊糞、初の女性長老将立（場所：京都南部教会）
1981年	
6.29-7.1	第3回人権シンポジウム「在日同胞の将来とKCCJの宣教」開催（場所：関西セミナーハウス）
7.7〜9	教職者・長老修養会「世界の中の我々の使命」（場所：鳥羽）61名参加
8.3〜28	在米韓国教会青年指導者との交流実施、金安弘青年局長ほか9名参加（場所：米国、カナダ）
10.20〜22	第36回定期総会開催（場所：大阪北部教会）総会総代96名。
	勧懲条例改正、韓国4教団との宣教協約批准、コリアン・チャペル（現・東京第一教会）、総会加入
1982年	
1.19〜23	韓日NCC人権委員会、在日韓国人人権シンポジウム開催（場所：北九州、広島、大阪、京都）
3.17〜18	日本キリスト教協議会（NCC）総会、東京教会で開催。
	議長に李仁夏牧師選出
5.3〜5	第4回人権シンポジウム開催（場所：関西セミナーハウス）
5.18〜21	第1回神学研修会開催（場所：在日本韓国YMCA）
8.5〜10	在外同胞基督青年シンポジウム開催「海外同胞青年の生き方を求めて」
	参加者：アメリカ、カナダ、韓国、在日
	場所：東京、川崎、京都、大阪、韓国
1983年	
4.12	福岡（西南）KCCを総会機関として認定（任職員会）
5.17〜19	第2回神学研修会（場所：KBS琵琶湖教育センター）講師：安炳茂博士
7.4	在日韓国基督教会館（KCC）新会館竣工式挙行
7.11〜13	第5回KCCJ人権シンポジウム開催（場所：KCC）
7.26〜8.3	KCC、スリランカ・タミールとの交流、代表5名来日
9.15	慶恵重、初の女性牧師按手
10.18〜20	第37回定期総会開催（場所：東京教会）総会総代104名
	日本基督教団との「協約」を批准

資料

年月日	内容
11.	巽教会設立
12.4	東京信濃町教会（東京中央教会）、総会加入
12.11	浦和伝道所設立（現・大宮教会）
1984 年	
2.8	日本基督教団との「協約」調印式（場所：大阪教会）
4.1〜7	JNAC・JNCC 主催「少数者問題」協議会（場所：KCC）
4.10	関西聖書神学院開校（場所：大阪北部教会）
5.11〜13	韓国宣教 100 周年記念大会開催（場所：大阪教会）
6.10	指紋押捺撤廃街頭署名開始（場所：東京・大阪・北九州）
8.20	韓国 4 教団と宣教協議会開催（場所：ソウル）
9.23	高槻伝道所設立
9.24	中国基督教代表団来日（朝鮮族代表：呉愛媛牧師）
10.3〜6	第 1 回海外韓人教会神学会議開催（場所：天城山荘）米国、カナダ、西独、台湾、韓国、総会代表 68 名参加
10.26〜28	第 1 回被差別少数者協議会（場所：関西セミナーハウス）
12.2	仙台教会設立
12.3	在日大韓基督教会指紋拒否実行委員会を結成
1985 年	
1.15	在日韓国人キリスト者外登法改正要求 1・15 決起集会（場所：日本基督教団東京山手教会）
	400 名参加。892 名の指紋拒否予告者発表
2.10〜12	第 6 回 KCCJ 人権シンポジウム（場所：KCC）
3.6〜8	韓国 NCC 在日韓国人問題委員会と日本 NCC 在日外国人人権委員会が「指紋問題」で協議会を開催（場所：在日本韓国 YMCA）
3.21	在日韓国人キリスト者外登法改正要求西南決起大会 （場所：日本基督教団東篠崎教会）参加者：200 名
3.24	在日韓国人キリスト者外登法改正要求関西決起大会 （場所：大阪女学院ヘールチャペル）参加者：1000 名
4.18	大阪第一教会、総会加入
4.25	奈良教会設立
5.22〜24	指紋拒否実行委員会の金得三委員長ら代表 3 名が韓国訪問。民進協（金大中・金泳三共同議長）、新民党（李敏雨総裁）、民正党、青瓦台などを訪問し、指紋問題で協力を要請
7.1	日本基督教団と「指紋押捺制度撤廃要求署名」8 万筆を法務省へ提出
7.7	福岡中央教会設立、水戸伝道所設立
7.14	指紋押捺制度の撤廃要求関西大集会 （場所：大阪カテドラル聖マリア大聖堂）参加者：2000 名
7.14〜16	JNAC 総会に洪永其総会長、金君植総務出席（場所：カナダ・トロント）
9.1	新宿教会設立
9.15	姫路教会設立

年月日	内　　容
9.15	福岡中央教会設立
10.22～24	第38回定期総会開催（場所：福岡教会）総会総代117名
	主題「新しい事をなしたもう神」、米州韓人長老教会との宣教協約批准、人権主日制定、指紋拒否実行委員会設置、カナダ長老教会との宣教協約改正、大韓イエス教長老会（大神）との宣教協約締結、靖国神社公式参拝に対する抗議声明発表、関西聖書神学院設立承認、関西地方会から西部地方会分立の承認。李大京総務選出
10.	教育局（局長：黄義生）、教案作成を決定
11.19	金信煥総会長ら総会代表6名が外登法改正要望書を法務省へ伝達
11.25	西部地方会創立（場所：武庫川教会）
1986年	
1.15	外登法の抜本的改正を要求する関東キリスト者集会（場所：日本基督教団東京山手教会）参加者：350名
3.25	関西聖書神学院第1回卒業式（場所：大阪北部教会）卒業生13名
4.25	韓国5教団と宣教協議会開催（場所：韓国教会100周年会館）
5.1	教育局、教会学校教案シリーズ発行（第1～6号）開始
5.22～25	JNAC総会（場所：札幌）
5.24-6.1	WCC、CCA指紋問題調査団9名来日。東京、札幌、仙台、名古屋、大阪、京都、神戸、岡山、福岡訪問
6.1	三沢教会設立
6.13～15	米国長老教会（PCUSA）総会に李大京総務出席
7.23～26	韓人ディアスポラ世界大会に金燊植牧師ほか3名出席
9.22～23	第7回KCCJ人権シンポジウム開催（場所：KCC）
12.8～12	J・ジャクソン牧師（米国、人権運動家）来日、各地（東京、大阪、広島、福岡など）を訪問、指紋拒否運動を激励
1987年	
1.15～16	外登法問題と取り組む全国キリスト教連絡協議会（外キ協）発足
1.27～30	第6回韓日NCC協議会開催、主題「宣教課題としての平和・人権」（場所：KCC）
2.21	J・マッキントシュ牧師、在留更新・再入国不許可処分取消訴訟提訴
9.8	つくば東京教会、総会加入
9.13	東京聖書神学校開校記念礼拝挙行（場所：東京教会）
10.20～22	第39回定期総会開催（場所：名古屋教会）総会総代127名
	伝道主日制定、東京聖書神学校設立
1988年	
4.8～12	JNAC総会に楊炯春総会長、李大京総務出席（場所：沖縄）
5.23～25	社会局主催、第1回在日韓国人問題宣教会議開催（場所：KCC）
	参加：日本基督教団、日本聖公会、日本キリスト教会など
7.4～6	宣教80周年記念総合修養会開催（場所：和歌山）120名参加
7.5	「民族統一に関する在日大韓基督教会総会宣言」発表

資料

年月日	内　　容
7.6〜8	第3回海外同胞教会神学会議開催、参加者57名（米国、台湾、カナダ、本国、総会）
7.28〜8.19	在日同胞法的地位保障促求大行進（釜山、大邱、光州、裡里、大田、ソウル）
10.10	宣教80周年記念大会開催、約1000名参加（場所：大阪中之島中央公会堂）。標語：「我らに新しい力を給うイエス・キリスト」、「宣教理念」発表
10.	『韓日讃頌歌』初版5000部発行
11.13	福山伝道所設立
1989年	
2.10〜11	全協、第20回「全国青年指導者研修会」（場所：名古屋教会）
3.12	日本基督教団との協約締結5周年記念集会（場所：日本基督教団同志社教会）
5.15〜16	在日大韓基督教社会福祉連盟創立総会（場所：愛知県・犬山館）
5.23〜25	第2回在日韓国人問題宣教会議開催（場所：KCC）
6.1	外登法改悪6・1集会開催（場所：ソウル）。韓国NCC人権委、EYC、韓国教会女性連合会、婦人会全国連合会、総会社会局
7.16〜8.12	米国長老教会青年修養会に総会代表3名参加（場所：インディアナポリス）
7.27〜28	婦人会全国連合会、40周年記念集会（場所：大阪教会）
7.29〜8.12	第1次朝鮮基督教徒連盟（KCF）訪問、金桂昊団長ほか5名
9.17	和歌山伝道所設立
10.17〜19	第40回定期総会開催（場所：大阪教会）総会総代137名
	金安弘総務選出
11.	東京日暮里教会、総会加入
1990年	
1.	静岡伝道所設立
2.6〜8	韓国5教団宣教協議会（場所：韓国教会100周年会館）
3.11	大阪上町教会設立
4.	教会学校教案3年サイクル開始。第Iサイクル（第7号〜30号）発行
7.10〜13	第1回「祖国の平和統一と宣教に関する基督者東京会議」開催（場所：在日本韓国YMCA）朝鮮基督教徒連盟、韓国4教団、韓国NCC、米国、カナダ、ドイツ、WCC、CCAなど約100名参加
9.2	新潟伝道所設立
11.11	名古屋南教会設立
12.1〜3	WCC主催、平和統一会議に李大京牧師、金安弘総務出席（場所：スイス・グリオン）
12.2	大阪栄光教会設立
1991年	
1.	長野伝道所設立
2.11〜20	第7回WCC総会に金榮植総会長、金安弘総務出席（場所：オーストラリア・キャンベラ）
5.19	千葉伝道所設立
7.9〜12	第2回「祖国の平和統一と宣教に関する基督者東京会議」開催

年月日	内容
	（場所：在日本韓国YMCA）
7.22～8.1	第2次朝鮮基督教徒連盟（KCF）訪問。金榮植団長ほか3名
10.7～10	外キ協主催、外登法問題国際シンポジウム開催（場所：ソウル）、韓国NCC人権委員会などから100名参加
10.15～17	第41回定期総会開催（場所：大阪教会）総会総代148名
12.5	PKO法案反対要望書採択（総会任職員会）
1992年	
2.9	RAIK、東京弁護士会より人権賞受賞
7.21	婦人会全国連合会、「全国教会女性連合会」と名称変更
8.10～12	韓国NCC禧年協議会に崔昌華総会長ほか3名出席（場所：ソウル）
8.12～15	全協、第40回夏期修養会開催（場所：野尻湖）
9.8～10	韓・日教会成長指導者セミナー開催、150名参加（場所：三谷温泉）
9.13～15	第9回KCCJ人権シンポジウム、61名参加（場所：関西セミナーハウス）
10.20～22	第3回「祖国の平和統一と宣教に関する基督者東山荘会議」、95名参加（場所：東山荘）
10.29～11.4	JNAC宣教会議および総会（場所：広島ライフセンター）
1993年	
4.	教会学校教案第Ⅱサイクル（第31号～40号）発行
4.13	社会福祉法人永生園豊橋竣工式
4.20～5.11	第3次朝鮮基督教徒連盟（KCF）訪問、金元治団長ほか6名
5.18	韓国6教団宣教協議会（場所：大韓イエス教長老会＜合同＞総会本部）
8.	JNAC総会、崔昌華総会長、金安弘総務出席（場所：ハワイ）
9.14～15	第10回KCCJ人権シンポジウム（場所：KCC）
9.26	東京グローリア教会、総会加入
10.3～11.3	外キ協主催の外登法問題を訴える全国キャラバン実施（九州、広島、大阪、京都、名古屋、札幌、宇都宮、千葉、東京など巡回）
10.10	全協創立30周年大会（場所：京都教会）
10.19～21	第42回定期総会開催（場所：東京教会）総会総代144名
	姜栄一総務選出
11.3～5	第3回外国人登録法問題国際シンポジウム（場所：日本カトリック会館）
1994年	
2.13	日本基督教団との協約締結10周年記念集会（場所：日本基督教団神戸教会）
5.31～6.2	第4回「祖国の平和統一と宣教に関する基督者東京会議」、参加者120名（場所：在日本韓国YMCA）
9.4	京都東山伝道所設立
10.25～29	第2回「マイノリティ問題と宣教戦略」国際会議を開催（場所：関西セミナーハウス）、14ヵ国（20マイノリティ）106名参加
	マイノリティ京都声明採択
11.17	山形伝道所設立

資料

年月日	内容
11.21〜24	第4回外登法問題国際シンポジウム（場所：ソウル）
1995年	
1.10	基督教大韓聖潔教会と宣教協約締結（場所：聖潔教会本部）
1.17	阪神淡路大震災発生
1.18	「兵庫県南部地震対策委員会」発足。委員長：金君植総会長、現地対策委員長：趙載国関西地方会社会部長
3.3	日立伝道所設立
3.28〜31	WCC主催、第4回韓半島統一問題協議会開催（場所：関西セミナーハウス）
4.24〜29	第8回「韓日基督教青年協議会」開催。主題「東アジアにおける平和と民衆の権利」（場所：ソウル）
4.29	ハンサラン教会、総会加入
5.23	日本キリスト教会渉外委員会と宣教協議会（場所：豊島北教会）
6.30	米国合同キリスト教会（UCC・USA）第20回定期総会で宣教協約批准
7.17〜19	教職者研修会（場所：日光・幸の湖荘）主題「宣教100周年に向けての教会の課題」講師：熊沢義宣教授（東神大）、李清一牧師（KCC）
10.8	関空伝道所 設立
10.9〜11	第43回定期総会開催（場所：京都南部教会）総会総代162名。主題「和解をなしたもう神のみ業に参与する教会」「荒野の50年を越えて」発表、総会立神学校設立承認
11.26〜27	宣教政策協議会、30名参加（場所：KCC）
12.5〜8	韓日教会青年交流会、全協、NCCY、EYC参加（場所：京都、大阪、神戸）
1996年	
1.14〜16	外キ協主催、第10回1・15集会、全国協議会（場所：日本バプテスト広島教会）
4.	教会学校教案第Ⅲサイクル「私たちのいのち」（第41号〜50号）発行
5.13	日本キリスト教会との第1回宣教協約委員会（場所：総会事務所）
5.25	第1回KCCJ歴史講座、講師：柳東植博士「在日大韓基督教会の性格と課題」（場所：KCC）
6.5〜7	第5回「祖国の平和統一と宣教に関する基督者東京会議」開催（場所：東京教会）参加者：120名
6.28	社会福祉法人シャローム、「セットンの家」竣工式
7.18〜19	教職者神学研修会、講師：古屋安雄教授（ICU大学）
8.25	永和教会分立礼拝
9.12	総会立「東京総会神学校」開校
10.14〜16	米国合同キリスト教会との宣教協議会（場所：KCC）
11.10	京都伏見伝道所設立
12.25	『韓日讃頌歌』完訳版 発行。初版1万部

年月日	内容
1997年	
3.6	甲府伝道所設立
4.15～17	第2回宣教政策協議会（場所：KCC）
7.10～17	教職者・長老研修会（場所：石川県片山津温泉）参加者71名。主題「宣教90周年と私たちの使命」
7.24～25	7教団宣教協議会開催（場所：京都南部教会）
8.7～20	世界改革教会連盟（WARC）第23回総会（場所：ハンガリー）姜栄一総務出席
9.28	浪速伝道所創立礼拝
10.19	姫路薬水教会、総会加入
10.21～23	第44回定期総会開催（場所：福岡中央教会）総会総代161名。オーストラリア連合教会との宣教協約批准、日本キリスト教会との宣教協約批准および調印式、憲法改正案通過、宣教90周年記念事業「提言」承認、東京センター構想承認
1998年	
1.15	外キ協全国協議会、「外国人住民基本法案」を採択決議
4.1	日本キリスト教会との第1回宣教協力委員会（場所：KCC）
4.14～16	第3回宣教政策協議会（場所：KCC）
4.27～29	第11回日・韓・在日キリスト教教育協議会（場所：KCC）
5.13	東京カルバリ教会、総会加入
5.24	東京ベテスダ教会、総会加入
7.12	一宮伝道所設立
7.19～21	第12回KCCJ人権シンポジウム開催（場所：関西セミナーハウス）
8.13～15	宣教90周年記念合同研修会開催（場所：富士箱根ランド）300名参加 講師：崔基奭監督（監理教）、李清一牧師（KCC）、李昇萬牧師（PCUSA）
9.28～30	JNAC隔年会（場所：千刈セミナーハウス）慶恵重総会長、姜栄一総務出席
10.1	JNAC25周年記念礼拝・祝賀会（場所：大阪教会、KCC）
10.5～7	カナダ長老教会（PCC）との宣教協議会（場所：KCC）
10.8～10	第6回「祖国の平和統一と宣教に関する基督者大阪会議」開催（場所：大阪教会）。主題「21世紀の文明史的転換とウリ民族共同体の未来」、25教団・団体145名参加
10.10	宣教90周年記念大会開催、約1000名参加。「大会宣言文」発表。標語：「立ってイエス・キリストの光を放とう」（場所：大阪カテドラル聖マリア大聖堂）
10.26～28	日本基督教団との第1回宣教協議会（場所：箱根）50名参加
11.1～3	全国教会学校教師研修会開催（場所：浜名湖研修センター・カリアック）主題「21世紀に向けたKCCJのCS教育のあり方」、12教会24名参加
12.2～19	WCC第8回総会（場所：ジンバブエ・ハラーレ）姜栄一総務出席
1999年	
3.9	社会局ほか64団体、外登法「改正案」に反対する共同声明発表
4.	教会学校教案第Ⅳサイクル「ともに生きる」（第51号～53号）発行

資料

年月日	内　　容
4.23	東金伝道所設立
4.25	大阪南伝道所設立
6.27	横田伝道所、総会加入
6.29～7.1	全国女性会創立50周年記念集会（場所：エクシブ琵琶湖）
7.6～8	教職者研修会（場所：済州島・西帰浦）参加者64名 主題「世界に仕えるディアスポラ教会としてのKCCJ」
10.13	東京アーメン教会設立
10.19～21	第45回定期総会開催（場所：神戸東部教会）総会総代183名 憲法改正案採択、名称を「在日大韓基督教会」と改称、総会規則改定 「在日大韓基督教会の社会的責任に関する態度表明・1999」発表
2000年	
3.13～14	第34回日本NCC総会（場所：東京教会）
7.2	宮崎伝道所設立（鄭永吉牧師赴任）
8.21～23	JNAC総会（場所：湘南国際村）
9.1	在日大韓基督教会・日本基督教団、「9月3日『東京都防災訓練』に名を借りた治安出動訓練に反対する共同声明」発表
9.6	東京総会神学校第1回卒業式（場所：東京教会）卒業生2名
10.24	日本キリスト教会との宣教協約締結3周年記念集会 （場所：在日本韓国YMCA）
10.30～11.1	第8回外登法問題国際シンポジウム（場所：韓国・牙山）
11.3	別府伝道所設立（李恵蘭牧師就任）
12.12～15	第7回「祖国の平和統一と宣教に関する基督者福岡会議」開催（場所：福岡教会） 主題「変化する韓・朝鮮半島—ともに創る民族統一」、160名参加
2001年	
1.14	東京アーメン教会と東京日暮里教会が合併し、東京日暮里教会設立 （金東洙牧師就任）
2.11～13	第13回KCCJ人権シンポジウム開催（場所：関西セミナーハウス） 41名参加。主題「21世紀の在日同胞とKCCJの宣教」
4.9～11	総会伝道学校開催、主催：宣教奉仕委員会・伝道部（場所：大阪教会） 40名参加
4.22	大阪聖山教会、総会加入
5.13	神奈川平和伝道所設立
6.10	吹田ミッション伝道所設立（朴龍洙牧師就任）
8.10	KCCJほか、小泉首相の「靖国神社参拝反対要望書」を提出
8.13～16	全国高校生夏期学校（場所：長野県野尻湖）主題「モーセに学ぶ」
10.21	大阪平康教会、総会加入（金君植牧師就任）
10.23～25	第46回定期総会（場所：名古屋教会）総会総代160名 主題「キリストに従って新しい歴史を拓く教会」 在日大韓基督教会信仰告白（使徒信条）前文通過。朴寿吉総幹事選出

年月日	内容
2002年	
2.20～25	第1回スイス・日本・韓国三国間教会協議会（場所：ソウル）
3.5～7	第4回宣教政策協議会（場所：沖縄）28名参加
4.	教会学校教案第Ⅴサイクル「私たちの世界」（第54号～56号）発行
5.18～25	第4次朝鮮基督教連盟（KFC）訪問、金広照団長ほか9名
6.	『韓日讃頌歌』（6版）発刊、6000部
7.14	日本サラン伝道所総会加入（金在一牧師就任）
7.15	『宣教90周年記念誌』発刊、1000部
7.22～24	第8回「祖国の平和統一と宣教に関する基督者東山荘会議」 （場所：東山荘）103名参加
7.25	韓・朝・日教界指導者朝餐会（場所：東京YMCA）
8.13～16	全協、第50回修養会開催（場所：同志社びわこリトリートセンター） 75名参加
8.17～22	第2回日韓在日ティーンズ平和キャンプ（場所：北九州小倉・筑豊） 主題「平和の実現をめざそう！」
10.21～24	第9回外登法問題国際シンポジウム開催（場所：九州・筑豊）
10.30～11.1	WARC東北アジア部会（NEAC）神学協議会開催（場所：韓国・江原道原州）
11.4	日本キリスト教会との宣教協約締結5周年記念集会開催（場所：大阪教会）
12.29	東京東部伝道所設立（鄭有盛伝道師就任）
2003年	
4.6	カナダ長老教会（PCC）との宣教協力75周年記念礼拝（場所：大阪教会）
4.8	「米英軍のイラク攻撃と韓国軍派兵に対する声明」を総会長名で発表
5.29～6.5	カナダ長老教会との宣教協力75周年協議会およびPCC総会 （場所：カナダ・トロント）
7.6	大阪シオン教会、総会加入（金容辰牧師就任）
10.13～15	第47回定期総会（場所：東京教会）総会総代162名 主題「荒野に生命と平和の道を拓く教会」、美国長老教全国教会協議会（NKPC） と宣教協約締結。大韓イエス教長老会（合正）と宣教協約締結
10.20～24	第10回外登法問題国際シンポジウム開催（場所：韓国・雪岳山）
11.3	全協創立40周年記念青年大会（場所：大阪教会）
2004年	
2.8	日本基督教団との協約締結20周年記念集会（場所：東京教会）
3.1	高槻伝道所開所式（崔春子牧師就任）
4.25	日本キリスト教会との宣教協約締結7周年記念集会 （場所：日本キリスト教会柏木教会）
5.9	博多伝道所設立（崔正剛牧師就任）
5.30	愛隣伝道所設立（趙尚浩牧師就任）
6.13	豊田めぐみ伝道所設立
7.30～8.13	世界改革教会連盟（WARC）第24回総会（場所：ガーナ・アクラ）

資料

年月日	内　　容
8.11〜14	朴寿吉総幹事、呉寿恵教育主事出席 全国高校生夏期学校（場所：河口湖）主題「現代を生きるイエス・キリスト」
10.17〜21	東山荘プロセス20周年記念協議会（場所：東山荘） 主催：WCC・CCA、主題「朝鮮半島－北東アジアにおける引火点」 崔正剛総会長ほか4名出席
12.6〜8	第8回 韓日NCC協議会（場所：在日本韓国YMCA）
2005年	
1.24〜25	日北米宣教協力会（JNAC）解散総会（場所：米国ルイビル） 崔正剛総会長、朴寿吉総幹事出席
3.7〜10	宣教師・総会神学生研修会（場所：西南地方）参加者13名
3.13	長岡伝道所設立（場所：日本基督教団長岡教会）
3.31-4.5	アジア・キリスト教協議会（CCA）第12回総会（場所：タイ・チェンマイ） 朴寿吉総幹事出席。金知葉氏が中央委員に被選
5.9〜16	世界教会協議会（WCC）「世界宣教と伝道会議」（場所：ギリシャ・アテネ） 朴寿吉総幹事出席
5.30〜6.2	全国教職者研修会開催（場所：米国ロサンゼルス）53名参加
6.16〜27	カナダ長老教会女性宣教会訪問団12名来日 5地方会および全国女性会と交流
8.10〜13	全国高校生夏期学校（場所：山中湖）主題「神さまが与えて下さった生命」
10.10〜12	第48回定期総会（場所：大阪教会）総会総代160名 主題「神が遣わされたこの地、愛する私たち」　機構改編（宣教・教育・社会委員会の新設）、宣教100周年記念事業実行委員会を設置、朴寿吉総幹事再選
11.8〜10	WARC東北アジア部会（NEAAC）第6回総会（場所：台湾台北市） 朴寿吉総幹事、金性済牧師出席。金性済牧師議長に被選
2006年	
1.19〜21	第20回外キ協全国協議会（場所：広島）
2.14〜22	世界教会協議会（WCC）第9回総会 （場所：ブラジル・ポルトアレグレ）、朴寿吉総幹事出席
3.31	日本基督教団・在日大韓基督教会「入管法」改定案に反対して共同声明発表
4.25	在日本韓国YMCA創立100周年記念式（場所：在日本韓国YMCA）
5.14	第2回臨時常任委員会（場所：大阪教会） 西新井教会と共同で総会神学校建物購入を決議
7.1	『韓日讃頌歌』7版（改訂版）発刊、3000部
7.27〜30	第4回日韓在日ティーンズ平和キャンプ（場所：KCC）主題「平和を創りだそう」
11.2〜3	総会宣教会議開催（場所：武庫川教会） 主題「在日教会の宣教課題とは―宣教100周年を省みて」
11.22〜24	第13回在日韓日キリスト教教育協議会（場所：在日本韓国YMCA） 主題「教会教育カリキュラム・プログラムの現在と未来〜平和に向って〜」
2007年	
3.27〜29	日北米宣教フォーラム（場所：青山学院大学）。李聖雨総会長他9名出席

年月日	内　　容
3.29	北米諸教団との宣教協力会議（場所：青山メソジスト宣教師宅）
4.15	米国長老教会と宣教協約締結（場所：大阪教会）
6.18～20	教職者研修会（場所：韓国・大田）52名出席
7.23～24	日本基督教団との第2回宣教協議会（場所：日基教団東梅田教会）48名参加 主題「百周年を迎える在日大韓基督教会と日本基督教団の宣教協力の展望」
8.15～17	全国高校生夏期学校（場所：滋賀県長濱）主題「私たちのKCCJ」
9.20	在日大韓基督教会・日本キリスト教会、共同テキスト『ウリエ イウスン』発刊
10.8～10	第49回定期総会（場所：東京教会）総会総代168名 主題「神に希望を、隣人に愛を」 米国長老教会（PCUSA）との宣教協約批准、年金規則改正
10.28	日本キリスト教会との宣教協約締結10周年記念集会 （場所：日本キリスト教会福岡城南教会）
11.18	西南KCC会館竣工式
11.26～28	WARC東北アジア部会（NEAAC）第10回神学協議会・総会（場所：在日本韓国YMCA）
2008年	
2.11	東京教会、創立100周年記念式典（場所：九段会館）
2.18～19	宣教100周年記念聖地巡礼旅行　共催：総会神学校・関西聖書神学院
4.1	宣教100周年宣教会議（場所：総会神学校）
4.2～4	第6回海外韓人教会教育と牧会協議会（場所：東京教会、長野県）
4.20～22	第14回KCCJ人権シンポジウム（場所：関西セミナーハウス） 主題「宣教100周年を迎えるKCCJと人権－マイノリティ教会としての使命」、39名出席
6.8	東京朝鮮族伝道所設立
7.6	黎明教会、総会加入
7.16	北上シオン伝道所設立（李義珣牧師就任）
8.13～15	宣教100周年記念合同修養会開催（場所：東京プリンスホテル）338名参加 主題「感謝の100年、希望の100年」 講師：李清一牧師（KCC館長）、権五成牧師（韓国NCC総務）、金仁煥牧師（総神大学総長）、鄭信天長老（韓国治癒福祉研究所所長）
10.13	宣教100周年記念大会（場所：大阪女学院）1300名参加 『祈りと共に―写真で見る宣教100周年の歩み』発刊
10.11～26	5地方会宣教100周年記念集会　関西地方会（10.11～12）、 関東地方会・西部地方会・西南地方会（10.12）、中部地方会（10.26）
11.28	総会神学校・日本キリスト教会神学校合同授業 （場所：日本キリスト教会神学校）
12.	DVD「在日大韓基督教会（KCCJ）宣教100年史」発刊

あとがき

　在日大韓基督教会が、歴史編纂委員会を特別委員会として設置することを決議したのは、第43回定期総会（1995年）時のことであった。それ以降、在日大韓基督教会において組織的・継続的な歴史編纂への取り組みが始まることとなった。筆者も、その発足当初から歴史編纂委員会に加わり、『在日大韓基督教会 宣教90周年記念誌』（2002年発行）の編集・出版などその働きの一翼を担わせていただいた。

　その間、1995年より約15年にわたり同志社大学人文科学研究所の嘱託（社外）研究員として「日本社会とキリスト教」をテーマとした研究会などに加えていただき、故・土肥昭夫教授や五十嵐喜和牧師など日本のキリスト教史を研究されている方々と交流する機会を得、多くのことを学ばせていただいた。そのことは、本書執筆にあたっての大きな糧となっている。

　また、2001年9月からの10年間、在日大韓基督教会の機関紙である『福音新聞』に「歴史コラム」（在日大韓基督教会の歴史に関するコラム）を94回にわたって連載する機会を与えられたが、そのことが、本書を執筆するにあたっての下地となった。『福音新聞』に「歴史コラム」欄を設けるアイデアを考案し、その執筆を勧めてくださったのは、在日韓国人問題研究所（RAIK）所長の佐藤信行氏であった。

　歴史編纂委員会から正式に本書の執筆依頼を受けたのは、筆者が長年勤務していた在日韓国基督教会館（KCC）を定年退職した年（2012年）の9月のことであった。当初は、第52回定期総会（2013年10月）までに出版する予定であった。その予定を大幅に遅らせてしまい、たいへん申し訳なく思っている。

　本書の執筆を終え、改めて筆者の力量不足を感じている。読者の方々の忌憚のないご批評を仰ぐとともに、本書の出版を期に在日大韓基督教会史をめぐる議論がより一層活発となり、深みを増していくことを願っている。

　本書の執筆に際しては、多くの方々の励ましとご教示を頂いた。広島教会の金信煥名誉牧師、東京神学大学の朴憲郁教授、恵泉女学園大学の李省展教授は、本書の草稿を読み、適切で重要なアドバイスをしてくださった。歴史編纂委員会（委員長：金成元長老、委員：金健牧師、金承熙牧師、李元重牧師）の方々

は、忍耐をもって筆者を励まし、監修の労をとってくださった。また、かんよう出版代表の松山献氏は、本書の出版を快諾してくださり、数度にわたる校正にも忍耐強く対応してくださった。これらの方々に心からのお礼を申し上げたい。

　最後に、さまざまなかたちで本書の執筆に協力するとともに筆者の心の支えとなってくれた妻の呉寿恵と息子の李相勲に感謝したい。

　　　　　　　　　　　　　　2015年11月
　　　　　　　　　　　　　　大阪の自宅にて　李清一

事 項 索 引

〈あ〉

愛信保育園　234
愛隣伝道所　282
赤崎教会　122, 140
明石教会　62, 139, 142, 212, 227, 234, 261
明石集会所　53
明石聖書学舎　106
明石伝道所　106, 139
厚狭教会　140
厚狭西部伝道所　143
アジア・キリスト教協議会（CCA）　183, 201, 202, 222, 240, 248
尼崎小田伝道所　106, 140
尼崎教会　140, 186
嵐山伝道所　122
淡路教会　92, 140

〈い〉

イカイノ保育園　234, 262
イギリス教会宣教会　56, 59
池田川西教会　155
池田教会　80, 92, 106, 139, 153
池田教会頌栄保育園　80
和泉教会　92
一宮教会　85, 92, 119, 139, 144
一宮伝道所　282
厳原教会　105, 122
厳原伝道所　140
今里聖潔教会　154
今福教会　241, 262
今宮教会　62, 104, 139, 152

〈う〉

ウェストミンスター小教理問答　91, 102
打越保育園　217
宇部教会　92, 140, 186, 262
宇部新川伝道教会　133, 140
浦和伝道所　241

〈え〉

永信保育園　217
永信幼稚園　85, 217
永生園　217
永生苑　217, 234
永和教会　264

〈お〉

王子教会　139
大石教会　122, 140
大垣教会　92, 144, 183, 262
青木教会　62, 81, 105, 106, 140
青木伝道所　140, 144
大阪今里教会　153, 155
大阪今福教会　139
大阪今福伝道教会　107
大阪今福伝道所　139, 144
大阪今宮教会　56, 80, 100, 104
大阪今宮教会幼稚園　80
大阪上町教会　264
大阪栄光伝道所　264
大阪北教会　62
大阪教会　56, 62, 70, 79, 80, 82, 84, 104, 105, 106, 131, 138, 139, 144, 152, 158, 164, 174, 175, 213, 214, 234, 237, 254, 262, 270, 287, 288, 289
大阪シオン教会　282
大阪市社会部調査課　55
大阪十三教会　57
大阪神学院　52, 59, 61
大阪聖山教会　282
大阪西部教会　91, 140
大阪第一教会　154, 155, 241, 258
大阪田辺教会　142
大阪樽井教会　140, 155
大阪築港教会　186, 262
大阪朝鮮教会中央礼拝堂建築期成会　83
大阪鶴橋教会　62
大阪東部教会　56, 62, 69, 70, 80, 83, 84, 99, 104, 105, 106

355

事項索引

大阪東部教会幼稚園　80
大阪西成教会　56, 62, 80, 104, 152, 153, 155, 176, 262
大阪バプテスト女子神学校　57
大阪東成教会　152, 153, 154, 155
大阪平康教会　282
大阪北部教会　57, 80, 91, 144, 154, 158, 183, 234, 248, 262
大阪北部教会鶏林保育園　80
大阪南方教会　144, 155
大阪南方伝道所　158
大阪南伝道所　282
オーストラリア連合教会　259
大宮教会　241, 262
岡崎北伝道所　144
岡崎教会　106, 119, 122, 139, 153, 186, 262
岡山内田教会　140
岡山教会　122, 212, 227, 262
沖縄教会　227, 262
折尾教会　186, 262
オリニ主日　185
穏健開化派　29
女伝道会　79, 217, 227
女伝道会全国連合会　216, 218

〈か〉

海外韓人教会神学会議　236
外国人住民基本法　238, 274, 275, 276, 278, 279, 289
外国人登録令　151
外登法抜本改正運動　238, 239, 240, 278
外登法問題と取り組む関西キリスト教代表者会議　240
外登法問題と取り組む全国キリスト教連絡協議会（外キ協）　240, 274, 277, 278
外登法問題米国調査団　241
夏期聖書学校　79, 101
神奈川平和伝道所　282
金沢教会　122, 139
カナダ長老教会　59, 71, 72, 73, 75, 76, 77, 78, 82, 83, 85, 88, 89, 91, 100, 101, 102, 110, 111, 112, 134, 154, 171, 172, 173, 191, 192, 194, 195, 196, 199, 210, 211, 212, 213, 220, 234, 236, 248, 273, 274
カナダ長老教会在日宣教部　59, 77, 83, 111, 116, 117, 134, 171, 172

神の宣教　209, 210
川崎教会　165, 213, 217, 236, 262
川西教会　80, 92, 153, 261
関空伝道所　264
韓国基督教教会協議会　178, 179, 184, 240, 252, 253, 287, 288
韓国基督教長老会　227, 235, 288
韓国公式訪問　178
韓国人原爆犠牲者慰霊碑　217
韓国併合　34, 48, 51
韓国併合条約　34
関西聖書神学院　235
関西地方会　58, 89, 91, 100, 175, 194, 236, 261, 287
関西地方朝鮮教会委員会　58, 61
関西中会　100, 103, 104, 129, 132
関西朝鮮イエス教信徒会　58, 61, 89
関西学院神学部　83
関東大震災　49
関東地方会　175, 195, 247, 274, 287
関東中会　101
韓日讃頌歌　247, 248
韓日法的地位協定　215
監理教会　44, 45, 49, 57, 61, 67, 71, 90, 112, 120, 293
監理教神学大学　86, 210

〈き〉

帰国同胞援護会　161
岸和田教会　122
北上シオン伝道所　291
北教会　120, 253
木津川教会　92
岐阜教会　186, 262
91年問題　263
九州地方会　67, 68, 89, 90, 101
宮城遥拝　117, 118, 141
救世軍取り調べ事件　137
教育主事　194, 195
教会学校シリーズ　250
教会教育理念　185, 186
京韓教会　155, 160, 162
協成神学校　86
教団脱退ニ関スル通告文　157, 158
京都学生教会　61
京都教会　55, 80, 91, 106, 136, 142, 144, 145, 152, 154, 159, 163, 174, 183, 221, 248, 262, 288

356

京都教会向上社保育園　80
京都九条伝道所　214
京都西京教会　142, 152, 153, 154, 155
京都中央教会　135, 136, 139, 163
京都帝大YMCA　54, 55
京都東部教会　55, 61, 135
京都南部教会　55, 92, 135, 139, 142, 163, 202, 214, 234, 262
京都伏見教会　139
京都伏見伝道所　264
京都南教会　107
京都洛南伝道所　155
協約　141, 237, 238, 240, 274
基督教大韓監理会　212, 227, 234, 235
基督教大韓聖潔教会　258, 270
基督教朝鮮監理会　103
基督教朝鮮監理会東京連合教会　112
基督申報　46, 52, 53, 54, 60, 69, 83, 89, 91, 120, 121, 180, 181, 182
禁酒禁煙運動　81

〈く〉

熊本教会　186, 214, 262
桑名教会　139, 212, 214, 227

〈け〉

慶南老会　53
懸吐漢韓新約聖書　30

〈こ〉

江華条約　29
合同教会　44, 71, 76, 77, 78, 115, 239, 289
合同問題　116, 129
甲府ウリ教会　264
神戸青木教会　155
神戸教会　62, 80, 82, 87, 89, 106, 122, 135, 140, 144, 159, 261
神戸神学校　52, 53, 56, 57, 58, 84, 135
神戸朝鮮人講義所　52
神戸東部教会　212, 227, 261, 287
5月国際会議　222, 225
国漢文玉篇　43
小倉教会　68, 82, 91, 104, 140, 161, 217, 221, 239,

262, 287
小阪教会　140
国旗掲揚　117
此花伝道所　144
コリアン・チャペル　241

〈さ〉

西京公会　33
在朝長老教会宣教部公議会　45
在朝プロテスタント宣教部公議会　58, 60, 61, 67
在東京天道教青年会　49
在内地朝鮮人教会に関する建議案　130
在日外国人の人権委員会　184, 278
在日韓国基督教会館（KCC）　173, 191, 192, 202, 213, 216, 234, 263, 269, 273, 279, 287
在日韓国人問題研究所（RAIK）　224, 225, 269, 279, 287
在日大韓基督教宣教50周年記念画報　191
在日朝鮮人宣教　58, 59, 67, 71, 72, 73, 75, 76, 77, 78, 82, 83, 84, 88, 89, 109, 112, 171, 178, 196
在日朝鮮人宣教を支援する特別委員会　59, 83, 84, 109
在日朝鮮人連盟（朝連）　151, 152, 174
在日ミッション同盟　58, 59, 60, 83, 108, 109
在日本韓国YMCA　197, 254
在日本朝鮮イエス教会教職者会　89, 90
在日本朝鮮居留民団（民団）　152, 174, 211, 252, 261
在日本朝鮮基督教会　76, 89, 90, 91, 99, 100, 101, 102, 103, 104, 105, 106, 107, 108, 109, 110, 111, 112, 113, 116, 118, 119, 120, 129, 130, 131, 132, 133, 134, 136, 137, 138, 139, 140, 141, 142, 143, 144, 145, 152, 153, 154, 156, 162, 163, 164, 171, 173, 183, 271
在日本朝鮮基督教東京教会　162
在日本朝鮮基督教連合会　104, 138, 152, 153, 154, 155, 156, 157, 159, 160, 161, 163, 164, 185, 258, 271
在日朝鮮人総連合会（朝鮮総連）　152
在日本東京朝鮮耶蘇教連合教会　44
堺教会　82, 91, 139, 153
サカエ保育園　234
査経会　53, 79, 185, 210, 233
桜本保育園　213, 217
札幌教会　86, 92, 212, 227, 262
三・一独立運動　48, 70, 115, 120, 136
山陽中会　132

357

事項索引

〈し〉

飾磨教会　62, 80, 82, 139
飾磨教会幼稚園　80
静岡伝道所　264
品川教会　139, 162, 202, 262
下関大坪教会　133, 138, 144
下関教会　92, 140, 143, 144, 161, 262
指紋押捺拒否運動　218
指紋拒否実行委員会　239
社会的責任に関する態度表明　215, 277, 278, 279, 281
宗教団体法　129, 131, 132, 136, 137, 159
十三教会　57, 91, 140, 152, 153
出入国管理法案反対キリスト者国際連帯会議　215
少数民族問題委員会　184
女性宣教会　72, 78
女性長老　164, 235
女性伝道会　81
信愛塾　217
神学教育基金（T.E.F.）　201, 226
人格権訴訟　217
神学考試委員会　178, 272
新儀教会　186, 262
信仰告白（使徒信条）前文　272, 273
神社非宗教論　116
神社問題　116, 118, 119, 120
人種差別と闘うプログラム委員会（PCR）　200, 224

〈す〉

吹田ミッション伝道所　282
崇徳教会　155, 160, 162
住吉教会　92

〈せ〉

聖潔教会　154, 155, 162, 258
性差別等問題特別委員会　281
西南在日韓国基督教会館（西南KCC）　269, 279, 287
西南地方会　175, 194, 210, 279, 287
西南中会　101
青年会全国協議会　216, 218, 249, 270, 280, 288

青年主日　176
西部教会　85, 104, 106
世界改革教会連盟（WARC）　198, 199, 200, 260
世界教会協議会（WCC）　183, 199, 200, 219, 224, 226, 240, 251
瀬戸教会　85, 119, 139
宣教基本政策　210, 218, 219, 290
宣教90周年　161, 248, 252, 269, 270, 277
宣教協議会　110, 273, 274, 276
宣教協約　227, 235, 236, 238, 252, 258, 259, 260, 276, 289
宣教合意　44
宣教師人事委員会　172
宣教70周年　186, 233, 234, 250
宣教80周年　247, 248
宣教100周年　198, 233, 236, 249, 275, 276, 287, 288, 289, 290, 291
宣教100周年　宣教理念　290, 291
宣教60周年　192, 196, 198, 209, 210, 211, 212, 213, 217, 218, 219, 227, 233
宣言・声明書　277
全国教会女性連合会　217, 270, 271, 288
仙台教会　241, 262

〈そ〉

雑司ヶ谷教会　92, 111, 139, 160, 162
祖国の平和統一と宣教に関する基督者東京会議　252, 253, 255

〈た〉

第1回宣教協議会　274
第一回朝鮮宣教会議　32
大韓イエス教長老会　178, 179, 194, 227, 235, 236, 248
大韓帝国　34, 35, 48
大韓帝国臨時政府　48
第3回全国基督教信徒大親睦会　33
第2回宣教協議会　275
第2回マイノリティ会議　223
高砂教会　139
高田聖潔教会　162
高槻伝道所　186, 241, 262, 282
高松教会　92
巽教会　241, 262

358

田中伝道所　122, 139, 163
田中幼稚園　80, 81
田辺教会　122, 140
多摩川伝道所　186
樽井伝道所　144

〈ち〉

治安維持法違反　107, 142, 143, 161
地塩寮　54
築港伝道所　85
千葉教会　262, 264
中央教会　140
中央神学校　52, 105, 106, 107, 122, 135, 142
中部地方会　194, 195, 247, 287
中北中会　100, 103, 104, 118, 132
朝鮮安息日学校　30
朝鮮イエス教神戸教会　53
朝鮮イエス教長老会　52, 53, 67, 68, 90, 91, 102, 103, 110, 117
朝鮮イエス教長老会信経　91, 102
朝鮮イエス教連合公議会　59, 67, 71, 72, 73, 74, 75, 76, 83, 87, 88, 89, 90, 102, 103, 108, 110, 111, 112, 113, 193
朝鮮監理会教理的宣言　91, 102
朝鮮監理教会　112, 113
朝鮮基督教会　73, 77, 108, 109, 118
朝鮮基督教徒連盟　252, 253, 254, 255, 256, 270
朝鮮人虐殺　49
朝鮮神社　116
朝鮮人伝道委員会　109
朝鮮戦争　106, 179, 180, 181, 183
調布教会　186, 262
長老按手　102, 177
長老会報　137
長老教会　25, 30, 32, 44, 45, 58, 59, 60, 61, 67, 71, 72, 73, 75, 76, 77, 78, 82, 83, 85, 88, 89, 90, 91, 100, 101, 102, 103, 111, 112, 114, 117, 120, 130, 134, 136, 154, 179, 191, 194, 195, 210, 211, 212, 220, 221, 234, 236, 255, 259, 273, 293
鎮西中会　133

〈つ〉

築地伝道所　119
つくば東京教会　262, 264

〈て〉

大邱南山教会　143
伝道50周年記念行事　191
伝道50周年記念事業　191
伝道主日　236

〈と〉

東学農民戦争　34
東金伝道所　282
東京アーメン教会　282
東京カルバリ教会　282
東京神田教会　111, 132, 139
東京監理教会後援会　113
東京教会　43, 113, 114, 115, 144, 156, 162, 163, 182, 183, 191, 234, 256, 257, 262, 287
東京グローリア教会　262, 264
東京信濃町教会　241
東京新宿教会　241, 262
東京崇徳教会　155
東京聖書神学校　235
東京総会神学校　256, 257
東京雑司ヶ谷教会　155
東京第一教会　241, 262
東京中央教会　111, 113, 114, 115, 139, 160, 162, 241, 262
東京中会　132
東京朝鮮イエス教連合教会　54
東京朝鮮監理教会　112, 113
東京朝鮮教会　291
東京朝鮮基督青年会（YMCA）　34, 35, 36, 43, 46, 47, 48, 49, 50, 151, 162
東京朝鮮女子基督教青年会（YWCA）　46, 50
東京東部伝道所　282
東京日暮里教会　262, 264, 282
東京深川東部教会　155
東京ベテスダ教会　264, 282
東京三河島教会　155
東京目黒教会　155
東京代々木教会　144, 155
東京連合教会　43, 44, 46, 47, 48, 49, 50, 61, 75, 103, 110, 111, 112
東部教会　55, 61, 85
東明教会　62
特別高等警察（特高）　70, 104, 105, 109, 118, 119,

359

事項索引

120, 131, 133, 140, 142
特別養護老人ホーム　217, 234
独立宣言書　48
特高資料　105, 118, 119, 142
豊田めぐみ伝道所　282
豊中第一復興教会　241, 262
豊橋教会　92, 105, 139, 144, 217
豊橋八丁教会　106, 119

〈な〉

内鮮協和会　70
長岡伝道所　282
長崎教会　92
長野教会　264
中山教会　82
名古屋北教会　119, 143
名古屋教会　80, 82, 85, 92, 104, 105, 118, 139, 143, 144, 158, 162, 183, 217, 262, 287
名古屋教会永生幼稚園　80
名古屋児玉教会　153, 155, 160
名古屋西部教会　139
名古屋瀬戸教会　104, 153, 155
名古屋東部教会　139
名古屋豊崎教会　153
名古屋西教会　144
名古屋東教会　119, 120, 143, 144
名古屋南教会　105, 119, 143, 144, 155, 158, 262, 264
浪速教会　264
浪速中会　130, 132, 134
奈良教会　62, 241, 262
南部教会　142
南北共同声明　215, 216, 217
南北共同声明支持基督者大会　216

〈に〉

新潟教会　262, 264
新居浜教会　212, 227, 262
新居浜伝道所　234
西新井教会　186, 257, 262
西宮教会　62, 140, 186, 249, 261
西宮集会所　58
日北米宣教協力会（JNAC）　220, 222, 240, 248, 258, 270

二・八独立運動　48
二・八独立宣言　47, 48
日本カトリック教会　240
日本関西地方朝鮮教会委員会　61
日本キリスト教会　213, 214, 240, 256, 260
日本基督教会　72, 84, 88, 104, 105, 106, 107, 115, 117, 119, 129, 130, 131, 132, 133, 134, 136, 137, 138, 139, 154, 156, 171
日本キリスト教協議会　107, 108, 183, 184, 185, 191, 199, 200, 211, 214, 224, 240, 248, 251, 254, 270, 278
日本基督教協議会　184
日本基督教西京教会　136
日本基督教団　30, 33, 107, 113, 137, 138, 140, 141, 143, 144, 145, 153, 154, 155, 156, 157, 158, 159, 160, 161, 163, 183, 184, 195, 200, 220, 234, 235, 237, 238, 240, 248, 274, 275, 277, 279, 288
日本基督教団九州教区　279
日本基督教団婦人矯風会　240
日本基督教連盟　60, 101, 107, 108, 109, 116, 117, 118, 183
日本サラン伝道所　282
日本自由メソヂスト教会　240
日本出入国管理法案反対声明書　214, 215
日本神学校　105, 107
日本人牧師　68, 143, 144, 145, 160
日本聖公会　184, 200, 240
日本ナザレン教団　240
日本バプテスト同盟　184, 240
日本バプテスト連盟　184, 240
日本YWCA　240

〈は〉

培材学堂　34, 81
博多伝道所　282
浜松伝道所　186, 262
林田教会　106, 144, 159
春木教会　92, 140
ハンサラン教会　262, 264

〈ひ〉

ピアソン高等聖経学院　68, 107
東成教会　138, 144, 152, 153, 158
東山伝道所　264

美総委員会　171, 172
日立伝道所　264
雛知伝道所　140
姫路教会　122, 139, 241, 261
姫路薬水教会　264, 270
兵庫教会　80, 82, 100, 140
兵庫教会幼稚園　80
兵庫県南部地震対策委員会　261
平壌長老会神学校　68, 85, 105, 106, 107, 114, 115
枚岡教会　186, 262
平野教会　165, 262
広島教会　186, 217, 262

〈ふ〉

プール学院　56, 59, 70
深川東部教会　155, 160, 162
福井教会　92, 120
福井東教会　107, 139
福音新聞　180, 181, 182, 186, 210, 291
福音新報　105
福岡教会　68, 82, 91, 105, 140, 144, 159, 161, 163, 183, 254, 262
福岡中央教会　241, 262
福岡吉塚教会　144, 159
福山伝道所　264
釜山第一南教会　106
伏見教会　55, 135, 163
婦女主日　176
婦人夜学校　81
布施教会　202, 262
船橋教会　186, 262

〈へ〉

丙寅迫害　25
米国改革教会（RCA）　289
米国合同キリスト教会　258
平和統一宣教委員会　251
別府伝道所　122, 139, 282
勉励会　81
勉励青年会　57, 79, 104, 176

〈ほ〉

牧師按手　68, 75, 85, 86, 105, 106, 107, 136, 177, 183

北部教会　139, 153
北海道・樺太の教会　88
北韓送還　197, 198

〈ま〉

マイノリティ京都声明　294
丸山教会　105

〈み〉

ミード社会館　57, 59
三河島教会　155, 162
三沢教会　241, 262
水島教会　186
ミッショナリー・レヴュー　31
水戸伝道所　241
南方教会　153, 154
南教会　106, 120, 162
宮崎伝道所　282
三次教会　186, 262
民族統一に関する在日大韓基督教会総会宣言　252

〈む〉

武庫川教会　80, 92, 178, 183, 193, 234, 261, 262

〈め〉

目黒教会　92, 139, 160, 162

〈も〉

門司教会　92
守部教会　80, 82, 92, 106, 139
守部教会養民幼稚園　80

〈や〉

夜学校　53, 55, 60, 68, 80, 81, 101
靖国神社法案反対声明書　214
八幡教会　68, 82, 91, 105, 140
山形伝道所　264

〈よ〉

幼稚園　59, 77, 79, 80, 81, 85, 101, 102, 135, 210
幼年主日学校　79, 80, 85, 86, 113
横須賀教会　92, 234, 262
横須賀佐野教会　139, 153, 155, 160
横田伝道所　282
横浜打越教会　139, 159
横浜教会　88, 92, 104, 132, 139, 159, 217, 248, 262
横浜伝道　47
淀川教会　106, 140
代々木教会　162

〈ら〉

洛南伝道所　142, 160, 163
ランバス女学院　56, 70, 80

〈り〉

留学生教会　35, 43, 44, 99
臨時総会　84, 91, 156, 157, 182, 183, 213

〈れ〉

RAIK通信　225
礼式文　177
黎明教会　291
連合国軍最高司令官総司令部（GHQ／SCAP）
　151, 152, 159
連合伝道局　59, 67, 71, 72, 73, 74, 76, 83, 88, 90, 111
連合婦人伝道会　175

〈ろ〉

労働夜学校　68, 81
路傍伝道　81

〈わ〉

和歌山教会　82, 92, 136, 140
和歌山第一教会　264

人名索引

〈あ〉

アービン B・K　136
青木定雄　161
赤沢元造　70
赤石義明　143, 144, 146
芦名弘道　274
アダム A　191
安倍義宗　113
アペンゼラー H・G　32, 34, 35
安商徳（アン・サンドク）　226
安載福（アン・ジェボク）　196
安宗洙（アン・ジョンス）　30
アンダーウッド H・G　32, 35
アンダーソン M　65, 78, 117
安東赫（アン・ドンヒョク）　68
安熙国（アン・ヒグク）　193
安瑢濾（アン・ヨンノ）　142

〈い〉

飯島誠太　144
李仁植（イ・インシク）　52, 110
李聖実（イ・ソンシル）　85
李寅渉（イ・インソプ）　78, 84, 85, 90, 94
李仁夏（イ・インハ）　177, 184, 193, 200, 202, 209, 220, 222, 224, 226, 233, 234, 236, 251
李元道（イ・ウォンド）　99, 101, 104
李恩子（イ・ウンジャ）　226
李応賛（イ・ウンチャン）　25
李基徳（イ・キドク）　210
李基豊（イ・キプン）　115
李貴陽（イ・キヤン）　226
李敬律（イ・キョンユル）　155
李光祚（イ・グァンジョ）　176
李光洙（イ・グァンス）　48
李国姫（イ・グクヒ）　194
李根秀（イ・グンス）　259, 277, 281
李建豪（イ・ゴンホ）　270
李相根（イ・サングン）　210
李相兌（イ・サンテ）　226

李載実（イ・ジェシル）　155
李俊黙（イ・ジュンムク）　213
李鍾聲（イ・ジョンソン）　155, 183
李政鎬（イ・ジョンホ）　155
李宗憲（イ・ジョンホン）　183
李樹廷（イ・スジョン）　26, 27, 29, 30, 31, 32, 33, 38
李守弼（イ・スピル）　105, 107, 124, 139, 140
李寿萬（イ・スマン）　67
李順鐸（イ・スンテク）　54
李承薫（イ・スンフン）　25
李承晩（イ・スンマン）　47, 180
李昇萬（イ・スンマン）　269
李承翫（イ・スンワン）　99
李聖雨（イ・ソンウ）　275, 277
李成集（イ・ソンジプ）　58
李聖柱（イ・ソンジュ）　212, 227, 257
李清一（イ・チョンイル）　202, 214, 220, 269, 275, 287
李大京（イ・テギョン）　251, 254, 259, 263
李徳成（イ・ドクソン）　112
李道尚（イ・ドサン）　155
李桓信（イ・ハンシン）　212
イ・ハンチュン　248
李炳善（イ・ビョンソン）　53, 58
井深梶之助　34
李白容（イ・ペクヨン）　161
李海春（イ・ヘチュン）　263
李鳳朝（イ・ボンジョ）　104, 152, 154, 155
今井三郎　113
今井正克　144
李明植（イ・ミョンシク）　212
李明信（イ・ミョンシン）　288
林沃（イム・オク）　248
林鐘純（イム・ジョンスン）　43, 44, 45, 54, 62, 79
任鐘豪（イム・ジョンホ）　78
林盛富（イム・ソンプ）　155
林澤權（イム・テクォン）　52
林泰槇（イム・テジョン）　111
林明奎（イム・ミョンギュ）　288

人名索引

任栄彬（イム・ヨンビン）　178
李如漢（イ・ヨハン）　45, 47, 62
李永俊（イ・ヨンジュン）　153, 154, 155
李英肅（イ・ヨンスク）　227
李永喜（イ・ヨンヒ）　155, 162
岩田武夫　106
岩田渉　106
李完模（イ・ワンモ）　101, 133, 140, 143, 161
印光植（イン・グァンシク）　196
インブリー W　45

〈う〉

魏喆治（ウィ・チョルチ）　74
植村正久　34
宇賀充　275
後宮俊夫　248
後宮敬爾　274
内村鑑三　33, 34, 36, 38

〈え〉

海老名弾正　34

〈お〉

太田十三男　106
大村勇　211
岡本武夫　144
呉基善（オ・ギソン）　45, 47, 49, 62, 63, 120
奥野昌綱　33
玉文錫（オク・ムンソク）　142
呉根睦（オ・グンモク）　99
桶田豊治　144
長田時行　30
呉在植（オ・ジェシク）　226
押川方義　34
小島誠志　274, 277
呉寿恵（オ・スヘ）　194, 200, 202
呉舜炯（オ・スンヒョン）　43
小田原紀雄　274
呉千恵（オ・チョンヘ）　226
呉澤寛（オ・テクァン）　67, 68, 83, 90, 93, 94, 99, 100, 104, 111, 112, 113, 120
呉宅煥（オ・テクファン）　58
厳機鉉（オム・ギヒョン）　213

呉允台（オ・ユンテ）　38, 115, 139, 156, 162, 163, 164, 177, 178, 179, 181, 183, 184, 211, 213

〈か〉

ガーディン J・L　44
カウマン C・E　253
郭龍楚（カク・ヨンチョ）　84
カブ J・B　84, 109
康雲林（カン・ウンリム）　67, 74
姜奎燦（カン・ギュチャン）　67
康慶玉（カン・ギョンオク）　152, 154, 155
康相禹（カン・サンウ）　213
姜貞吉（カン・ジョンギル）　133, 140
姜貞子（カン・ジョンジャ）　194
姜信明（カン・シンミョン）　191, 210
康順喜（カン・スンヒ）　46
姜昌浩（カン・チャンホ）　142
姜泰洙（カン・テス）　226
姜喜錫（カン・ヒソク）　104
姜鳳羽（カン・ボンウ）　50
姜栄一（カン・ヨンイル）　226, 255, 256, 259, 262, 263
康永燮（カン・ヨンソプ）　254, 270
姜英培（カン・ヨンベ）　162

〈き〉

奇元亨（キ・ウォンヒョン）　210
金安弘（キム・アンホン）　251, 263
金益斗（キム・イクトゥ）　79
金益煥（キム・イクファン）　99
金二坤（キム・イゴン）　53, 56
金一恵（キム・イルヘ）　269
金仁煥（キム・インファン）　287
金義生（キム・ウィセン）　56
金元植（キム・ウォンシク）　152, 153, 154, 155, 156
金元周（キム・ウォンジュ）　46
金元治（キム・ウォンチ）　176, 182, 183, 209, 255
金禹鉉（キム・ウヒョン）　53, 56, 58, 179
金雨英（キム・ウヨン）　54
金恩錫（キム・ウンソク）　119, 143, 146, 162
金応泰（キム・ウンテ）　88, 89, 90, 99, 100, 111
金玉均（キム・オクキュン）　29

金琪三（キム・ギサム）　154, 155, 156, 157, 258
金季洙（キム・ギス）　54
金瓊燦（キム・キョンチャン）　211
金吉昌（キム・ギルチャン）　88, 90
金九（キム・グ）　67
金広照（キム・グァンジョ）　255
金光洙（キム・グァンス）　209
金郡化（キム・グンファ）　155
金君植（キム・グンシク）　238, 257, 258, 259, 261, 272
金根錫（キム・グンソク）　99
金桂昊（キム・ゲホ）　223, 251, 254
金健（キム・ゴン）　280
金孔解（キム・ゴンヘ）　56
金相濬（キム・サンジュン）　258
金尚来（キム・サンネ）　57
金済宇（キム・ジェウ）　288
金在俊（キム・ジェジュン）　212
金在述（キム・ジェスル）　124, 141, 142, 146, 152, 153, 154, 155
金鐘宇（キム・ジョンウ）　67, 74
金正愛（キム・ジョンエ）　68, 78
金正三（キム・ジョンサム）　152, 155
金貞植（キム・ジョンシク）　35, 36, 37, 43
金正中（キム・ジョンジュン）　155, 156
金正燮（キム・ジョンソプ）　58
金貞女（キム・ジョンニョ）　239
金貞姫（キム・ジョンヒ）　288
金信煥（キム・シンファン）　217, 220
金鎭完（キム・ジンワン）　54
金洙喆（キム・スチョル）　81, 88, 89, 99, 111, 112, 123, 124
金秀男（キム・スナム）　270, 288
金洙浩（キム・スホ）　155
金錫珍（キム・ソクチン）　164, 176
金成元（キム・ソンウォン）　226
金成宏（キム・ソンガン）　263
金性済（キム・ソンジェ）　202, 257, 274
金成男（キム・ソンナム）　263
金聖孝（キム・ソンヒョ）　269, 280
金成龍（キム・ソンヨン）　58
金達弘（キム・ダルホン）　226
金致善（キム・チソン）　78, 101, 115, 139, 178
金致黙（キム・チムク）　179, 211
金チャニ　236
金昌熙（キム・チャンヒ）　234

金智隆（キム・チユン）　239
金春培（キム・チュンベ）　83, 179, 212
金知葉（キム・チヨプ）　202
金大建（キム・デゴン）　25
金泰俊（キム・テジュン）　57
金大中（キム・デジュン）　263
金太烋（キム・テヒュ）　269
金泰烈（キム・テヨル）　58
金斗任（キム・ドゥイム）　155
金得三（キム・ドゥクサム）　216, 239, 249, 263
金徳俊（キム・ドクジュン）　113
金徳成（キム・ドクソン）　162, 183, 209, 211, 234
金徳化（キム・ドクファ）　227, 270, 277
金度演（キム・ドヨン）　48
金東勲（キム・ドンフン）　38, 63, 166, 224
金洛泳（キム・ナクヨン）　47
金学龍（キム・ハクヨン）　155
金希栄（キム・ヒヨン）　142
金榮植（キム・ヒョンシク）　177, 213, 248, 255, 257, 263, 269, 271
金顕洙（キム・ヒョンス）　43
金炳善（キム・ビョンソン）　155
金炯卓（キム・ヒョンタク）　227
金炳鎬（キム・ビョンホ）　275
金秉憲（キム・ビョンホン）　155
金幸子（キム・ヘンジャ）　194
金浩植（キム・ホシク）　68
金範禹（キム・ボムウ）　25
金奉奎（キム・ボンギュ）　105, 107, 133, 140
金万済（キム・マンジェ）　142
金武士（キム・ムサ）　280, 288
金裕淳（キム・ユスン）　178
金裕澤（キム・ユテク）　191
金允植（キム・ユンシク）　196
金永燮（キム・ヨンソプ）　90
金永善（キム・ヨンソン）　234
金永昌（キム・ヨンチャン）　142
金英恵（キム・ヨンヘ）　68
貴山栄　144
キャンプ　57
慶恵重（キョン・ヘジュン）　235, 243, 270, 273, 274, 280
吉善宙（キル・ソンジュ）　115

人名索引

〈く〉

権仁淑（クォン・インスク）　220
権五成（クォン・オソン）　287
権聖澤（クォン・ソンテク）　161
権哲賢（クォン・チョルヒョン）　288
権泰岳（クォン・テアク）　155, 160
権泰慶（クォン・テギョン）　99
釘宮辰生　113
具明淑（ク・ミョンスク）　155
具潤述（ク・ユンスル）　56
クラーク　C・A　67, 71, 73, 76, 77, 90, 114, 124
クラーク　W・M　67, 74
クラーム　W・G　44
クリントン　J・M　36, 37

〈こ〉

郷司慥爾　108
興梠正敏　105
コーン　J・H　225, 230
小崎弘道　34
小崎道雄　109, 159, 191
高在萬（コ・ジェマン）　99
小畠恵一　144
小林眞　276
高麗偉（コ・リョウイ）　99, 100

〈さ〉

斉藤宗治　109
佐農穆　214
史明守（サ・ミョンス）　155

〈し〉

清水明夫　144
沈恩澤（シム・ウンテク）　139, 155, 162
シュナイス　P　234
ジョンソン　E・H　172, 199, 212
ジレット　P・L　35
申日平（シン・イルピョン）　133, 139, 140
申元伯（シン・ウォンベク）　155
辛聖煥（シン・ソンファン）　155
申東和（シン・ドンファ）　263
申南秀（シン・ナムス）　56

〈す〉

鈴木伝助　144
鈴木正久　184, 212
スターリング　W　222
ストラッチャン　H・M　72
隅谷三喜男　251

〈そ〉

徐仁泰（ソ・インテ）　58, 155
石朴南（ソク・パクナム）　78, 85, 193, 204
徐相賢（ソ・サンヒョン）　67
徐相崙（ソ・サンユン）　25, 26
徐載鎰（ソ・ジェイク）　288
徐載薫（ソ・ジェフン）　162
徐貞順（ソ・ジョンスン）　202
徐丙枝（ソ・ビョンジ）　68
徐丙烈（ソ・ビョンヨル）　105, 106, 124
孫奎泰（ソン・ギュテ）　236
宣洙根（ソン・スグン）　155
宋盛錫（ソン・ソンソク）　161
宋昌根（ソン・チャングン）　47
孫炳泰（ソン・ビョンテ）　104, 155
宋永吉（ソン・ヨンギル）　161

〈た〉

高倉徳太郎　72
高崎毅　210
田口政敏　144, 163
竹内謙太郎　248
竹内信　144
竹森満佐一　105
多田素　132
田中剛二　144
ダニエル　H・F　222
タルボット　C・R　192, 193

〈ち〉

崔日承（チェ・イルスン）　239
崔宇根（チェ・ウグン）　196
崔基奭（チェ・ギソプ）　213, 269
崔京植（チェ・ギョンシク）　88, 193, 200, 209, 211, 226

崔敬学（チェ・ギョンハク）　78, 90, 99, 100, 101, 135, 136
崔金順（チェ・グムスン）　289
崔啓哲（チェ・ゲチョル）　84
崔建鎬（チェ・ゴンホ）　258
崔三錫（チェ・サムソク）　161
崔相浩（チェ・サンホ）　35
崔正剛（チェ・ジョングァン）　123, 269, 270, 274, 275, 277, 288
崔正洙（チェ・ジョンス）　155, 163, 164, 176, 183, 211
蔡鐘黙（チェ・ジョンムク）　213
蔡舜基（チェ・スンギ）　155
崔勝久（チェ・スング）　226
崔承萬（チェ・スンマン）　47, 50
崔錫柱（チェ・ソクジュ）　111, 112, 139
崔善愛（チェ・ソンエ）　239, 278
崔善恵（チェ・ソンヘ）　239
崔昌華（チェ・チャンファ）　217, 218, 220, 221, 236, 239, 251, 263
崔忠植（チェ・チュンシク）　220, 234
崔八鏞（チェ・パルヨン）　48
崔孝燮（チェ・ヒョソプ）　236
崔炯仁（チェ・ヒョンイン）　280, 283
崔賢洛（チェ・ヒョンナク）　263
蔡弼近（チェ・ピルグン）　50
崔和鎭（チェ・ファジン）　289
崔明鶴（チェ・ミョンハク）　55
崔栄信（チェ・ヨンシン）　288
崔永来（チェ・ヨンネ）　88, 89
崔永模（チェ・ヨンモ）　105, 123
チカップ美恵子　224
車相晋（チャ・サンジン）　67
車載明（チャ・ジェミョン）　74
チャップマン　G・K　135
チャペル　N　191
張元世（チャン・ウォンセ）　257
荘元培（チャン・ウォンベ）　43
張斗川（チャン・ドゥチョン）　155
張徳出（チャン・ドクチュル）　164
張徳龍（チャン・ドヨン）　270
張楽道（チャン・ナクド）　74
張恵淳（チャン・ヘスン）　35, 43
張文世（チャン・ムンセ）　68
秋仁奉（チュ・インボン）　105, 118, 119, 120, 124, 139, 143, 146, 162, 179

朱基徹（チュ・ギチョル）　79, 117
朱観裕（チュ・グァンユ）　78, 101, 139
朱孔三（チュ・ゴンサム）　44, 45, 62
朱喜哲（チュ・ヒチョル）　288
趙淇善（チョ・ギソン）　183, 191
趙吉来（チョ・ギルネ）　226
趙載国（チョ・ジェグク）　261
趙端龍（チョ・ソヨン）　154, 155
曹宣井（チョ・ソンジョン）　155
曹徳鉉（チョ・ドクヒョン）　210
曹晩植（チョ・マンシク）　35, 43
趙用元（チョ・ヨンウォン）　58
鄭益魯（チョン・イクノ）　43
丁仁寿（チョン・インス）　155, 164, 171, 176, 177, 182, 183
全仁善（チョン・インソン）　105, 106, 124, 136, 139, 146
田雨台（チョン・ウデ）　104
鄭雲祥（チョン・ウンサン）　196
鄭箕煥（チョン・ギファン）　106, 119, 124, 140, 179
全景淵（チョン・ギョンヨン）　155, 162, 164
鄭吉煥（チョン・ギルファン）　111
鄭春洙（チョン・チュンス）　113
鄭登雲（チョン・ドゥンウン）　57, 68
鄭徳生（チョン・ドクセン）　52
鄭東和（チョン・ドンファ）　211
鄭翰景（チョン・ハンギョン）　47
全弼淳（チョン・ピルスン）　53, 58, 61, 74, 212
鄭彬（チョン・ビン）　258
鄭勲澤（チョン・フンテク）　106, 107, 124, 139
鄭然元（チョン・ヨンウォン）　288
田栄沢（チョン・ヨンテク）　47, 181, 188
鄭栄嬉（チョン・ヨンヒ）　194
田永福（チョン・ヨンボク）　161, 164, 183, 193, 211

〈つ〉

津田仙　27, 30, 33

〈て〉

デラトーレ　E　224

人名索引

〈と〉

徳善義和　270
戸田伊助　234
富田満　106, 117, 157
トリストラム K・A・S　56, 59, 70

〈な〉

中島智子　224
中嶋正昭　248, 251
中村民子　194
羅曾男（ナ・ジュンナム）　181
南宮爀（ナムグン・ヒョク）　178, 179

〈に〉

新島襄　34
西田昌一　144
西端利一　144

〈の〉

盧震鉉（ノ・ジンヒョン）　101, 124, 131, 136, 139, 140, 212
ノックス G・W　30

〈は〉

ハーディ R・A　69, 74
河礼子（ハ・イェジヤ）　288
パウエル D　172, 199
萩原文太郎　144
朴恩塾（パク・ウンスク）　257
朴慶姫（パク・キョンヒ）　155
朴相増（パク・サンジュン）　249
朴尚東（パク・サンドン）　58, 83, 85, 88, 94, 99, 100, 101, 104, 105, 108, 118, 119, 131, 139, 143, 146, 162
朴尚奉（パク・サンボン）　119, 143
朴琮根（パク・ジョングン）　46
朴鐘純（パク・ジョンスン）　47
朴宗賢（パク・ジョンヒョン）　111
朴承浩（パク・スンホ）　46
朴世一（パク・セイル）　226
朴石萬（パク・ソクマン）　153, 155
朴タルジン　236
朴昌煥（パク・チャンファン）　213
朴泰伊（パク・テイ）　133
朴斗星（パク・ドゥソン）　155, 163, 175
朴炳勲（パク・ビョンフン）　106, 107, 124
朴炫明（パク・ヒョンミョン）　178, 179
朴憲郁（パク・ホンウク）　238, 257
朴宝奮（パク・ボリョン）　78
朴命俊（パク・ミョンジュン）　139, 154, 155, 156, 164, 171, 183, 213
朴永一（パク・ヨンイル）　43, 44
朴龍洙（パク・ヨンス）　288
朴淵瑞（パク・ヨンソ）　59, 60, 61, 67, 69, 70, 74, 84
朴泳孝（パク・ヨンヒョ）　29, 32
橋田利助　144
パターソン P　270
河東運（ハ・ドンウン）　58
花井卓蔵　48
咸錫憲（ハム・ソクホン）　179
河鯉泳（ハ・リヨン）　67, 74
方温得（パン・オンドゥク）　56
邦基昌（パン・キチャン）　115
韓景職（ハン・ギョンジク）　196, 212
韓尚東（ハン・サンドン）　212
韓錫晋（ハン・ソクチン）　43, 114, 115
韓小済（ハン・ソジェ）　46
方聖元（パン・ソンウォン）　153, 154, 155
韓聖炫（ハン・ソンヒョン）　276, 277
韓泰裕（ハン・テユ）　78, 86, 87, 90, 99, 192, 204
韓晛相（ハン・ヒョンサン）　120
韓命東（ハン・ミョンドン）　106, 124, 140
韓延洙（ハン・ヨンス）　99, 104

〈ひ〉

光晋　144
ピッツアナ B　205, 224
ビゲロー J・E　234, 248
久野牧　256
辺永瑞（ピョン・ヨンソ）　67, 74
平野一城　87
ビリングス B・W　67, 74

〈ふ〉

黄義生（ファン・ウィセン）　212, 257
黄光恩（ファン・グァンウン）　196
黄材景（ファン・ジェギョン）　114, 115
黄信徳（ファン・シンドク）　46
黄善伊（ファン・ソンイ）　106, 107, 124, 139,
　　141, 142
フィッシャー　J・E　181, 182
フィリップス　J・M　36
フート　J・A　57, 59, 109
フェリー　258
ブキャナン　W・C　60
藤田治芽　133, 144
布施辰治　48
フルトン　G・W　59
古山金作　144
ブレア　W・N　58

〈へ〉

白寛洙（ペク・グァンス）　48
白楽濬（ペク・ナクチュン）　212
白南奎（ペク・ナムギュ）　48
白南哲（ペク・ナムチョル）　155
白南薫（ペク・ナムフン）　38, 43, 47, 62
白鴻俊（ペク・ホンジュン）　25
裵明徳（ペ・ミョンドク）　269
裵英俊（ペ・ヨンジュン）　68, 99, 100, 139
ヘルフリー　J　224
ヘンティ　A・M　59

〈ほ〉

穂鷹守　274
ボネット　V　278
洪鐘肅（ホン・ジョンスク）　74
洪性完（ホン・ソンワン）　265, 274
洪東根（ホン・ドングン）　220, 221
洪南守（ホン・ナムス）　57
洪顕卨（ホン・ヒョンソル）　191, 210
洪永其（ホン・ヨンギ）　247, 248
洪永厚（ホン・ヨンフ）　46

〈ま〉

マーフィー　G　65, 78
マイヤーズ　J・T　59
前島宗甫　251
マカイ　C・J　211
マカイ　M　117, 118
マカルビン　R・E　60
牧野虎次　70, 106
マクドナルド　C　72
マクドナルド　E　65, 78, 117
マクレー　R・S　30
マクレーン・J　65, 78, 117
マクレーン　J・L・W　172
馬彩鳳（マ・チェボン）　57
マッキルエン　R・H　60
マッキンタイヤー　J　25
マッキントシュ　J・H　192, 211, 214
マックオドラム　D　72
松山高吉　34

〈み〉

ミード　57
三浦梧楼　34
宮田熊治　144
閔燦鎬（ミン・チャンホ）　47
閔恵羅（ミン・ヘラ）　270

〈む〉

文宗洙（ムン・ジョンス）　99, 101, 104, 120, 121,
　　122, 140
文龍興（ムン・ヨンフン）　155

〈も〉

モフェット　S・A　113, 114, 115
モラン　109
森田殿丸　84, 109, 144

〈や〉

安川亨　30
安田久雄　240
矢内原忠雄　36

人名索引

山北宣久　275, 277, 288
山田牧　144
山本秀煌　72
ヤング L・L　65, 71, 72, 73, 74, 75, 76, 77, 78, 85,
　86, 87, 90, 99, 100, 101, 109, 110, 117, 118, 119, 120,
　129, 131, 134, 171
ヤング M　65, 78, 171
梁尚萬（ヤン・サンマン）　115
梁柱三（ヤン・ジュサム）　112, 113, 124, 179
梁甸伯（ヤン・ジョンベク）　115
梁彩（ヤン・チェ）　280
楊泰寿（ヤン・テス）　155
楊炯春（ヤン・ヒョンチュン）　227, 235, 236,
　248, 263
梁鳳翔（ヤン・ボンサン）　87
梁霊芝（ヤン・ヨンジ）　269

〈ゆ〉

湯浅治郎　33
劉今伊（ユ・グムイ）　56
劉時漢（ユ・シハン）　152
劉正燁（ユ・ジョンファ）　155, 162
兪錫濬（ユ・ソクジュン）　136, 145, 146, 152,
　153, 155, 157, 164, 174, 178, 179, 181, 193, 209, 213,
　215, 220
劉聖錫（ユ・ソンソク）　99, 100
湯谷喜一郎　144
兪虎濬（ユ・ホジュン）　122, 124, 178, 179
劉英俊（ユ・ヨンジュン）　47
尹日善（ユン・イルソン）　54
尹槿（ユン・グン）　151
尹柱福（ユン・ジュボク）　68
尹宗銀（ユン・ジョンウン）　177, 236, 248, 257
尹聖澤（ユン・ソンテク）　288
尹致昊（ユン・チホ）　113
尹仲根（ユン・チュングン）　58

〈よ〉

吉野作造　48, 54
呂鐘燮（ヨ・ジョンソプ）　58

〈ら〉

ランサム R・M　210, 213, 229

ランボール J・M　171
ランボール P　171, 172

〈る〉

ルーミス H　30

〈ろ〉

ロス J　25, 26
ロン藤好　239

〈わ〉

ワインド W　57
若松兎三郎　106

著者紹介

李 清一（イ・チョンイル）

1942年、京都に生まれる。
延世大学神学部卒業。
在日韓国基督教会館（KCC）名誉館長。
在日大韓基督教会 歴史編纂委員会委員長、日本キリスト教協議会 都市農村宣教委員会委員長、アジア・キリスト教協議会 国際委員会委員、同協議会 都市農村宣教委員会委員などを歴任。

在日大韓基督教会 宣教100年史（1908～2008）

2015年12月25日発行

監　修　在日大韓基督教会 歴史編纂委員会
著　者　李 清一
発行者　松山　献
発行所　合同会社　かんよう出版
　　　　〒550-0002　大阪市西区江戸堀2-1-1 江戸堀センタービル9階
　　　　電話 06-6225-1117　FAX06-6225-1118
　　　　http://kanyoushuppan.com　info@kanyoushuppan.com
印刷・製本　有限会社　オフィス泰

ISBN978-4-906902-64-4　C0016　　　　　　Printed in Japan